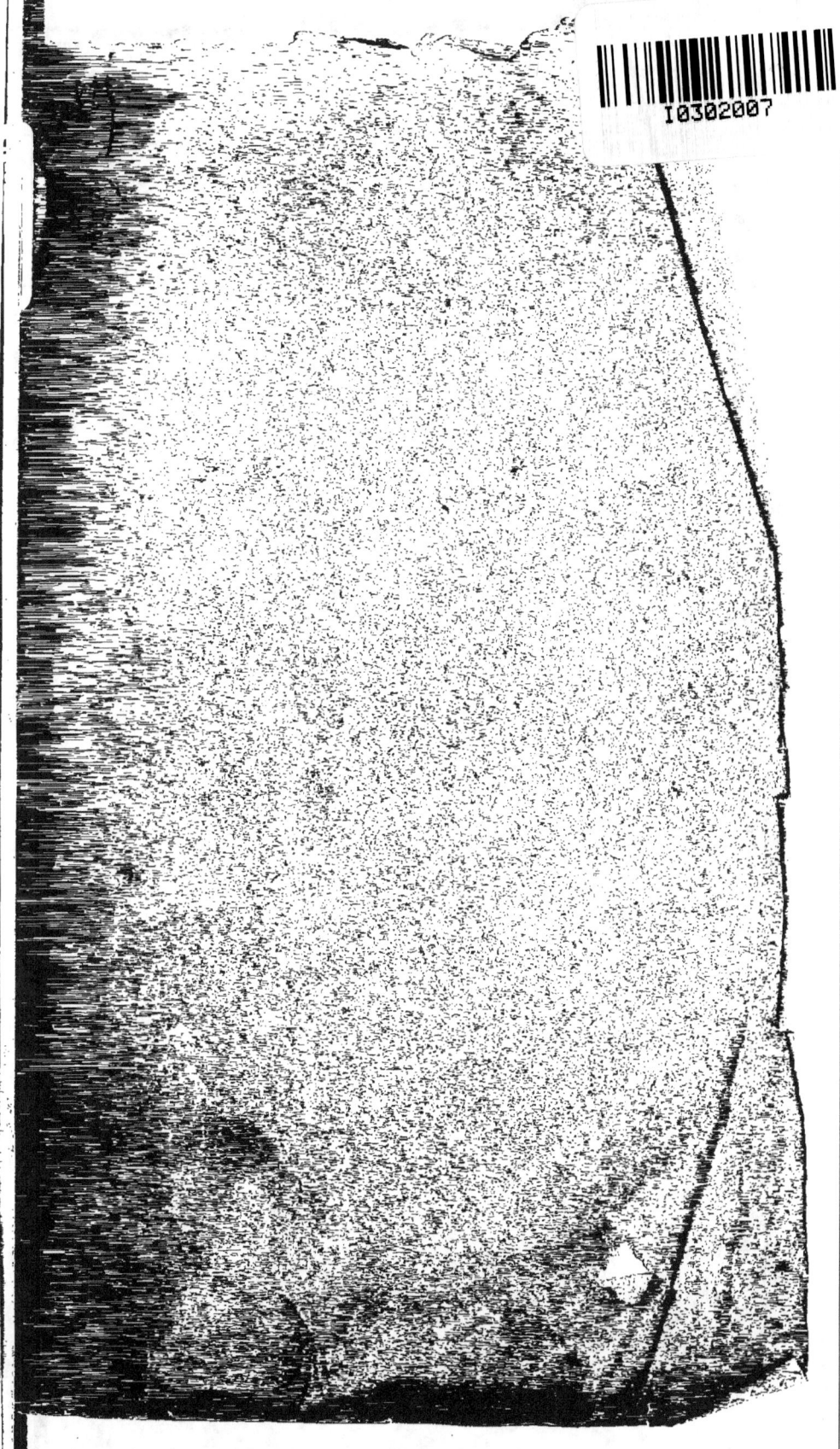

G

PRÉCIS

DE

GÉOGRAPHIE

ANCIENNE ET MODERNE

COMPARÉE;

Ouvrage adopté par le Conseil Royal de l'Instruction publique;

ACCOMPAGNÉ D'UN ATLAS ANCIEN ET MODERNE.

1851

CONSEIL ROYAL DE L'INSTRUCTION PUBLIQUE.

Extrait des procès-verbaux du Conseil Royal de l'Instruction publique.

(Séance du 10 novembre 1823.)

LE CONSEIL ROYAL ARRÊTE CE QUI SUIT :

Le *Précis de Géographie ancienne et moderne comparée*, par M. ANSART, sera mis au nombre des livres classiques.

Le Grand-Maître,
Signé † DENIS, *Évêque d'Hermopolis*.

Le Conseiller Secrétaire-général.
Signé PETITOT.

Les deux exemplaires voulus par la loi ayant été déposés à la Direction de l'Imprimerie, je poursuivrai, suivant la rigueur des lois, tout contrefacteur ou débitant d'édition contrefaite.

Sera réputé contrefait tout exemplaire qui ne sera pas revêtu des griffes de M. ANSART et de Madame Veuve MAIRE-NYON.

PARIS.—IMPRIMERIE DE FAIN ET THUNOT,
Rue Racine, 4, près l'Odéon.

PRÉCIS
DE
GÉOGRAPHIE
ANCIENNE ET MODERNE
COMPARÉE;

Ouvrage renfermant tous les détails qui peuvent faciliter l'étude de l'Histoire et l'intelligence des auteurs classiques;

A L'USAGE DES COLLÈGES
ET DE CEUX QUI ASPIRENT AU BACCALAURÉAT ÈS-LETTRES;

Adopté par le Conseil Royal de l'Instruction publique.

PAR F^x ANSART,

PROFESSEUR AU COLLÈGE ROYAL DE SAINT-LOUIS, MEMBRE DE LA COMMISSION CENTRALE DE LA SOCIÉTÉ DE GÉOGRAPHIE.

QUINZIÈME ÉDITION,

ACCOMPAGNÉE

D'UN ATLAS ANCIEN ET MODERNE.

PARIS,

A LA LIBRAIRIE CLASSIQUE
DE MADAME VEUVE MAIRE-NYON,
QUAI CONTI, N° 13.

1840.

TABLEAU

DES CARTES CONTENUES DANS L'ATLAS.

CARTES ANCIENNES.	CARTES MODERNES.
1. Monde ancien.	1. Mappemonde.
2. Egypte ancienne.	2. Europe.
3. Palestine.	3. Asie.
4. Empire des Perses.	4. Afrique.
5. Grèce ancienne.	5. Amérique septentrionale.
6. Empire d'Alexandre.	6. Amérique méridionale.
7. Italie ancienne.	7. Océanie.
8. Gaule.	8. France par prov. et par dép.
9. Empire Romain.	

1 vol. in-fol., sur papier vélin, cartonné avec soin,
10 fr.

On trouve aussi à la librairie classique de Madame Veuve Maire-Nyon les ouvrages suivans du même auteur, savoir :

Petit Abrégé de Géographie moderne, à l'usage des Huitièmes ; prix : 1 fr. 80 c.
Précis de Géographie ancienne, à l'usage des Septièmes ; prix : 1 fr. 80 c.
Essai de Géographie historique ancienne, à l'usage des Sixièmes, des Cinquièmes et des Quatrièmes ; prix : 5 fr. 50 c.
Précis de la Géographie historique du Moyen âge, à l'usage des Troisièmes ; prix : 2 fr. 75 c.
Atlas moderne, composé de 8 cartes, cart. ; prix : 5 fr. 50 c.
Atlas historique Ancien, composé de 9 cartes, à l'usage des Sixièmes, Cinquièmes et Quatrièmes, cart. ; prix : 5 fr. 50 c.
Atlas historique du Moyen âge, composé de 12 cartes, à l'usage des Troisièmes, cartonné ; prix : 10 fr.
Atlas historique Moderne, composé de 12 cartes, à l'usage des classes de Seconde et de Rhétorique ; cartonné ; prix : 10 fr.
Atlas historique universel, composé de 18 cartes et de 73 tableaux de texte ; cartonné ; prix : 30 fr.
Petite Histoire de France, à l'usage des Écoles primaires ; cartonné ; prix : 75 c.

GÉOGRAPHIE ANCIENNE COMPARÉE.

Limites et Divisions du Monde ancien.

1. L'ancien continent renfermait toutes les connaissances géographiques des Anciens. Ils le divisaient, comme nous, en trois parties, savoir : l'*Europe*, l'*Asie*, et l'*Afrique*; mais il s'en fallait bien qu'ils en connussent toute l'étendue*.

En Europe, la mer Baltique, au N., et l'Elbe, à l'E., bornaient les pays qui leur étaient réellement connus; car ils prenaient la Scandinavie pour une île, et savaient à peine le nom de la plus grande partie des peuples de la Germanie et de la Sarmatie. Ce ne fut même qu'après les expéditions des Romains qu'ils eurent des notions certaines sur les Gaules et la Bretagne.

En Asie, leurs connaissances, bornées au S. par la mer, s'étendaient un peu au N. de la mer Caspienne, et avaient pour bornes, au N. E., une ligne tirée de l'extrémité N. E. de cette mer au fond du *Grand Golfe* (golfe de Siam); encore ces limites renferment-elles, au N. et à l'E., des pays qui, tels que la Scythie et l'Inde, ne leur étaient presque connus que de nom, surtout avant l'expédition d'Alexandre.

En Afrique, ils ne connaissaient bien que les côtes de la Méditerranée, et avaient pénétré fort peu dans l'intérieur. Hérodote assure cependant que des Phéniciens avaient fait, sous le roi Néchao, le tour de cette vaste presqu'île.

Quant à l'*Amérique*, dans laquelle quelques auteurs ont cru retrouver l'*Atlantide* de Platon, il est bien certain qu'elle leur fut toujours entièrement inconnue.

---

* *Atlas à l'usage des collèges*, la carte du Monde ancien.

Hyperborée : ils la supposaient bien plus étendue de l'O. à l'E. qu'elle ne l'est réellement, et lui donnaient, dans sa partie S. E., le nom de mer d'Hyrcanie, *Hyrcanum mare*, du pays dont elle baignait les côtes; 2° la mer Intérieure proprement dite, *Internum mare*, appelée souvent aussi, par les Anciens, Notre mer, *Nostrum mare*, parce que c'était la seule qu'ils connussent parfaitement. Elle mérite d'être décrite avec détail.

5. MER INTÉRIEURE. — Cette mer, qui devait son nom à sa situation au milieu des terres, se trouvait renfermée entre l'Europe, au N., l'Asie, à l'E., et l'Afrique, au S. Elle communiquait avec l'Atlantique, à l'O., par le détroit de Gadès, *Gaditanum fretum* (détroit de Gibraltar), appelé aussi par les Anciens détroit d'Hercule, *Herculeum*, parce qu'ils supposaient que c'était ce héros qui avait ouvert cette communication entre les deux mers, en séparant les montagnes *Calpé* (Gibraltar), située en Europe, et *Abyla* (Ceuta), en Afrique, et appelées depuis les *Colonnes d'Hercule*. Cette mer se divisait naturellement en six parties bien distinctes, savoir : 1° la *mer Intérieure* proprement dite; 2° la *mer Adriatique*; 3° la *mer Égée*; 4° la *Propontide*; 5° le *Pont-Euxin*; et 6° le *Palus Méotide*.

1° LA MER INTÉRIEURE proprement dite, *Internum mare* (Méditerranée), s'étendait depuis le détroit de Gadès, à l'O., jusqu'à la Syrie et la Phénicie, à l'E., entre l'Europe, l'île de Crète et l'Asie Mineure (Anatolie), au N., et l'Afrique, au S. Elle prenait les noms suivants, savoir : Mer d'Espagne, des Baléares et d'Ibérie, *Hispanicum, Balearicum et Ibericum mare*, entre l'Espagne et les îles Baléares; — Golfe de Gaule, *Gallicus sinus* (golfe de Lyon), au S. de la Gaule Transalpine (France); — Golfe ou mer de Ligurie, *Ligusticus sinus* ou *Ligusticum mare* (golfe de Gênes), au S. de la Ligurie (États Sardes); — Mer de Sardaigne, *Sardoum mare*, à l'O. de l'île de ce nom; — Mer Tyrrhénienne ou de Toscane, *Tyrrhenum, Tuscum et Etruscum mare* (mer de Sicile), entre les îles de Corse et de Sardaigne, à l'O., et l'Italie, à l'E. : les Romains l'appelaient aussi mer Inférieure, *Inferum mare*, la regardant comme au-dessous de leur pays; — Mer de Sicile, *Siculum mare*, au S. du détroit de Sicile, *fretum Siculum* (Phare de Messine), qui sépare la Sicile de l'Italie; — Golfe de Tarente, ou mer d'Ausonie, *Tarentinus sinus* ou *Ausonium mare*, au S. de l'Italie; — Mer Ionienne, *Ionium mare*, entre l'Italie et la Grèce; — Mer de Crète, *Creticum mare*, autour de l'île de ce nom; — Mer d'Afrique et de Libye, *Africum et Libycum mare*, le long de la côte d'Afrique, sur laquelle elle forme deux golfes profonds appelés Petite Syrte, *Syrtis minor* (golfe de Cabès), et Grande Syrte, *Syrtis major* (golfe de la Sidre); — Canal de Cilicie, *Aulon Cilicius*, entre l'île de Cypre et la Cilicie (pays d'Itchil, dans l'Anatolie); — Grande mer, *Magnum mare*, sur la côte de la Syrie et de la Phénicie, nom qui lui avait été donné par les Phéniciens et les Hébreux, par opposition avec le lac *Asphaltite*, ou la mer Morte, située à l'E. de leur pays.

2° LA MER ADRIATIQUE, *Adriaticum mare* (golfe de Venise), était souvent aussi appelée par les Romains mer Supérieure, *mare Superum*, par opposition avec la mer Inférieure, dont nous avons parlé. Elle forme au N. E. le golfe de Tergeste (aujourd'hui Trieste), *Tergestinus sinus*.

3° LA MER ÉGÉE, *Ægeum mare* (Archipel), tirait, dit-on, son nom d'Égée, roi d'Athènes, qui s'y précipita, croyant que son fils Thésée avait péri dans son expédition contre le Minotaure. Elle comprenait ce vaste espace de mer parsemé d'îles qui sépare l'Asie Mineure de la Grèce, et se divisait en quatre parties, savoir: la *mer Égée* proprement dite, au N.; — la mer de Myrtos, *Myrtoum mare*, entre la Grèce et les Cyclades; — la mer Icarienne, *Icarium mare*, à l'E. de la précédente, célèbre dans les poëtes par la chute d'Icare, qui lui donna son nom ainsi qu'à la principale de ses îles (Nicaria); — la mer Carpathienne, *Carpathium mare* (la mer de Scarpanto), au S. de la précédente, ainsi nommée de l'île *Carpathos* (Scarpanto).

4° La PROPONTIDE, *Propontis* (mer de Marmara), placée entre la Thrace, au N. O., et l'Asie Mineure, au S. E., communiquait au S. O. avec la mer Égée par l'Hellespont, *Hellespontus* (détroit des Dardanelles), qui tirait son nom d'Hellé, fille d'Athamas, roi de Thèbes, qui s'y noya. Vis-à-vis d'*Abydos*, ce détroit n'a pas plus d'un quart de lieue de largeur. Ce fut en cet endroit que Xerxès ordonna de construire un pont pour faire passer son armée en Europe.

5° Le PONT-EUXIN, *Pontus Euxinus* (mer Noire), situé entre la Sarmatie, au N., et l'Asie Mineure, au S., communiquait au S. O. avec la Propontide par le Bosphore de Thrace (canal de Constantinople). On ignore l'origine de son nom; de fréquentes tempêtes en rendent la navigation fort dangereuse.

6° Le PALUS-MÉOTIDE, *Palus Mæotis* (mer d'Azof ou de Zabache), situé entre la Chersonèse Taurique (Crimée) et la Sarmatie, était joint au Pont-Euxin, au S., par le Bosphore Cimmérien[*] (détroit d'Iénikalé ou de Caffa). La partie S. O. recevait quelquefois le nom de mer Putride, *Putridum mare*, à cause des vapeurs malsaines qui s'en exhalent.

---

[*] Les détroits qui font communiquer le Pont-Euxin avec la Propontide et le Palus-Méotide avaient reçu le nom de *Bosphores*, ou mieux *Bospores*, parce qu'ils sont assez resserrés pour qu'un bœuf puisse les traverser à la nage.

EUROPE [*].

6. Bornes. — L'Europe connue des Anciens était bornée au N. par l'Océan Sarmatique, le golfe *Codanus* et l'Océan Germanique; à l'O., par le détroit de Gaule, l'Océan Britannique et l'Océan Atlantique; au S., par le détroit de Gadès et la mer Intérieure; enfin, à l'E., par la mer Égée, l'Hellespont, la Propontide, le Bosphore de Thrace, le Pont-Euxin, le Bosphore Cimmérien, le Palus-Méotide et le Tanaïs. Au N. E., de vastes contrées peu connues, désignées sous les noms de *Sarmatie* et de *Scythie*, s'étendaient depuis la Vistule jusqu'au Tanaïs (Don), qui séparait la Sarmatie d'Europe de celle d'Asie.

7. Divisions générales. — On peut diviser l'Europe ancienne en dix-neuf parties : les *Iles Britanniques*, la *Chersonèse Cimbrique*, la *Scandinavie* et la *Sarmatie*, au N.; la *Gaule*, la *Germanie*, la *Vindélicie*, la *Rhétie*, le *Norique*, la *Pannonie*, la *Dacie* et l'*Illyrie*, au centre; l'*Espagne*, l'*Italie*, la *Mésie*, la *Thrace*, la *Macédoine*, l'*Épire* et la *Grèce* avec les îles qui l'entourent, au S.

---

[*] Consulter, dans mon *Atlas à l'usage des colléges*, la carte de l'Empire Romain.

ILES BRITANNIQUES.

8. POSITION ET DIVISIONS PRINCIPALES. — Les ILES BRITANNIQUES, *Insulæ Britannicæ*, dont les Romains n'eurent connaissance qu'après l'expédition de Jules-César, se composaient de deux grandes îles, savoir : la BRETAGNE, *Britannia*, à l'E., et l'HIBERNIE, *Hibernia*, à l'O., et de plusieurs petites, que nous nommerons ci-après.

La Bretagne, que les Romains nommaient aussi *Albion*, à cause de la blancheur de ses côtes, se divisait en deux parties : la Bretagne Romaine, *Britannia Romana*, au S., et la Calédonie ou pays des Pictes, *Caledonia* ou *Picti*, au N. Ces deux pays n'ont pas toujours conservé les mêmes limites, les Pictes ayant sans cesse été repoussés de plus en plus vers le nord, par Adrien, par Antonin et par Septime Sévère, qui firent construire chacun un mur ou rempart pour préserver la Bretagne Romaine des incursions de ces barbares.

BRETAGNE ROMAINE.

9. DIVISION. — La Bretagne Romaine, divisée par les Romains en cinq provinces, dont il est impossible de fixer les limites avec exactitude, se composait de deux parties principales, la *Province Romaine proprement dite, au S.*, et la *province comprise entre le mur d'Adrien et celui de Sévère au N.*

FLEUVES. — La *Tamesis* (Tamise), l'*Abus* (Humber), la *Sabrina* (Severn), qui se jette dans un golfe profond, nommé *Sabrinæ æstuarium* (canal de Bristol).

10. La Province Romaine (Angleterre propre et principauté de Galles), au S. de l'île et bornée au N. par le mur d'Adrien, comprenait quatre des cinq provinces formées dans la Bretagne Romaine.

VILLES ET PEUPLES REMARQUABLES :

11. DUROVERNUM (Canterbury), au S. E., vers le détroit qui sépare la Bretagne de la Gaule ; capitale des Cantiens;

Cantii (dans le comté de Kent, qui a conservé leur nom. On trouvait encore dans leur pays les trois ports suivants : — Rutupiæ (Richborough, près de Sandwich), qui paraît avoir été le plus fréquenté sous les empereurs romains. — Dubris (Douvres), qui devint, avec le temps, plus célèbre que le précédent. — Lemanis portus (Lyme, près de West-Hythe), au S. O. de Douvres. Il paraît que ce fut en cet endroit que César descendit dans l'île.

Isca Silurum (Caër-Leon), vers l'embouchure de la *Sabrina* (Severn); capitale des *Silures*, dont un des rois, nommé Caractacus, se rendit célèbre par ses exploits, et fut fait prisonnier par les Romains.

Londinium (Londres), sur la Tamise. Elle était déjà très-célèbre par son commerce du temps de Tacite, et devint promptement la ville la plus importante de toute l'île. — Camalodunum (détruite, près de Colchester), au N. E. de Londres. Ces deux villes tenaient le premier rang dans le pays des Trinobantes, *Trinobantes*, qui se soumirent volontairement à César.

Venta Icenorum (Caster, près de Norwich), au N. E. de Camalodunum; capitale des Icènes, *Iceni*, l'une des plus puissantes nations de la Bretagne, qui se révolta sous le règne de Néron à l'instigation de Boadicée, qui en était reine et qui se rendit célèbre par son courage héroïque.

Eboracum (York), au N. O. de Londres; capitale des *Brigantes*, peuple nombreux et puissant qui occupait tout l'espace compris entre les deux mers. Elle fut fortifiée par les Romains, qui y établirent le siége des gouverneurs de la Grande-Bretagne. Les empereurs Septime-Sévère et Constance Chlore la choisirent aussi pour le lieu de leur résidence pendant leur séjour dans la Bretagne, et y moururent tous les deux.

12. La province comprise entre le mur d'Adrien, long de 27 lieues, du golfe *Ituna* (golfe de Solway), au S. O., à l'embouchure de la *Tina* (Tyne), à l'E., et le rempart de Sévère, long de 11 lieues, de la rivière *Glota* (la Clyde) au golfe *Bodotria* (golfe de Forth), (le Northum-

berland et la partie méridionale de l'Écosse), renfermait la cinquième province de la Bretagne Romaine.

Ville. — Alata Castra (Édinbourg), près du golfe *Bodotria*.

Pictes ou Calédonie.

13. Peuples qui l'habitaient. — Le pays des Pictes ou Calédoniens, situé au N. du rempart d'Antonin (partie septentrionale de l'Écosse), était fort peu connu des Romains, qui donnèrent aux Calédoniens le nom de Pictes, à cause de l'usage qu'avaient ces peuples de se peindre le corps de diverses figures, qu'ils regardaient comme leurs principaux ornements.

14. Villes. — Victoria (Stirling), à peu de distance du rempart d'Antonin, fondée, sans doute, par Agricola, en mémoire d'une victoire qu'il remporta sur les Calédoniens, vers le mont *Grampius* (Grampian), la seule montagne de l'Écosse qui paraisse avoir été connue dans l'antiquité. — Devana (Vieux-Aberdeen), au N. E. de Victoria, sur l'Océan Germanique.

Hibernie.

15. Peuples qui l'habitaient. — L'Hibernie (Irlande) portait aussi le nom d'*Ierne*, qu'on retrouve dans celui d'*Erin*, que lui donnent encore ses habitants. Ses principaux peuples étaient des *Brigantes*, venus, sans doute, de la Bretagne, qui en occupaient la partie méridionale; et les Scots, *Scoti*, qui en sortirent au cinquième siècle pour envahir le nord de la Bretagne, qui a pris leur nom, *Scotia* (Écosse).

Fleuve. — Le *Senus* (aujourd'hui Shannon).

Villes. — Iernis, qui paraît avoir été la principale, dans l'intérieur (près de Cashel). — Regia (Armagh), vers le N. — Eblana (probablement Dublin), sur la côte orientale.

Petites iles Britanniques.

16. Les plus remarquables des petites îles qui faisaient partie des îles Britanniques étaient :

L'île Vectis (île de Wight), au S. de la Bretagne Romaine, dont elle est séparée par un détroit de moins d'une lieue de largeur, que le reflux laissait autrefois à découvert. Vespasien la soumit aux Romains sous le règne de Claude.

Les îles Cassitérides (îles Sorlingues ou Scilly), au S. O. de la Bretagne, vis-à-vis du promontoire *Bolerium* (Land's-end ou Finistère). Elles étaient appelées Cassitérides, d'un mot grec qui signifie *étain*, parce que ce métal s'y trouve en abondance. Les Phéniciens, qui les découvrirent, désirant conserver seuls le commerce très-productif qu'ils en faisaient, cachèrent soigneusement aux autres nations la position de ces îles, qui fut ignorée pendant fort longtemps.

17. L'île Mona (île d'Anglesey), dans le canal qui séparait l'Hibernie de la Bretagne, à peu de distance de cette dernière. C'était la principale retraite des druides, prêtres de la Gaule et de la Bretagne, qui immolaient des victimes humaines dans leurs bois sacrés. Cette île fut soumise aux Romains par Agricola. — L'île Monabia (île de Man), au N. de Mona.

18. Les îles Ébudes (îles Westernes ou Hébrides), à l'O. de la Calédonie. On dit qu'elles étaient gouvernées par un roi qui ne possédait aucune richesse, et qui était même nourri aux dépens du public, afin que l'avarice ne le portât point à devenir injuste.

Les îles Orcades (îles Orkney ou Orcades), au N. de la Calédonie. Elles furent soumises aux Romains par la flotte qui fit le tour de la Bretagne, du temps d'Agricola.

Thulé (probablement la plus grande des Shetlands). Cette île, que Virgile appelle *ultima Thule*, parce que c'était la terre la plus reculée dont les Romains eussent connaissance, avait été découverte, environ trois siècles auparavant, par Pithéas de Marseille, qui, partant de la pointe la plus septentrionale de la Calédonie, y arriva en six jours.

CHERSONÈSE CIMBRIQUE.

19. POSITION. — La CHERSONÈSE CIMBRIQUE, *Cimbrica Chersonesus* (Jutland, duché de Sleswig et Holstein, provinces du Danemark), était située au N. de l'embouchure de l'Elbe; elle avait à l'O. l'Océan Germanique, au N. et à l'E. le golfe *Codanus*.

20. PEUPLES QUI L'HABITAIENT. — Cette presqu'île tirait son nom des Cimbres, *Cimbri*, qui en étaient la nation la plus puissante avant les incursions qu'ils firent en Europe joints aux Teutons, *Teutones*, que l'on croit avoir été leurs voisins et avoir habité les îles du Danemark; ils avaient formé le projet de marcher sur Rome, et voulaient l'exécuter quand Marius tailla en pièces les Teutons, près d'Aix en Provence, et défit entièrement les Cimbres dans les champs Raudiens, près de Milan. — Quelques siècles plus tard, on trouve dans la partie méridionale de la Chersonèse (duché de Sleswig et Holstein) les Saxons, *Saxones*, qui, par la suite, traversèrent l'Elbe, et devinrent un des peuples les plus puissants de la Germanie, et les Angles, *Angli*, qui, joints aux Saxons, passèrent au cinquième siècle dans la Grande-Bretagne, et donnèrent leur nom à l'Angleterre.

SCANDINAVIE.

21. Position. — La Scandinavie, *Scandinavia* (la Suède et la Norvége), était regardée par les Anciens comme une île de l'Océan Hyperborée ou *mare Pigrum*. Ils ignoraient la grandeur de cette île prétendue, connaissant seulement de nom quelques-uns des peuples qui l'habitaient.

22. Peuples. — Les plus connus étaient :

Les Hillévions, *Hilleviones* (dans la Scanie, province la plus méridionale de la Suède), nation fort nombreuse, la seule connue des Romains au temps de Pline.

Les Gutes ou Jutes, *Gutæ*, d'où l'on veut que le Jutland ait tiré son nom; d'autres veulent que ce soit le même peuple que les *Goths*, auxquels ils donnent à tort pour berceau l'île de Goth-Land, dans la Baltique, d'où ils auraient passé d'abord sur le continent voisin, et, de là, dans le reste de l'Europe, où ils jouèrent un grand rôle dans le moyen âge.

Les Suions, *Suiones*, peuple navigateur et assez civilisé, qui paraît avoir habité le pays nommé encore, dans le moyen âge, *Sueonia* (aujourd'hui la Suède).

Les Sitons, *Sitones*, séparés des Suions par le mont *Sévo* (partie des Dophrines), étaient gouvernés par une femme, suivant Tacite, et paraissent devoir être placés dans le pays nommé *Nérigon* (la Norvége), où se trouvait le port de *Bergo* (Berghen).

Ce furent ces peuples qui, sous le nom de *Normands* (hommes du nord), firent en France de si cruels ravages dans le 9e et le 10e siècle, jusqu'à ce qu'ils se fussent enfin établis dans la province qui a pris leur nom.

23. Iles. — Les différentes îles du golfe *Codanus*, qui forment aujourd'hui partie du Danemark, furent connues des Romains, quoique d'une manière assez confuse. Ils leur donnaient en général le nom d'îles *Scandiæ*; mais celle qu'ils désignent plus spécialement sous le nom de *Scandia* paraît répondre à la Scanie, où nous avons cru devoir placer les Hillévions (22). C'est probablement du nom de *Baltia*, que portait l'une de ces îles, que la mer Baltique a pris le sien.

SARMATIE EUROPÉENNE.

24. BORNES. — Les Anciens comprenaient, sous le nom de SARMATIE EUROPÉENNE, *Sarmatia Europæa*, cette vaste contrée qui s'étend au N. de la Dacie et du Pont-Euxin depuis la Vistule, qui la séparait de la Germanie, à l'O., jusqu'au Palus-Méotide et au Tanaïs, qui la séparaient de la Sarmatie Asiatique, à l'E. Ses limites au N. leur étaient inconnues ; ils supposaient qu'elle était terminée de ce côté par l'Océan Hyperborée. (Toute la partie de la Pologne et de la Prusse qui est à l'E. de la Vistule, et presque toute la Russie d'Europe.)

FLEUVES. — Le *Borysthènes*, appelé ensuite *Danapris* (Dniepr), le *Rubo* (Reuss ou Niémen), et le *Turuntus* (Duna).

PEUPLES. — Les plus connus étaient :

25. Les VÉNÈDES, *Venedi* ou *Venedæ*, qui paraissent avoir occupé toute la côte de l'Océan Sarmatique, depuis la Vistule jusqu'au golfe de Riga ; l'un des principaux peuples de la Sarmatie ; ils passèrent même la Vistule, et s'emparèrent des côtes du golfe *Codanus* jusqu'à l'Elbe, abandonnées par les Vandales vers la fin du quatrième siècle. On peut regarder comme ayant fait partie de cette nation :

Les GOTHONS, *Gothones*, regardés par quelques auteurs comme les ancêtres des Goths ; et les ESTYENS, *Æstyæi*, dont le nom s'est conservé dans celui de l'*Esthonie*. C'est sur les côtes habitées par ces peuples que la mer jette l'ambre jaune, *succinum* ou *electrum*, qui était fort recherché des Anciens.

26. Les FENNES ou FINNOIS, *Fennæ* ou *Finni*, qui ont donné leur nom au pays appelé *Finningia* (la Finlande), étaient une nation particulière, ayant son langage propre, et qui paraît avoir peuplé le nord de l'Europe et de l'Asie.

Les HYPERBORÉENS, *Hyperborei*, que les Anciens plaçaient au delà des monts Riphées, et sur lesquels ils débitaient beaucoup de fables. Ils rendaient un culte particulier à Apollon, et envoyaient tous les ans des offrandes à Délos.

Les BASTARNES, *Bastarnæ*, au S. E. des Vénèdes, dans la partie de la Sarmatie qui touchait aux monts Carpathes, dont une partie avait pris d'eux le nom d'*Alpes Bastarniques*. Ils s'étendaient même dans la Dacie jusque vers les embouchures du Danube, entre lesquelles se trouvait l'île appelée *Peucé* (227), qui leur faisait donner aussi le nom de PEUCINS, *Peucini*.

Les AGATHYRSES, *Agathyrsi*, à l'E. des Vénèdes; ils habitaient des huttes portées sur des roues, se plaisaient à couvrir d'or leurs habits, et se peignaient le corps en bleu.

Les SAUROMATES ou SARMATES, *Sauromatæ*, nation issue, disait-on, des Scythes et des Amazones, qui, venues sans doute de l'Asie Mineure, avaient abordé à *Cremni*, sur le Palus-Méotide. Chez ce peuple, les femmes mêmes montaient à cheval, et accompagnaient leurs maris à la guerre.

Les BORUSCES, *Borusci*, qui dans la suite ont donné leur nom à la Prusse.

Les IAZYGES et les ROXOLANS, *Iazyges* et *Roxolani*, qui ne devaient pas être fort éloignés du Palus-Méotide (peut-être dans l'Ukraine ou pays des Cosaques).

Les BUDINS, *Budini*, peuple nombreux qui n'avait pas de demeure fixe, vers le S.

Les GÉLONS, *Geloni*, qui habitaient d'abord sur la rive droite du Borysthènes (au S. de Kiev), mais qui, dans la suite, s'avancèrent, à ce qu'il paraît, vers la Thrace, au voisinage du mont Rhodope; ils avaient une ville nommée GELONUS, bâtie tout en bois, que Darius brûla.

27. VILLES. — Il s'en trouvait quelques-unes répandues sur la côte du Pont-Euxin, dans la contrée nommée par quelques auteurs PETITE SCYTHIE, *Parva Scythia*, parce que les peuples qui l'habitaient étaient Scythes d'origine. Ces villes avaient été fondées par les Grecs, et en particulier par les Milésiens. Les plus remarquables étaient :

ODESSUS ou *Ordessus* (sur la plage de Bérézen), sur un

petit golfe formé par le Pont-Euxin, au N. O. de l'embouchure du Borysthènes; port célèbre.

OLBIA, un peu au-dessus de l'embouchure du Borysthènes, à l'endroit où il reçoit l'*Hypanis* (Boug). C'était une colonie de Milet, d'où vient qu'on lui donne quelquefois le nom de *Miletopolis*; sa situation lui a fait donner aussi assez souvent le nom de *Borysthenes*. Elle était très-commerçante.

CARCINE, à l'extrémité du golfe appelé *Carcinites sinus* (golfe de Négropoli), formé par le Pont-Euxin, au N. O. de la Chersonèse Taurique.

CHERSONÈSE TAURIQUE.

28. Position et Peuple qui l'habitait. — La Chersonèse Taurique, *Taurica Chersonesus* (Crimée), est une presqu'île formée, au S. de la Sarmatie d'Europe, par le golfe Carcinite et le Pont-Euxin, à l'O. et au S.; par le Bosphore Cimmérien, qui la séparait de l'Asie, à l'E.; et par le Palus-Méotide, au N. E. Elle ne tient au continent, vers le N. O., que par un isthme de peu de largeur, et est terminée au S. par un cap très-élevé nommé *Criou Metopon*, ou front de bélier (Karadjé-Bouroun), qui fait face au cap *Carambis* (Kérempéh), en Paphlagonie.

Ce pays a pris son nom des Tauro-Scythes, peuple cruel et barbare qui immolait à Diane tous les étrangers qui abordaient sur ses rivages : ce qui a donné lieu à la fable d'Iphigénie, fille d'Agamemnon, transportée en Tauride par Diane, et établie prêtresse de cette déesse par Thoas, roi du pays.

29. Villes. — Elles furent toutes fondées par des colonies grecques. Les principales étaient :

Taphræ (Pérécop), sur l'isthme qui joint la presqu'île au continent. Elle tire son nom d'un mot grec qui signifie *fossé*, parce qu'elle était voisine d'un fossé qu'on avait creusé pour fermer l'entrée de la Chersonèse.

Chersonesus (près de Sébastopol), au S. O. de la presqu'île, fondée par des Grecs sortis d'*Héraclée sur le Pont* en Bithynie (514); elle fut longtemps assez puissante.

Theodosia (Caffa), ville maritime, sur la côte S. E.

Panticapæum (Kertch), sur le Bosphore, avec une forteresse construite par les Milésiens. Elle devint la capitale de cette contrée et le séjour ordinaire des rois du Bosphore. Ce petit royaume comprenait une partie de la Chersonèse et le pays à l'E. du Bosphore; après avoir eu longtemps ses rois particuliers, il fut cédé à Mithridate le Grand, roi de Pont, par le dernier d'entre eux, nommé *Parisades*, qui se crut incapable de résister aux Scythes, qui s'étaient rendus maîtres de la plus grande partie de la Tauride.

GAULE.*

50. Ses Bornes. — La Gaule, *Gallia*, appelée par les Romains Gaule Transalpine, c'est-à-dire au delà des Alpes, était bornée à l'O. par l'Océan Atlantique, au S. par les Pyrénées et le golfe de Gaule (golfe de Lyon), formé par la Méditerranée; à l'E. par les Alpes et le Rhin; et au N. par ce dernier fleuve et par l'Océan Germanique. Elle comprenait ainsi, outre la France actuelle, une partie des États Sardes et de la Suisse, la portion du grand-duché du Bas-Rhin qui est sur la rive gauche de ce fleuve, et la plus grande partie des Pays-Bas.

51. Ses Divisions générales. — Lorsque César en fit la conquête, elle se divisait en quatre parties principales: la Belgique, *Belgica*, au N.; la Celtique, *Celtica*, au milieu; l'Aquitaine, *Aquitania*, au S. O.; et la Province Romaine, *Provincia Romana*, au S. E. Les trois premières portaient en général le nom de Gaule Chevelue, *Gallia Comata*, parce que ses habitants gardaient leurs cheveux longs, et la dernière, celui de Gaule en Braies, *Gallia Braccata*, à cause d'une sorte de pantalon large, mais court, appelé *Braccæ*, qui faisait partie du vêtement de ses habitants. Auguste, en conservant cette division, fit quelques changements dans l'étendue respective des quatre provinces, et donna le nom de *Lyonnaise* à la Celtique, et celui de *Narbonnaise* à la Province Romaine. Leurs subdivisions formèrent dix-sept provinces, dont chacune avait sa métropole.

i. Belgique.

52. Position et Divisions. — La Belgique occupait tout le nord de la Gaule, et se divisait en cinq provinces, savoir: la *Germanie Supérieure*, à l'E.; la *Germanie Inférieure*, au

---

* Consulter, dans mon *Atlas à l'usage des colléges*, la carte de la Gaule *au temps de César* et de la Gaule *en dix-sept provinces*.

N. E.; la *Première Belgique*, à l'O. de la Germanie Supérieure; la *Seconde Belgique*, à l'O. de la Première et de la Germanie Inférieure; et la *Grande Séquanaise*, au S. de la Première Germanie et de la Première Belgique. Cette dernière province, qui avait d'abord fait partie de la Celtique ou Lyonnaise, en fut détachée par Auguste, qui la réunit à la Belgique.

55. I. GERMANIE SUPÉRIEURE OU PREMIÈRE. — Cette province s'étendait sur la rive gauche du Rhin, entre ce fleuve et les Vosges, *Vogesus mons*.

PEUPLES ET VILLES REMARQUABLES :

54. Les TRIBOQUES, *Triboci*, au S. (département du Bas-Rhin; capitale, ARGENTORATUM (Strasbourg), à l'E., célèbre par la victoire que Julien y remporta sur sept rois allemands, au 4e siècle.

35. Les NÉMÈTES, *Nemetes*, au N. des Triboques (cercle du Rhin, à la Bavière); capitale, NOVIOMAGUS (Spire).

36. Les VANGIONS, *Vangiones*, au N. des Némètes (partie du grand-duché de Hesse-Darmstadt située à l'O. du Rhin); capitale BORBETOMAGUS (Worms).

Les CARACATES, *Caracates*, au N. des Vangions (dans le même pays); capitale, MOGUNTIACUM (Mayence), métropole de la Germanie Supérieure : Drusus, beau-fils d'Auguste, y mourut d'une chute de cheval, et l'empereur Alexandre-Sévère fut assassiné dans les environs.

37. Le nord de la Germanie Supérieure (petite partie du grand-duché du Bas-Rhin) appartenait aux Trévères, *Treveri*, peuple puissant de la Première Belgique (43), qui y possédait : CONFLUENTES (Coblentz); ANTUNNACUM (Andernach), sur le Rhin.

58. II. GERMANIE INFÉRIEURE OU SECONDE. — Cette province, beaucoup plus vaste que la Germanie Supérieure, occupait toute la rive gauche du Rhin, jusqu'à la mer, et touchait au S. la Germanie Supérieure et les deux Belgiques. Elle est arrosée par la Meuse, *Mosa*. Une immense forêt, nommée *Arduenna Sylva* (la forêt des Ardennes), couvrait presque tout le S. de cette province; elle est beaucoup moins étendue maintenant.

PEUPLES ET VILLES REMARQUABLES :

39. Les UBIENS, *Ubii*, au S. E. (partie méridionale du duché de Clèves et Berg, dans le grand-duché du Bas-Rhin); capitale, COLONIA AGRIPPINA (Cologne), métropole de la Germanie Inférieure. Elle doit son nom à Agrippine, mère de Néron, qui y avait pris naissance, et qui la fit agrandir.

Les GUGERNES, *Gugerni*, au N. O. des Ubiens (partie septentrionale du duché de Clèves et Berg); capitale, COLONIA TRAJANA (près de Clèves), augmentée par l'empereur Trajan.

40. Les BATAVES, *Batavi*, dans l'île formée par les deux bras du Rhin, la Meuse et la mer, *Batavorum insula* (partie de la Hollande propre); ils furent les alliés des Romains, mais jamais leurs sujets. Villes : BATAVORUM OPPIDUM (Battembourg), sur la Meuse; NOVIOMAGUS (Nimègue); LUGDUNUM BATAVORUM (Leyde), près de l'embouchure du Rhin, et déjà considérable du temps des Romains.

Les MÉNAPIENS, *Menapii*; les TOXANDRES, *Toxandri*; les BÉTASIENS, *Betasii*; les TONGRES, *Tungri*, qui remplacèrent les ÉBURONS, *Eburones*, détruits par César, dont ils avaient massacré une légion; les ADUATIQUES, *Aduatici*; les CONDRUSES, *Condrusi*. Tous ces peuples occupaient le centre de la Germanie Inférieure (tout le Brabant et les évêchés de Liége et de Namur).

41. Les SUNIQUES, *Sunici* (partie occidentale de la province du Bas-Rhin, dans le grand-duché de ce nom). On leur attribue TOLBIAC, *Tolbiacum* (Zulpich), au S. O. de Cologne, célèbre dans l'histoire de France par la victoire qu'y remporta Clovis sur les Allemands, en 496, et après laquelle il se fit baptiser par saint Remy.

42. III. BELGIQUE PREMIÈRE. — Cette province, située au S. E. de la Germanie Inférieure, et à l'O. de la Germanie Supérieure, dont elle était séparée en partie par les Vosges, *Vogesus mons*, était arrosée par la Moselle, *Mosella*, et la Meuse, *Mosa*.

PEUPLES ET VILLES REMARQUABLES :

43. Les TRÉVÈRES, *Treveri*, dont nous avons déjà parlé, au N. (le grand-duché de Luxembourg, à l'O., et la plus grande partie de la province du Bas-Rhin, dans le grand-

duché de ce nom, à l'E.). Ce peuple, le plus célèbre de la Belgique, et le plus puissant par sa cavalerie, selon César, avait pour capitale AUGUSTA TREVERORUM (Trèves), qui devint la métropole de la Première Belgique, et l'une des villes les plus grandes, les plus riches et les plus considérables de la Gaule Transalpine. Elle fut le siége du préfet du prétoire des Gaules, et la résidence de plusieurs empereurs romains.

44. Les MÉDIOMATRICES, *Mediomatrici*, au S. des Trévères (département de la Moselle, et partie N. E. de celui de la Meurthe) avaient pour capitale : DIVODURUM, appelée ensuite *Mediomatrici* (Metz), qui s'embellit de tant de monuments remarquables qu'elle finit par l'emporter sur la métropole elle-même.

Les VÉRODUNIENS, *Verodunenses*, à l'O. des Médiomatrices (département de la Meuse), ayant pour capitale VERODUNUM (Verdun). — Les LEUQUES, *Leuci* (département des Vosges et partie S. O. de celui de la Meurthe); ils occupaient toute la partie méridionale de la Première Belgique, et avaient pour capitale TULLUM (Toul).

45. IV. BELGIQUE SECONDE. — Cette province, située à l'O. de la Seconde Germanie et de la Première Belgique, touchait l'Océan Germanique au N., et le détroit de Gaule (Pas-de-Calais), à l'O. Ses principales rivières étaient : l'Escaut, *Scaldis*, la Somme, *Samara*, et l'Oise, *Isara*, qui se grossit de l'Aisne, *Axona*.

PEUPLES ET VILLES REMARQUABLES :

46. Les NERVIENS, *Nervii*, au N. de la province (la Flandre occidentale, le Hainaut et la partie S. E. du département du Nord), étaient un peuple puissant, qui en avait plusieurs autres dans sa dépendance, d'où vient que toute la côte de la Seconde Belgique portait le nom de *Nervicanus Tractus*. Les Nerviens livrèrent à César, au passage de la Sambre, *Sabis*, un combat dont leur redoutable infanterie rendit le succès longtemps douteux. Ils avaient pour capitale BAGACUM (Bavay), au S., ville importante du temps des Romains, mais qui déchut vers la fin du quatrième siècle, et fut remplacée par les deux suivantes, savoir : Turnacum (Tournay), au N., et Camaracum (Cambray), au S.

47. Les Morins, *Morini*, à l'O. des Nerviens (partie N. O. des départements du Nord et du Pas-de-Calais). C'était un peuple puissant, dont les principales villes étaient : Taruenna (Thérouenne), capitale, détruite par Charles-Quint en 1553 ; — Gesoriacum, ensuite *Bononia* (Boulogne), port sur le détroit de Gaule, fort fréquenté par ceux qui passaient dans la Grande-Bretagne, et où s'embarqua l'empereur Claude pour se rendre dans cette île. — Itius Portus (probablement Wissant), d'où partit César pour son expédition dans la Grande-Bretagne.

48. Les Atrébates, *Atrebates*, au S. E. des Morins (la partie S. E. du département du Pas-de-Calais); leur roi Comius est célèbre dans les *Commentaires de César* : ils avaient pour capitale Nemetacum, appelée ensuite *Atrebates* (Arras).

Les Ambiens, *Ambiani*, au S. des Morins et des Atrébates (la plus grande partie du département de la Somme) : ils tenaient aussi un rang distingué dans la Belgique, et avaient pour capitale Samarobriva, appelée ensuite *Ambiani* (Amiens), sur la Somme. César y tint une assemblée des États de la Gaule.

49. Les Véromanduens, *Veromandui*, à l'E. des Ambiens (l'extrémité orientale du département de la Somme et le N. O. de celui de l'Aisne). Capitale, Augusta Veromanduorum, qui prit, au 3e siècle, le nom de *saint Quentin*, qui y mourut pour la foi ; quelques-uns veulent que ce soit *Vermand*, à deux lieues au N. O.

Les Bellovaques, *Bellovaci*, au S. des Ambiens (département de l'Oise) : ils étaient si puissants qu'ils pouvaient mettre 100 mille hommes sur pied. Capitale, Cæsaromagus, depuis *Bellovaci* (Beauvais). — *Bratuspantium* (près de Breteuil), au N., place forte.

Les Suessions, *Suessiones*, à l'E. des Bellovaques (la partie S. du département de l'Aisne), peuple puissant, dont le roi, nommé Galba, fut jugé digne de commander l'armée que les Belges opposèrent à César. Leur capitale était

Noviodunum, nommée ensuite *Augusta Suessionum*, puis *Suessiones* (Soissons), qui essaya de résister à César, auquel elle se rendit ensuite.

50. Les Rémois ou Rèmes, *Remi*, à l'E. des Véromanduens et des Suessions (département des Ardennes, le S. E. de celui de l'Aisne, et le N. O. de celui de la Marne); ils rendirent de grands services à César dans la conquête des Gaules, et restèrent fidèles alliés des Romains : aussi tinrent-ils un des premiers rangs dans la Gaule. Ils avaient pour capitale Duro-Cortorum, ensuite *Remi* (Reims), métropole de la Seconde Belgique, renommée par ses manufactures d'armes, et par le soin qu'on y donnait à l'étude des lettres ; on y trouve de belles antiquités.

51. Les Catelaunes, *Catelauni* (le S. E. du département de la Marne et le N. O. de celui de la Haute-Marne), au S. des Rémois, auxquels ils paraissent avoir été soumis ; capitale, Duro-Catelaunum, puis *Catelauni* (Châlons-sur-Marne).

52. V. Grande Séquanaise. — Cette province, située au S. de la Première Germanie et de la Première Belgique, s'étendait au S. jusqu'au lac *Léman* (lac de Genève) et jusqu'aux Alpes. Elle était traversée par la chaîne du Jura, *Jura mons*, et arrosée par le Rhin, *Rhenus*, et par le Doubs, *Dubis*; la Saône, *Arar*, la séparait, à l'O., de la Première Lyonnaise.

Peuples et Villes remarquables :

53. Les Rauraques, *Rauraci*, au N., entre le Rhin et les premières montagnes de la chaîne des Vosges (département du Haut-Rhin et la plus grande partie du canton de Bâle); capitale, Augusta Rauracorum ou Rauracum (Augst, village à deux lieues au S. E. de Bâle), sur le Rhin : il paraît qu'elle fut remplacée par une forteresse nommée Basilia (Bâle), aussi sur le Rhin.

54. Les Séquanais, *Sequani*, au S. O. des Rauraques (départemens de la Haute-Saône, du Doubs, du Jura, la partie E. de celui de Saône-et-Loire, et le N. de celui de l'Ain); c'était un des peuples les plus puissants de la Gaule ; ils avaient pour capitale Vesontio (Besançon), sur le Doubs, dans une position très-forte : elle devint la métropole de la

Grande Séquanaise, et fut embellie de monuments, dont quelques-uns sont conservés en partie.

55. Les HELVÉTIENS, *Helvetii*, séparés des Séquanais par le Jura, et des Rauraques par le mont *Vocetius* (Boëtz-Berg), occupaient toute la partie orientale de la Grande Séquanaise (la plus grande partie de la Suisse). César nous les représente comme les plus belliqueux de tous les Gaulois; ils étaient divisés en plusieurs cantons, dont les principales villes étaient AVENTICUM (Avenche, au S. du lac de Morat), à laquelle Tacite donne le nom de capitale de l'Helvétie; *Salodurum* (Soleure); *Aquæ Helveticæ* (Baden), au N. E. de Soleure, lieu très-fréquenté du temps des Romains, à cause de ses eaux thermales; et *Turicum* (Zurich), au N. E. de l'Helvétie.

II. LYONNAISE.

56. POSITION ET DIVISIONS. — La Lyonnaise, *Lugdunensis*, nommée auparavant *Celtique*, occupait toute la partie centrale de la Gaule, et se divisait en quatre provinces, savoir : la *Première Lyonnaise*, au S. O. de la Première Belgique; la *Seconde Lyonnaise*, sur le bord de l'Océan Britannique; la *Troisième*, au S. de la Seconde, et la *Quatrième*, appelée aussi *Sénonie*, à l'E. de la Seconde et de la Troisième. Afin de suivre un ordre plus régulier dans la description de ces provinces, nous décrirons d'abord la Première Lyonnaise, puis la Quatrième, la Seconde, et nous finirons par la Troisième.

57. I. PREMIÈRE LYONNAISE. — Cette province, située à l'O. de la Grande Séquanaise, dont elle était séparée par la Saône, *Arar*, avait l'Aquitaine à l'O., et la Narbonnaise au S. Elle était arrosée par la Loire, *Liger*; la Seine, *Sequana*, et l'Yonne, *Icauna*, y prenaient leurs sources.

PEUPLES ET VILLES REMARQUABLES :

58. Les LINGONS, *Lingones*, au N. (presque tout le département de la Côte-d'Or, le S. de celui de la Haute-Marne, le S. O. de celui des Vosges, et l'E. de celui de l'Yonne) :

ce peuple appartenait à la Belgique, dont il fut détaché pour être réuni à la Première Lyonnaise; il fut un de ceux qui passèrent en Italie sous le règne de Tarquin l'Ancien. Leurs villes principales étaient : ANDOMATUNUM, nommée ensuite *Lingones* (Langres), capitale, au N.; et *Divio* ou *Dibio* (Dijon), au S.

Les MANDUBIENS, *Mandubii*, au S. des Lingons (partie S. O. du département de la Côte-d'Or); ils avaient pour capitale ALESIA (Alise, près de Semur), fameuse par le siége qu'elle soutint contre César, qui s'y vit assailli par toute la Gaule confédérée : ce général parvint cependant à dissiper la nombreuse armée des Gaulois, et prit Alise, dont il réduisit les habitants à l'esclavage.

59. Les ÉDUENS, *Ædui*, au S. des Lingons et des Mandubiens (presque tout le département de la Nièvre, la plus grande partie de celui de Saône-et-Loire, une petite portion de l'E. de celui de l'Allier, une très-petite partie du N. de ceux du Rhône et de la Loire). Ce peuple, le plus puissant de la Celtique, vit les Romains rechercher son alliance; il en tenait plusieurs autres dans sa dépendance, et avait un grand nombre de villes, dont les principales étaient : AUGUSTODUNUM, nommée auparavant *Bibracte* (Autun), capitale, une des plus anciennes des Gaules; elle devint célèbre par ses écoles, où toute la noblesse de ce pays allait se faire instruire dans les lettres. Il paraît que les druides, chefs de la religion gauloise, s'assemblaient souvent dans ses environs, au *mont Dru*. C'est la patrie du philosophe *Divitiac*, contemporain de César, et qui fut connu de Cicéron, qui le vante comme un des plus savants d'entre les druides. *Cabillonum* (Châlons-sur-Saône), *Matisco* (Mâcon), aussi sur la Saône; *Noviodunum*, puis *Nevirnum* (Nevers), sur la Loire.

Parmi les peuples qui leur étaient soumis se trouvaient des Boïens, *Boii*, venus des environs de l'Helvétie, et à qui ils avaient donné une portion de leur pays, située entre l'Allier, *Elaver*, et la Loire (la partie N. E. du département de l'Allier); il paraît qu'ils y possédaient une ville nommée *Gergovia* (peut-être Moulins), qu'il ne faut pas confondre avec une autre *Gergovia* située dans l'Aquitaine (79).

60. Les Ségusiens, *Segusiani*, au S. de la Première Lyonnaise (la plus grande partie des départements du Rhône et de la Loire, et le S. O. de celui de l'Ain). Ils paraissent avoir été assez longtemps sous la domination des Éduens. On trouvait dans leur pays Lugdunum (Lyon), fondée par les Romains; elle devint avec le temps la capitale de la Celtique, qui prit alors le nom de *Lyonnaise*; elle était aussi la métropole de la Première Lyonnaise, et se rendit célèbre par son commerce et par son académie. Auguste y séjourna trois ans. C'est la patrie de Germanicus, des empereurs Claude et Caracalla, et de plusieurs écrivains assez distingués.

61. II. Lyonnaise Quatrième ou Sénonie. — Cette province, située au N. O. de la Première Lyonnaise, dont elle avait été démembrée, occupait à peu près le centre de la Gaule: elle était arrosée par la Seine, *Sequana*; l'Yonne, *Icauna*; et la Loire, *Liger*, qui la bornait en partie au S.

Peuples et Villes remarquables:

62. Les Tricasses, *Tricasses*, à l'E. (département de l'Aube, et le S. O. de celui de la Marne), qui avaient une capitale nommée Augustobona, puis *Tricasses* (Troyes), sur la Seine.

62 bis. Les Sénonais, *Senones*, occupaient tout le S. E. de la province (le S. des départements de Seine-et-Oise et de Seine-et-Marne, le N. E. du Loiret, la plus grande partie de celui de l'Yonne et le N. O. de la Nièvre). Ils envoyèrent, vers l'an de Rome 356, une nombreuse peuplade s'établir en Italie, dans le pays des Ombriens, entre l'Apennin et la mer Adriatique, et n'en étaient pas moins un des peuples les plus puissants de la Celtique, où ils possédaient Senones (Sens), sur l'Yonne, une des villes les plus peuplées et les plus considérables de toute la Lyonnaise, et la métropole de la Quatrième, appelée quelquefois, de son nom, Sénonie, *Senonia*; *Agedincum* (Provins), qui servit de place d'armes à César; *Autissiodorum* (Auxerre), sur l'Yonne, au S.; *Melodunum* (Melun), sur la Seine, au N. O.

Les Meldes, *Meldi*, au N. des Sénonais (partie N. du département de Seine-et-Marne); capitale, Iatinum, ensuite *Meldi* (Meaux), sur la Marne.

63. Les Parisiens, *Parisii*, au N. O. des Sénonais (département de la Seine, et le N. O. de celui de Seine-et-Oise); capitale, Lutetia, ensuite *Parisii* (Paris), renfermée, au temps de César, dans l'île Notre-Dame; Julien, n'étant encore que César, la choisit pour sa résidence, et fit bâtir, sur la rive gauche de la Seine, un palais avec des *Thermes* ou bains, dont une partie subsiste encore.

Les Carnutes, *Carnutes*, qui occupaient le S. O. de la province (le S. O. du département de Seine-et-Oise, celui d'Eure-et-Loir, et le N. O. de celui de Loir-et-Cher); ils étaient en grande réputation de valeur dans la Gaule, et furent un des peuples qui passèrent en Italie sous le règne de Tarquin l'Ancien. Leurs villes étaient : Autricum, puis *Carnutes* (Chartres), sur l'Eure, *Autura*, qui lui avait donné son nom; *Durocasses* (Dreux), où l'on croit que les druides tenaient tous les ans leur assemblée générale.

64. Les Auréliens, *Aureliani* (le S. O. du département du Loiret et le S. E. de celui de Loir-et-Cher). Ce peuple, qui dépendait auparavant des Carnutes, fut, à ce que l'on croit, rendu indépendant par l'empereur Aurélien, qui donna son nom à leur capitale, Aurelianum (Orléans), appelée auparavant *Genabum*, ville très-commerçante, qui avait été brûlée par César.

65. III. Lyonnaise Seconde. — Cette province était située au N. O. de la Quatrième Lyonnaise, sur les deux rives de la Seine et sur les bords de l'Océan Britannique; elle était en outre arrosée par l'Orne, *Olina*, et la Vire, *Agenus*.

Peuples et Villes remarquables :

66. Les Véliocasses, *Veliocasses*, au N. O. des Parisiens (le N. O. du département de Seine-et-Oise, le N. E. de celui de l'Eure et le S. E. de celui de la Seine-Inférieure); capitale, Rotomagus (Rouen), sur la Seine. Quoique César n'en fasse pas mention, il paraît que c'était une ville considérable; elle devint la métropole de la Seconde Lyonnaise; *Briva Isarœ* (Pontoise), au S. E.

67. Les CALÈTES, *Caleti*, au N. O. des Véliocasses (partie N. O. du département de la Seine-Inférieure); capitale, JULIOBONA (Lillebonne). — Les AULERQUES ÉBUROVICES, *Aulerci Eburovices*, au S. des Véliocasses (l'E. du département de l'Eure; capitale, MEDIOLANUM, puis *Eburovices* (Évreux).—Les LEXOVIENS, *Lexovii*, à l'O. des Aulerques Éburovices (l'O. du département de l'Eure, et l'E. de celui du Calvados) ; capitale, NOVIOMAGUS, puis *Lexovii* (Lisieux), au centre. — Les VIDUCASSES, *Viducasses*, à l'O. des Lexoviens (le centre du département du Calvados) ; capitale, AUGUSTODORUM , puis *Viducasses* (Vieux, près de Caen). — Les BAJOCASSES, *Bajocasses*, à l'O. des Viducasses (partie O. du département du Calvados); capitale ARÆGENUS, puis *Bajocasses* (Bayeux), au N. E. — Les VÉNELLES, *Venelli*, à l'O. des Bajocasses (le N. du département de la Manche). Villes : CROCIATONUM (Valognes), au N., capitale ; *Constantia* (Coutances), au S. —Les ABRINCATES, *Abrincatui*, au S. des Vénelles (le S. du département de la Manche) ; capitale, INGENA, puis *Abrincatui* (Avranches). — Les SAÏENS, *Saii*, au S. des Lexoviens (département de l'Orne); capitale, SAII (Séez), vers la source de l'Orne.

68. Sur la côte, vis-à-vis du pays des Vénelles, se trouvent dans l'Océan trois petites îles, savoir : RIDUNA (Aurigny), SARNIA (Guernesey) et CÆSAREA (Jersey).

69. IV. LYONNAISE TROISIÈME. — Cette province, qui s'étendait au S. de la Seconde Lyonnaise, occupait en outre toute la presqu'île formée par la Manche, *Oceanus Britannicus*, au N., et l'Océan Atlantique, à l'O. et au S., et qui reçut le nom de Petite Bretagne, *Britannia Minor*, lorsqu'un corps de Bretons fut venu s'y établir vers la fin du cinquième siècle. Elle était bornée en partie au S. par la Loire, et arrosée en outre par la Mayenne, *Meduana*, et la Vilaine, *Herius*. Tous les peuples qui habitaient le long des côtes, dans cette province et dans la précédente, portaient, du temps de César, le nom d'Armoricains, *Armoricæ civitates*, et formaient une sorte de république fédérative, que ce général eut beaucoup de peine à réduire. Après l'arrivée des Bretons, le nom d'Armorique ne fut plus appliqué qu'à la Bretagne.

PEUPLES ET VILLES REMARQUABLES :

70. Les TURONS, *Turones*, qui occupaient les deux rives

de la Loire (département d'Indre-et-Loire); capitale Cæ-sarodunum, ensuite *Turones* (Tours), qui devint la métropole de la Troisième Lyonnaise.

Les Aulerques Cénomans, *Aulerci Cenomani*, au N. O. des Turons (département de la Sarthe); une de leurs colonies passa les Alpes sous le règne de Tarquin l'Ancien, et s'établit dans une partie de la Gaule Transpadane. Ils avaient pour capitale Suindinum, puis *Cenomani* (Le Mans).

Les Aulerques Diablintes, *Aulerci Diablintes*, au N. O. des Cénomans (le N. du département de la Mayenne); capitale, Noeodunum, puis *Diablintes* (Jublains, à deux lieues de Mayenne).— Les Arviens, *Arvii*, au S. des Diablintes (partie S. du département de la Mayenne); capitale, Vagoritum, puis *Arvii* (aujourd'hui ruinée). — Les Andes ou Andécaves, *Andes* ou *Andecavi*, au S. des Arviens (le N. du département de Maine-et-Loire); capitale, Juliomagus, puis *Andecavi* (Angers).

71. Les Namnètes, *Namnetes*, à l'O. des Andécaves (le N. du département de la Loire-Inférieure). Villes principales : Condivicnum, ensuite *Namnetes* (Nantes), capitale; *Corbilo* (Couéron), port sur la Loire, une des villes les plus opulentes et les plus considérables de la Gaule au temps de Pithéas, qu'on fait contemporain d'Alexandre le Grand : sa prospérité paraît avoir eu peu de durée.

72. Les Rédons, *Redones*, au N. des Namnètes (département d'Ille-et-Vilaine). Villes principales : Condate, puis *Redones* (Rennes), capitale; *Aletum* (près de Saint-Malo), port sur l'Océan, et résidence d'un commandant maritime, dont l'autorité s'étendait sur toute la côte appelée *Armoricanus et Nervicanus Tractus*.

Les Curiosolites, *Curiosolites*, au N. O. des Rédons (l'E. du département des Côtes-du-Nord); capitale, Curiosolites (Corseul, à deux lieues de Dinan), dont on ignore le nom primitif.

75. Les Vénètes, *Veneti*, au S. E. des Curiosolites (département du Morbihan), le long de la côte de l'Océan et autour du Morbihan, appelé par César mer Fermée, *Conclusum mare*, et sur les lagunes duquel étaient bâties les villes des Vénètes; ce qui donna à ce général beaucoup de peine

pour les réduire, lors du soulèvement de la Gaule contre les Romains. Les Vénètes étaient le plus puissant des peuples armoricains ; supériorité qu'ils devaient surtout à leur habileté dans la marine. On croit que c'est d'eux que descendent les *Vénètes* ou *Hénètes* d'Italie (les Vénitiens). Ils avaient pour capitale Darioricum, puis *Veneti* (Vannes). Il paraît qu'ils possédaient aussi les petites îles situées vis-à-vis de la côte de leur pays, connues sous le nom de Veneticæ insulæ, îles des Vénètes, dont la principale se nommait *Vendilis* (Belle-Ile).

74. Les Osismiens, *Osismii*, à l'O. des Curiosolites et des Vénètes (l'O. du département des Côtes-du-Nord et celui du Finistère). Villes principales : Vorganium, puis *Osismii* (Carhaix, au N. E. de Quimper), capitale ; *Brivates Portus* (Brest).

Près de la côte se trouvent plusieurs petites îles dont les plus remarquables sont : Uxantis (Ouessant) et Sena (Sein). Cette dernière était habitée par neuf prêtresses appelées Gallicènes, *Gallicenæ*, auxquelles es Gaulois attribuaient le don d'exciter des tempêtes par leurs enchantements, de prendre à leur gré la forme de toute sorte d'animaux, de prédire l'avenir et de guérir toutes les maladies.

III. Aquitaine.

75. Position et Division. — L'Aquitaine occupait tout le S. O. de la Gaule, et se divisait en trois provinces, savoir : la *Première Aquitaine*, à l'E. ; la *Seconde*, à l'O. ; et la *Novempopulanie*, au S. de la Seconde Aquitaine.

76. I. Aquitaine Première. — Cette province s'étendait au S. de la Quatrième Lyonnaise et au S. O. de la Première, jusqu'à la Première Narbonnaise, au S. et au S. E. Les Cévennes, *Cebenna mons*, la séparaient en partie de cette dernière province ; elle était arrosée par un grand nombre de rivières, dont les principales étaient, outre la Loire, dont nous avons déjà parlé, le Cher, *Caris*, la Vienne, *Vigenna*, la Dordogne, *Durannius*, le Lot, *Oltis*, et le Tarn, *Tarnis*.

PEUPLES ET VILLES REMARQUABLES :

77. Les BITURIGES, *Bituriges*, surnommés CUBIENS, *Cubi*, pour les distinguer de ceux qui habitaient dans la Seconde Aquitaine (85), au N. de la province (l'O. du département de l'Allier, ceux du Cher et de l'Indre); capitale, AVARICUM, puis *Bituriges* (Bourges), une des plus belles, des plus grandes et des plus fortes villes de la Gaule, du temps de César, qui ne la prit qu'après un siége très-difficile, pendant lequel périrent près de quarante mille Bituriges. Elle devint par la suite la métropole de la Première Aquitaine.

Ce peuple, qui était encore un des plus puissants de la Gaule sous les Romains, paraît avoir dominé dans ce pays 600 ans avant l'ère chrétienne et avoir donné des rois à la Celtique. Un d'eux, nommé *Ambigat*, envoya ses neveux *Bellovèse* et *Sigovèse*, à la tête d'armées très-nombreuses, s'établir, le premier en Italie, et le second dans la Germanie.

78. Les LÉMOVICES, *Lemovices*, au S. des Bituriges (départements de la Creuse, de la Haute-Vienne et de la Corrèze); capitale, AUGUSTORITUM, puis *Lemovices* (Limoges).

79. Les ARVERNES, *Arverni*, au S. E. des Bituriges (le S. E. du département de l'Allier, ceux du Puy-de-Dôme et du Cantal); ils se vantaient d'être du même sang que les Romains, issus comme eux d'une colonie de Troyens qui, disait-on, était venue s'établir dans la Gaule sous la conduite d'Anténor. C'était un peuple très-puissant, dont le roi Vercingétorix fut choisi pour chef de la nombreuse armée que les Gaulois confédérés opposèrent à César. Villes principales : AUGUSTONEMETUM, puis *Arverni* (Clermont-Ferrand), capitale; *Gergovia*, Gergovie, au S. E., place très-forte sur une haute montagne, assiégée inutilement par César.

80. Les VELLAVES, *Vellavi*, au S. E des Arvernes, dont ils dépendaient au temps de César (une grande partie du département de la Haute-Loire); capitale, REVESSIO, puis *Vellavi* (St.-Paulien, à trois lieues N. O. du Puy).—Les GABALES, *Gabali*, au S. O. des Vellaves (une grande partie du département de la Lozère); capitale, ANDERITUM, puis *Gabali* (Javols, à deux lieues de Marvéjols). Ce peuple dépendait aussi des Arvernes au temps

de César. Les fromages de ce pays, et surtout ceux de la Lozère, *Lesura mons*, étaient très-estimés des Romains.

81. Les RUTÈNES, *Ruteni*, au S. O. des Arvernes, divisés en *Libres*, au N. (département de l'Aveyron), et *Provinciaux*, au S. (tout le N. du département du Tarn). Les premiers avaient pour capitale SEGODUNUM, puis *Ruteni* (Rodez); les seconds sont appelés par César *Provinciales*, parce que de son temps ils faisaient partie de la Province Romaine, dont ils furent séparés plus tard pour être réunis à l'Aquitaine : ils avaient pour capitale ALBIGA (Alby).

82. Les CADURCES, *Cadurci*, à l'O. des Rutènes (le département du Lot et le N. de celui de Tarn-et-Garonne). Villes principales : DIVONA, puis *Cadurci* (Cahors); *Uxellodunum*, au N. (Le Puech d'Usselou, à deux lieues de Martel), la dernière place qui tint dans les Gaules contre César, et célèbre par le siége qu'il fut obligé d'en faire, et qui lui donna beaucoup de peine.

83. II. AQUITAINE SECONDE. — Cette province, située à l'O. de la Première, s'étendait le long des côtes de l'Océan Atlantique. Ses principales rivières étaient, outre la Loire, qui la bornait au N., et la Garonne, qui la traversait au S., la Charente, *Carentulus*, et la Dordogne, *Durannius*.

PEUPLES ET VILLES REMARQUABLES :

84. Les PICTONS ou PICTAVES, *Pictones* ou *Pictavi*, au N. (le S. des départements de la Loire-Inférieure et de Maine-et-Loire, ceux de la Vendée, des Deux-Sèvres et de la Vienne); capitale, LIMONUM, puis *Pictavi* (Poitiers), où l'on trouve des restes précieux d'antiquités.

85. Les SANTONS, *Santones*, au S. des Pictons (départements de la Charente et de la Charente-Inférieure). Villes principales : MEDIOLANUM, puis *Santones* (Saintes), une des villes les plus florissantes de l'Aquitaine, au 4e siècle; le port des Santons, *Santonum Portus* (vers Marennes); *Iculisna* (Angoulême). Sur la côte habitée par ce peuple se trouvait l'île nommée ULIARUS (Oleron).

Les BITURIGES VIVISQUES, *Bituriges Vivisci*, au S. des Santons (le N. du département de la Gironde); capitale, BURDIGALA (Bordeaux); elle devint la métropole de la Seconde Aquitaine, et jouit de grands priviléges, ayant, comme Rome, son sénat et ses consuls. Elle se fit aussi remarquer par ses écoles, qui ont produit une foule de savants distingués, entre autres le poëte Ausone. A l'embouchure de la Gironde se trouvait l'île d'*Antros* (la tour de Cordouan).

86. Les Pétrocoriens, *Petrocorii*, à l'E. des Bituriges (département de la Dordogne); capitale, Vesunna, puis *Petrocorii* (Périgueux), qui a conservé beaucoup d'antiquités.

Les Nitiobriges, *Nitiobriges*, au S. des Pétrocoriens (presque tout le département de Lot-et-Garonne); capitale, Aginnum (Agen).

87. III. Novempopulanie. — Cette province, située au S. de la Seconde Aquitaine, occupait l'extrémité S. O. de la Gaule, et tirait son nom des neuf principaux peuples qui l'habitaient, et qui sont peu connus aujourd'hui. Après la Garonne, la principale rivière qui l'arrosait était l'Adour, *Atur*.

Peuples et Villes remarquables :

88. Les Tarbelles, *Tarbelli*, le long de l'Océan Aquitanique (partie O. des départements des Landes et des Basses-Pyrénées). Villes principales : Aquæ Tarbellicæ (Dax), qui tirait son nom d'une source d'eau chaude qu'on y voit encore; *Lapurdum* (Bayonne), forteresse construite par les Romains.

89. Les Élusates, *Elusates*, au centre de la province (l'E. du département des Landes et l'O. de celui du Gers), capitale, *Elusa* (Eauze), qui fut pendant quelque temps la métropole de la Novempopulanie.

Les Ausciens, *Ausci*, au S. E. des Élusates (la plus grande partie du département du Gers); capitale, Climberris, puis *Augusta Ausciorum et Ausci* (Auch), qui devint, après Elusa, la métropole de la Novempopulanie.

90. Les Vasates, *Vasates*, au N. E. des Tarbelles (le S. E. du département de la Gironde); capitale, Cossio, puis *Vasates* (Bazas), patrie du médecin Ausone, père du poëte.—Au S. E. de ce peuple habitaient les Sotiates, *Sotiates*, dont le territoire paraît avoir été peu considérable, mais qui opposèrent une vigou-

reuse résistance à Crassus, qui fit le siège de leur capitale, *Sotiates* (Sos). — Les LACTORATES, *Lactorates*, à l'E. des Élusates (le N. E. du département du Gers); capitale, *Lactora* (Lectoure). — Les BIGERRIONS, *Bigerriones* ou *Begerri*, au S. O. des *Ausciens*, (la plus grande partie du département des Hautes-Pyrénées) ; capitale, TURBA (Tarbes). — Les CONVÈNES, *Convenæ*, à l'E. des Bégerres (départements des Hautes-Pyrénées, partie S. E., et de la Haute-Garonne, partie S. O.); ils étaient Espagnols d'origine, et habitaient le sommet des Pyrénées, d'où ils descendaient piller les campagnes voisines. Pompée, à son retour d'Espagne, les força à descendre dans la plaine. Ce fut alors qu'ils bâtirent *Lugdunum Convenarum* (Saint-Bertrand-de-Comminges), sur une colline, près de la Garonne. — Les CONSORANS, *Consoranni*, à l'E. des Convènes (le S. du département de l'Ariége); il paraît qu'ils s'étendaient jusque dans la Narbonnaise. Leur capitale était CONSERANNI (Conserans ou Couserans, détruite).

IV. NARBONNAISE.

91. POSITION ET DIVISION. — La NARBONNAISE, *Narbonensis*, occupait toute la partie S. E. de la Gaule, et se divisait en cinq provinces : la *Première Narbonnaise*, au S. O.; la *Viennoise*, au centre ; la *Seconde Narbonnaise*, à l'E. de la Viennoise; les *Alpes Grecques* et *Pennines*, au N. E. de la Viennoise; et les *Alpes Maritimes*, au S. des précédentes.

92. I. NARBONNAISE PREMIÈRE. — Cette province, située autour du golfe de Gaule, *Gallicus Sinus* (golfe de Lyon), était arrosée par l'Aude, *Atax*, et touchait le Rhône à l'E. Elle était entièrement habitée par un peuple nommé les Volces, *Volcæ*, qui avaient formé des établissements jusque dans l'Asie Mineure, et qui furent soumis par les Romains l'an de Rome 633. Ils se divisaient en *Volces Tectosages*, au S. O., et *Arécomiques*, au N. E., et se subdivisaient en plusieurs peuples, ainsi que nous allons le voir.

PEUPLES ET VILLES REMARQUABLES :

93. Les TOLOSATES, *Tolosates*, le plus septentrional des peuples appelés *Volces Tectosages* (le S. du département de Tarn-et-Garonne, presque tout celui de la Haute-Ga-

ronne, et une petite partie de celui de l'Aude). Ce peuple possédait d'immenses richesses, qu'il conservait dans des étangs consacrés aux dieux; il avait pour capitale Tolosa (Toulouse), une des plus anciennes villes des Gaules, capitale de tout le pays des Tectosages, et l'une des plus importantes de la Gaule sous les Romains.

94. Les Atacins, *Atacini*, au S. E. des Tolosates (la plus grande partie des départements de l'Aude et de l'Hérault); ils tiraient leur nom de la rivière dont ils habitaient les bords, et avaient pour villes principales : Narbo-Martius (Narbonne), la première colonie établie par les Romains dans les Gaules, et longtemps la capitale de tout le pays possédé par eux; métropole de la Première Narbonnaise, fameuse par son commerce et par la culture des lettres.

Carcaso (Carcassonne), au S. O. de Narbonne : elle jouissait, sous les Romains, du droit de se gouverner selon ses lois; Bæterræ (Béziers), au N. E. de Narbonne : on y trouve des restes d'antiquités; Agatha (Agde), à l'E. de Béziers, fondée par les Marseillais (101); Luteva (Lodève), au N. E. de Béziers.

Les Sardons, *Sardones*, au S. des Atacins (département des Pyrénées-Orientales). Villes principales : Ruscino (Castel-Roussillon), qui a donné son nom au *Roussillon*, et des ruines de laquelle on a bâti, à une lieue environ, la ville de Perpignan; Illiberis, puis *Helena* (Elne), qui était une ville considérable lors du passage d'Annibal d'Espagne dans la Gaule; *Portus Veneris* (Port-Vendres).

95. Les Volces Arécomiques, *Volcæ Arecomici*, au N. E. des Atacins (département du Gard, et l'E. de celui de l'Hérault); capitale, Nemausus (Nîmes), l'une des plus anciennes villes des Gaules. Les Romains y envoyèrent une colonie, et la décorèrent de monuments dont les restes sont les plus beaux morceaux d'antiquités romaines qui soient en France.

96. II. Viennoise. — Cette province, située à l'E. de la Première Narbonnaise, et presque entièrement sur la rive gauche du Rhône, était arrosée par l'Isère, *Isara*, la Drôme, *Druna*, et la Durance, *Druentia*.

GAULE.

Peuples et Villes remarquables :

97. Les Allobroges, *Allobroges*, au N. (le canton de Genève, le N. O. de la Savoie, le S. E. du département de l'Ain, celui de l'Isère, le N. de celui de la Drôme et de celui de l'Ardèche). Ce peuple, compté parmi les plus puissants et les plus courageux de la Gaule, résista longtemps aux Romains; ses villes principales étaient : Geneva (Genève), déjà considérable du temps des Romains; Vienna (Vienne), au S. O., capitale des Allobroges, et, par la suite, métropole de la Viennoise, qui lui dut son nom, et l'une des principales villes de la Gaule. Pilate, gouverneur de la Judée, y fut relégué par Caligula, et s'y donna la mort.

98. Les Ségalaunes, *Segalauni*, au S. des Allobroges, le long du Rhône (département de la Drôme, partie centrale); capitale, Valentia (Valence), où Quintus Fabius Maximus défit les Allobroges, l'an de Rome 632. — Les Tricastins, *Tricastini*, au S. des Ségalaunes (même département, partie S. O.); capitale, Augusta Tricastinorum (Saint-Paul-Trois-Châteaux). — Les Vocontiens, *Vocontii*, à l'E. des deux peuples précédents (même département, partie E.) : ils jouissaient du privilége de se gouverner par leurs lois, et avaient pour villes principales *Dea Vocontiorum* (Die), *Lucus Augusti* (Luc), Vasio (Vaison), capitale, l'une des villes les plus riches et les plus florissantes de la Narbonnaise; patrie de l'historien Trogue-Pompée, abrégé par Justin. — Les Helviens, *Helvii*, sur la rive droite du Rhône (le S. du département de l'Ardèche). Ce peuple, placé par quelques géographes au N. E. de la Première Narbonnaise, avait pour capitale Alba Augusta ou Alba Helviorum (Alps, à deux lieues de Viviers), fameuse dans l'antiquité par la quantité de vins que produisait son territoire.

99. Les Cavares, *Cavares*, au S. des Tricastins et des Vocontiens (presque tout le département de Vaucluse, et le N. de celui des Bouches-du-Rhône); une des plus puissantes nations de ces contrées. Villes principales : Arausio (Orange), capitale : on y voit encore un superbe arc de triomphe, ouvrage des Romains; *Carpentoracte* (Carpentras); *Avenio* (Avignon), distinguée par ses richesses.

100. Les Anatiliens, *Anatilii*, vers les embouchures du Rhône (le S. O. du département des Bouches-du-Rhône); capitale, Tarasco (Tarascon); Arelate (Arles) : son commerce et les monuments dont elle fut décorée par les Romains, et dont elle possède encore quelques-uns, la rendirent une des villes les plus riches et les plus magnifiques de cette province; Ausone, au quatrième siècle, l'appelle *la Rome des Gaules*, et elle devint, au cinquième, comme la capitale de quatre des cinq provinces de la Narbonnaise, qui y tenaient leurs états. C'est la patrie de Constantin le jeune et de saint Ambroise.

101. Les Marseillais, *Massilienses*, au S. E. des Anatiliens (le S. E. du département des Bouches-du-Rhône); colonie de Phocéens venus d'Ionie, 600 ans avant J.-C. Ils formèrent longtemps une république indépendante, célèbre par la sagesse de son gouvernement, par son commerce et par les sciences et les arts qu'elle introduisit dans les Gaules. Capitale, Massilia (Marseille), réduite par César sous la puissance des Romains; patrie de Pithéas, savant astronome et navigateur, et de l'écrivain Pétrone, favori de Néron.

102. III. Narbonnaise Seconde. — Cette province, située à l'E. de la Viennoise, était arrosée par la Durance, *Druentia*.

Peuples et Villes remarquables :

103. Les Tricoriens, *Tricorii*, au N. (le S. O. des Hautes-Alpes); capitale, Vapincum (Gap). — Les Mémines, *Memini*, au S. des Tricoriens (l'O. des Basses-Alpes). Villes principales : Forum Neronis (Forcalquier), *Segustero* (Sisteron). — Les Vulgientes, *Vulgientes*, à l'O. des Mémines (le S. E. du département de Vaucluse); capitale, Apta Julia (Apt).—Les Albièces, *Albiœci*, appelés ensuite *Reïens*, à l'E. des Vulgientes (le S. du département des Basses-Alpes); capitale Albioece, puis *Reii* (Riez).

104. Les Salyens, *Salyes*, au S. des Vulgientes et des Albièces (le N. E. du département des Bouches-du-Rhône). Ce fut à l'occasion des guerres de ce peuple avec les Marseillais que les Romains, sous prétexte de porter du secours à ces derniers, qui étaient leurs alliés, entrèrent dans la Gaule,

et commencèrent la conquête du pays qui forma depuis la *Province romaine*. Les Salyens avaient pour capitale AQUÆ SEXTIÆ (Aix), qui tirait son nom des eaux thermales qui s'y trouvent en abondance; elle devint la métropole de la Seconde Narbonnaise. On croit que ce fut à peu de distance de cette ville que Marius défit les Teutons, auxquels il tua 200 mille hommes et fit 80 mille prisonniers.

Les COMMONES, *Commoni*, à l'E. des Marseillais (le S. O. du département du Var); capitale, TELO MARTIUS (Toulon).

On trouve sur la côte de ce pays les îles STÉCHADES, *Stœchades insulæ* (les îles d'Hyères), au nombre de trois, et qui appartenaient aux Marseillais.

105. Les SUELTÈRES, *Suelteri*, au N. E. des Commones (le centre du département du Var); capitale, FORUM JULII (Fréjus); colonie romaine que son port, alors sûr et vaste, mais aujourd'hui comblé par les sables, rendit, sous les empereurs romains, une des places les plus importantes de la Narbonnaise. C'est la patrie de Cornélius Gallus, poëte, ami de Virgile, et d'Agricola, beau-père de Tacite.

Les OXYBIENS, *Oxybii*, au N. E. des Sueltères (même département), sur les côtes de la mer; capitale, ÆGITNA (probablement Cannes).—Les DÉCIATES, *Deciates*, au N. E. des Oxybiens (l'E. du département du Var); capitale, ANTIPOLIS (Antibes), colonie de Marseille, qui devint si considérable, que les Romains la leur enlevèrent pour la soumettre à leur juridiction.

106. IV. ALPES PENNINES ET GRECQUES. — Cette province, qui, dans la suite, fut démembrée de la Narbonnaise, était arrosée par le Rhône. On prétend que les Alpes Grecques ont tiré leur nom du passage d'Hercule par ce pays, lorsqu'il se rendait en Espagne pour combattre Géryon.

PEUPLES ET VILLES PRINCIPALES:

107. Les CENTRONS, *Centrones*, au S. (dans la Savoie); capitale, DARANTASIA (Moutiers), qui remplaça une autre capitale nommée *Forum Claudii*. Cette nation, qui était fort puissante, réunie aux Caturiges et aux Garocèles, peuples des Alpes Maritimes, essaya de s'opposer au passage de César à travers les Alpes. Au N. E. se trouve la montagne appe-

lée proprement *Alpis Graia*, l'Alpe Grecque (le Petit Saint-Bernard).

108. Les Nantuates, *Nantuates*, les Véragres, *Veragri*, les Séduns, *Seduni*, et les Vibères, *Viberi*, connus sous le nom général de Vallenses, parce qu'ils habitaient la Vallée Pennine, au S. de l'*Alpe Pennine* (le Grand Saint-Bernard, dans la partie S. O. de la Suisse). Ils avaient pour villes principales : Octodurus (Martigny), capitale des Véragres ; Agaunum (Saint-Maurice, dans le Valais), où eut lieu le martyre de la légion Thébaine, en 286 ; Seduni (Sion), capitale des Séduns.

109. V. Alpes Maritimes. — Cette province, située au S. E. de la Gaule, était arrosée par le Var, *Varus*.

Peuples et Villes principales :

110. Les Caturiges, *Caturiges*, au N. (l'E. du département des Hautes-Alpes); peuple puissant qui, comme nous l'avons dit, essaya d'arrêter César au passage des Alpes. Villes principales : Caturiges (Chorges, entre Gap et Embrun), ancienne capitale ; Ebrodunum (Embrun), qui fut la métropole de la province ; *Brigantio* (Briançon).

111. Les Avantiques, *Avantici*, et les Bodiontiques, *Bodiontici*, à l'O. (l'E. du département des Basses-Alpes); capitale, Dinia (Digne).

112. Les Suètres, *Suetri*, au S. E. des Avantiques et des Bodiontiques (le N. E. du département du Var); capitale, Salinæ (Seillans). — Les Néruses, *Nerusi*, au S. des Suètres (le S. E. du même département); capitale, Vintium (Vence). — Les Sentiens, *Sentii* (le S. E. des Basses-Alpes); capitale, Sanitium (Senez).

115. Les Védiantiens, *Vediantii*, au S. E. des Caturiges (dans le comté de Nice); villes principales : *Cemenelium* (Cimiez, au N. de Nice); Nicæa (Nice), colonie de Marseille, qui devint considérable sous les Romains, que sa situation délicieuse y attirait en grand nombre ; le port d'Hercule Monæcus, *Herculis Monæci Portus* (Monaco), fondé, dit-on, par Hercule.

GERMANIE[*].

114. Bornes et Forêts. — Les Romains comprenaient sous le nom de Grande-Germanie, ou Germanie proprement dite, tout le pays renfermé entre le Rhin, à l'O.; le Danube, au S.; la Vistule, à l'E.; le golfe *Codanus* et l'Océan Germanique, au N. Une grande partie de ce pays, fort peu connu alors, était couverte de forêts auxquelles on donnait le nom général de forêt Hercynienne, *Hercynia sylva*, qui s'appliquait particulièrement à celles qui se trouvaient à l'E. du pays appelé la Bohême, *Boiohemum* : la forêt Marciane, *Marciana sylva*, paraît être la forêt Noire.

115. Fleuves et Divisions. — Les principaux fleuves de cette vaste contrée étaient, outre le Rhin, dont nous avons déjà parlé : le Wéser, *Visurgis*, l'Elbe, *Albis*, la Vistule, *Vistula*, et l'Oder, *Viadrus*. Les trois premiers servent à établir la division de ce pays en trois parties, savoir : *Germanie entre le Rhin et le Wéser*, *Germanie entre le Wéser et l'Elbe*, et *Germanie entre l'Elbe et la Vistule*. Nous allons faire connaître les peuples les plus remarquables de chacune de ces trois divisions.

116. I. Germanie entre le Rhin et le Wéser. — La Germanie entre le Rhin et le Wéser (le N. du royaume des Pays-Bas, partie du Hanovre, du grand-duché du Bas-Rhin, grand-duché d'Oldenbourg, Hesse, Nassau, Bade et Wurtemberg) était habitée par les Francs, Franci, qui ne furent connus sous ce nom que dans le milieu du troisième siècle; c'était une ligue composée de tous les peuples du N. de la partie de la Germanie dont nous nous occupons, jusqu'au Main, et dont les principaux étaient :

117. Les Frisons, *Frisii* (le N. des Pays-Bas), qui habitaient autour du lac *Flevo*, formé par une branche du Rhin

---

[*] Consulter, dans mon *Atlas à l'usage des colléges*, la carte de l'Empire Romain.

qui y passait, et devenu depuis le golfe du Zuiderzée. — Les BRUCTÈRES, *Bructeri*, au S. des Frisons (grand-duché du Bas-Rhin). — Les CHAMAVES, *Chamavi*, qui occupaient une partie du pays des Bructères. — Les SICAMBRES, *Sicambri* (Nassau et Bade), peuple puissant, le plus belliqueux de la Germanie, qui osa dire à César que la domination romaine finissait au Rhin, et qu'il n'avait rien à voir au delà de ce fleuve. Tels furent les peuples qui, en s'emparant de la Gaule vers le commencement du cinquième siècle, fondèrent la monarchie française.

118. Les ALLEMANDS, *Alemanni* (Wurtemberg), qui occupaient tout le S. de cette même partie de la Germanie, entre le Rhin, le Main et le Danube, paraissent aussi avoir été une nation composée de plusieurs peuples réunis sous le même nom.

119. On peut citer dans cette partie de la Germanie deux endroits remarquables : — la forêt de TEUTHBERG, *Teutoburgiensis Saltus* (près de Paderborn), au voisinage de laquelle se trouve aujourd'hui le hameau de *Römerfeld*, dont le nom, qui signifie *Champ des Romains*, atteste encore la défaite de trois légions romaines commandées par Varus, qui y furent entièrement massacrées sous le règne d'Auguste, l'an 8 de J.-C., par Arminius, chef des *Chérusques*, peuple qui habitait entre le Wéser et l'Elbe. — AQUÆ MATTIACÆ (Wiesbaden, bains chauds, au N. de Mayence), sources chaudes que les Romains s'approprièrent, et qu'ils renfermèrent ensuite dans une petite province prise sur la Germanie, et défendue contre les barbares par un mur appelé *Vallum Romanum*, dont on trouve encore des vestiges.

120. II. GERMANIE ENTRE LE WÉSER ET L'ELBE. — La Germanie entre le Wéser et l'Elbe (la plus grande partie du Hanovre, partie de la Prusse, presque toute la Saxe et la Bohême, et une bonne partie de la Bavière) avait pour habitants :

121. Les CHAUQUES, *Chauci majores* (Hanovre), divisés en *Grands* et en *Petits* par le Wéser, vers l'embouchure duquel ils habitaient, les premiers à sa droite, et les seconds à sa

gauche. Tacite les désigne comme celui des peuples germains qui avait les sentiments les plus nobles et les plus élevés.

Les CHÉRUSQUES, *Cherusci* (duché de Lunébourg), au S. des Chauques. Nous avons parlé du massacre qu'ils firent des trois légions romaines commandées par Varus (119).

122. Les CATTES, *Catti* (Hesse), au S. des Chérusques, dont ils étaient séparés par une forêt appelée *Bacenis*. Leur infanterie passait pour la meilleure de la Germanie; ils furent souvent en guerre avec les Romains, qui en triomphèrent plusieurs fois.

Les HERMUNDURES, *Hermunduri* (partie de la Bavière au N. du Danube), au S. des Cattes. Fidèles alliés des Romains, ils avaient le droit exclusif d'entrer sur les terres de l'empire pour y trafiquer.

123. Les MARCOMANS, *Marcomanni* (Bohême), qui habitaient d'abord, vers les sources du Danube, le pays qui fut appelé ensuite *Decumates Agri*, parce que les Romains, après l'avoir subjugué, faisaient payer tous les ans, aux habitants qui y restèrent, la dîme de leurs revenus; au moment de l'invasion des Romains, ils cherchèrent à se soustraire au joug en se jetant sur le *Boiohemum* (la Bohême), d'où ils chassèrent les Boïens, *Boii*, qui passèrent dans la Vindélicie, à laquelle ils donnèrent leur nom, *Boiaria* (Bavière méridionale).

124. III. GERMANIE ENTRE L'ELBE ET LA VISTULE. — La Germanie entre l'Elbe et la Vistule (Holstein, Mecklembourg, la plus grande partie du royaume de Prusse, une petite partie de la Saxe, Moravie, Autriche, et partie de la Pologne) portait aussi le nom de Suévie, *Suevia*, qu'elle tirait des Suèves, *Suevi*, le plus puissant des peuples qui l'habitaient, et dont le roi Arioviste est fameux dans les *Commentaires de César*.

125. Les principaux peuples compris sous le nom général de Suèves étaient :

126. Les VINDILES, *Vindili* (Mecklembourg), qui habitaient à l'E. des Saxons, le long du rivage de la mer, jusqu'au *Viadrus*. C'est le même peuple qui, sous le nom de

Vandales, s'est rendu si célèbre par ses incursions dans toute l'Europe et même dans l'Afrique, où sa domination fut enfin anéantie par le fameux Bélisaire, après avoir duré cent cinq ans. — Les RUGIENS, *Rugii*, qui ont donné leur nom à l'île de *Rugen*, dans la mer Baltique, paraissent avoir fait partie de ce peuple.

127. Les BURGONDIONS ou BOURGUIGNONS, *Burgundiones* (partie de la Poméranie, et le N. de la Prusse occidentale), occupaient toute la partie de la côte du golfe *Codanus* entre le *Viadrus*, à l'O., et la Vistule, à l'E. Ils passèrent dans la Gaule au commencement du cinquième siècle, et y fondèrent, dans le pays qui porte leur nom, un vaste royaume qui a subsisté pendant plus d'un siècle.

128. Les LANGOBARDS, *Langobardi*, et, par corruption, les Lombards (grand-duché de Brandebourg), au S. des Vindiles. Quelques-uns croient que ce furent ces mêmes Lombards qui, dans le sixième siècle, fondèrent en Italie le royaume de Lombardie, détruit deux siècles après par Charlemagne; d'autres font venir ces derniers Lombards de la Scythie.

129. Les SEMNONS, *Semnones* (Lusace et Basse-Silésie), au S. des Langobards. Ce peuple, qui était fort nombreux, se prétendait la plus noble des nations suéviques.

Les QUADES, *Quadi* (Moravie et partie de la Basse-Autriche), à l'E. du Boiohemum. C'était de tous les peuples de la Germanie celui qui aimait le plus le pillage, et en même temps, quoique cela paraisse singulier, le plus hospitalier à l'égard des étrangers qui passaient chez eux.

VINDÉLICIE.

150. Bornes et Villes principales.—La Vindélicie, *Vindelicia* (partie méridionale de la Bavière et du grand-duché de Bade), bornée à l'O. par le lac de Constance, au N. par la Germanie, à l'E. par le Norique, et au S. par la Rhétie, avait pour villes principales :

151. Augusta Vindelicorum, auparavant *Damasia* (Augsbourg), sur le *Licus* (Lech). Elle tirait son nom d'Auguste, qui y fit passer une colonie lorsque la Vindélicie eut été conquise par Tibère.

152. Brigantia (Brégentz), située sur le lac auquel elle donnait son nom, *Brigantinus lacus* (lac de Constance).

RHÉTIE.

153. Bornes et Villes principales. — La Rhétie, *Rhætia* (pays des Grisons et Tirol), bornée à l'O. par l'Helvétie, qui faisait partie de la Grande-Séquanaise, au N. par la Vindélicie, à l'E. par le Norique et la Vénétie, et au S. par les Alpes Rhétiques, qui la séparaient de la Gaule Cisalpine, avait pour villes principales :

154. Curia (Coire), sur la rive droite du Rhin.

155. Tridentum (Trente), au S. E., sur l'*Athesis* (Adige). Non loin de cette ville était *Terioli*, qui paraît avoir donné son nom au Tirol.

NORIQUE.

156. Bornes, Rivières et Villes principales.—Le Norique, *Noricum* (partie de la Bavière et de l'Autriche), borné à l'O. par la Vindélicie et la Rhétie, au N. par la Germanie, à l'E. par la Pannonie, et au S. par les Alpes Noriques, qui le séparaient de la Vénétie, était arrosé par la Drave, *Dravus*, et la Save, *Savus*, qui se jettent dans le Danube, et avait pour villes principales :

137 Boiodurum (Innstadt, dans la Bavière), vis-à-vis du confluent

de l'Inn et du Danube, et qui parait avoir été fondée par les Boïens, chassés de la Bohême par les Marcomans, sous le règne d'Auguste (123).

138. LAURIACUM (Lorch), sur le Danube, ville importante où les Romains entretenaient une garnison et une flotte en station sur le Danube.

PANNONIE.

139. BORNES ET VILLES PRINCIPALES. — La PANNONIE, *Pannonia* (partie de l'Autriche et de la Hongrie), bornée à l'O. par le Norique, au N. et à l'E. par le Danube, qui la sépare de la Germanie et de la Dacie, au S. O. par l'Illyrie, avait pour villes principales :

SIRMIUM (Sirmich), au S. E., sur la Save; colonie romaine, qui devint une des plus grandes villes de l'empire. Elle vit naître *Probus* et plusieurs autres empereurs; Marc-Aurèle y mourut.

CIBALIS (Swilei), aussi sur la Save, patrie de l'empereur Valentinien Ier, et près de laquelle Constantin défit Licinius, qui lui disputait l'empire. — SISCIA (Sissek, bourgade en Croatie), au N. O. de Cibalis, colonie romaine, dans une île formée par le *Colapis* (Culp), rivière qui se jette dans la Save. — MURSA (Essek), sur la Drave; il s'y livra entre l'empereur Constance et Magnence une bataille si meurtrière, qu'elle livra l'empire romain affaibli à l'invasion des barbares. — BREGETIO, au N. E. de Siscia (en ruines), sur le Danube. L'empereur Valentinien Ier y mourut d'un accès de colère. — VINDOBONA (Vienne), au N. O., sur le Danube. Marc-Aurèle y tomba malade.

DACIE.

140. La DACIE, *Dacia* (partie de la Hongrie, Transylvanie, à l'Autriche; Moldavie et Valachie, à la Turquie, et une petite partie de la Russie), était bornée, à l'O. par la Germanie et la Pannonie; au N. par les monts *Carpathes* (Krapacks), et le *Tyras* ou *Danaster* (Dniestr), qui la sépare de la Sarmatie; à l'E. par ce dernier fleuve et par le Pont-Euxin, qui, avec le Danube, la borne aussi au S. Elle était habitée par les Daces et les Gètes, qui parlaient la même langue, et étaient réunis sous le même gouvernement. Ils ne furent subjugués que par Trajan.

141. Villes. — Les principales étaient :

Tibiscus (Temesvar), à l'O., près de laquelle sont les restes de grands retranchements élevés par les Romains pour protéger la Dacie contre les incursions des nations voisines.

Zarmizegethusa, puis *Ulpia Trajana* (Var-Hel ou Gradisca), à l'E. de Tibiscus, où Trajan établit une colonie romaine, après avoir vaincu Décébale, dont elle était la capitale.

142. Au centre de ce pays se trouvait une montagne nommée *Cokajon* (Caszon), que les Gètes regardaient comme sacrée, parce qu'elle était la résidence de leur pontife, successeur de *Zalmoxis*, philosophe gète, disciple de Platon, qui avait rapporté dans son pays des connaissances qui le firent honorer comme un dieu. Les Gètes croyaient que son âme passait dans le corps de tous ses successeurs.

ILLYRIE [*].

143. BORNES, RIVIÈRES ET DIVISIONS.—L'ILLYRIE, *Illyricum* (partie de la Croatie, Dalmatie et Bosnie), appelée par les Grecs *Illyris*, et *Illyria* sous les empereurs, s'étendait le long de la mer Adriatique, qui lui servait de borne au S. O. Elle avait au N. la Pannonie, au N. O. l'Istrie, au S. E. la portion de la Macédoine appelée quelquefois Illyrie Grecque, *Illyris Græca*, et à l'E., la Mésie. Le fleuve *Titius* (Kerca) la divisait en deux parties : la *Liburnie*, au N., et la *Dalmatie*, au S. Toutes les îles répandues le long de la côte de la mer Adriatique, qui prend aussi sur ces rivages le nom de mer d'Illyrie, *Illyricum mare*, faisaient également partie de cette contrée.

VILLES.—Les plus remarquables étaient :

144. 1° Dans la Liburnie, habitée par les *Iapydes*, nation mêlée d'Illyriens et de Gaulois, et par les *Liburnes* proprement dits :

METULUM (Metuc-Vetus), la principale ville des Iapydes, au siége de laquelle Auguste, alors triumvir, se distingua beaucoup, et dont les habitants aimèrent mieux se brûler dans leur ville que de se rendre aux Romains.

IADERA ou *Jadera* (Zara), à l'O. de Metulum, ville considérable, capitale des Liburnes.

145. 2° Dans la Dalmatie :

SALONA ou *Salonæ* (en ruines, à une lieue de Spalatro); colonie romaine, dans une belle plaine, près d'un petit golfe qui lui servait de port; célèbre par la retraite de Dioclétien, qui, après avoir abdiqué l'empire, y cultivait un jardin de ses propres mains.

146. DELMINIUM (Delminio), au S. E. de Salone, capitale des Dalmates, ruinée par Scipion Nasica.

---

[*] Consulter, dans mon *Atlas à l'usage des colléges*, les cartes de l'ITALIE et de l'EMPIRE ROMAIN.

Scodra (Scutari), au S. E. de Delminium, près d'un lac nommé anciennement *Labeatis palus* (lac de Scutari), et la ville la mieux fortifiée des *Labéates*, nation soumise à Gentius, dernier roi d'Illyrie.

Arduba (Knin), sur le Titius, dont les femmes se jetèrent avec leurs enfants dans les flammes ou dans les eaux, lorsque leurs maris se furent rendus aux Romains. — Scardona, au S. O. d'Arduba. — Narona, en ruines, sur la droite du fleuve *Naro* (Narenta); ville puissante du temps de Cicéron. — Épidaure (Ragusi-Vecchio), sur la mer Adriatique, ville grecque. — Dioclea, au N. E. d'Épidaure, patrie de Dioclétien, fameux par ses persécutions contre les chrétiens.

147. Iles. — Les principales étaient :

Sur la côte de la Liburnie : Crepsa (Cherso), Curicta (Veglia), Cissa (Pago), comprises sous le nom d'*Absyrtides*, que l'on fait venir d'Absyrtus, frère de Médée, mis en pièces par cette princesse.

Sur la côte de la Dalmatie : Brattia (Brazza), Pharos (Lesina), la plus considérable des îles de l'Illyrie; patrie de Démétrius, qui attira sur lui les armes des Romains, et fut vaincu dans son île même par le consul Æmilius; Corcyre *la Noire* (Curzola), avec une ville fondée par les Cnidiens; Melite (Meleda), où saint Paul aborda, dit-on, après son naufrage; d'autres pensent que ce fut à *Melita* (Malte).

ESPAGNE ou HISPANIE.

148. Noms, Bornes et Habitants. — L'Espagne, *Hispania* (Espagne et Portugal), nommée aussi Ibérie, *Iberia*, à cause du fleuve *Iberus* (Èbre), qui l'arrose au N. E., et Hespérie, *Hesperia*, de sa situation à l'O. de l'Italie et de la Grèce, occupait toute la presqu'île comprise entre l'Océan Atlantique, à l'O., le détroit de Gadès ou d'Hercule (de Gibraltar), au S., et la mer Intérieure, à l'E. Elle était séparée de la Gaule, au N., par la chaîne des monts Pyrénées, *Pyrenæi montes*, qui s'étend d'une mer à l'autre. Elle était habitée par un grand nombre de peuples, en partie *Celtes*, c'est-à-dire originaires de la Gaule : ce qui lui avait fait donner aussi le nom de *Celtibérie* (132).

149. Divisions, Fleuves et Montagnes. — Après la seconde guerre Punique, les Romains, maîtres de l'Espagne, la divisèrent en deux parties, l'Espagne Citérieure, *Citerior*, au N. E., et Ultérieure, *Ulterior*, au S. O. Dans la suite, Auguste donna à l'Espagne Citérieure le nom de Tarraconaise, *Tarraconensis*, de *Tarraco* (Tarragone), sa capitale, et il partagea l'Ultérieure en deux provinces : la Lusitanie, *Lusitania*, au N. E., et la Bétique, *Bœtica*, au S. E. Les noms des six fleuves principaux qui l'arrosent sont renfermés dans ce vers latin :

Sunt Minius, Durius, Tagus, Anas, Bœtis, Iberus,

qui sont aujourd'hui le *Minho*, le *Douro*, le *Tage*, la *Guadiana*, le *Guadalquivir* et l'*Èbre*. Quant aux montagnes, les plus remarquables étaient : le mont *Vinnius*, au N., dans le pays des *Cantabres*, qui s'y retirèrent après avoir été battus par les lieutenants d'Auguste, et qui s'y croyaient si en sûreté, qu'il leur semblait que les eaux de l'Océan y monteraient plutôt que les armes romaines ; le mont *Marianus* (la Sierra Morena), dans la Bétique ; le mont *Orospeda* (la Sierra de

Alcaraz), et le mont *Solorius* (la Sierra Nevada), chaîne qui renferme les plus hautes montagnes de l'Espagne.

150. Espagne Citérieure ou Tarraconaise. — L'Espagne Citérieure ou Tarraconaise, appelée aussi Espagne Intérieure, *Interior*, et Supérieure, *Superior*, occupait tout le N. et l'E. de l'Espagne. Elle avait pour villes principales :

151. Juliobriga, au N., au pied des montagnes où l'Èbre prend sa source. C'était la principale ville des *Cantabres*, la nation la plus féroce de l'Espagne, et celle qui repoussa avec le plus d'opiniâtreté le joug des Romains. Elle donnait son nom à la partie de l'Océan qui baigne cette côte, et que l'on appelait *Océan Cantabrique*.

Numance, *Numantia* (détruite; près de Soria), vers la source du Durius, au S. E. de Juliobriga, une des plus célèbres de l'Ibérie, et la capitale des *Arévaques*. Sa destruction fit presque autant d'honneur à Scipion que celle de Carthage, à cause de la longue résistance des habitants, qui, après avoir soutenu quatorze ans tous les efforts des Romains, aimèrent mieux s'entre-tuer et mettre le feu à leur ville que de se rendre aux vainqueurs.

Cæsarea Augusta (Saragosse), au S. E. de Numance, sur l'Èbre, capitale des *Édétans*, et la ville la plus considérable de l'intérieur de la Tarraconaise.

Ilerda (Lérida) au N. E. de Cæsarea Augusta, capitale des *Ilergètes*, dont un des rois, nommé Indibilis, se rendit fameux dans les guerres d'Espagne. Ce fut à peu de distance de cette ville que César défit Afranius et Pétréius, lieutenants de Pompée.

152. Tarracone, *Tarraco* (Tarragone), au S. E. d'Ilerda, près de la mer d'Ibérie ; elle devint, sous les Romains, la capitale de la Tarraconaise, et la ville la plus considérable de toute l'Espagne.

Segobriga (Ségorbe), au S. O. de Tarracone. Pline la donne pour capitale aux *Celtibériens*, le peuple le plus puissant de l'intérieur de l'Espagne, qui avait donné le nom de Celtibérie, *Celtiberia*, à la partie qu'il occupait.

Sagonte, *Saguntus* (détruite; près de Murviédro), au

S. E. de Segobriga; elle est célèbre par sa fidélité aux Romains, et par la résistance opiniâtre de ses habitants, qui se brûlèrent avec leurs effets les plus précieux pour ne pas se rendre à Annibal. La destruction de cette ville fut le prétexte de la seconde guerre Punique.

153. TOLETUM (Tolède), sur le Tage, au N. O. de Sagonte, capitale des *Carpétans*. C'est dans cette ville que se déposaient tous les trésors tirés des mines de l'Espagne, et qui de là étaient envoyés à Rome.

CARTHAGE LA NEUVE, *Carthago Nova* (Carthagène), au S. E. de Tolède, sur la côte de la mer Intérieure, fondée par Asdrubal, gendre d'Amilcar Barca. L'avantage de sa situation, la commodité de son port, le plus sûr de toute l'Espagne, et de riches mines d'argent qui se trouvaient dans son voisinage, rendirent cette ville une des plus considérables de l'empire carthaginois. Scipion l'Africain s'en empara l'an de Rome 542. Les Vandales l'ont détruite au cinquième siècle; mais elle a été rebâtie depuis.

154. LUCUS AUGUSTI (Lugo), au N. O. de la Tarraconaise; BRACARA AUGUSTA (Braga), et CALLE PORTUS (Porto), qui a donné son nom au Portugal, principales villes des *Callaïques*, qui habitaient la Galice. — LUCUS ASTURUM (près d'Oviédo); ASTURICA (Astorga), au N. E. des précédentes; principales villes des *Astures*, qui ont donné leur nom aux Asturies, et dans le pays desquels était placée une légion romaine, à l'endroit qui prit le nom de LEGIO SEPTIMA GEMINA (Léon). — FLAVIOBRIGA (Santander), sur l'Océan Cantabrique. — PALLANTIA (Palencia), au S. E. des précédentes, aux *Vaccéens*, qui opposèrent une vive résistance à Lucullus. CAUCA (Coca), au S. E.; patrie de l'empereur Théodose le Grand. — SEGOVIA (Ségovie), au S. E. de Cauca. — CLUNIA (la Corogne), au N. E. des précédentes, aux *Arévaques*. La première possède encore un superbe aqueduc bâti par les Romains.

155. POMPELO (Pampelune), au N. E. de Numance, sur la rive gauche de l'Èbre, capitale des *Vascons* ou *Gascons*, qui, dans le vi^e siècle, passèrent les Pyrénées et vinrent s'établir dans la province de la Gaule qui a conservé leur nom. — CALAGURRIS (Calahorra), au S. O. de Pompelo, patrie de Quintilien. — OSCA (Huesca), au S. E. de Calagurris, grande et belle ville, où Sertorius établit

des écoles publiques, et où il fut assassiné.—EMPORIÆ (Ampurias), au N. E. d'Ilerda, sur la mer d'Ibérie, ville commerçante divisée en deux parties, l'une habitée par une colonie de Phocéens, et l'autre par les Espagnols. — BARCINO (Barcelone), au S. O. d'Emporiæ, fondée, dit-on, par Amilcar Barca, père du grand Annibal. — BILBILIS (Baubola, à peu de distance de Calatayud), à l'O. de Barcino, patrie de Martial, poëte connu par ses épigrammes, et qui, après avoir passé la plus grande partie de sa vie à Rome, revint mourir dans sa patrie. — MANTUA (Madrid), au S. O. de Bilbilis, peu connue sous les Romains.

156. ILES. — Sur la côte orientale de l'Espagne se trouvaient deux groupes d'îles, composés chacun de deux îles ; c'étaient :

LES ILES BALÉARES, *Baleares insulæ*, appelées aussi *Gymnesiæ*, parce qu'elles fournissaient d'excellents frondeurs : ces îles se distinguaient entre elles par les noms de MAJOR, la Grande (Majorque), à l'O., capitale PALMA (Majorque) ; et de MINOR, la Petite (Minorque), à l'E. Elle avait un excellent port, nommé PORT DE MAGON, *Portus Magonis* (Port-Mahon), un des plus considérables de la Méditerranée, qui dut son nom à l'amiral carthaginois Magon, qui y relâcha avec sa flotte dans la seconde guerre Punique.

LES ILES PITYUSES, *Pityusæ insulæ*, ainsi nommées de la grande quantité de pins qui y croissaient ; ces îles, au nombre de deux, étaient : EBUSUS (Ivice), au N., assez fertile, avec une capitale du même nom ; OPHIUSA (Formentera), au S., inhabitable, à cause de la grande quantité de serpents dont elle était infestée.

157. ESPAGNE ULTÉRIEURE. — L'Espagne Ultérieure occupait tout le S. O. de l'Espagne, et se partageait, comme nous l'avons dit, en deux provinces : la LUSITANIE, au N. O., et la BÉTIQUE, au S. E., séparées entre elles par l'Anas. Nous allons les décrire successivement.

158. La LUSITANIE, *Lusitania*, dont la partie méridionale s'appelait *Cuneus*, le Coin (Algarve), à cause de sa forme, avait pour villes principales :

SALMANTICA (Salamanque), au N. E. de la Lusitanie, avec un pont magnifique construit par les Romains, sur une rivière nommée aujourd'hui *Tormès*, qui se jette dans le Douro. Elle était la capitale des *Vettons*.

EMERITA AUGUSTA (Mérida), au S. de Salmantica, sur l'Anas. Les Romains en firent la capitale de la Lusitanie, et la résidence d'un propréteur.

OLISIPPO (Lisbonne, capitale du Portugal), vers l'embouchure du Tage; ville très-ancienne, dont on a faussement attribué l'origine à Ulysse. Elle était, ainsi que la précédente, dans le pays des *Lusitains* proprement dits, qui donnaient leur nom à toute la contrée.

159. CONIMBRIGA (Coïmbre), au N. E. d'Olisippo, sur la rivière de Munda (Mondego), qui se jette dans l'Océan Atlantique. — NORBA CÆSAREA (Alcantara), au S. E. de Conimbriga, sur le Tage, que l'on passe encore aujourd'hui sur un fort beau pont construit sous le règne de Trajan. — PAX JULIA (Béja), au S. O. de Norba, capitale des *Celtiques*.

160. La BÉTIQUE, *Bætica*, la province la plus riche de l'Espagne, par ses mines et par la fertilité de son territoire, avait pour villes principales :

CORDOUE, *Corduba*, sur la rive droite du Bétis, une des plus considérables de l'Espagne, et distinguée par la culture des lettres, qui y attiraient un grand nombre d'Espagnols, et même les Romains les plus distingués. C'est la patrie des deux Sénèque et du poëte Lucain.

ITALICA (Séville-la-Vieille), au S. O. de Corduba, sur la rive droite du Bétis; construite par le grand Scipion pour servir de retraite à ses soldats invalides. C'est la patrie de l'empereur Trajan, et, selon quelques-uns, du poëte Silius Italicus.

HISPALIS (Séville), vis-à-vis d'Italica, sur l'autre rive du Bétis, l'une des villes les plus considérables de l'Espagne par son commerce.

161. GADIR ou GADÈS (Cadix), dans une île nommée anciennement île Érythrée, *Erythræa insula*, où régna, selon la Fable, Géryon, qui, grâce aux excellents pâturages de cette île, possédait des bœufs si beaux, qu'Hercule vint exprès de la Grèce pour s'en emparer. Cadix devint, sous les

Romains, une ville considérable, et fut la patrie de Cornelius Balbus et du philosophe Columelle.

162. Tartessus, détruite, au N. de Gadès, dans l'île du même nom, formée par les deux bras du Bétis. La fertilité de cette île, et de riches mines d'or et d'argent qui s'y trouvaient, rendaient Tartesse une ville très-riche : ce qui a fait penser qu'elle pouvait être cette fameuse *Tharsis* où les vaisseaux du roi Salomon se rendaient, tous les trois ans, avec ceux d'Hiram, roi de Tyr. — Une autre ville appelée *Tartessos* par les Grecs, et *Carteïa* par les Romains, paraît avoir occupé le fond de la baie de Gibraltar. — Calpé, rocher escarpé qui s'avance dans la mer, à l'E. du détroit de Cadix ou d'Hercule, et que les Anciens regardaient comme une des colonnes d'Hercule. — Munda (Monda), à trois lieues environ de la mer. César y défit complétement les fils du grand Pompée. — Malaca (Malaga), sur la mer Intérieure. — Astapa (Estepa la Vieja), au S. O. de Cordoue; ville qui se défendit contre les Romains, commandés par Marius, avec le même courage que Sagonte, et qui eut le même sort. — Castulo (Cazlona), au N. E. de Cordoue, sur la rive droite du Bétis, dans le pays des *Turdules*, ainsi que la précédente; une des villes les plus fortes et les plus célèbres de l'Espagne, et si attachée aux Carthaginois, qu'Annibal s'y maria. Scipion l'Africain défit Asdrubal dans ses environs.

ITALIE *.

163. Noms et bornes. — L'Italie, ainsi nommée d'*Italus*, un de ses premiers rois, était aussi appelée Saturnie, *Saturnia*, parce qu'elle servit de retraite à Saturne, chassé de Crète par son fils Jupiter; Énotrie, *Ænotria*, Ausonie, *Ausonia*, des noms de deux peuples qui l'habitaient; et enfin Hespérie, *Hesperia*, par les Grecs, parce qu'elle était à l'Occident par rapport à eux. Ce même nom ayant aussi été donné à l'Espagne, on distinguait cette dernière par le nom de *Grande Hespérie*, et l'Italie par celui de *Petite Hespérie*. Elle était bornée au N. par les Alpes Carniques, *Carnicæ*, et Rhétiques, *Rhæticæ*, qui la séparaient du Norique et de la Rhétie; au N. O., par les Alpes Pennines, Grecques et Maritimes, qui la séparaient de la Gaule; à l'O., par la mer Inférieure ou Tyrrhénienne; au S., par la mer de Sicile; et à l'E., par la mer Supérieure ou Adriatique.

164. Division. — L'Italie se divisait en quatre grandes parties, savoir: la *Gaule Cisalpine*, au N.; l'*Italie proprement dite*, au centre; la *Grande Grèce*, au S., et les *Iles*, dont plusieurs sont considérables.

I. Gaule Cisalpine.

165. Position et division. — La Gaule Cisalpine, *Gallia Cisalpina*, ainsi nommée des Gaulois qui vinrent s'établir en deçà des Alpes par rapport aux Romains, occupait toute la partie septentrionale de l'Italie jusqu'au petit fleuve du *Rubicon* (Pisatello), que les généraux romains ne pouvaient passer avec leur armée sans une permission du sénat. Elle était arrosée par le Pô, *Padus*, qui va, sous le nom d'*Éridan*, *Eridanus*, se jeter dans la mer Adriatique; ce fleuve est célèbre dans la Fable par la chute de Phaéton, qui

---

* Consultez dans mon *Atlas Ancien* la carte de l'Italie.

y tomba foudroyé par Jupiter. La Gaule Cisalpine se divisait en quatre parties, savoir : la Gaule *Transpadane*, au delà du Pô, *Cispadane*, en deçà du Pô, la *Ligurie*, autour du golfe du même nom, et la *Vénétie*, qui entourait l'extrémité septentrionale de la mer Adriatique.

166. I. Gaule Transpadane. — La Gaule Transpadane ou au delà du Pô par rapport aux Romains, *Gallia Transpadana* (la plus grande partie du Piémont, et partie O. du royaume Lombard-Vénitien), dont le nom indique la position, renfermait tous les grands lacs du N. de l'Italie, et était en outre arrosée par un grand nombre de rivières, qui toutes se rendaient dans le Pô, et dont la plus remarquable est le Tésin, *Ticinus*, sur les bords duquel Annibal remporta sa première victoire en Italie. Elle avait pour villes principales :

167. Segusio (Suze), sur la *Petite Duria*, au pied des Alpes, capitale des *Ségusins*; elle fut, au temps d'Auguste, la résidence d'un prince nommé Cottius, qui mérita les bonnes grâces de cet empereur et se forma des contrées environnantes, nommées depuis cette époque Alpes Cottiennes, *Alpes Cottiæ*, un petit royaume qui ne fut réuni à l'empire romain que sous Tibère.

Côme, *Comum* (Como), à l'extrémité occidentale du lac *Larius* (lac de Como); fondée par les *Orobiens*, peuple originaire de la Gaule, elle devint avec le temps si puissante, qu'elle se vit en état de soutenir la guerre contre les Romains. Elle fut la patrie de Pline le Jeune, qui y établit des écoles publiques.

Milan, *Mediolanum*, au S. E. de Côme, la première ville bâtie par les *Gaulois Insubres* ou *Insubriens*, qui passèrent en Italie sous la conduite de Bellovèse : elle était leur capitale, et devint la principale ville de la Gaule Cisalpine. Dans la suite, elle fut souvent la résidence des empereurs, de sorte qu'elle ne le cédait qu'à Rome en grandeur, en richesses et en population. C'est la patrie de Cécilius, poëte comique, et de l'historien Valère-Maxime. A trois lieues environ au N. O. de cette ville étaient les champs Raudiens,

ITALIE.

Raudii campi (dans un lieu appelé Rhô), où Marius vainquit et anéantit en quelque sorte la nation des Cimbres.

TICINUM (Pavie), au S. O. de Milan, sur le Tésin, à peu de distance de l'endroit où Annibal battit les Romains; capitale des *Léviens*, l'une des villes les plus illustres de la Gaule Cisalpine, fameuse pour avoir été depuis le siége de l'empire des rois Lombards.

CRÉMONE, *Cremona*, sur le Pô, un peu au-dessous de sa jonction avec l'*Addua* (Adda), ville riche et florissante, qui eut beaucoup à souffrir dans la guerre civile entre Auguste et Antoine.

MANTOUE, *Mantua*, près d'un lac formé par le *Mincius* (Mincio): à peu de distance se trouvait le petit village d'*Andes* (Fiesola, où naquit Virgile).

168. OCELUM (Usseau), au pied des Alpes, capitale des *Garocèles*, un des peuples les plus belliqueux de ces montagnes (107). — HOSTILIA, sur le Pô, patrie de Cornélius Népos. — AUGUSTA PRÆTORIA (Aoste), au N. O., sur la *Grande Duria* (Doria Riparia), capitale des *Salasses*. — AUGUSTA TAURINORUM, auparavant *Tauresia* (Turin), sur le Pô, près de l'endroit où il reçoit la *Petite Duria* (Doria Baltea), capitale des *Taurins*. — VERCELLÆ (Verceil), sur le *Sessites* (Sesia), capitale des *Libices*. On trouvait autrefois des mines d'or dans ses environs. — BERGOMUM (Bergame), au N. E., capitale des *Orobiens*. — BRIXIA (Brescia), au S. E. de Bergomum, capitale des *Brixentes*, et de tout le pays occupé par les *Cénomans*, grande nation venue de la Gaule Transalpine (70).

169. II. GAULE CISPADANE. — La GAULE CISPADANE, ou en deçà du Pô, *Gallia Cispadana* (duchés de Parme et de Plaisance, États de Modène, et partie des États du Pape), était arrosée par plusieurs rivières, dont les plus remarquables étaient la Trébie, *Trebia*, fameuse par la seconde victoire d'Annibal en Italie; le Rhéno, *Rhenus*, dans une île duquel se forma le second triumvirat entre Octave, Antoine et Lépide; et le Rubicon, *Rubico* (Pisatello), dont nous avons déjà parlé (165).

Ses villes principales étaient:

170. PLAISANCE, *Placentia*, vers le confluent de la Tré-

bie avec le Pô, capitale des *Anamans*, qui tirait son nom de la beauté du pays où elle est située; patrie de L. Calpurnius Pison, gendre de César.

Parme, *Parma*, au S. E. de Plaisance, dans le pays des *Boïens*; patrie de Cassius, l'un des meurtriers de César.

171. Mutina (Modène), au S. E. de Parme, sur le *Gabellus* (la Secchia); l'une des villes les plus anciennes de la Gaule Cisalpine, dont on attribue la fondation aux Étrusques; elle fut assiégée en vain par Marc-Antoine.

Au S. de Mutina, sur le haut de l'Apennin, se trouvait, à ce que l'on croit, la forêt Litane, *Litana sylva*, où les Gaulois détruisirent une armée romaine par un stratagème singulier. Ils scièrent tous les arbres de la forêt; et lorsqu'ils y virent l'armée romaine engagée, ils poussèrent les arbres les plus éloignés du chemin, qui, tombant de proche en proche sur les autres, écrasèrent les Romains.

172. Bononia (Bologne), au S. E. de Modène, l'une des villes les plus fameuses de la Gaule Cisalpine. Elle portait le nom de *Felsina* dans le temps qu'elle était occupée par les Étrusques, qui l'avaient enlevée aux Ombriens.

Ravenne, *Ravenna*, à peu de distance de la mer Adriatique. Auguste y avait fait creuser un port pour y tenir en station la flotte destinée à veiller sur la mer Adriatique. Elle est célèbre pour avoir été la résidence de l'exarque ou commandant que les empereurs de Constantinople envoyaient pour gouverner leurs possessions en Italie.

Forum Allieni (Ferrare), à l'endroit où le Pô se partage en deux branches, dans le pays des *Lingons*, peuple gaulois venu des environs de Langres. — Faventia (Faenza), au S. O. de Ravenne; fameuse dans les guerres de Sylla.

173. III. Ligurie. — La Ligurie, *Liguria* (partie des États du roi de Piémont), comprenait tout le pays qui entoure le golfe *Ligustique* (golfe de Gênes), depuis la frontière de la Gaule jusqu'au petit fleuve *Macra* (la Magra), qui la séparait de l'Étrurie. Ses principales villes étaient:

174. Albium Intemelium (Vintimille), à l'embouchure

du petit fleuve *Rutuba* (Roja); grande ville, capitale des *Intémélicns*.

GÊNES, *Genua*, port sur le golfe de Ligurie, et la ville la plus riche et la plus considérable de la Ligurie.

ALBIUM INGAUNUM (Albenga), sur la côte occidentale du golfe de Ligurie, capitale des *Ingaunes*. Près du rivage se trouvait la petite île de GALLINARIA (Gallinara), où se réfugia saint Martin, forcé de quitter Milan. — VADA SABBATIA (Savonne), sur le même golfe, au S. O. de Gênes. — APUA (Pontremoli), à l'E. de Gênes, capitale des *Apuans*. — PORTUS VENERIS (Porto-Venere), au S. d'Apua, à l'entrée d'un petit golfe appelé *Portus Lunensis*, à cause du port de *Luna* (golfe de Sena), qui s'y trouvait. — ALBA POMPEIA (Albe), sur le *Tanarus* (Tanaro); patrie de l'empereur Pertinax. — BODINCOMAGUS, détruite, au S. du Pô, que les Liguriens appelaient *Bodincus*, mot qui, dans leur langage, veut dire *sans fond*. — DERTONA (Tortone). — Non loin de là est CLASTIDIUM (Schiatezzo), ville près de laquelle les Gaulois furent battus par les Romains.

175. IV. VÉNÉTIE. — La VÉNÉTIE ou Hénétie, *Venetia* (partie du royaume Lombard-Vénitien, de la Carinthie et du Frioul, la Carniole et l'Istrie, provinces de l'empire d'Autriche), entourait toute extrémité septentrionale de la mer Adriatique, depuis le Pô, au S. O., jusqu'à l'Arsia, au S. E. Elle comprenait la *Carnie* et l'*Histrie*. Ses principales villes étaient:

176. 1° Dans la VÉNÉTIE proprement dite:

VÉRONE, *Verona*, sur l'*Athesis* (Adige), au N. E. de Mantoue. Elle tenait un rang distingué dans l'empire Romain, comme l'attestent les beaux restes d'antiquités qui s'y trouvent, et surtout un amphithéâtre, le mieux conservé que l'on connaisse. C'est la patrie de Catulle, poëte élégiaque, de Pline l'Ancien, et, selon la plus commune opinion, de l'architecte Vitruve.

PATAVIUM (Padoue), à l'E. de Vérone, sur le *Petit Medoacus* (Bacchiglione), fondée, si l'on en croit Virgile et Tite-Live, par le Troyen Anténor; la ville la plus considérable et la plus puissante de la Vénétie, pouvant mettre jusqu'à cent vingt mille hommes sur pied. Les Romains, après l'avoir conquise, lui laissèrent ses lois et un sénat particulier. C'est la patrie de Tite-Live, fameux historien, et du philosophe Thraséa.

Vicentia (Vicence), au N. E. de Vérone; fondée par les *Euganéens*, l'un des peuples de la Vénétie, et augmentée par les Gaulois. — Adria (*Adria*), au S. E. de Padoue, sur un fleuve nommé *Tartarus* (Tartaro). Elle a donné son nom à la mer Adriatique, dont elle est peu éloignée.

177. 2° Dans la Carnie, *Carnia* (Carniole), qui donnait son nom aux Alpes Carniques :

Aquilée, *Aquileia*, en ruines, à peu de distance de la mer, si considérable sous les empereurs, qu'on lui donnait souvent le nom de seconde Rome.

Æmona (Laybach), située beaucoup plus au N. E., au delà des Alpes Carniques.

178. 3° Dans l'Histrie, *Histria* (Istrie):

Tergeste (Trieste), au fond du golfe auquel elle donne son nom.

Pola, qui a conservé son nom, au S. de la presqu'île, au fond d'un petit golfe. Ce fut dans cette ville que fut relégué Crispus, fils de Constantin.

II. Italie proprement dite.

179. Position et Division. — L'Italie proprement dite occupait tout le centre de l'Italie, depuis le Rubicon et l'embouchure de la Macra, au N., jusqu'au Fronton et au Silarus, au S. Elle renfermait six contrées principales, savoir: l'*Étrurie*, l'*Ombrie*, le *Picenum*, le *Latium*, le *Samnium* et la *Campanie*.

180. I. Étrurie. — L'Étrurie, *Etruria* (duchés de Lucques et de Massa, grand-duché de Toscane et partie des États de l'Église), au N. O., était habitée par les Tyrrhènes ou Tusques, *Tyrrheni* ou *Tusci*, peuple très-puissant et divisé en douze petits États, dont les chefs s'appelaient *Lucumons*. Les députés des douze *Lucumonies* se réunissaient lorsqu'il s'agissait de délibérer en commun sur les intérêts

généraux de la nation. On trouvait dans leur pays le mont *Soracte* (Saint-Sylvestre), près du Tibre, et sur lequel était un temple d'Apollon, dont les prêtres marchaient sur des charbons ardents. Les principales villes étaient :

181. Luca (Lucques), près du petit fleuve *Auser* (Serchio).

182. Fæsulæ (Fiesoli), au N. E., une des plus anciennes et des plus considérables de l'Étrurie.

Arretium (Arezzo), sur la rive gauche de l'*Arnus* (Arno), au S. E.; capitale des *Arrétins*, l'un des plus puissants des douze peuples étrusques.

Cortone, *Cortona*, au S. E.; capitale des *Cortoniens*, et l'une des premières villes d'Étrurie.

Clusium (Chiusi), au S. de Cortone, sur des marais appelés *Clusina palus* (marais de la Chiana), dont le passage coûta un œil à Annibal; capitale des *Clusiniens* et du roi Porsenna.

183. Pistoria ou *Pisterium* (Pistoie), au pied de l'Apennin. C'est près de cette ville que Catilina fut tué. — Pisæ (Pise), entre l'*Auser* et l'*Arnus*. — Florentia (Florence), sur l'*Arnus*. — Volaterræ (Volterra), au S. O., capitale des *Volaterrans*, et patrie de Perse, poëte satirique. — Vetulonii, près de la mer, capitale des *Vétuloniens*. — Rusellæ (Rosella), au S. E., capitale des *Rusellans*. — Télamon, sur la mer; les Romains y remportèrent une célèbre victoire sur les Gaulois, l'an de Rome 528.

184. Vulsinii (Bolsena), sur le lac du même nom; capitale des *Vulsiniens*, les plus opulents des Étrusques, et patrie de Séjan, favori de Tibère.

Veïes, *Veii*, détruite, à quatre lieues N. O. de Rome; capitale des *Véiens*, aussi grande et aussi peuplée que Rome, et la première des cités étrusques, lorsque les Romains en firent le siège, qui dura dix ans et fut terminé par Camille.

Près de cette ville coulait la petite rivière de Crémère, *Cremera*, qui se jette dans le Tibre, et près de laquelle périrent les 306 Fabius. — Cære, auparavant *Agylla* (Cer-Veteri), à l'O., près de la mer; capitale de Mézence, prince inhumain, dont parle Virgile, et dans la suite une des douze Lucumonies d'Étrurie.

C'est là que se retirèrent les Vestales lors de la prise de Rome par les Gaulois. — Tarquinii (La Turchina), au N. O. de Cære, capitale des *Tarquiniens* et patrie des Tarquins. — Falerii (Falari), au N. E. de Tarquinies; capitale des *Falisques*, connue par le trait du maître d'école renvoyé par Camille. — Perusia (Pérouse), à l'E. du lac de Trasimène, capitale des *Pérusins*, devint célèbre dans la guerre de L. Antonius, frère du triumvir, contre Octave. — Centum Cellæ ou *Trajani Portus* (Civita-Vecchia), port sur la mer Tyrrhénienne, construit par l'empereur Trajan.

185. II. OMBRIE. — L'*Ombrie*, *Ombria* (Ombrie, duché d'Urbin, partie de la Romagne et du Pérousan), à l'E. de l'Étrurie, était arrosée par plusieurs rivières, dont la plus remarquable était le *Metaurus* (Metauro), célèbre par la défaite d'Asdrubal, frère d'Annibal.

Parmi les villes on remarquait:

186. Ariminium (Rimini), près de la mer Adriatique et à l'embouchure d'un petit fleuve du même nom (la Marecchia). C'était la ville la plus septentrionale de l'Italie proprement dite, et la première dont César s'empara après avoir passé le Rubicon.

Senogallia (Sinigaglia), sur la même mer, fondée par les Gaulois *Sénonais*, qui se maintinrent pendant cent ans dans l'Ombrie, où ils s'étaient établis vers l'an de Rome 356. Ce furent ces Gaulois qui défirent complètement les Romains à la bataille de l'*Allia* (191), et se rendirent maîtres de Rome, qu'ils brûlèrent, à l'exception du Capitole.

187. Pisaurum (Pesaro), aussi sur la mer, à l'embouchure du petit fleuve *Pisaurus* (la Faglia). — Sarsina, qui conserve aujourd'hui le même nom, dans l'intérieur, au S. O. d'Ariminium; patrie de Plaute, fameux poëte comique. — Mevania (Bevania), sur le *Clitumnus* (Clitumno), sur les bords duquel on élevait une grande quantité de bœufs blancs pour les sacrifices. C'est la patrie de Properce, poëte élégiaque. — Spoletium (Spolète), à peu de distance du *Nar* (la Nera). C'est là que fut tué l'empereur Julius-Émilien, après un règne de trois mois. — Interamna (Terni), au S. de Spolète. Elle tirait son nom de sa position entre deux bras du Nar. C'est la patrie de Tacite, célèbre historien, qui vivait au

premier siècle de l'ère chrétienne.—Narnia, auparavant *Nequinum* (Narni), au S. E. de la précédente, sur le Nar; patrie de l'empereur Nerva. — Ameria (Amelia), à peu de distance du Tibre et du Nar; patrie de Sextus Roscius, en faveur duquel Cicéron prononça une harangue.

188. III. Picenum. — Le Picenum, ou pays de la poix, parce qu'il en produisait en abondance (Marche d'Ancône), s'étendait le long de la mer Adriatique. Toute la partie méridionale était occupée par un peuple particulier nommé Prétutiens, *Prætutii*. Les villes principales étaient :

Ancône, *Ancona*, fondée par les Syracusains, sur un cap près duquel Trajan fit construire un port, l'un des meilleurs de la mer Adriatique : ce qui rendit cette ville très-commerçante.

Asculum (Ascoli), au S. d'Ancône, sur une montagne de difficile accès, près du *Truentus* (Tronto), capitale du Picenum.

189. Adria (Atri), au S. E. d'Asculum, près de la mer; capitale des *Prétutiens*. L'empereur Adrien en était originaire.

190. IV. Latium. — Le Latium ou pays des Latins, dans lequel nous comprendrons le pays des Sabins (la Sabine et la Campagne de Rome), au S., avait pour villes principales :

191. 1° Dans le pays des Sabins, au N. E. du Latium :

Cures (Correse), au S. O., première capitale des *Sabins*, et patrie de Numa Pompilius.

Réate (Rieti), près de l'*Allia* (Aia), rivière fameuse par la défaite des Romains par les Gaulois Sénonais. Elle succéda à Cures dans la dignité de capitale des Sabins. L'empereur Vespasien était né dans ses environs.

Nursia (Nocera), au N. E., au pied de l'Apennin; patrie de Sertorius. — Amiternum, ruinée, à l'E., près du pays des Prétutiens; patrie du célèbre historien Salluste. — Fidenæ ou Fidena, ruinée, au S. O., sur le Tibre; grande ville. Cinquante mille personnes y périrent, sous le règne de Tibère, par la chute d'un amphithéâtre.

192. 2° Dans le Latium proprement dit :

ROME, Roma, sur le Tibre; cette ville, qui fut longtemps la capitale de l'univers, était bâtie sur sept collines, savoir : les monts *Palatin, Capitolin, Quirinal, Cœlius, Aventin, Esquilin* et *Viminal*, auxquels on a encore ajouté depuis le *Janicule* et le *Vatican*, situés sur la rive droite du Tibre. De Rome partaient un grand nombre de chemins qui traversaient toutes les parties de l'empire Romain, et dont on trouve des restes en beaucoup d'endroits.

Tibur (Tivoli), sur l'*Anio* (Teverone), qui y forme une belle cascade. Cette ville, beaucoup plus ancienne que Rome, est célèbre par la beauté de son site, et par les vers d'Horace, qui y avait une maison de campagne, ainsi que Mécène, son protecteur. — Collatia, près de la rive gauche de l'Anio, demeure de Tarquin Collatin, époux de Lucrèce. — Præneste (Palestrine), à l'E. de Rome, sur la limite du pays des Éques. Marius le jeune s'y fit tuer, pour ne pas tomber entre les mains de Sylla, qui fit passer tous les habitants au fil de l'épée. C'est la patrie d'Élien, historien qui vivait sous Alexandre Sévère. Les *Éques*, auxquels on la donne quelquefois pour capitale, habitaient à l'E. du pays des Latins; ils résistèrent longtemps aux Romains, qui ne les soumirent entièrement que l'an de Rome 450. — Tusculum (Frascati), au S. E. de Rome, et capitale des *Latins*. — C'est la patrie de Cincinnatus et de Caton le Censeur. Cicéron avait dans les environs une maison de campagne où il composa ses *Tusculanes*.

193. Albe la Longue, *Alba Longa* (Palazzolo), au S., fondée, dit-on, par Ascagne, fils d'Énée; capitale d'un royaume que la victoire du jeune Horace sur les trois Curiaces soumit aux Romains, qui détruisirent Albe et en transportèrent les habitants à Rome.

Ostie, *Ostia*, près de l'embouchure orientale du Tibre; elle fut pendant plusieurs siècles le port de Rome. Sur l'autre embouchure du Tibre était *Portus Augusti* (Porto), construit par l'empereur Claude.

Lanuvium, patrie de l'empereur Antonin le Pieux. — Laurentum (Torre di Paterno), sur la mer; capitale du roi Latinus. — Lavinium (Pratica), aussi sur la mer, fondée par Énée, qui lui donna le nom de *Lavinie*, son épouse. Elle était considérée comme la mère des villes d'Albe et de Rome. — Ardea (Ardia), au S. E.; capitale des *Rutules* et de leur roi Turnus. — Anagnia (Anagni), à l'E. de Tusculum, capitale des *Herniques*, qui habitaient à l'E. des Latins, et que les Romains soumirent de bonne heure. — ALATRIUM (Alatri), patrie de Fabricius, dans le même pays.

194. SUESSA POMETIA, au S. E. d'Ardea, capitale des *Volsques*, nation puissante, et les ennemis les plus obstinés des Romains. Ils habitaient le pays au S. des Rutules et des Herniques, et possédaient, outre Suessa :

VELITRÆ (Velletri), au N. O. ; d'où la famille d'Auguste était originaire. — ANTIUM (Anzio), au S. O. de Suessa, ville maritime, fameuse par un temple magnifique dédié à la Fortune. — PRIVERNUM, au S. E. de Suessa ; patrie de Camille, héroïne célèbre dans l'*Énéide*. — ARPINUM (Arpino), au N. E. de Privernum ; patrie de C. Marius et de Cicéron, le prince des orateurs latins. — AQUINUM (Aquino), au S. E. d'Arpinum ; patrie du poëte satirique Juvénal. — C'était dans le pays des Volsques, le long de la côte de la mer, que se trouvaient les marais Pontins, *Pomptinæ paludes*, qu'on a plusieurs fois tenté vainement de dessécher. A l'extrémité méridionale de ces marais, se trouvait la ville de TERRACINA (Terracine), que les Volsques nommaient *Anxur*, et à l'O. de laquelle était le promontoire *Circeii* (Monte Circello), que l'on prétendait avoir été habité par la célèbre magicienne Circé.

195. MINTURNES, *Minturnæ*, à l'embouchure du *Liris*, dans le pays des *Aurunces*. Marius se tint longtemps caché dans les marais qui l'environnent.

CAIETA (Gaëte), au S. O. Elle avait un port commode et très-fréquenté. C'est près de cette ville que Cicéron fut assassiné. — C'est dans le pays des Aurunces que se trouvait le mont Massique, *Massicus mons* (monte Massico ou monte di Dracone), et la campagne de Falerne, *Falernus ager*, qui produisaient des vins si renommés.

196. V. SAMNIUM. — Le SAMNIUM ou pays des Samnites (Abruzze), au N. E., le long de la mer Adriatique, habité par des peuples puissants et belliqueux, qui résistèrent plus de soixante-dix ans à tous les efforts des Romains, avait pour villes principales :

197. MARRUBIUM, détruite, au bord du lac *Fucin* (lac de Celano); capitale des *Marses*, l'un des peuples les plus belliqueux de l'Italie.

port Cuxhaven, à l'embouchure de l'Elbe.—LUBECK, au N. E., sur la *Trave*, à quatre lieues de son embouchure dans la Baltique; une des places de commerce les plus considérables de l'Europe. Population : 44 mille habitans, dont 22 mille dans la ville même. — Travemunde, située à l'embouchure de la Trave, peut en être regardée comme le port.

GRANDS-DUCHÉS DE MECKLEMBOURG.

Quelles sont la position, les divisions, la population et les villes principales du Mecklembourg ?

Le Mecklembourg, situé à l'E. du territoire de Lubeck et des duchés de Holstein et de Lawenbourg, est divisé en deux parties, distinguées entre elles par les noms de leurs capitales, et gouvernées par des grands-ducs qui sont membres de la Confédération Germanique. Ces deux grands-duchés sont ceux de Mecklembourg-Schwérin, à l'O., avec une population de 451 mille habitans; capitale, Schwérin, entre deux lacs, dont le plus considérable porte le même nom, et renferme plusieurs îles, dans l'une desquelles est bâti le palais du grand-duc; mais ce prince fait sa résidence ordinaire dans un château magnifique situé dans le joli bourg de *Ludwigslust*, à 6 lieues plus au S. — Mecklembourg-Strélitz, à l'E., avec une population de 77 mille habitans; capitale, Strélitz, divisé en *Vieux* et *Nouveau Strélitz*; le dernier renferme le palais du grand-duc.

SAXE.

Quelles sont la position et les divisions de la Saxe ?

La Saxe, qui occupe à peu près le centre de l'Allemagne, se compose du *royaume de Saxe* et de *quatre principautés*, dont les souverains sont tous membres de la Confédération Germanique.

Quels sont les bornes, la population, le gouvernement et les villes principales du royaume de Saxe ?

Le royaume de Saxe, qui a perdu une grande partie de ses possessions par suite des événemens de 1814, est borné au N. et à l'E. par les États du roi de Prusse, à l'O. par les principautés de Saxe, et au S. par la Bohême. Sa population est de

1 million 400 mille habitans. Son gouvernement est monarchique et représentatif. Ses villes principales sont : DRESDE, sur l'Elbe, capitale du royaume, peuplée d'environ 70 mille habitans. A deux lieues se trouve le château de *Pilnitz*, maison de plaisance, sur les bords de l'Elbe. — LEIPZIG, au N. O. de Dresde, chef-lieu du cercle du même nom, fameuse par ses foires annuelles, consistant surtout en livres, par son université, et par la bataille qui se livra dans ses plaines en 1813; patrie de Leibnitz. Population, 40 mille habitans. — Les mines d'argent de la Saxe fournissent, année commune, plus de 56 mille marcs de ce métal, c'est-à-dire au-delà du quart de ce qu'on retire de toutes les mines de l'Europe réunies.

Quelles sont la position, la population et les villes principales des QUATRE PRINCIPAUTÉS *appartenant à la maison de* SAXE ?

Les quatre principautés appartenant à la maison de Saxe, qui en ont formé cinq jusqu'à la mort du duc de Gotha et Altenbourg, en 1826, sont situées à l'O. du royaume de Saxe, dans l'ancien duché de ce nom, qui fait aujourd'hui partie des États du roi de Prusse, et portent, depuis la fin de 1826, les noms suivans : 1° Le grand-duché de SAXE-WEIMAR, qui renferme 212 mille habitans, et qui a pour villes principales : WEIMAR, au centre, capitale, résidence du grand-duc, et l'une des villes savantes de l'Allemagne. — IÉNA, au S. E. de Weimar, célèbre par son université, et par une grande victoire des Français sur les Prussiens, en 1806. — 2° Le duché de SAXE-COBOURG-GOTHA, renfermant 145 mille habitans, et ayant pour villes principales : COBOURG, au S., sur l'Itz, et GOTHA, au N., sur la Leine, ville importante par son industrie et ses établissemens scientifiques. — 3° Le duché de SAXE-MEININGEN-HILDBURGHAUSEN-ET-SAALFELD, peuplé de 130 mille habitans, et ayant pour villes principales : MEININGEN, jolie petite capitale, à l'O., HILDBURGHAUSEN, au S. E., et SAALFELD, au N. E. — 4° Le duché de SAXE-ALTENBOURG, peuplé de 104 mille avait passé à Naples une partie de sa vie, et qui voulut y être enterré.

III. GRANDE GRÈCE.

203. POSITION ET PAYS QU'ELLE COMPRENAIT. — L'Italie Méridionale, connue sous le nom de GRANDE GRÈCE, *Magna Græcia*, à cause du grand nombre de colonies grecques qui la peuplèrent, renfermait quatre pays principaux; savoir : l'*Apulie*, la *Messapie*, la *Lucanie* et le *Brutium*.

204. I. APULIE. — L'APULIE ou la Pouille, *Apulia* (Capitanate, Terre de Bari et partie de la Basilicate), que les Grecs comprenaient, ainsi que la Messapie, sous le nom d'*Iapygie*, s'étendait le long de la mer Adriatique, et se divisait en Daunie, *Daunia*, au N., et Peucétie, *Peucetia*, au S. Ses villes principales étaient :

205. ARPI, fondée par Diomède, et capitale des Dauniens.

CANNES, *Cannæ* (près de Barletta), à l'E., à peu de distance de l'embouchure de l'*Aufidus* (Ofanto); célèbre par la victoire la plus remarquable d'Annibal sur les Romains, qui y perdirent plus de cinquante mille hommes.

LUCERIA (Lucera), au N. O., fondée, dit-on, par Diomède. — CANUSIUM (Canosa), au S. E. Les restes de l'armée romaine s'y retirèrent après la défaite de Cannes. — VENUSIA (Venosa), au S. O.; patrie d'Horace.

206. II. MESSAPIE. — La MESSAPIE, *Messapia* (duché d'Otrante), occupait toute la presqu'île au S. E. de l'Italie, et était habitée par les Calabrois, *Calabri*, au N. O., et les Salentins, *Salentini*, au S. E.; le promontoire *Iapygium* (cap Leuca) la terminait au S. Ses villes principales étaient :

207. TARENTE, *Tarentum*, sur le golfe du même nom; fondée par les Lacédémoniens sous la conduite de Phalante. Son port, qui était très-vaste, joint à la position extrêmement avantageuse de cette ville entre l'Italie, la Sicile, l'Afrique, la Grèce et l'Illyrie, contribua à la rendre extrêmement opulente, de manière qu'elle devint la capitale de la Messapie, de l'Apulie et de la Lucanie. C'est la patrie du

géomètre Archytas et du philosophe Lisis, qui fut précepteur d'Épaminondas.

Brindes, *Brundisium* (Brindisi), au N. E. de Tarente, à l'entrée de la mer Adriatique, avec un bon port, où l'on s'embarquait ordinairement pour passer en Grèce; Virgile y mourut comme il se préparait à faire ce trajet. C'est la patrie de Pacuvius, poëte tragique. — Hydruntum (Otrante), au S. E., à l'endroit le plus resserré du détroit qui donne entrée à la mer Adriatique, qui n'a, vis-à-vis de cette ville, qu'environ seize lieues de largeur.

208. III. Lucanie. — La Lucanie, *Lucania* (partie de la Principauté Citérieure), entre le golfe de Tarente, à l'E., et la mer Tyrrhénienne, à l'O., avait pour villes principales :

209. Pæstum ou *Posidonia* (Pesti), sur le golfe de Salerne, que l'on appelait aussi golfe de Pæstum, *Pæstanus sinus*. Elle était célèbre par ses rosiers, et elle a conservé de beaux restes d'antiquités.

Sybaris, détruite, sur le fleuve *Sybaris* (Roccanello), qui se jette dans le golfe de Tarente. La mollesse de ses habitants passa en proverbe : aussi, quoiqu'elle fût assez puissante pour mettre 300 mille hommes sur pied, le fameux Milon, à la tête de 100 mille Crotoniates, la détruisit ; elle fut ensuite rebâtie sous le nom de *Thurium*, et eut pour législateur Charondas, qui se perça de son épée pour prouver son respect pour les lois. L'historien Hérodote et l'orateur Lysias se fixèrent dans cette ville.

Helea (Castello a Mare della Brucca), au S. E. de Pæstum, sur un petit golfe du même nom ; patrie du philosophe Zénon Héléate, que le tyran Néarque fit piler dans un mortier. — Métaponte, détruite, sur le golfe de Tarente, fondée, dit-on, par Épéus, qui avait construit le fameux cheval de Troie. Pythagore y mourut. — Héraclée, ruinée, au S. O. de Métaponte, à l'embouchure de l'Aciris ; patrie du fameux peintre Zeuxis. Pyrrhus défit les Romains près de cette ville.

210. IV. Brutium. — Le Brutium (Calabre Ultérieure) occupait l'extrémité méridionale de l'Italie ; ses villes les plus remarquables étaient :

211. CONSENTIA (Cosenza), au centre, sur le Crathis (Crati); capitale des Brutiens.

CROTONE, *Crotona*, à l'E., sur la mer Ionienne; célèbre par ses écoles de philosophie, et par ses athlètes, dont Milon fut le plus fameux.

LOCRES, *Locri* (Motta di Bruzzano), au S.; fondée par des Locriens de Grèce; elle prit le surnom d'*Epi-Zephyrii*, de sa situation près du promontoire *Zephyrium*. Elle devint une des principales villes du Brutium, et eut pour législateur Zaleucus, philosophe pythagoricien.

RHEGIUM (Reggio), au S. O., sur le détroit de Sicile, vis-à-vis de Messine, qui n'en est qu'à environ trois lieues. Elle devint fort puissante, et fut la patrie d'Agathocle, qui, quoique fils d'un potier, devint roi de Sicile.

PETILIA (Strongoli), à l'E., près de la mer Ionienne, fondée par Philoctète, et célèbre par sa fidélité envers les Romains pendant la seconde guerre Punique. — SCYLACIUM (Squillace), sur le golfe du même nom, patrie de Cassiodore. — MAMERTIUM (Oppido), au S. O. de Scylacium; c'est de cette ville qu'étaient sortis les Mamertins, qui s'emparèrent de celle de Messine en Sicile.

Sur la côte orientale du Brutium, au S. de Crotone, était un rocher nommé *Calypsus*, où l'on plaçait la demeure de la nymphe Calypso, et que l'on compte quelquefois parmi les îles de la Grèce.

ILES DE L'ITALIE.

212. Les îles qui dépendaient de l'Italie étaient situées dans la Méditerranée; on en comptait trois principales, savoir: la *Sicile*, la *Sardaigne* et la *Corse*, que nous allons décrire successivement; nous parlerons ensuite de toutes les petites îles répandues sur la côte occidentale de l'Italie.

I. SICILE.

213. POSITION ET NOMS ANCIENS. — La SICILE, *Sicilia*, au S. de la mer Tyrrhénienne, et à l'O. de celle à laquelle elle donnait son nom, est séparée de l'Italie par le détroit de Sicile, *Fretum Siculum* (Phare de Messine), où se trouvent les rochers de *Scylla* et le tourbillon de *Charybde*, jadis re-

doutés des navigateurs, et qui, dans l'endroit le plus resserré, n'a que quinze cents pas de largeur. Elle a environ deux cents lieues de tour, et prit successivement les noms de Sicanie, *Sicania*, des Sicanes, *Sicani*, peuples venus de l'Espagne; et de Sicile, *Sicilia*, des Sicules, *Siculi*, venus de l'Italie. Les trois promontoires qui lui avaient fait donner par les poëtes le nom de Trinacrie, *Trinacria*, étaient : le Pélore, *Pelorum* (cap Faro), le Pachyn, *Pachynum* (cap Passaro), et celui de Lilybée, *Lilybæum* (cap Boëo).

214. MONTAGNES. — Parmi les montagnes qui couvrent une partie de cette île, sous les noms de monts *Nebrodes* et *Heræi*, on remarquait le mont *Etna* (Etna ou Gibel), où les poëtes plaçaient les forges de Vulcain et la demeure des Cyclopes; et le mont *Eryx* (le mont Saint-Julien), à l'O., sur le sommet duquel était un temple consacré à Vénus.

215. VILLES. — Les plus remarquables étaient :

MESSINE, *Messana*, sur le détroit : elle s'appelait d'abord *Zancle*, et fut ensuite habitée par des Messéniens chassés du Péloponèse.

SYRACUSE, *Syracusæ*, au S. E., sur la mer de Sicile, fondée par les Corinthiens, 757 ans avant J.-C., capitale de la Sicile, et l'une des plus grandes, des plus belles et des plus puissantes villes grecques; patrie d'Archimède, fameux mathématicien, et des poëtes Théocrite, Epicharme et Moschus.

C'est dans l'île d'Ortygie, qui formait l'un des quartiers de Syracuse, que coulait la fontaine Aréthuse, célèbre dans les poëtes, qui feignent que l'Alphée, fleuve du Péloponèse, se fraie une route secrète sous les flots de la mer pour venir mêler ses eaux à celles de cette fontaine.

CATANE, *Catana*, au N. O., sur la même mer; ville riche et bien peuplée, près des plaines qu'habitaient les *Lestrygons*, l'un des plus anciens peuples de la Sicile, qu'Homère dépeint comme très-féroces. — HELORUM (Murri-Ucci), au S. O. de Syracuse, près du fleuve *Asinarus*, sur les bords duquel les Athéniens, qui venaient pour s'emparer de la Sicile, furent entièrement défaits. — CAMARINA, auparavant *Hyperia* (en ruines sous le nom de Camarana), sur la côte méridionale, l'une des villes les plus riches de la Sicile.

216. Agrigente, *Agrigentum* (Girgenti), au N. O. de Syracuse, et après elle la première ville de la Sicile. Elle possédait un temple magnifique de Jupiter Olympien. C'est là que régna le tyran Phalaris et que naquit le philosophe Empédocle, qui se précipita dans le cratère de l'Etna pour s'immortaliser.

Sélinonte, *Selinus*, détruite, au N. O. d'Agrigente, l'une des villes les plus considérables de la Sicile, fondée par les Mégariens.

Lilybée, *Lilybæum* (Marsala), près du cap du même nom. Elle appartint longtemps aux Carthaginois, dont elle fut la plus forte place dans la Sicile.

Panorme, *Panormus* (Palerme), au fond d'un golfe, avec un port très-commode; c'était la place la plus considérable que possédassent en Sicile les Carthaginois, lorsque les Romains s'en rendirent maîtres.

217. Drepanum (Trapani), au N. E. de Lilybée, port où aborda Énée, et où il fit les funérailles de son père Anchise. Cette ville est encore plus célèbre par un combat naval dans lequel les Romains furent complétement défaits par les Carthaginois. — **Himera**, détruite, au S. E. de Panorme, fameuse par une grande bataille dans laquelle Gélon, roi de Syracuse, défit les Carthaginois, qui perdirent 150 mille hommes. — **Myle** (Melazzo), au N. E. d'Himère, près de laquelle les Romains, commandés par Duillius, gagnèrent leur première victoire navale sur les Carthaginois. — **Enna** (Castro-Giovanni), au centre de la Sicile, près des plaines où Pluton, selon la Fable, enleva Proserpine. — **Hybla Major** (Paterno), à l'E. d'Enna, fameuse par son miel. — **Leontini** (Lentini), au S. E. d'Hybla; ville grecque qui avait formé une république assez puissante, et dont les environs étaient d'une fertilité prodigieuse. — **Egesta** ou **Segesta**, détruite, au S. O. de Panorme; fondée, disait-on, par Énée, et l'une des villes les plus puissantes de la Sicile.

218. Iles voisines de la Sicile. — Les plus remarquables étaient:

Les îles **Éoliennes** ou **Vulcaniennes**, 1° *Æoliæ* ou *Vulcaniæ* (îles de Lipari), au N.; îles volcaniques au nombre de sept, dont les principales étaient LIPARA (Lipari), la plus considérable de toutes, avec une capitale du même nom, et dont les habitants étaient Grecs d'origine; HIERA ou *Vulcania* (Volcano), spécialement consacrée à Vulcain; STRONGYLE (Stromboli), regardée comme le séjour d'Éole, roi des vents.

2° Les îles ÉGATES, *Ægates* (îles Maretimo, Levanzo et Favignana), à l'O. Elles sont célèbres par la victoire navale que les Romains remportèrent dans les environs, et qui termina la première guerre punique.

219. 3° COSSYRA (Pantelaria), au S. des précédentes.

4° MELITA (Malte), au S. de la Sicile, avec une capitale du même nom (Rabatto). On croit que ce fut sur ses côtes que saint Paul fit naufrage : elle avait de bons ports, et était très-fertile.

5° GAULOS (Gozzo), au N. de Malte, et peuplée comme elle par des Phéniciens.

II. SARDAIGNE.

220. POSITION ET VILLES PRINCIPALES. — La SARDAIGNE, *Sardinia*, appelée aussi par les Grecs *Ichnusa*, parce que sa forme ressemble à celle du pied d'un homme, est située au N. O. de la Sicile, et n'a guère moins d'étendue qu'elle. On y trouvait :

CARALIS (Cagliari), au S. E., sur le golfe de son nom, fondée par les Carthaginois, capitale de l'île.

TURRIS LIBISSONIS (Porto di Torre), au N., ville romaine, dont les environs conservent encore le nom de *Romagne*.

III. CORSE.

221. POSITION. — L'île de CORSE, *Corsica*, appelée d'abord *Cyrnos*, était au N. de la précédente, dont elle est séparée par le détroit de *Taphros* (détroit de Bonifacio), large de 4 lieues et demie. Elle était stérile, et ses habitants féroces et stupides. Ses villes principales étaient :

MALLIA, nommée ensuite *Aleria*, ruinée, sur la côte orientale; fondée par les Phocéens.

Nicæa, nommée ensuite *Mariana*, conservant aujourd'hui ce dernier nom, qu'elle devait à Marius, au N. de la précédente. — Mantinorum Oppidum (Bastia), au N.

IV. Iles répandues sur la côte occidentale de l'Italie.

222. Les plus remarquables étaient, en commençant par le nord :

223. Ilva (île d'Elbe), nommée *Æthalia* par les Grecs, sur la côte d'Étrurie ; elle est célèbre par ses belles mines de fer et par ses carrières de marbre.

224. Planasia (Pianosa), au S. O. de l'île d'Elbe. Auguste y relégua son petit-fils Agrippa. — Pontia (Ponza), vis-à-vis de la côte du Latium, au S. du promontoire de Circé, où l'empereur Tibère fit périr Drusus Néron, son petit-fils. — Pandataria (Vendotena), au S. E. de Pontia, célèbre par la mort de Julie et par celle d'Agrippine, fille et petite-fille d'Auguste. — Ænaria, appelée aussi *Pithecusa* et *Inarimé* (Ischia), vis-à-vis de Baies ; elle est sujette à des tremblements de terre, qui ont fait dire aux poètes que Typhée, foudroyé par Jupiter, était étendu sous cette île. Elle était habitée par des Grecs, ainsi que les deux suivantes : — Prochyta (Procida), entre Ænaria et le continent. — Caprées, *Capreæ* (Capri), aussi sur la côte de la Campanie, au S. E. des précédentes, célèbre par les débauches et par la mort de Tibère.

Sur la côte orientale de l'Italie, on ne trouvait que les îles de Diomède, *Diomedeæ insulæ* (îles de Tremiti), au N. de l'Apulie ; elles tiraient, disait-on, leur nom de ce que les compagnons de Diomède s'y retirèrent après la mort de ce prince, qui, trouvant ses États envahis à son retour de Troie, vint habiter dans la Daunie.

MÉSIE *.

225. Bornes et Divisions. — La Mésie, *Mœsia* (Servie et Bulgarie), séparée de la Pannonie à l'O. par la *Save* et le *Drin*, son affluent, s'étendait, le long de l'*Ister* (Danube), qui la bornait au N., jusqu'au Pont-Euxin, qu'elle touchait à l'E. Elle avait pour bornes au S. la chaîne des monts *Hæmus* et *Orbelus*, qui la séparaient de la Macédoine, et s'étendait au S. O. jusque sur les pentes méridionales de la portion de cette même chaîne de montagnes connue sous le nom de mont *Scardus*, et qui était occupée par la peuplade des *Dardaniens*, regardée comme une colonie des Dardaniens de l'Asie Mineure. La Mésie fut d'abord divisée, relativement au cours du Danube, en *Supérieure*, à l'O., et *Inférieure*, à l'E.; à l'époque du règne de l'empereur Aurélien, une troisième province y fut formée aux dépens des deux autres et prit le nom de *Dacie d'Aurélien*; enfin, plus tard encore, les subdivisions s'y multiplièrent jusqu'au nombre de six.

226. Villes. — Les principales étaient :

1° Dans la Mésie Supérieure, dont la partie méridionale, occupée par les Dardaniens, finit par former une province particulière sous le nom de *Dardanie* :

Singidunum (aujourd'hui Belgrade), au confluent de la Save et du Danube, munie par l'empereur Justinien de fortifications qui la rendirent un des boulevards de l'empire. — Margum ou Margus (près de Passarovitz), au confluent du *Margus* (aujourd'hui Morava) avec le Danube, remarquable par la victoire de Dioclétien sur Carin.

Viminacium (près de Gradistie), sur le Danube, importante colonie romaine, métropole de la province.

Scupi (aujourd'hui Uskup), au S. du mont Scardus, dans la *Dardanie*, dont elle devint la capitale.

2° Dans la Dacie d'Aurélien, qui se divisa par la suite en *Dacie Riveraine*, sur les bords du Danube, et *Dacie Intérieure* :

---

* Consulter, dans mon *Atlas à l'usage des Collèges*, la carte de l'Empire Romain.

Taliatis (près de Gouloubintza), sur le Danube, qui forme un peu plus bas une petite cataracte, au-dessous de laquelle il commençait à porter le nom d'*Ister*. Un peu plus bas, dans un endroit où le fleuve a peu de profondeur, se trouvait le *Pont de Trajan*, d'un quart de lieue de long, et bâti par ce prince pour faciliter les communications avec la Dacie, réunie par lui à l'empire.

Ratiaria (aujourd'hui Arzer Palanka), plus au S., sur le Danube; elle devint la métropole de la Dacie Riveraine.

OEscus (Ingigen), près de l'embouchure de la rivière du même nom (aujourd'hui Isker) dans le Danube. Elle paraît avoir été la principale ville des Triballes, peuple qui résista courageusement à Alexandre le Grand. — Naïssus (aujourd'hui Nissa), dans l'intérieur, patrie du grand Constantin, premier empereur chrétien.

Sardique, *Sardica*, nommée aussi *Triaditza* (nom qu'elle a conservé), près du mont Orbélus; elle fut sous Aurélien la capitale de toute la Dacie Aurélienne, et, après la division, celle de la Dacie Intérieure.

Tauresium (aujourd'hui Ghiustendil), au S. E. de Sardique, patrie de l'empereur Justinien.

227. 5° Dans la Mésie Inférieure, dont la partie orientale, désignée sous le nom de *Petite Scythie*, finit par former une province particulière :

Nicopolis (aujourd'hui Nicopoli), surnommée *sur l'Ister, ad Istrum*, pour la distinguer de deux autres villes du même nom situées dans la même province. Celle-ci avait été bâtie par Trajan pour perpétuer le souvenir de ses victoires sur les Daces.

Marcianopolis (aujourd'hui Péréjaslaw), au S. E., capitale de la Mésie Inférieure.

Tomes, *Tomi* (aujourd'hui Tomeswar ou Mankalia), sur le Pont-Euxin, célèbre par l'exil d'Ovide, qui trace un tableau affreux de ce séjour. Elle devint par la suite la métropole de la Petite Scythie.

On trouvait encore près des embouchures du Danube deux îles, savoir : Peucé, formée par un bras du fleuve, sur lequel Darius jeta un pont pour marcher contre les Scythes. — Achillis ou Leucé (île aux Serpents), vis-à-vis des embouchures du Danube.

THRACE*.

228. Bornes. — La Thrace, *Thracia* (Romélie), était bornée au N. par la Mésie, à l'O. par la Macédoine, au S. par la mer Égée, l'Hellespont et la Propontide, au S. E. par le Bosphore de Thrace, et à l'E. par le Pont-Euxin. Elle était arrosée par l'Hèbre, *Hebrus* (Maritza), sur les bords duquel le fameux poëte Orphée, Thrace de nation, fut mis en pièces par les Bacchantes.

229. Villes Principales :

Philippopolis (Philippopoli), au N., bâtie par Philippe, sur l'emplacement d'une autre nommée *Trimontium*, parce qu'elle renfermait trois collines : il y plaça les Phocéens sacriléges qui avaient pillé le temple de Delphes, ce qui lui fit donner le nom de *Poneropolis*, la ville des méchants. Elle était située dans le pays des *Bessi*, le peuple le plus féroce de la Thrace, et chez lequel on trouvait un oracle de Bacchus.

Orestias, appelée ensuite *Hadrianopolis* (Andrinople), au S. E. de Philippopolis, près de l'endroit où l'Hèbre reçoit deux rivières nommées *Ardiscus* (Arda), à sa droite, et *Tonsus* (Tonza), à sa gauche. Ces deux rivières forment, avec l'Hèbre, les trois fleuves dans lesquels Oreste se purifia, dit-on, du meurtre de sa mère. Cette ville se trouvait dans le pays des *Odryses*, l'une des nations les plus puissantes de la Thrace.

Pérynthe, *Perynthus*, ensuite Héraclée, *Heraclea* (Erekli), dont les Athéniens forcèrent Philippe à lever le siége : elle était sur la Propontide. A l'E. de cette ville commençait une muraille appelée le long mur, *Macron Tichos*, dont l'autre extrémité aboutissait à *Dercon*, ville sur le Pont-Euxin. Elle avait été bâtie, au commencement du sixième siècle,

---

* Consulter, dans mon *Atlas à l'usage des Colléges*, pour ce pays et pour les suivants, les cartes de la Grèce, de l'Empire d'Alexandre et de l'Empire Romain.

par l'empereur Anastase, pour protéger Constantinople contre les attaques des Barbares.

230. BYZANCE, *Byzantium*, ensuite CONSTANTINOPLE, *Constantinopolis* (Stamboul), à l'entrée méridionale du Bosphore de Thrace, fondée par une colonie grecque conduite par Byzas, qui lui donna son nom. Après avoir été une des villes les plus remarquables de l'empire romain, elle était devenue presque déserte, lorsque Constantin la rendit une des premières villes du monde, en y fixant le siège de son empire.

231. ABDERA (Polystilo), sur la mer Égée, à l'embouchure du fleuve Nestus, une des plus anciennes et des plus célèbres de la Thrace. Les Abdéritains passaient pour un peuple stupide et grossier; leur ville a cependant donné naissance aux philosophes Démocrite, Protagoras, Anaxarque et autres. Une partie de la côte voisine était habitée par une nation appelée *Bistonides* ou *Bistonii*. — MARONEA (Marogna), sur la mer, à l'E. d'Abdère, dans le pays des *Cicones*. Le vin que produisait cette contrée, et en particulier le mont *Ismarus*, était célèbre par sa force; c'est de ce dernier qu'Ulysse fit boire à Polyphème. On trouvait aussi dans ce pays la plaine de Dorisque, *Doriscus campus*, qui pouvait contenir dix mille hommes, et qui servit, dit-on, à faire le dénombrement de l'armée de Xerxès. — MESEMBRIA (Misevria), sur la mer, au S. E. de Maronée. — TYRIDA, dans l'intérieur. C'est là que l'on place la demeure de ce barbare Diomède qui nourrissait ses chevaux de chair humaine. — ÆNOS, au S. E. de l'embouchure de l'Hèbre; elle se glorifiait d'avoir été fondée par Énée. Dans le voisinage était le tombeau de Polydore, fils de Priam, que Polymnestor, roi de Thrace, fit tuer pour s'emparer de ses trésors. — TRAJANOPOLIS (Trajanopoli), sur l'Hèbre, fondée par l'empereur Trajan. — BYSANTHE ou RHÆDESTUS (Rodosto), près de la Propontide, dans la partie de la Thrace qui portait le nom d'Europe, *Europa*. — BYSIA, à quelque distance du Pont-Euxin, capitale du pays appelé *Astique*, habité autrefois par des peuples barbares qui pillaient tous ceux qui faisaient naufrage sur leurs côtes.

232. CHERSONÈSE. — Au S. E. de la Thrace, se trouvait la presqu'île appelée *Chersonèse de Thrace*, qui renfermait les villes suivantes :

Sestos, bâtie à l'endroit le plus resserré de l'Hellespont, presque vis-à-vis d'Abydos, en Asie, dont elle n'est éloignée que d'environ une lieue et demie. C'était le passage le plus fréquenté de l'Hellespont.

Lysimachia (en ruines, près de Boulaïr), à l'entrée de la Chersonèse; bâtie par Lysimaque, qui en fit sa capitale, après avoir ruiné :

Cardia, située à l'embouchure du fleuve *Melas* dans le golfe *Melanes*, vers l'isthme qui joint la Chersonèse au reste de la Thrace. Elle avait donné naissance à Eumène, l'un des successeurs d'Alexandre, et à l'historien grec Hiéronyme. — Callipolis (Gallipoli), vers l'entrée septentrionale de l'Hellespont, auquel elle donne aujourd'hui son nom.

On trouvait encore dans la Chersonèse le petit fleuve nommé *Ægos potamos*, fleuve de la Chèvre, qui a son embouchure dans l'Hellespont, près de l'endroit où Lysandre, général lacédémonien, remporta sur la flotte athénienne une victoire qui mit fin à la guerre du Péloponnèse.

235. Iles. — Celles qui dépendaient de la Thrace étaient au nombre de deux, situées dans la mer Égée, savoir : — Samothrace (Samandraki), célèbre par les mystères qui y avaient été institués en l'honneur des dieux Cabires *, et patrie d'Aristarque, fameux grammairien, et critique si judicieux, que son nom s'emploie souvent pour désigner un censeur éclairé. — Imbros, au S. E. de la précédente, peuplée par des Pélasges, et consacrée aussi au culte des dieux Cabires.

* Ces dieux étaient ceux que les Romains appelaient *dieux puissants*; c'est-à-dire Cérès, Proserpine, Pluton, avec Mercure, qui était comme leur ministre.

MACÉDOINE.

254. Bornes et Divisions. — La MACÉDOINE, *Macedonia* (Macédoine et Basse-Albanie), prise dans sa plus grande étendue, et telle qu'elle était quand Paul-Émile en fit la conquête, était bornée au N. par la Dardanie, qui fait partie de la Mésie; à l'O. par la mer Adriatique; au S. par l'Épire, la Thessalie et la mer Égée; et à l'E. par le fleuve *Nestus* (Mesto), qui la sépare de la Thrace. Ce pays renfermait plusieurs petits royaumes indépendants, que Philippe subjugua, et dont il forma un état puissant. Paul-Émile, après sa conquête, partagea la Macédoine en quatre régions: la première à l'E., vers la Thrace; la seconde, à l'O. de la première; la troisième, à l'O. de la seconde; et la quatrième, sur la mer Adriatique. Nous suivrons cette division en nommant les villes de ce pays.

255. Montagnes, Fleuves et Villes remarquables. — On trouvait dans la Macédoine plusieurs montagnes remarquables, savoir : le mont Pangée, *Pangeus mons* (monts Castagnats), qui renfermait des mines d'or et d'argent exploitées par Philippe, et le mont *Athos* (Monte-Santo), dans la presqu'île à laquelle il donnait son nom; il tire celui qu'il porte aujourd'hui des couvents grecs qui le couvrent. Ses principales rivières étaient le *Strymon* (Iemboli) et l'*Axius* (Vardari); elle avait pour villes principales:

236. 1° Dans la Première région, comprise entre le Nestus et le Strymon :

PHILIPPES, *Philippi* (en ruines), au centre, ainsi nommée de Philippe, père d'Alexandre le Grand, qui la fortifia. Elle est célèbre dans l'histoire par la bataille où Brutus et Cassius, les derniers défenseurs de la liberté romaine, furent défaits par Antoine et Octave, surnommé depuis *Auguste*. Une des épîtres de saint Paul est adressée à ses habitants, auxquels il prêcha l'Évangile, l'an 52 de J.-C.

Dans cette partie de la Macédoine habitaient les Bisaltes, *Bisaltæ*, peuple renommé par sa valeur.

Amphipolis, appelée d'abord les Neuf Voies, *Novem Viæ* (Jeni-Keui), sur le Strymon, ville forte sous Philippe : elle était aussi nommée la Ville d'Or, *Chrysopolis*, à cause des mines d'or qui étaient aux environs. C'est la patrie de Pamphyle, peintre célèbre, maître d'Apelles, et fondateur de la fameuse école de peinture de Sicyone.

257. 2° La Seconde région était comprise entre le Strymon et l'Axius, et renfermait au S. la presqu'île *Chalcidique*, formée par le golfe Strymonique, à l'E., et le golfe Thermaïque, à l'O.; elle avait pour villes principales :

Olynthe, *Olynthus*, détruite, au fond du golfe *Toronaïque* (auj. Hagios Mamas). Ce fut la prise et la destruction de cette ville par Philippe, père d'Alexandre, qui donna lieu aux *Olynthiennes* de Démosthènes.

Thessalonique, *Thessalonica*, anciennement *Therma* (Salonique ou Saloniki), au fond du golfe Thermaïque. Cette ville fut puissante sous les Romains. Deux des épîtres de saint Paul sont adressées à ses habitants.

Stagyre, *Stagyra* (Libanova), sur la côte occidentale du golfe Strymonique; patrie d'Aristote, célèbre philosophe qui fut le précepteur d'Alexandre.

Torone (Toron), sur le golfe auquel elle donnait son nom. — Potidée, *Potidea*, à l'entrée de la presqu'île de *Pallène*; elle eut à soutenir un siége de trois ans contre les Athéniens. — Chalcis, qui donnait son nom à la presqu'île *Chalcidique*. — Apollonie de Mygdonie, *Apollonia Mygdoniæ* (Bolina), dans la *Mygdonie*, l'une des plus grandes provinces de la Macédoine, située au nord de la presqu'île Chalcidique, et conquise sur la Thrace par les prédécesseurs d'Alexandre.

258. 3° Dans la Troisième région, qui s'étendait au N. de la Thessalie, depuis l'Axius et le golfe Thermaïque, à l'E., jusqu'aux montagnes qui la séparent, à l'O., de la Quatrième région, on trouvait :

Édesse, *Edessa* ou *Ægea* (Edissa), dans la province nommée *Émathie*, la plus ancienne de la Macédoine, et celle qui renfermait les villes les plus illustres. Édesse fut la capitale de tout le royaume jusqu'à Philippe, qui transporta sa résidence à Pella; Édesse continua cependant à être le lieu de la sépulture des rois.

Pella (Palatia), au S. E. d'Édesse, sur les bords d'un

lac; célèbre par la naissance d'Alexandre le Grand. Elle fut la capitale de la Macédoine jusqu'à la réduction de ce pays en province romaine.

MÉTHONE, au siége de laquelle Philippe fut blessé d'une flèche lancée du haut des murailles, et sur laquelle était écrit : *Aster, à l'œil droit de Philippe.* — DIUM (Standia), au S., où Alexandre fit élever des statues de bronze, ouvrage du fameux sculpteur Lysippe, à ceux des soldats de sa garde qui avaient péri à la bataille du Granique. Ces deux villes étaient dans la province appelée *Piérie*, qui confinait à la Thessalie.

239. 4° La Quatrième région, située au N. de l'Épire, entre la Troisième région, à l'E., et la mer Adriatique, à l'O., faisait partie de l'Illyrie, et portait même le nom d'Illyrie Grecque, *Illyris Græca,* parce que plusieurs colonies grecques étaient venues s'y établir. Elle fut attribuée par les Romains à la Macédoine, et prit dans la suite le nom d'*Albanie*, qu'elle conserve encore aujourd'hui. Ses villes principales étaient :

DYRRACHIUM, auparavant *Epidamnus* (Durazzo), sur la mer Adriatique, fondée par les Corcyréens. Cicéron y passa dix mois en exil.

Au N. de Dyrrachium était le promontoire *Nymphæum*, dans le voisinage duquel était une plaine d'où l'on voyait souvent s'élever des flammes qui ne nuisaient en rien à la végétation. Au S. E. était le village appelé *Pétra*, près duquel Pompée, assiégé par César, sut lui échapper. — APOLLONIA (Polina), près du fleuve *Aoüs* (Voïoussa). Octave y était occupé à étudier les belles-lettres lorsqu'il apprit la mort de Jules César. — AULON (Avlona), sur un petit golfe qui forme un port, où l'on s'embarquait ordinairement pour passer de la Grèce en Italie. — ALBANOPOLIS (Albassan), dans l'intérieur, sur le fleuve *Genusus* (Scombi). — LYCHNIDUS (Okhrida), près d'un lac d'où sort le *Drilo* (Drin).

240. ILE. — A peu de distance de la côte méridionale de la Première région se trouvait, dans la mer Égée, l'île de *Thasos* (Tasso), qui renfermait des mines d'or et d'argent, et des carrières d'un marbre très-fin. Elle était aussi très-fertile en grains et en excellents vins. C'est la patrie du peintre Polygnote.

ÉPIRE.

241. Bornes et Villes principales. — L'Épire, *Epirus* (Haute-Albanie), dont le nom signifie *continent*, par opposition à l'île de Corcyre, qui est située vis-à-vis, avait au N. l'Illyrie, à l'O. la mer Adriatique et la mer Ionienne, au S. le golfe d'Ambracie (golfe de l'Arta) et l'Étolie, et à l'E. le Pinde, qui la séparait de la Thessalie. Elle renfermait plusieurs peuples indépendants, qui furent tous réunis sous le gouvernement de Pyrrhus. Ses villes principales étaient :

242. 1° Dans la Chaonie (la Canina), province la plus septentrionale de l'Épire, traversée par les monts *Acrocérauniens* (monts de la Chimère) : — Oricum (Orico), au fond d'un golfe formé par la mer Ionienne ; — Chimera (Chimera), au S. E. d'Oricum.

2° Dans la Thesprotie, vis-à-vis de l'île de Corcyre : — Buthrotum (Butrinto), fondée par Hélénus, fils de Priam, qui y reçut Énée, lorsqu'il se rendait en Italie. — Nicopolis, ou la *ville de la Victoire* (Prevesa), sur le golfe d'Ambracie, bâtie par Auguste en mémoire de la bataille d'Actium. — C'est dans cette partie de l'Épire que coulait l'*Achéron*, qui reçoit le *Cocyte*. Vers son embouchure se trouvait le marais Achérusien, *Acherusia palus*, dans une des îles duquel Thésée fut retenu prisonnier par un des rois du pays, Aïdonée, dont il avait voulu enlever la femme : ce qui donna lieu à la fable qui fait descendre ce héros aux enfers pour enlever Proserpine.

243. 3° Dans le pays des Molosses, le peuple le plus puissant de l'Épire, qui habitait les plaines de Janina, au S. E., vers la Thessalie :

Ambracie, *Ambracia*, sur le fleuve *Arethon* (Arta), à une lieue de son embouchure dans le golfe auquel cette ville donnait son nom (golfe de l'Arta), ancienne capitale des États de Pyrrhus.

Passaro (Passaron), qui paraît avoir été la capitale des Molosses.

Dodone (Proskynisis, près de Gardiki), fameuse par sa forêt consacrée à Jupiter, et dont les chênes rendaient des oracles. Cet oracle passait pour le plus ancien de toute la Grèce.

GRÈCE.

244. Bornes et Divisions. — La Grèce, *Græcia* (Janina, Livadie et Morée), dans laquelle nous ne comprenons pas ici les pays voisins qu'on a ensuite désignés sous le même nom, et que nous venons de décrire, avait pour bornes, au N. la Macédoine et l'Épire, à l'O. la mer d'Ionie, au S. la mer de Crète, et à l'E. la mer Égée. Elle se divisait naturellement en trois parties, savoir : la *Grèce propre*, le *Péloponnèse* et les *Iles*.

GRÈCE PROPRE.

245. Position et Divisions. — La Grèce propre, qui occupait tout le N. de la Grèce jusqu'aux golfes de Corinthe et d'Égine, renfermait six pays principaux, savoir : la *Thessalie*, l'*Acarnanie*, l'*Étolie*, la *Phocide*, la *Béotie* et l'*Attique*.

246. Montagnes. — On trouvait dans ce pays plusieurs montagnes remarquables, telles que l'Olympe, *Olympus*, où les poëtes plaçaient la demeure des dieux; l'*Ossa* (Kissabo), au pied duquel était la fameuse vallée de Tempé, si souvent chantée par les poëtes; le *Pélion*, célèbre dans la Fable, ainsi que les deux précédentes, par le combat des géants : il forme, en s'avançant dans la mer Égée, un cap appelé autrefois *Sepias* (Saint-Georges), près duquel une partie de la flotte de Xerxès fut brisée par une tempête ; le Pinde, *Pindus*, consacré aux Muses ; l'*OEta*, qui sépare au S. la Thessalie de la Phocide, et fameux dans la Fable par la mort d'Hercule, qui se brûla sur l'un de ses sommets. C'est aussi entre l'une des croupes les plus élevées de cette montagne et la mer, que se trouvait le fameux passage des *Thermopyles*[*] (Bocca di Lupo), défendu par Léonidas, avec trois

---

[*] Le nom de *Thermopyles*, qui signifie *portes chaudes*, avait été donné à ce défilé, parce qu'il s'y trouvait des sources chaudes d'eaux minérales.

cents Spartiates, contre l'innombrable armée des Perses; le Parnasse, *Parnassus*, sur le double sommet duquel les poëtes placent le séjour d'Apollon et des Muses, et d'où découlait la fontaine de Castalie, *Castalius fons*, dont les eaux, selon les poëtes, avaient la vertu de produire l'enthousiasme poétique; l'*Hélicon*, consacré aux Muses, ainsi que les fontaines *Aganippe* et *Hippocrène*, et le petit fleuve Permesse, *Permessus*, qui en découlaient; le *Libethrius*, d'où ces déesses étaient appelées *Libéthrides*; le *Cithéron*, célèbre par la fin tragique d'OEdipe; le Pentélique, *Pentelicus*, fameux par le beau marbre qu'on en tirait; l'Hymette, *Hymettus*, dont les abeilles produisent d'excellent miel; le *Laurium*, qui renfermait d'abondantes mines d'argent.

247. Rivières. — Les plus remarquables étaient : le Pénée, *Peneus* (Salembria), qui arrosait la délicieuse vallée de *Tempé*; l'*Acheloüs* (Aspropotamo), célèbre dans la mythologie par son combat contre Hercule; l'*Evenus* (Fidari), sur les bords duquel ce même héros tua le centaure Nessus.

248. I. Thessalie. — La Thessalie, *Thessalia* (Janina), au N. E. de la Grèce et entourée de montagnes, fut longtemps habitée par les Doriens, et peut être regardée comme le berceau de la nation grecque. Ses villes principales étaient :

249. Larisse, *Larissa*, qui conserve son nom, sur le Pénée, l'une des villes les plus considérables de la Thessalie, et célèbre pour avoir été la demeure d'Achille. Elle se trouvait dans le canton appelé Pélasgiotide, *Pelasgiotis*; nom qu'il tirait des Pélasges, ses plus anciens habitants, qui se répandirent de là dans plusieurs parties de la Grèce.

C'est aussi dans ce canton, sur les bords du Pénée, qu'avaient habité les *Centaures*, qui étaient si bons cavaliers, que la Fable les peint moitié hommes et moitié chevaux. Ils furent chassés du pays par les *Lapithes*, leurs voisins, et exterminés totalement par Hercule. On trouvait encore dans la même contrée les collines nommées Cynos Cephalæ, les Têtes de Chien, au S. E., fameuses par la victoire de Flaminius sur Philippe II, roi de Macédoine. — Tricca (Tricala), à l'O., sur le Pénée, regardée par quelques auteurs comme la patrie d'Esculape, dieu de la médecine.—GOMPHI (Janina), mise au pillage par César.

250. PHÈRES, *Pheræ* (Velestina), au S. E. de Larisse; elle était, dit-on, la demeure d'Admète, dont Apollon garda les troupeaux sur les bords de l'Amphryse, *Amphrysus*, qui coulait au S. de cette ville et portait ses eaux dans le golfe Pélasgique.

PHARSALE, *Pharsalus* (Farsa), près de l'*Énipée*, dans la Thessalie propre, célèbre par la bataille gagnée par César sur Pompée, l'an de Rome 704, et qui décida du sort de la république romaine.

DEMETRIAS, en ruines, sur le golfe Pélasgique, bâtie par Démétrius Poliorcète, et longtemps le port principal des Macédoniens. — PAGASÆ (Volo), au N. du golfe Pélasgique, nommé aussi golfe Pagasétique. C'est dans cette ville que fut fabriqué le navire Argo. — IOLCHOS (Goritza), au N. E. du même golfe, patrie de Jason, et port d'où partirent les Argonautes pour aller en Colchide à la conquête de la Toison d'Or.— ANTICYRE, *Anticyra*, au N. de l'embouchure du Sperchius dans le golfe *Maliaque* (golfe de Zeitoun), où se trouvait une île nommée aussi Anticyre. Une troisième Anticyre se trouvait en Phocide, et toutes trois produisaient l'*ellébore*, dont on se servait principalement pour purger les fous. — LAMIA (Zeitoun), au N. O. d'Anticyre, près du golfe Maliaque, fameuse par la bataille qui se livra dans son voisinage, après la mort d'Alexandre, entre Antipater, gouverneur de Macédoine, et les Grecs. Cette guerre a pris de là le nom de *guerre Lamiaque*. — Au S. de la Thessalie, vers l'Épire et l'Étolie, habitaient les *Dolopes*, peuple célèbre au temps du siége de Troie.

251. II. ACARNANIE.— L'ACARNANIE, *Acarnania*, au S. de l'Épire et du golfe d'Ambracie (golfe de l'Arta), avait pour villes principales :

252. STRATOS, en ruines, près d'un gué de l'Achéloüs; la plus grande et la plus forte ville de l'Acarnanie, pendant la guerre des Romains contre Persée.

ACTIUM (Azio), fondée par Auguste, près du promontoire du même nom (Punta della Civola), qui s'avance dans le golfe d'Ambracie, où se livra entre Octave et Antoine la fameuse bataille navale qui rendit le premier maître du monde, l'an de Rome 725, avant J.-C. 31.

CALYDON (en ruines, sous le nom d'Hebræo-Castro), au S., près de la forêt où Méléagre tua le monstrueux sanglier qu'Atalante avait blessé.

253. III. ÉTOLIE. — L'ÉTOLIE, *Ætolia*, à l'E. de l'Acarnanie, avait pour villes principales :

254. THERMUS (en ruines, près de Vrachori), au centre de l'Étolie, dont elle était la capitale.

255. IV. PHOCIDE. — La PHOCIDE, *Phocis*, à l'E. de l'Étolie, renfermait les *Locrides* et la *Doride*, et avait pour villes principales :

256. 1° Dans la Phocide proprement dite :

PYTHO ou DELPHES, *Delphi* (Castri, en ruines), bâtie à mi-côte du Parnasse; elle renfermait le temple d'Apollon, où se rendaient les fameux oracles; à peu de distance se voyait *le chemin qui fourche*, où OEdipe tua son père Laïus.

CYRRHA ou CRISSA, regardée comme le port et l'arsenal de Delphes; elle donnait son nom à une partie du golfe de Corinthe, *Crisseus sinus* (baie de Salène). — ANTICYRA, dont nous avons parlé plus haut (250), sur le golfe de Corinthe.

257. 2° Dans les Locrides, divisées en trois parties, savoir : 1° Le pays des *Locriens Ozoles*, le long du golfe de Corinthe, où se trouvaient NAUPACTE, *Naupactus* (Lépante), sur le golfe de Corinthe; AMPHISSA (Salona), près de Delphes. — 2° Le pays des *Locriens Épi-Cnémidiens*, au pied du mont *Cnémis*, et dont la principale ville était : THRONIUM, sur un petit fleuve appelé *Boagrius*. — 3° Le pays des *Locriens Opontiens*, le long du golfe d'Oponte, qui tirait son nom de la capitale du pays nommée OPONTE, *Opus*, à peu de distance de la mer, et patrie de Patrocle, ami d'Achille, tué par Hector au siége de Troie.

258. 3° Dans la Doride, petit pays situé au N. des Locriens Ozoles, vers le mont OEta, se trouvaient les quatre petites villes de PINDUS, ERINEUS, BOIUM et CYTINIUM, qui avaient fait donner à ce canton le nom de *Tetrapolis*.

259. V. BÉOTIE. — La BÉOTIE, *Bœotia*, au S. E. de la Phocide, renfermait le lac *Copaïs* (lac Topolias ou de Livadie), dont les eaux stagnantes rendaient l'air épais et bru-

meux : ce qui, disait-on, contribuait à rendre les Béotiens lourds et grossiers ; il s'est pourtant rencontré parmi eux plusieurs grands hommes. Ses villes remarquables étaient :

260. THÈBES, *Thebæ* (Thiva), fondée par le Phénicien Cadmus, qui bâtit la citadelle, appelée Cadmée, *Cadmeia*. Amphion, selon la Fable, éleva les murailles de la ville au son de sa lyre. Elle fut prise et rasée par Alexandre le Grand, qui fit respecter la maison où était né Pindare ; car cette ville était sa patrie, et aussi celle d'Épaminondas et de Pélopidas.

CHÉRONÉE, *Cheronea* (Caprenia ou Capournia) au N. O. de Thèbes ; patrie de Plutarque. Philippe, père d'Alexandre, y remporta sur les Athéniens et les Thébains la célèbre victoire qui asservit la Grèce.

ORCHOMÈNE, *Orchomenus* (Skripou), au N. O. du lac Copaïs, l'une des villes les plus illustres et les plus opulentes de la Grèce ; on y trouvait la fontaine Acidalie, *Acidalius fons*, consacrée à Vénus, et le tombeau d'Hésiode. Ce fut dans ses plaines que Sylla défit Archélaüs, l'un des généraux de Mithridate.

AULIS (Vathi), au N. E. de Thèbes, sur l'Euripe, en face de l'île d'Eubée, avec un port d'où les Grecs partirent pour le siége de Troie. Ce fut là qu'Agamemnon immola sa fille Iphigénie pour obtenir un vent favorable.

261. PLATÉE, *Plateæ* (Cocla), au S. O., sur l'Asopus, célèbre par la destruction complète de l'armée des Perses commandée par Mardonius. Elle fut ruinée par les Thébains cinquante ans après.

LEUCTRES, *Leuctra* (Parapongia), à l'O. de Platée, bourgade fameuse par la victoire qu'Épaminondas, général des Thébains, y remporta sur les Lacédémoniens.

LÉBADÉE, *Lebadea* (Livadie), à l'O. de Chéronée, célèbre par l'oracle et l'antre de *Trophonius*.

THESPIES, *Thespiæ* (près Édrimo-Castro), au S. O. de Thèbes, où l'on voyait une statue admirable de Praxitèle, représentant Cupidon. Près de cette ville était la fontaine de Narcisse, *Narcissi fons*, célèbre par l'aventure du jeune homme de ce nom.— ASCRA (Neo-Chorio), petit bourg au pied de l'Hélicon, où fut élevé

Hésiode, appelé de là le vieillard d'Ascra ; quelques-uns veulent qu'il y soit né. — TANAGRA (Graïmada), au S. E. de Thèbes ; on y voyait le tombeau de Corinne, qui remporta sur Pindare le prix de la poésie, et qui fut surnommée la *dixième Muse*. Le territoire de cette ville et de celle d'*Orope* (Ropo), qui en est voisine, fut souvent un sujet de contestations entre les Béotiens et les Athéniens.

262. VI. ATTIQUE. — L'ATTIQUE, *Attica*, au S. E. de la Béotie, renfermait à l'O. la *Mégaride*, qui s'étendait jusqu'au golfe et à l'isthme de Corinthe. Elle se divisait en trois parties : la *Diacrie,* ou la région montagneuse ; le *Pédion,* ou la plaine ; et la *Paralie,* ou le rivage, subdivisées en un certain nombre de cantons appelés *Dèmes*. La population de cette fameuse république n'excédait pas deux cent mille individus, dont cent mille esclaves. Ses villes les plus remarquables étaient :

263. 1° Dans l'Attique :

ATHÈNES, *Athenæ* (Sétines ou Athéni), vers l'O., capitale, fondée par Cécrops, originaire d'Égypte, environ quinze siècles et demi avant J.-C., au pied des monts Pentélique et Hymette, et entre les deux ruisseaux nommés *Cephissus* et *Ilissus*, qui coulent au N. et au S. de la ville. La partie la plus élevée se nommait *Acropolis*, et renfermait le fameux temple de Minerve ou *Parthénon*, bâti sous Périclès. La ville était jointe par deux *longs murs* à la mer, sur laquelle elle avait trois ports : le *Pirée* (port Lion), qui était le principal; *Munychie,* et *Phalère* (Porto), où était né Démétrius, surnommé *de Phalère*. Hors d'Athènes étaient les jardins de l'Académie, du Cynosarge et du Lycée, destinés à l'exercice des jeunes gens ou à la promenade.

MARATHON, qui a conservé son nom, au N. E. d'Athènes, bourg illustré par la victoire que 10 mille Athéniens, commandés par Miltiade, y remportèrent sur plus de 100 mille Perses, l'an 490 avant J.-C.

ÉLEUSIS (Lepsina), au N. O. d'Athènes, fort célèbre par la fête qui s'y célébrait en l'honneur de Cérès et de Proserpine. On allait s'y faire initier aux mystères. Le chemin qui conduisait d'Athènes à cette ville s'appelait la *Voie sacrée*.

DECELIA, au N. E. d'Athènes, vers les sources du Céphissus. — PHYLE et ÆNOE, forteresses qui défendaient l'entrée de l'Attique, du côté de la Mégaride et de la Béotie. — ANAPHLYSTOS, autre forteresse. — SUNIUM, bourg près du cap de ce nom (cap Colonna), qui terminait l'Attique au S.

264. 2° Dans la Mégaride :

MÉGARE, *Megara* (Megra), à peu de distance du golfe Saronique, capitale de la Mégaride, qui forma longtemps un état indépendant occupé par les Doriens. Elle fut la patrie du poëte Théognis et des philosophes Euclide et Stilpon.

NISÆA, sur le bord de la mer, était le port de Mégare. Près de là étaient les roches *Scironiennes*, ainsi nommées d'un brigand appelé Sciron, qui précipitait les voyageurs dans la mer. Ces rochers sont encore appelés *Kaki-Scala*, la mauvaise échelle, ou le mauvais chemin.

PÉLOPONNÈSE.

265. NOM ET DIVISIONS. — On avait donné le nom de PÉLOPONNÈSE, *Peloponnesus*, qui signifie *île de Pélops*, à cette grande presqu'île réunie au reste de la Grèce par l'isthme de Corinthe, et nommée aujourd'hui *Morée*, à cause des mûriers qui y croissent en abondance. Il renfermait six états principaux, savoir : l'*Achaïe*, l'*Élide*, l'*Arcadie*, l'*Argolide*, la *Messénie* et la *Laconie*.

266. MONTAGNES. — Parmi les montagnes du Péloponnèse, situées surtout dans l'Arcadie, nous remarquerons l'Érymanthe, *Erymanthus*, dans les forêts duquel Hercule tua le fameux sanglier; le *Cyllène*, où la Fable fait naître Mercure; le Ménale, *Mœnalus*, consacré à Pan et aux bergers, et célèbre par la biche aux pieds d'airain, qu'Hercule seul put atteindre; le Lycée, *Lycœus*, où Pan, Apollon et Jupiter avaient chacun un temple; le Taygète, *Taygetus* ou *Taygeta* (Panta-Dactylon), consacré à Castor et à Pollux, chaîne dont l'extrémité méridionale forme le promontoire de Ténare, *Tenarium promontorium* (cap Matapan), où se trouvait une caverne si obscure et si profonde, que les poëtes l'ont prise pour un soupirail des enfers : c'était par là, à ce qu'ils préten-

daient, qu'Hercule était descendu pour tirer Cerbère du royaume de Pluton.

267. RIVIÈRES. — Les plus remarquables étaient : l'*Asopus* ; le *Styx*, dont les poëtes ont fait un fleuve des enfers : ses eaux, extrêmement froides, et si corrosives, qu'aucun vase ne pouvait les contenir, à moins qu'il ne fût de corne de cheval, étaient, selon les Anciens, mortelles aux hommes et aux animaux ; l'Alphée, *Alphæus* (Orphea ou Rouphia) ; l'*Eurotas* (Vasili-Potamo), où les jeunes Spartiates trouvaient de superbes roseaux dont ils faisaient leurs lits, et où les Lacédémoniens plongeaient leurs enfants pour fortifier leur tempérament ; l'*Inachus*, ainsi nommé du premier roi d'Argos.

268. I. ACHAÏE. — L'ACHAÏE, *Achaïa* (partie septentrionale de la Morée) occupait tout le N. du Péloponnèse, et comprenait trois petits pays, qui sont, de l'O. à l'E. : l'*Achaïe* proprement dite, la *Sicyonie* et la *Corinthie*, dont les villes les plus remarquables étaient :

269. 1° Dans l'Achaïe proprement dite :

ÆGIUM (près de Vostitza), ville maritime, près de laquelle était un bois consacré à Jupiter, où se tinrent pendant quelque temps les états-généraux de l'Achaïe. C'est dans cette ville que mourut Aratus, chef de la ligue Achéenne.

PATRÆ (Patras), sur le golfe de Corinthe, à l'O. d'Ægium. Elle fut repeuplée par Auguste, qui y envoya une colonie romaine. — DYME, c'est-à-dire l'Occidentale, nom qu'elle tirait de sa position à l'O. Elle est aujourd'hui détruite.

270. 2° Dans la Sicyonie, à l'E. de l'Achaïe propre :

SICYONE, *Sicyon* (Vasilica), à peu de distance du golfe de Corinthe, célèbre pour avoir été la capitale du plus ancien royaume de la Grèce ; ses écoles de peinture et de sculpture avaient une grande réputation, et produisirent les sculpteurs Polyclète et Lysippe, et les peintres Pausias et Timanthe. Cette ville vit encore naître Aratus, l'un des plus grands capitaines de l'antiquité.

PHLIONTE, *Phlius* (en ruines, près de Saint-Georges), au S. ; elle formait un état indépendant, et montra beaucoup d'attachement pour les Lacédémoniens.

271. 5° Dans la Corinthie, située en grande partie sur l'isthme :

Corinthe, *Corinthus*, sur l'isthme, avec deux ports, l'un nommé Léchée, *Lechæum*, sur le golfe de Corinthe ; l'autre nommé Cenchrées, *Cenchreæ*, sur le golfe Saronique. Sa citadelle, nommée *Acro-Corinthe*, était placée sur une montagne élevée d'où sortait la fontaine de *Pirène*, *Pirene fons*, consacrée aux Muses. Cette ville fut détruite, l'an 146 avant J.-C., par le consul Mummius, qui fit transporter à Rome les nombreux monuments des arts qui y étaient rassemblés ; Jules César la rétablit, et y envoya une colonie romaine. L'isthme de Corinthe est célèbre par les jeux nommés *Isthmiques*, qui s'y célébraient tous les quatre ans, en l'honneur de Neptune.

272. II. Élide. — L'Élide, *Elis*, au N. O. du Péloponnèse, comprenait au S. la *Triphylie*, pays très-montagneux ; elle avait pour villes principales :

273. 1° Dans l'*Élide* proprement dite :

Élis (Palæopolis), sur le petit fleuve du Pénée, capitale de l'Élide, et l'une des plus considérables du Péloponnèse, avec un port nommé *Cyllène* (Chiarenza). Les habitants de cette ville jouissaient du droit de présider aux jeux Olympiques. C'est la patrie de Pyrrhon, chef de la secte des philosophes sceptiques ou pyrrhoniens, qui faisaient profession de douter de tout.

Pise, *Pisa*, détruite ; elle était située sur la rive gauche de l'Alphée, et fut saccagée par les Éléens. C'est à tort que l'on appelle souvent aussi cette ville *Olympia*, Olympie : ce dernier nom était celui d'un territoire situé plus à l'O. (près de Longonico) et consacré à Jupiter Olympien, qui y avait un temple magnifique et une statue de soixante pieds de haut, chef-d'œuvre de Phidias. Les jeux Olympiques, qui s'y célébraient tous les quatre ans, attiraient une multitude innombrable de spectateurs.

2° Dans la *Triphylie*. — Scillonte, *Scillus*, village donné par les Lacédémoniens à Xénophon, alors banni d'Athènes ; ce fut là qu'il écrivit son histoire. — Lepræum, petite ville près de l'*Anigrus* (Mavro-Potamo), rivière qu'Hercule fit, dit-on, passer par les écuries d'Augias pour les nettoyer.

274. III. ARCADIE. — L'ARCADIE, *Arcadia*, au centre du Péloponnèse, était un pays très-montueux, habité par un peuple qui avait des mœurs très-simples et s'adonnait à la vie pastorale et à la musique. Ses villes les plus remarquables étaient :

MÉGALOPOLIS ou la Grande Ville (près de Sinano), fondée par le conseil d'Épaminondas, pour servir de boulevard au reste de la Grèce contre les Lacédémoniens. Elle a donné le jour à Philopœmen, célèbre général, qui a été appelé le *dernier des Grecs*, et à l'historien Polybe.

MANTINÉE, *Mantinea* (Goritza), célèbre par la victoire qu'y remporta Épaminondas, 565 ans avant J.-C., sur les Lacédémoniens et les Athéniens réunis, et qui lui coûta la vie ; une autre bataille y fut gagnée par Philopœmen, l'an 206 avant J.-C., sur Machanidas, tyran de Sparte.

275. PHENEOS (Phonia), au N. E., consacrée à Mercure. — A peu de distance se trouvait le lac *Stymphale* (lac Zaraca), où Hercule détruisit des oiseaux monstrueux qui se nourrissaient de chair humaine. — PSOPHIS (Palæo-Episcopi), au S. O. de Pheneos, ville assez considérable. — TEGEA, au S. E. On y trouvait un fameux temple de Minerve, qui était un asile inviolable pour tous les criminels de la Grèce ; Pausanias s'y réfugia et y mourut de faim. Cette ville était une des principales de l'Arcadie. — CARYÆ, qui, s'étant liguée avec les Perses contre les Grecs, fut prise par ces derniers, qui passèrent au fil de l'épée tous les citoyens, et réduisirent en esclavage les femmes et les filles, qu'ils représentèrent dans leurs monuments par ces figures nommées *caryatides*, placées en forme de colonnes pour soutenir l'édifice : image de leur dure servitude.

276. IV. ARGOLIDE. — L'ARGOLIDE, *Argolis*, au N. E. du Péloponnèse, comprenait, outre le royaume d'Argos, celui de *Mycènes*, l'*Épidaurie*, la *Trézénie*, et l'*Hermionide*, dont les villes principales étaient :

277. ARGOS (Argo), sur l'Inachus, capitale du royaume de son nom et de toute l'Argolide, et l'une des villes les plus

célèbres du Péloponnèse; déjà puissante au temps de la guerre de Troie, elle est surnommée par Homère *Hippobotos*, c'est-à-dire qui nourrit des chevaux. Elle avait une citadelle très-forte appelée *Lurissa*, et pour port *Nauplia* (Napoli de Romanie). Argos vit naître Télésille, femme poète, qui défendit sa patrie contre les Lacédémoniens; une autre femme d'Argos tua Pyrrhus, roi d'Épire, au moment où il entrait dans cette ville.

MYCÈNES, *Mycenæ* (près de Karvathi), au N. E. d'Argos, capitale des états d'Agamemnon, fondée par Persée. Au N. de cette ville se trouvaient le village de NÉMÉE (les Colonnes) et la forêt du même nom, où Hercule tua le lion dont il porta depuis la dépouille, et où se célébraient, tous les trois ans, les jeux *Néméens*, en l'honneur de Jupiter.

Le fameux temple de Junon, nommé *Hereum*, se trouvait à peu de distance d'Argos, dans un vallon où les Argiens célébraient, en l'honneur de cette déesse, les jeux appelés *Héréens*.

Au S. de cette même ville était le lac de Lerne, *Lerna lacus* (lac Molini), célèbre par l'hydre qu'Hercule y tua.

278. ÉPIDAURE, *Epidaurus* (Epitavro, en ruines), au S. E. de Mycènes, sur le golfe Saronique, ville principale de l'Épidaurie, célèbre par un temple d'Esculape, que les Épidauriens prétendaient avoir pris naissance chez eux. Ce temple était à quelque distance de la ville, dans un bois fermé par deux montagnes; on en voit des restes sous le nom d'Hiéro.

TRÉZÈNE, *Trœzen* (Damala), au S. E. d'Épidaure, près du golfe Saronique; la principale ville de la Trézénie, remarquable par le séjour de Pythée et par la mort d'Hippolyte, fils de Thésée. — HERMIONE (près de la ville de Castri), au S. O. de Trézène, sur la mer Égée, la principale ville de l'Hermionide; sa pourpre passait pour la plus précieuse qu'il y eût au monde.

Au S. de l'Argolide, sur les confins de la Laconie, se trouvait la contrée appelée *Cynurie* ou *canton de Tyrée*, du nom d'une petite ville qui porte aujourd'hui celui d'Astro. Ce pays fut longtemps un objet de contestation entre les Argiens et les Lacédémoniens.

279. V. MESSÉNIE. — La MESSÉNIE, *Messenia*, au S. O. du Péloponnèse, avait pour villes principales :

280. Messène, en ruines (Mavra-Matia), au centre de la Messénie, dont elle était la capitale; fondée par Épaminondas, qui l'entoura de bonnes murailles, et commandée par le mont *Ithôme*, qui lui servait de forteresse.

Pylos (Vieux-Navarin ou Zonchio), au S. O. de Messène, sur la mer Ionienne, au pied du mont Égialée. Le sage Nestor y avait fait son séjour, et on y montrait sa maison et son tombeau.

Méthone (Modon), au S. de Pylos, aussi sur la mer Ionienne. — Corone (Coron), sur le golfe qui porte aujourd'hui son nom, à l'E. de Méthone, fondée par Épaminondas. — Stényclare, *Stenyclarus* (Nisi, en ruines), au S. E. de Messène, sur le *Pamisus*; séjour de Cresphonte.

281. VI. Laconie. — La Laconie, *Laconia*, au S. E. du Péloponnèse, avait pour villes principales:

282. Lacédémone ou *Sparte*, *Lacedæmon* ou *Sparta*, située sur les bords de l'*Eurotas* (dans un lieu appelé aujourd'hui Palæa-Polis ou Palæo-Castro, vieille ville ou vieux château). De ses ruines on a bâti, à trois quarts de lieue à l'O., la ville de Mistra. Sparte est fameuse pour avoir été la capitale de l'une des plus illustres républiques de la Grèce; elle dut sa gloire à la mâle éducation et au courage de ses citoyens, qui furent invincibles tant qu'ils suivirent les lois sévères, mais sages, de Lycurgue.

Sellasie, *Sellasia*, au N. de Sparte, fameuse par la bataille dans laquelle Cléomène, dernier roi de Sparte, fut défait par Antigone, régent de Macédoine. — Amycles, *Amyclæ*, détruite (Sclavo Chorio), sur l'Eurotas, au S. de Sparte, célèbre par un temple d'Apollon. — Térapné, aussi sur l'Eurotas. La fameuse Hélène avait été élevée dans cette ville, et y fut enterrée avec Ménélas, son époux. — Gythium (Colokythia), sur le golfe de Laconie, regardée comme le port et l'arsenal de Sparte. C'est là que Tolmide, général athénien, brûla les vaisseaux des Lacédémoniens. — Hélos (Tsyli), dans la presqu'île orientale, sur le golfe de Laconie, à peu de distance de l'embouchure de l'Eurotas. Elle fut détruite par les Lacédémoniens, qui en réduisirent tous les habitants au plus dur esclavage sous le nom d'*Ilotes*.

ILES DE LA GRÈCE.

283. Les îles qui dépendent de la Grèce peuvent se diviser ainsi qu'il suit : *Iles du nord de la mer Égée; îles d'Eubée et autres îles sur la côte orientale de la Grèce; Cyclades; Sporades; île de Crète et îles de la mer Ionienne.*

284. I. ILES DU NORD DE LA MER ÉGÉE. — On en peut nommer cinq principales, dont les quatre premières, placées vis-à-vis du promontoire *Sépias*, en Thessalie, étaient, de l'O. à l'E. :

SCYATHOS (Skiato), renommée par la délicatesse des mulets que l'on pêchait aux environs; SCOPÉLOS (Scopelo); HALONNÉSOS (Dromo); PEPARÉTHOS (Pelagnisi), recommandable par ses vins.

La cinquième, placée au S. E. de celles que nous venons de nommer, était SCYROS (Skiro), la plus grande et la plus célèbre des cinq dont nous parlons, avec une capitale du même nom. Elle est célèbre par la mort de Thésée et par le séjour qu'y fit Achille, déguisé en fille, à la cour du roi Lycomède. C'est là qu'habitaient les *Dolopes*, corsaires qui en furent chassés par Cimon l'Athénien. C'est là enfin que naquit Phérécide, un des plus anciens philosophes de la Grèce, et maître de Pythagore; il passait pour l'inventeur du cadran solaire.

285. II. ILES SUR LA CÔTE ORIENTALE DE LA GRÈCE. — 1° L'île d'EUBÉE, *Eubœa* (Négrepont), séparée de la Grèce propre par l'Euripe, et dont les habitants sont nommés *Abantes* par Homère, avait pour villes principales :

CHALCIS (Négrepont), sur l'Euripe, en face d'Aulis, qui se trouvait sur le bord opposé, en Béotie. C'était la capitale de l'Eubée, et l'une des plus fortes villes de la Grèce. Aristote y finit ses jours.

ORÉE, *Oreus*, auparavant ISTIÉE, *Istiœa* (Orio), au N., au pied du mont *Telethrius*, sur le canal qui séparait, au N. O., l'Eubée de la Thessalie; c'est le long de ce canal qu'était la côte appelée Rivage d'Artémise, *Artemisium littus*, près duquel la flotte de Xerxès fut battue par Thémistocle. — Érétrie, *Eretria* (en ruines, sous le nom de Palæo-Castro), ville maritime, au S. E. de Chalcis, et la seconde de l'Eubée. Elle fut détruite par les Perses, qui en emmenèrent les habitants dans la Susiane. — Caryste, *Carystus* (Caristo), ville assez considérable, à cause de son port, au S. de l'île, au pied du mont *Ocha*. On trouvait dans ses environs un marbre fort estimé.

286. 2° Helena ou *Macris*, l'île longue (Macronisi), le long de la côte orientale de l'Attique. On prétendait qu'Hélène y était morte en revenant de Troie.

3° Salamine, *Salamis* (Colouri), sur la côte occidentale de l'Attique, au fond du golfe Saronique. C'est là que régnait Télamon, père d'Ajax. Les Athéniens et les Mégariens se disputèrent longtemps cette île, qui demeura enfin aux premiers. Elle est célèbre par le combat naval dans lequel la flotte des Grecs, composée de trois cent quatre-vingts voiles, et commandée par Eurybiade et Thémistocle, détruisit entièrement celle des Perses, forte de douze cents vaisseaux. Salamine est la patrie du poëte tragique Euripide.

4° Égine, *Ægina* (Engia), dans le golfe Saronique, au S. de Salamine. Éaque, l'un des juges des enfers, selon les poëtes, avait régné dans cette île, qui avait pour capitale une ville du même nom. Les Éginètes étaient renommés pour leur habileté dans la marine.

5° Hydrea (Hydra), sur la côte S. E. de l'Argolide.

287. 6° Cythère, *Cythera* (Cérigo), au S. de la Laconie, avec une capitale du même nom. Cette île était consacrée à Vénus; mais comme elle n'offre qu'un aspect âpre et pierreux, on dit que cette déesse la quitta bientôt pour se retirer en Chypre. Cythère fut longtemps sous la dépendance des Lacédémoniens, qui y envoyaient un magistrat pour y rendre la justice aux habitants.

288. III. Cyclades. — Les Cyclades, groupe d'îles ainsi nommées d'un mot grec qui signifie *cercle*, parce qu'on les croyait rangées en cercle autour de celle de Délos, étaient placées dans la partie méridionale de la mer Égée, entre la

5

Grèce et l'Asie Mineure. Leur nombre était assez considérable; voici quelles étaient les principales :

289. 1° ANDROS (Andro), au S. E. de l'Eubée et la plus septentrionale des Cyclades, avec une capitale du même nom où se trouvaient un temple de Bacchus et une fontaine de laquelle coulait du vin un certain jour de l'année. — 2° TÉNOS (Tiné), au S. E. d'Andros, consacrée à Neptune. Ce n'est qu'un amas de rochers où l'on découvre quelques endroits fertiles en vin.

3° DÉLOS (Sidili), au S. E. de Ténos, la plus petite et cependant la plus célèbre des Cyclades, parce que l'on croyait que Latone y avait mis au jour Apollon et Diane. Les fêtes que l'on y célébrait tous les ans en l'honneur du dieu y attiraient tous les peuples de la Grèce; son oracle était aussi l'un des plus célèbres et des plus fréquentés. La capitale de cette île portait le même nom et était bâtie au pied du mont *Cynthus*, d'où Apollon tirait son surnom de *Cynthius*. — 4° RHENEA : cette île, voisine de Délos, est aussi comprise par les modernes sous le nom de *Sidili*, qu'ils donnent aux deux îles réunies. Celle-ci était le lieu de sépulture des habitants de Délos, qui auraient cru profaner leur île en y enterrant les morts. — 5° MYCONOS (Myconi), au N. E. de Délos. C'est là que la Fable plaçait les tombeaux des derniers Centaures défaits par Hercule.

6° NAXOS (Naxia), au S. E. de Myconos, la plus grande, la plus agréable et la plus fertile des Cyclades, surtout en excellent vin : aussi était-elle consacrée à Bacchus, qui y avait trouvé Ariadne abandonnée par Thésée. Sa capitale, située sur la côte occidentale, portait le même nom. — 7° AMORGOS (Amorgo), au S. E. de Naxos, grande île qui renfermait plusieurs villes.

290. 8° PAROS (Paro), à l'O. de Naxos. Elle était renommée dans l'antiquité par ses beaux marbres blancs. Sa capitale, qui portait le même nom, passait pour la plus puissante ville des Cyclades. C'est la patrie d'Archiloque, poëte satirique, inventeur du vers iambique. — 9° MÉLOS (Milo), au S. O. de Paros; patrie de Diagoras, qui fut assez insensé pour

nier l'existence de Dieu. — 10° Syphnos (Siphanto), à l'O. de Paros, célèbre autrefois par ses mines d'or et d'argent, dont il ne reste aucune trace, et par les mœurs justement décriées de ses habitants. — 11° Sériphos (Serpho ou Serphanto), au N. O. de Syphnos. Ce n'est qu'un rocher dont Persée, disait-on, avait pétrifié les habitants en leur montrant la tête de Méduse. Les Romains en faisaient un lieu d'exil. — 12° Syros (Syra), à l'O. de Délos. — 13° Cythnos (Thermia), au S. O. de Syros; renommée autrefois pour ses fromages; elle tire son nom moderne de ses sources d'eau chaude.

14° Céos (Zéa), au N. O. de Cythnos, et la plus voisine de l'Attique. On prétend qu'il existait dans cette île une loi qui ordonnait à tous ceux qui parvenaient à l'âge de soixante ans de se faire mourir. Elle renfermait quatre villes, qui formaient autant de républiques particulières; la principale paraît avoir été Julis, située sur une montagne à une lieue de la mer, et dont on trouve encore des ruines magnifiques. C'est la patrie de Simonide, philosophe et poëte qui excella surtout dans l'élégie, et de son neveu Bacchylide, poëte lyrique.

291. IV. Sporades. — Celles des Sporades qui appartenaient à la Grèce, les seules dont nous ayons à parler ici, étaient placées au S. des Cyclades, au nombre desquelles elles sont même rangées par quelques géographes. Les principales étaient :

1° Ios (Nio), au S. O. de Naxos; célèbre par la mort d'Homère. — 2° Théra (Santorin), au S. E. d'Ios. Cette île, et plusieurs autres petites qui en sont voisines, paraissent avoir été formées par un volcan qui existe encore. Elle était autrefois fertile et puissante, comme l'atteste le nom de *Callisté*, très-belle, qu'elle portait d'abord; mais les tremblements de terre l'ont rendue stérile et peu habitée. — 3° Astypalæa (Stampalie), au N. E. de Théra. Elle fut appelée la table des dieux, à cause de ses nombreux vergers. Ses habitants révéraient Achille comme une divinité.

292. V. Crète. — L'île de Crète, *Creta* (Candie), est fameuse dans l'antiquité par la naissance de Jupiter, qui y fut élevé secrètement sur le mont *Ida* (monte Giove) par les *Dactyles* ou *Corybantes*, par ses cent villes et par son roi Minos, qui régna sur presque toutes les îles de la mer Égée, et à qui son gouvernement sage et ses lois équitables valurent d'être placé par les Grecs dans les enfers avec son frère Rhadamante et avec Éaque, roi d'Égine, pour y juger les âmes des morts. Elle avait pour villes principales :

293. Cnosse, *Cnossus*, dont on trouve les ruines près d'un couvent grec appelé Énadiéh. C'était la ville la plus importante de l'île et la capitale du roi Minos.

Gortyne, *Gortyna*, au S. O. de Cnosse, sur un petit fleuve nommé *Lethæus*, qui se jette dans la mer de Libye. Cette ville fut très-puissante, et les ruines que l'on en trouve, près d'un village nommé Novi-Castelli, prouvent encore quelle a dû être sa magnificence. Il paraît que c'était près de là qu'était le fameux *Labyrinthe*, que l'on croit retrouver dans une carrière du mont Ida.

Cydonie, *Cydonia*, au N. E. de l'île, près de la côte; l'une des villes les plus considérables de la Crète, fondée, dit-on, par les Samiens. Elle avait un port nommé *Minoa*, qui pouvait contenir un grand nombre de vaisseaux (on croit que ce port est aujourd'hui celui de La Canée).

294. VI. Iles de la mer Ionienne. — Ces îles, situées sur la côte occidentale de la Grèce, étaient, en commençant par le S. :

1° Sphactérie, *Sphacteria* ou *Sphagia*, sur la côte de la Messénie, en face de Pylos. Les Athéniens y enfermèrent les meilleures troupes des Lacédémoniens, qui furent obligées de se rendre.

2° Les Strophades, *Strophades insulæ* (îles de Strivali), petit groupe d'îles au N. O. de Sphactérie, vis-à-vis de la côte de Triphylie. On disait que les Harpies s'y étaient arrêtées.

295. 3° Zacynthe, *Zacynthus* (Zante), au N. des Stro-

phades, sur la côte de l'Élide. Cette île, quoique couverte de forêts, était fertile et avait une capitale du même nom, sur la côte orientale. Elle paraît avoir fait partie des États d'Ulysse.

296. 4° CÉPHALÉNIE, *Cephalenia* (Cetalonia), au N. de Zacynthe, vis-à-vis de l'entrée du golfe de Corinthe. Cette île, qui s'appelait *Samé* ou *Samos*, au temps de la guerre de Troie, faisait aussi partie des États d'Ulysse. Elle est entrecoupée de montagnes, et avait pour capitale SAMÉ, située au fond d'un golfe, vers le centre; elle fut prise et détruite par le consul Fulvius, qui en vendit les habitants comme esclaves.

5° ITHAQUE, *Ithaca* (Theaki), séparée de Céphalénie par un canal assez étroit. Elle est fameuse pour avoir été la patrie et le patrimoine d'Ulysse, qui, outre les îles dont nous venons de parler, possédait encore une partie du continent de l'Acarnanie.—LES ÉCHINADES (îles de Trigardon), situées vis-à-vis de l'embouchure du fleuve *Acheloüs*, et dont la plus importante paraît avoir été celle de *Dulichium*, formaient aussi un royaume au temps de la guerre de Troie. Au S. de ces dernières se trouvent les îles OXIENNES, *Oxiæ insulæ* (les îles Curzolari).

6° LEUCADIE, *Leucadia* ou *Leucas*, auparavant *Neritos* (Sainte-Maure), au N. d'Ithaque; c'était originairement une presqu'île qui faisait partie de l'Acarnanie. Une colonie de Corinthiens qui vint s'y établir coupa l'isthme et en forma ainsi une île. Sa capitale était LEUCAS (Sainte-Maure), bâtie par les Corinthiens sur le canal qui séparait l'île du continent, large de cinquante pas, et sur lequel on avait construit un pont de bois. Cette ville, qui devint très-florissante, fut la capitale des Acarnaniens.

A l'extrémité S. O. de l'île se trouvait le promontoire de Leucate, *Leucate promontorium* (cap Ducato), rocher qui s'avançait dans la mer, et d'où les amants malheureux se précipitaient, afin d'oublier, disait-on, la cause de leurs peines. Cette chute s'appelait le *saut de Leucade*.

297. 7° CORCYRE, *Corcyra* (Corfou), sur la côte occiden-

tale de l'Épire. Cette île est appelée *île des Phéaciens* par Homère, qui y place les jardins délicieux d'Alcinoüs, qui reçut favorablement Ulysse, lorsqu'il eut fait naufrage sur ses côtes. Elle avait pour capitale : CORCYRE, *Corcyra* (Corfou), dans une péninsule de la côte orientale; elle est appelée par Homère la ville des Phéaciens, et elle devint assez puissante pour soutenir des guerres contre des républiques considérables. L'emplacement de Corfou est un peu différent de celui de Corcyre, auquel on donne aujourd'hui le nom de *Palæopoli* (vieille ville). — CASSIOPE était une autre ville maritime plus au N. de l'île.

On trouvait aux environs de Corcyre plusieurs autres petites îles, savoir : — 8° OTHONOS ou CALYPSUS, au N. de Corcyre; — 9° MATHACE (Samatraki), à l'occident; — 10° les îles PAXIES, *Paxiæ* (îles de Paxo), au S. E.

ASIE.

298. Bornes. — L'Asie était bornée à l'O. par le Tanaïs, le Palus-Méotide, le Bosphore Cimmérien, le Pont-Euxin, le Bosphore de Thrace, la Propontide, l'Hellespont, la mer Intérieure, le Nil, et le golfe Arabique; au S. par la mer Intérieure et l'Océan Indien. Ses bornes à l'E. et au N. n'étaient pas connues des Anciens.

299. Divisions. — L'Asie ancienne renfermait vingt-cinq contrées principales, savoir : l'*Asie Mineure*, la *Syrie*, la *Phénicie*, la *Palestine* et l'*Arabie*, à l'O.; la *Colchide*, l'*Arménie*, la *Mésopotamie*, l'*Assyrie*, la *Babylonie*, la *Médie*, la *Susiane*, la *Perse*, la *Carmanie*, l'*Hyrcanie*, l'*Arie*, la *Drangiane*, l'*Arachosie*, la *Gédrosie*, la *Sogdiane* et la *Bactriane*, au centre; la *Sarmatie* et la *Scythie*, au N.; l'*Inde* et le pays des *Sines*, à l'E.

ASIE MINEURE.[*]

500. BORNES, FLEUVES ET DIVISIONS. — L'ancienne Asie Mineure comprenait toute la presqu'île nommée aujourd'hui Anatolie, bornée à l'E. par l'Euphrate et par le mont Amanus, l'une des branches du Taurus, qui la séparaient de l'Arménie et de la Syrie. Elle était arrosée par un grand nombre de rivières, dont les principales étaient : l'*Halys* (Kizil-Ermak, ou le fleuve rouge), le plus grand de toute la contrée, célèbre par la défaite de Crésus; le *Sangarius* (Sakaria); l'*Hermus* (Sarabat), qui roulait des paillettes d'or, et qui arrosait des plaines extrêmement fertiles; le Méandre, *Mœander* (Minder), dont les détours sont fameux chez les poëtes, quoique son cours soit moins tortueux que celui de plusieurs autres rivières. L'Asie Mineure se composait de douze provinces, dont trois à l'O., qui sont : la *Mysie*, la *Lydie*, et la *Carie*, renfermant la *Troade*, et les colonies grecques *Éoliennes*, *Ioniennes* et *Doriennes*, répandues sur toute la côte de la mer Égée; trois au N. : la *Bithynie*, la *Paphlagonie*, et le *Pont*; trois au centre : la *Phrygie* avec la *Lycaonie*, la *Galatie*, la *Cappadoce* ; trois au S. : la *Lycie*, la *Pamphylie*, avec la *Pisidie* et l'*Isaurie*, enfin la *Cilicie*. Nous allons les décrire successivement : nous parlerons ensuite des *Iles*.

PROVINCES DE L'OUEST.

501. I. MYSIE. — La MYSIE, *Mysia* (Anatolie), située au N. O. de l'Asie Mineure, comprenait la *Troade* à l'O., la *Petite Mysie* au N., la *Grande Mysie* au centre, et l'*Éolide* au S. Elle était traversée par la chaîne du mont *Ida*, fameux dans la mythologie par le jugement de Pâris. Parmi les fleu-

---

[*] Consultez, pour ce pays et les suivants, dans mon *Atlas à l'usage des colléges*, les cartes de la GRÈCE, de l'EMPIRE DES PERSES et de l'EMPIRE D'ALEXANDRE.

ves qui l'arrosaient, on remarquait le *Rhyndacus* (Lartacho), sur les bords duquel l'armée de Mithridate fut taillée en pièces par celle de Lucullus; le Granique, *Granicus* (Outs-vola), célèbre par la première victoire qu'Alexandre remporta en Asie sur les Perses; le Xanthe ou Scamandre, *Xanthus* ou *Scamander* (Tumbrech-tchaï), et le *Simoïs* (Mendéré-sou), petits ruisseaux de la Troade, rendus fameux par les poëmes d'Homère. Ses villes principales étaient:

502. 1° Dans la Troade, qui s'étendait sur la côte de la mer Égée et de l'Hellespont:

TROIE ou ILION, *Troja* ou *Ilium* (Bounar-Bachi), détruite par les Grecs 1270 ans avant J.-C., rebâtie d'abord plus près du rivage sous le nom d'*Ilium novum* (Hissardgick), puis à cinq lieues plus au S., sous celui d'*Alexandria Troas* (Eski-Stamboul, vieille ville).

ANTANDROS, au S. E. de Troie, sur le golfe d'Adramyttium. C'est de son port que partit, suivant Virgile, la flotte d'Énée. Elle conserve aujourd'hui le même nom. — ABYDOS (Nagara), au N. E. de Troie, sur l'Hellespont, célèbre par l'histoire d'Héro et de Léandre, et par sa belle résistance contre Philippe, père de Persée. — Au N. E. de Troie était le cap Sigée, *Sigæum promontorium* (Iegni-Hissari), qui formait l'entrée de l'Hellespont, et sur lequel on voyait les tombeaux d'Achille et de Patrocle.

503. 2° Dans la Petite Mysie, dont une partie, située vis-à-vis de l'île de Cyzique, s'appelait *Dolionis*:

LAMPSAQUE, *Lampsacus* (Tcherdach), sur l'Hellespont, patrie du philosophe Anaximène, qui la sauva, par un détour ingénieux, de la colère d'Alexandre, dont il avait été le précepteur.

CYZIQUE, *Cyzicus* (Zisick), dans une île au S. de la Propontide, aujourd'hui réunie au continent.

504. 3° Dans la Grande Mysie, qui renfermait au S. O. le pays des Ciliciens, surnommés *Mandacadeni*, qui habitaient autour du golfe d'Adramyttium, et au S. E., l'*Abrettena*, pays consacré à Jupiter:

PERGAME, *Pergamus* (Bergamo), au S. O., près du Caïcus (Girmasti), capitale d'un royaume assez florissant, légué aux

5.

Romains par Attale, son dernier roi. Elle est célèbre par un fameux temple d'Esculape, par sa belle bibliothèque, et par la naissance du médecin Galien.

Élée, *Elæa* (Jalea), sur le golfe Élaïtique, regardée comme le port de Pergame. — Lyrnesse, *Lyrnessus*, détruite, au N. E.; capitale de la partie S. de la Cilicie, nommée Cilicie Lyrnessienne, et patrie de Briséis, captive d'Achille. — Adramyttium (Edrémit), près de l'*Évenus*, qui se jette dans le golfe auquel elle donne son nom. — Thèbe, détruite, au N., capitale de la partie N. de la Cilicie, nommée Cilicie Thébaïque. — Scepsis, au N. O., qui possédait de belles bibliothèques.

505. 4° Dans l'Éolide, qui devait son nom à des Éoliens venus de la Grèce :

Cume, *Cuma* ou *Cyme* (aujourd'hui détruite), située au fond du golfe qui portait son nom (golfe de Sandarli), fameuse par sa sibylle, la plus célèbre de toutes; patrie d'Hésiode, qui fut élevé à *Ascra*, en Béotie, et l'une des sept villes qui se disputaient l'honneur d'avoir donné naissance à Homère.

506. II. Lydie. — La Lydie, *Lydia* (Anatolie), au S. de la Mysie et de l'Éolide, avait toute sa côte occidentale occupée par des colonies Ioniennes, qui firent donner à cette partie le nom d'*Ionie*. Elle renfermait le mont Mycale, *Mycalus mons* (Samsoun), fameux par le combat naval qui se livra vis-à-vis, et dans lequel la flotte des Grecs défit entièrement celle des Perses, le même jour où leurs troupes de terre défirent Mardonius à Platée; le mont Sipyle, *Sipylus mons*, sur lequel régna Tantale, et où Niobé, selon les poëtes, fut changée en rocher; le mont *Tmolus* (Bouz-dagh, ou Montagne froide), fort élevé et néanmoins fertile en excellents vins et en safran, et sur lequel Apollon, selon Ovide, donna des oreilles d'âne à Midas, roi de Phrygie. Elle était arrosée par le Pactole, *Pactolus*, qui se jette dans l'*Hermus*, et fameux par le sable d'or qu'il roula dans ses eaux quand Midas s'y fut baigné, et par le Caïstre, *Caïstrus* (Carasou), célèbre par ses cygnes.

Ses villes principales étaient :

507. 1° Dans l'Ionie :

Phocée, *Phocœa* (Foilleri), sur le golfe de Cume, dont une colonie fonda Marseille, 600 ans avant J.-C.

Smyrne, *Smyrna* (Ismir), au fond d'un grand golfe qui porte son nom ; patrie du poëte bucolique Bion, et la plus belle ville de l'Asie. A peu de distance coulait un petit fleuve nommé *Mélès*, sur les bords duquel Homère, disait-on, avait reçu le jour : d'où lui venait le nom de *Mélésigène*, qu'il porta d'abord.

Éphèse, *Ephesus* (Aia-Solouk), près de l'embouchure du Caïstre, fondée, disait-on, par les Amazones, et longtemps regardée comme la capitale de l'Asie proprement dite ; fameuse par son temple de Diane, et par la naissance des peintres Apelle et Parrhasius, du philosophe Héraclite et du poëte lyrique Hipponax.

308. Clazomène, *Clazomenœ* (Vourla), sur la côte N. d'une grande presqu'île du même nom ; patrie du philosophe Anaxagore. — Erythræ (Érétri), à l'O. de la même presqu'île ; fameuse par sa sibylle. — Téos (Boudroun), au S. E. de la même presqu'île ; patrie du poëte Anacréon et du philosophe Apellicon. — Lébédos, ville maritime, aujourd'hui ruinée, où se célébraient tous les ans des jeux en l'honneur de Bacchus. — Colophon (Zillé), sur la mer, célèbre par un oracle d'Apollon, et patrie du philosophe Xénophanes et de Mimnerme, poëte et musicien ; elle prétendait aussi à l'honneur d'avoir donné naissance à Homère. — Panionium, village près de la côte, avec un bois sacré où se réunissaient, tous les ans, les députés des douze villes d'Ionie, pour faire des sacrifices en commun. — Priène (Samsoun), au S. E. de Panionium, sur une petite rivière qui se jette dans le Méandre, à peu de distance de son embouchure ; patrie de Bias, l'un des sept sages.

309. 2° Dans la Lydie :

Magnésie du Sipyle, *Magnesia Sipyli* (Magnisa), près du mont *Sipylus*, d'où l'on tira, dit-on, le premier aimant, appelé de là *Magnes*. C'est dans les environs de cette ville que le roi de Syrie Antiochus le Grand fut battu par les Romains.

Sardes (Sart), près du Pactole et du mont Tmolus ; capitale du riche et puissant empire de Crésus.

Magnésie, *Magnesia* (Inébazar). Cette ville, qu'il ne faut pas confondre avec celle que nous venons de nommer, était située sur le *Méandre*, et fut donnée par un roi de Perse à Thémistocle pour son entretien. — Sur la rive droite de l'Hermus se trouve un petit lac appelé Gigée, *Gigœus*, près duquel on voit encore les tombeaux des anciens rois de Lydie. Le pays aux environs de ce lac avait pris le nom d'Hyrcanie, *Hyrcania*, d'une colonie d'Hyrcaniens transplantés par les Perses des bords de la mer Caspienne.

510. III. CARIE. — La CARIE, *Caria* (Anatolie), située au S. de l'Ionie et de la Lydie, comprenait au S. O. la *Doride*. Elle renfermait le mont *Latmos*, près de Milet, célèbre dans la mythologie, qui rapporte que Diane y venait visiter Endymion. Ses villes les plus remarquables étaient :

511. 1° Dans la Carie :

MILET, *Miletus* (Palatcha), à l'entrée du golfe Latmique, célèbre par ses laines, par sa puissance maritime, par son commerce et par ses nombreuses colonies, et patrie de Thalès, l'un des sept sages; d'Anaximandre, qui fit voir à la Grèce les premières cartes géographiques, et du philosophe Anaximène, son disciple.

HALICARNASSE, *Halicarnassus* (Boudroun, château), sur le golfe Céramique, qui tirait son nom de la petite ville de *Ceramus*. Halicarnasse, après avoir fait partie de la Doride, devint la capitale du royaume de Mausole, auquel Artémise, son épouse, fit élever ce superbe mausolée mis au nombre des sept merveilles du monde. Cette ville fut la patrie des historiens Hérodote et Denys, surnommé d'*Halicarnasse*.

IASSUS (Assem-Khalassi), au S. E. de Milet, au fond d'un golfe auquel elle donne son nom. — CAUNUS (Quingi), sur le golfe Glaucus, patrie du peintre Protogène; elle formait une république particulière. L'air y était fort malsain. — ALABANDA (Bouz-dogan), au N. de la Carie, grande ville dont les habitants étaient très-voluptueux. — Près de Milet, sur le cap *Posidium*, était un temple d'Apollon desservi par des prêtres qu'on appelait *Branchides*, et qui rendaient des oracles fort révérés dans le pays; on trouve de belles ruines de ce temple dans un endroit nommé Iotan.

512. 2° Dans la Doride, dont les villes, d'abord au nombre de six, furent réduites à cinq, quand Halicarnasse se fut retirée de la confédération :

CNIDE, *Cnidos* (Porto-Genovese, Port-Génois), au fond de la presqu'île formée par le golfe Céramique et le golfe de Doride; célèbre par la statue de Vénus, ouvrage de Praxitèle. Elle a donné le jour à Ctésias, médecin et historien, et à l'astronome Eudoxe.

Les quatre autres villes de la Doride étaient dans les îles de Cos et de Rhodes, dont nous parlerons bientôt (343).

Provinces du Nord.

313. IV. BITHYNIE. — La BITHYNIE, *Bithynia* (Anatolie), à l'E. du Bosphore de Thrace, de la Propontide et de la Mysie, forma un royaume que Nicomède III, son dernier roi, légua aux Romains. La partie S. O., qui renfermait le mont Olympe, *Olympus*, l'une des plus hautes montagnes de l'Asie, portait le nom d'*Olympena*. Ses villes principales étaient :

314. CHALCÉDOINE, *Chalcedon* (Cadikeuei, village du cadi), à l'entrée du Bosphore de Thrace, du côté de la Propontide; elle était appelée par dérision la *ville des Aveugles*, parce que les Mégariens, ses fondateurs, ne s'étaient pas aperçus qu'ils pouvaient choisir une position beaucoup plus avantageuse de l'autre côté du détroit, dans l'endroit où fut depuis Byzance : c'est la patrie du philosophe Xénocrate.

NICOMÉDIE, *Nicomedia*, auparavant *Olbia* (Smid ou Is Nikmid), port au fond du golfe Astacène, *Astacenus sinus* : capitale du roi Prusias, auprès duquel s'était réfugié Annibal, et dans la suite résidence du gouverneur romain. Elle vit naître Arrien, célèbre philosophe et historien grec.

NICÉE, *Nicæa*, auparavant *Antigonia* (Isnik), sur les bords du lac *Ascanius*, au S. de Nicomédie, célèbre par la naissance de l'astronome Hipparque, et par le *premier concile général*, qui y fut tenu sous Constantin, l'an de J.-C. 325.

PRUSE, *Prusa* (Brousse), au N. E. de Nicée, capitale de l'*Olympena*; elle le fut aussi de l'empire des Turcs, depuis 1327 jusqu'à la prise de Constantinople.

LIBYSSA (Gébissé), à l'entrée du golfe Astacène, au N. On y voyait le tombeau d'Annibal, qui s'y empoisonna pour ne pas tomber entre les mains des Romains. — HÉRACLÉE sur le Pont, *Heraclea Pontica* (Érékli), ville très-florissante, sur la côte du Pont-Euxin; elle était consacrée à Hercule, qui y avait une statue, dont la massue, le carquois et la peau de lion étaient d'or; au N. de cette ville était la Chersonèse Achérusienne, *Acherusia Chersonesus*, où se trouvait un antre par lequel on disait qu'Hercule était descendu aux enfers.

515. V. PAPHLAGONIE. — La PAPHLAGONIE, *Paphlagonia* (Anatolie), à l'E. de la Bithynie, était traversée par la chaîne du *Cytorus* (Kudro), fameux par le buis dont il était couvert, et qui se termine sur la côte du Pont-Euxin par un cap fort élevé, nommé *Carambis* (Kérempeh), vis-à-vis du cap *Criou Metopon* (Karadjé-Bouroun), dans la Chersonèse Taurique (Crimée). Ses villes principales étaient:

516. SESAMUS, ensuite *Amatris* (Amasré), sur le Pont-Euxin. Elle tira son second nom d'une princesse de la famille des rois de Perse, qui l'augmenta.

SINOPE, qui conserve son nom, à l'E., sur le Pont-Euxin: ville très-puissante, où naquit et résida Mithridate; elle est aussi la patrie de Diogène le Cynique.

517. VI. PONT. — Le PONT, *Pontus* (pays de Roum), qui tirait son nom du Pont-Euxin, le long duquel il s'étendait, était arrosé par le *Thermodon*, sur les bords duquel avaient, disait-on, habité les Amazones, dans la riche plaine de *Thémiscyre*. Ses villes les plus remarquables étaient:

518. AMISUS (Samsoun), au N. O., grande ville qui donna son nom au golfe sur lequel elle était située.

ZELA (Ziléh), au S. d'Amisus, près de laquelle Mithridate battit les Romains, et où César vengea, vingt ans après, l'affront reçu par le nom romain, en remportant sur Pharnace, fils de ce même Mithridate, une victoire dont il rendit compte par ces trois mots: *Veni, vidi, vici*.

TRÉBIZONDE, *Trapezus* (Trébisonde ou Tarabesoun), grande ville grecque, qui devint, dans le moyen âge, la capitale d'un empire détaché de celui de Constantinople, et qui lui a même survécu quelque temps: les *Dix mille* y séjournèrent dans leur retraite.

AMASIE, *Amasia*, sur l'Iris (Iéchil-Ermak), patrie du géographe Strabon.

COMANE PONTIQUE, *Comana Pontica* (Tokat), au N. E. de Zéla, sur l'Iris, célèbre par un temple de Bellone, dont le pontife était regardé comme le chef suprême de la ville et du territoire.

COTYORA (Boujouk-Kaléh), sur le Pont-Euxin. C'est là que s'embarquèrent les *Dix mille* après leur retraite.

CÉRASONTE, *Cerasus* (Kirisonto), d'où Lucullus apporta, dit-on, le cerisier en Europe; près de la côte du Pont-Euxin.

PROVINCES DU CENTRE.

319. VII. PHRYGIE. — La PHRYGIE, *Phrygia* (Anatolie et Caramanie), à l'E. de la Mysie, de la Lydie et de la Carie, portait le nom de *Grande Phrygie*, pour la distinguer de la *Petite*, qui était composée de la Troade, du N. de la Mysie, de toute la Bithynie, et d'une grande portion de la Galatie. La partie qui avoisinait la Lydie était appelée *Katakékauménè* ou la Brûlée, parce qu'elle était ébranlée par des tremblements de terre; celle qui touchait la Bithynie portait le nom d'*Épictète* ou Ajoutée, parce qu'elle avait été démembrée de la Bithynie. La Phrygie contenait en outre, au S. O., la *Lycaonie*, qui en a longtemps fait partie. Ses villes principales étaient :

320. 1° Dans la Phrygie :

LAODICÉE, *Laodicea*, surnommée *Diospolis* (Ladik ou Eski-Hissar, vieux château), au S. O.; résidence du gouverneur romain.

APAMÉE, *Apamea*, surnommée *Cibotos*, sur la petite rivière *Marsyas* (Dinglar), capitale de la province sous les successeurs d'Alexandre.

CÉLÈNES, *Celenœ*, détruite, à l'E. d'Apamée, fut longtemps la capitale de la Phrygie; elle vit naître le musicien Marsyas, inventeur de la flûte, dont la Fable a fait un satyre qui défia Apollon.

CIBYRA (Buraz), au S., vers la Lycie; ville très-puissante, qui formait une république indépendante.

MIDAIUM, près du *Sangarius*, dans laquelle Sextus Pompée fut arrêté par le parti d'Antoine. — SYNNADA, vers la frontière de la Galatie; on trouvait dans ses environs un marbre fort estimé. — IPSUS, au S. E. de Synnada, bourg célèbre par la sanglante bataille livrée l'an 301 avant J. C., entre les successeurs d'Alexandre, et dans laquelle Antigone fut tué. — TYMBRÉE, *Tymbrium*, au S. E. d'Ipsus, où Cyrus et Crésus se livrèrent, à ce qu'il paraît, la fameuse bataille qui décida du sort de l'empire des Lydiens.

521. 2° Dans la Lycaonie:

ICONIUM (Koniéh), au N. O., capitale;
LARANDA (Larandéh), au S.

522. VIII. GALATIE. — La GALATIE, *Galatia* (Anatolie et Caramanie), au S. de la Bithynie et de la Paphlagonie, tirait son nom des Gaulois ou Galates faisant partie de l'expédition de Brennus qui vinrent s'y établir. Ils formaient trois peuples différents, savoir: les *Tolistobojes*, à l'O.; les *Tectosages*, au milieu, et les *Trocmes*, à l'E., et avaient pour villes principales:

523. PESSINONTE, *Pessinus* (Nalikan), à l'O., sur le Sangarius, capitale des Tolistobojes, et célèbre par le culte de Cybèle.

GORDIUM, au N. E. de Pessinonte; Alexandre y trancha le nœud gordien.

AMORIUM, au S., sur le Sangarius, patrie d'Ésope.

ANCYRE, *Ancyra* (Angouri), au centre, capitale des Tectosages; c'est à ses habitants que saint Paul adressa ses épîtres connues sous le nom d'*épîtres aux Galates*.

524. TAVIUM (Tchouroum), capitale des Trocmes.

GANGRA (Kiangari), prise sur la Paphlagonie, et séjour du roi Déjotarus défendu par Cicéron.

525. IX. CAPPADOCE. — La CAPPADOCE, *Cappadocia* (pays de Roum et Caramanie), au S. de la Galatie et du Pont, renfermait la *Petite Arménie*, à l'E., et la *Cataonie*, au S. On y trouvait le mont Argée, *Argeus mons*, toujours couvert de

neige, et du sommet duquel on découvre, dit-on, le Pont-Euxin et la Méditerranée. Ses villes principales étaient :

526. Dans la Cappadoce propre :

Mazaca ou *Cæsarea ad Argeum* (Kaïsariéh), au pied du mont Argée : capitale de toute la Cappadoce, et patrie de saint Basile, l'un des pères de l'Église.

Cybistra (Bustéré), au S. de Mazaca. Cicéron y campa dans le temps qu'il commandait en Cilicie. — Nora (Bour), au S. E. de Cybistra, château dans lequel Eumène soutint un siège d'un an contre Antigone. — Nazianze, *Nazianzus*, détruite, au S. E. de Nora. Dans ses environs naquit saint Grégoire, surnommé *de Nazianze*. — Archelais (Érékli), au N. O. de Nazianze, colonie romaine, où fut tué l'empereur Macrin.

527. 2° Dans la petite Arménie :

Nicopolis ou Tephris (Divriki), au N., fondée par Pompée, dans le lieu même où il avait vaincu Mithridate.

Satala (Erz-Inghian), la dernière ville de la Petite Arménie, sur l'Euphrate : elle était gardée par une légion romaine.

Mélitène (Malatia), près du *Mélas* (Cara-sou), fondée par Trajan. C'est là qu'était le quartier de la *légion foudroyante*. — Novus (Hessen-Now ou Kodj-Hissar), au pied des monts *Paryadres*, sur la frontière du Pont, château-fort dans lequel Mithridate avait renfermé ses trésors et qui fut pris par Pompée.

528. 3° Dans la Cataonie :

Comane de Cappadoce, *Comana Cappadociæ* (El-Bostan), sur le Sarus, célèbre par un temple de Bellone.

Thyane, *Thyana* (Tyana), au S. O. de Comane et au pied du mont Taurus, près des *Portes Ciliciennes*, défilé qui donne entrée en Cilicie. Cette ville est la patrie d'Apollonius, fameux imposteur.

Cucuse, *Cucusus*, au S. E., dans une gorge du Taurus, illustrée par l'exil de saint Jean Chrysostôme.

Provinces du Sud.

529. X. Lycie. — La Lycie, *Lycia* (Anatolie), au S. de la Phrygie, renfermait vingt-trois villes, qui formaient une république fédérative, dont la constitution était si sage, que Montesquieu la cite comme un modèle. Au S. O. de ce pays était le mont *Cragus*, qui renfermait la *Chimère*, volcan dont le sommet était occupé par des lions, le milieu par des chèvres sauvages, et le bas par des serpents : ce qui donna lieu à la fable de la Chimère domptée par Bellérophon. Ses villes remarquables étaient :

530. Telmissus (en ruines, près de Macri), à l'O., sur le golfe *Glaucus*, que l'on nommait aussi golfe de Telmissus. Cette ville était toute peuplée de devins.

Xanthus (Eksénidé), au S. E. de Telmissus, capitale de tout le pays; ses habitants, assiégés par Brutus, meurtrier de César, aimèrent mieux se précipiter dans les flammes avec leurs femmes et leurs enfants que de se rendre au vainqueur.

Patara (Patéra), au S. O. de Xanthus, sur la mer, avec un fameux temple d'Apollon, qui y rendait ses oracles pendant l'hiver; l'été, il les rendait à Délos.—Phazélis (Fionda), à l'E., occuppée, par des corsaires qui inventèrent le *Phazelus*, petit bâtiment qui allait à la voile et à la rame. Au N. E. de cette ville se trouve un défilé qui donne entrée dans la Pamphylie, mais tellement resserré entre la mer et une des croupes du Taurus, nommé *Climax* ou l'*Échelle*, que l'armée d'Alexandre ne put le passer qu'en entrant dans l'eau jusqu'à la ceinture.

531. XI. Pamphylie. — La Pamphylie, *Pamphylia* (Anatolie et Caramanie), au S. de la Phrygie, renfermait la *Pisidie* et l'*Isaurie*, pays peu considérables, dans les montagnes qui forment la chaîne du Taurus. Parmi les rivières qui l'arrosaient, nous citerons : l'*Eurymédon* (Ménougat), vers l'embouchure duquel Cimon, général athénien, remporta le même jour deux victoires sur les Perses, l'une sur terre, l'autre sur mer. Ses villes principales étaient :

1° Dans la Pamphylie :

532. Perga (probablement Kara-Hissar), sur le fleuve *Castrus* (Kapri), capitale de la province.

533. Side (près de Sataliadan), qui devint à son tour capitale de la Pamphylie : elle avait un port qui servait d'entrepôt aux pirates de la Cilicie.

2° Dans la Pisidie :

554. Termessus (Estenaz), au S. O.; principale ville des *Solymes*, dont parle Homère, et de la petite contrée appelée *Cabalia*.

Cremna (Kébrinaz), au S. O., place forte où les Romains établirent une colonie.

555. Selga, détruite, au centre de la Pisidie, dont elle était la plus grande ville, pouvant mettre sur pied 20 mille hommes.

556. 5° Dans l'Isaurie :

Isaura (Bei-Shehri), plusieurs fois détruite.

557. XII. Cilicie. — La Cilicie, *Cilicia* (Caramanie et pays d'Itchil), au S. du Taurus, qui la séparait de la Cappadoce, se divisait en Cilicie *Trachée* ou Montagneuse, à l'O., et Cilicie de Plaines, *Campestris*, à l'E. La première porta aussi dans la suite le nom d'Isaurie ; elle était le repaire des pirates que Pompée attaqua jusque dans leurs ports, et dont il purgea la Méditerranée. On remarquait, parmi les rivières qui l'arrosaient, le Cydne, *Cydnus*, fameux par la fraîcheur de ses eaux qui furent funestes à Alexandre, qui s'y baigna couvert de sueur. Ses villes principales étaient :

558. 1° Dans la Cilicie Trachée :

Sélinonte, *Selinus* (Sélenti), à l'embouchure du fleuve du même nom. L'empereur Trajan y mourut ; ce qui lui fit donner le nom de *Trajanopolis*.

Séleucie Trachée, *Seleucia Trachea* (Sélefkéh), capitale de la Cilicie Trachée, au S. E., près de la côte.

Anemurium (Scalémura), la ville la plus méridionale de la Cilicie, près d'un promontoire du même nom. — Homonada (Ermenack), place forte sur la frontière de l'Isaurie. — Olba, détruite, à l'E., vers la Cilicie de Plaines, dans l'intérieur des montagnes. Elle renfermait un temple de Jupiter, fondé, dit-on, par Ajax, fils de Teucer, et dont le pontife était souverain du pays.

559. 2° Dans la Cilicie de Plaines :

Sébastopolis, bâtie en l'honneur d'Auguste, dans la petite île d'*OEleuse*, à l'E. de Corycus, par Archélaüs, dernier roi de Cappadoce, qui la choisit pour sa résidence.

TARSE, *Tarsus* (Tarsous), capitale de toute la province. Elle était située sur le Cydnus, sur lequel Antoine donna des fêtes brillantes à Cléopâtre. Les sciences et les arts y étaient en aussi grand honneur qu'à Athènes et à Alexandrie.

Issus (Oseler), à l'E., célèbre par la victoire remportée par Alexandre sur Darius, l'an 333 avant J.-C. — A l'E. de cette ville se trouvaient, entre le mont Amanus et la mer, les Portes de Syrie, *Syriæ Pylæ*, défilé par lequel Alexandre entra en Syrie.

CORYCUS (Curco), au S. O., port où les empereurs romains entretenaient une flotte. — Près de là se trouvait un antre où Typhon, selon la Fable, avait enfermé Jupiter. — SOLI, ensuite *Pompeiopolis*, au N. E. de l'île d'*OElicuse*, sur la mer. Pompée y plaça ceux des pirates auxquels il avait laissé la vie. — ANCHIALE, au N. E. de Soli ; on y voyait un monument érigé à Sardanapale.

ILES DE L'ASIE MINEURE.

540. XIII. ILES DE L'ASIE MINEURE. — Elles peuvent se diviser en îles de la Propontide, îles de la mer Égée, îles de la mer Icarienne, îles Sporades, et île de Cypre. Les principales étaient :

I. Dans la Propontide :

PROCONNESOS (Marmara), au S. O., avec une ville du même nom. Elle tire son nom moderne du beau marbre que l'on y trouvait.

341. II. Dans la mer Égée :

LEMNOS (Lemno ou Stalimène), à l'O., grande île volcanique, sous laquelle Vulcain, précipité du ciel par Jupiter, avait, suivant la Fable, établi ses forges : aussi y était-il, ainsi que Bacchus, l'objet d'un culte spécial. Les Argonautes y abordèrent dans leur voyage et y prirent pour épouses les femmes de l'île, qui, peu de temps auparavant, avaient massacré tous leurs maris, mais ils les abandonnèrent bientôt. Cette île était surnommée *Dypolis* à cause de ses deux villes : *Myrina* (aujourd'hui Palæo Castro), sur la côte occidentale, et *Hephæstia*, ou la ville de Vulcain, à l'E.

TÉNÉDOS (Ténédo), près de la côte de la Troade. C'est là, selon Virgile, que se cacha la flotte des Grecs pour surprendre Troie.

LESBOS (Métélin), au S. de Ténédos, l'une des plus belles et des plus grandes îles de la mer Égée, renommée par ses vins. On y trouvait *Mitylène* (Mityleni), au S. E., capitale, ville très-florissante qui fut la patrie de Pittacus, d'Alcée et de Sapho; *Metymna* (Molivo), au N. E., patrie du musicien Arion; *Eressus* (Eresso), à l'O., patrie du philosophe Théophraste.

Les ARGINUSES, *Arginusæ insulæ* (îles de Janot), au S. E. de Lesbos, célèbres par une victoire navale qu'y remportèrent les Athéniens sur les Lacédémoniens.

CHIOS (Scio), vis-à-vis de la presqu'île de Clazomène, fameuse par ses vins, les meilleurs de toute la Grèce. Sa capitale, qui portait le même nom, prétendait à l'honneur d'avoir donné naissance à Homère; elle était la patrie de Théopompe, orateur et historien.

342. III. Dans la mer Icarienne:

SAMOS (Samo), vis-à-vis de la partie méridionale de l'Ionie, île très-fertile, très-riche et fort peuplée, avec une capitale du même nom, patrie du philosophe Pythagore.—ICARIA (Nicaria), à l'O. de Samos; île peu fertile, qui, ainsi que la mer Icarienne, tirait son nom d'Icare, qui s'était noyé aux environs.

343. IV. SPORADES. — On donnait le nom de *Sporades*, qui signifie dispersées, à un certain nombre d'îles répandues dans la mer de Carpathos, principalement sur les côtes de la Carie. Les principales villes étaient:

PATMOS, au S. E. d'Icarie; elle conserve aujourd'hui son nom. Saint Jean l'Évangéliste y fut relégué et y écrivit son Apocalypse.—COS (Stanco), au S. E. de Patmos, île agréable et fertile, avec une capitale de même nom, qui faisait partie de la Doride, et qui a donné naissance à Hippocrate et à Apelle.

RHODES, *Rhodus*, au S. de la Doride, la principale des Sporades, très-fertile, très-riche et très-puissante: elle avait pour capitale une ville du même nom, célèbre par son colosse, par le siége qu'elle soutint contre Démétrius Poliorcète, qui ne put la forcer, et plus encore, dans les temps modernes, par la résistance héroïque des chevaliers de Saint-Jean-de-Jérusalem. — CARPATHOS (Scarpanto), au S. O. de Rhodes; elle donnait son nom à la mer qui l'entoure.

Outre *Rhodes*, on trouvait encore dans l'île de Rhodes les villes de *Lindos*, *Camiros* et *Ialysos*, qui faisaient partie de la Doride, et dont la première avait donné naissance à Cléobule, l'un des sept sages.

544. V. CYPRE (île de Chypre). — Nous plaçons l'île de Chypre, *Cyprus*, parmi celles de l'Asie Mineure, quoiqu'elle dépendît autrefois de la Syrie, parce qu'elle n'est séparée de la première que par le canal de Cilicie, et qu'elle fait aujourd'hui partie du gouvernement d'Itchil, dans la Caramanie. Elle était particulièrement consacrée à Vénus. Elle avait pour villes principales :

PAPHOS (Bafo), au S. O. Il y avait deux villes de ce nom peu distantes l'une de l'autre : l'ancienne, fameuse par un temple de Vénus, et la nouvelle, plus au N. O., où saint Paul convertit le proconsul romain Sergius Paulus.

SOLOE (Solea), au N. O., ville bâtie par un roi du pays, dans une position avantageuse, d'après le conseil de Solon, dont elle prit le nom. La présence de ce sage Athénien dans cette ville y attira un grand nombre de ses compatriotes, qui, mêlés avec les Cypriotes, commencèrent à parler un langage moins pur : d'où est venu le mot *solécisme* pour désigner une expression fautive. — SALAMINE, *Salamis*, ensuite *Constantia* (Constanza), au S. E., fondée par Teucer, fils de Télamon, roi de Salamine en Grèce. — AMATHONTE, *Amathus* (Limasol), au S.; Vénus y avait un temple superbe; son territoire était rempli de mines. — CITIUM (Chiti), au N. E. d'Amathonte; patrie du philosophe Zénon, chef de la secte des Stoïciens.

SYRIE*.

545. Bornes, Montagnes, Fleuve et Villes principales. — La Syrie, *Syria* (Cham), nommée dans l'Écriture *Aram*, était bornée au N. par le Taurus, qui la séparait de la Cappadoce; au N. O. par le mont Amanus, qui la séparait de la Cilicie; à l'O. par la mer Intérieure et la Phénicie; au S. par la Palestine et l'Arabie Pétrée, et à l'E. par l'Euphrate, qui la séparait de la Mésopotamie. Elle renfermait, vers le S., les chaînes du Liban et de l'Anti-Liban, où croissaient de beaux cèdres; l'*Oronte* (Nahr-el-Asi) en était le fleuve principal. La Syrie se divisait en plusieurs provinces, dont les villes les plus remarquables étaient :

546. Samosate, *Samosata* (Semisat), au N. E. sur l'Euphrate, capitale de la *Comagène*, province du nord, qui forma quelque temps un royaume particulier. C'est la patrie de Lucien.

547. Antioche, *Antiochia* (Antakiéh), capitale de toute la Syrie, et longtemps même de tout l'Orient. C'est dans son sein que les disciples de J.-C. prirent le nom de *Chrétiens* : elle fut la patrie de saint Jean Chrysostôme, du poëte Archias, et, à ce que l'on croit, de l'évangéliste saint Luc. Germanicus mourut dans un de ses faubourgs nommé *Daphné*, duquel la ville tirait le surnom d'*Épi-Daphné*, c'est-à-dire *près de Daphné*. On y trouvait un bois délicieux de lauriers et de cyprès, avec un oracle d'Apollon.

Apamée, *Apamea* (Famiéh), au S. E., au bord d'un lac formé par l'Oronte, capitale d'une province nommée *Apamène*, qui eut ses rois particuliers. Séleucus Nicator y nourrissait 500 éléphants. C'est la patrie du philosophe Posidonius.

Séleucia Pieria (Kepséh), près de l'embouchure de l'Oronte. Elle tirait son nom du mont *Piérius*, branche du mont Amanus,

---

* Consulter, dans mon *Atlas à l'usage des colléges*, les cartes de l'Empire de Perse, de celui d'Alexandre et de l'Empire Romain.

au pied duquel elle était bâtie. — EMESA (Hems), au S. E. d'Apamée, à peu de distance de l'Oronte; patrie d'Héliogabale, d'abord prêtre du soleil, ou *Elagabal*, qui avait un temple dans cette ville, et ensuite empereur romain. C'est sous ses murs qu'Aurélien défit Zénobie, reine de Palmyre.

548. PALMYRE, *Palmyra* ou *Tadmor*, au N. E. d'Émèse, bâtie, dit-on, par Salomon, au milieu du désert, et qui devint la capitale de la *Palmyrène*, état riche et puissant, dont la dernière reine, Zénobie, femme d'Odénat, fut vaincue et prise par Aurélien, qui la fit conduire à Rome, chargée de chaînes d'or. Les ruines magnifiques de cette ville attestent son antique splendeur.

DAMAS, *Damascus* (Damas), au S. O. d'Émèse, capitale de la *Cœlésyrie*, ou *Syrie Creuse*, entre la chaîne du *Liban* et celle de l'*Anti-Liban*. Elle existait déjà du temps d'Abraham, et est encore aujourd'hui une des villes les plus florissantes de la Turquie d'Asie.

HÉLIOPOLIS (Baalbeck), au N. O. de Damas, conserve les restes d'un très-beau temple du soleil.

PHÉNICIE *.

349. Bornes, Habitants et Villes principales. — La Phénicie, *Phœnice*, bornée au N. par le *faux Éleuthéros*, n'était qu'une côte assez étroite qui s'étendait le long de la mer Intérieure, nommée en cet endroit *mer de Phénicie*. Elle était bornée au S. par la Palestine, et à l'E. par la Palestine et la Syrie. Ses habitants furent, dit-on, les inventeurs de la navigation, de l'écriture et du verre; leur commerce leur procura de grandes richesses. Ses villes principales étaient :

350. Tripolis (Tripoli), au N. O. d'Héliopolis, ainsi appelée parce qu'elle se composait de trois villes bâties par des colonies sorties des trois suivantes. Elle fut longtemps le séjour du gouverneur de la Phénicie pour les Perses.

Sidon (Seïd), au S. de Tripoli, longtemps la plus puissante ville de Phénicie, fameuse par ses verreries, par son commerce et par sa corruption, suite de ses immenses richesses.

Tyr, *Tyrus* (Tsour), au S. de Sidon, dont elle était une colonie; capitale de la Phénicie, et l'une des plus florissantes villes du monde, située d'abord sur le continent. Nabuchodonosor l'ayant prise et détruite, 572 ans avant J.-C., ses habitants se retirèrent dans une île voisine, où ils bâtirent une nouvelle ville, qui devint si puissante, qu'Alexandre le Grand ne put s'en rendre maître qu'après un siège très-pénible.

Aradus, au N., dans une île. Elle était fort peuplée, et les maisons avaient plusieurs étages. — Berytus (Beïrout), au S. de Tripoli, dans un territoire agréable et fertile, surtout en excellents vins; ruinée au vi[e] siècle par un affreux tremblement de terre; patrie de Sanchoniaton, historien et philosophe, qui vivait, dit-on, avant la guerre de Troie. — Aco ou Ptolémaïs (Saint-Jean-d'Acre), sur une pointe qui s'avance dans la Méditerranée, à l'opposite du promontoire qui termine la chaîne du mont Carmel.

---

* Consulter, dans mon *Atlas à l'usage des collèges*, les cartes de la Palestine et de l'Empire d'Alexandre.

PALESTINE.

551. Nom, Bornes, Montagnes, Fleuve et Lacs. — La Palestine, *Palæstina*, nommée anciennement *Pays de Chanaan*, du nom de Chanaan, fils de Cham, qui la peupla, porta différents noms, savoir : *Palestine*, à cause des Philistins, qui en occupaient une partie; *Judée*, du nom de la plus considérable des tribus d'Israël; *Terre-Promise*, parce que Dieu avait promis aux patriarches de la donner à leur postérité; *Terre-Sainte*, à cause des mystères de notre sainte religion, qui s'y sont opérés. Elle était bornée au N. par la Syrie; à l'O., par la mer Intérieure ou Grande mer; au S., par l'Arabie Pétrée; à l'E., par l'Arabie Déserte. Outre les chaînes du Liban et de l'Anti-Liban, dont nous avons parlé, et qui s'étendaient jusque dans la Palestine, on trouvait encore dans ce pays : le mont Carmel, *Carmelus mons*, à l'O., couvert de vignes et d'oliviers, et connu dans l'Écriture par le séjour qu'y ont fait les prophètes Élie et Élisée ; le *Thabor*, appelé par les Grecs *Itabyrios*, au centre, montagne très-haute, qui domine la vaste plaine d'*Esdrélon*, et du haut de aquelle la vue s'étend jusqu'à la Méditerranée et jusqu'au lac de Tibériade : la tradition y place la scène de la transfiguration de Notre-Seigneur.

La principale rivière de la Palestine est le Jourdain, *Jordanis* (Nahr-el-Arden), qui prend sa source au mont *Hermon*, chaîne de montagnes liée à l'Anti-Liban, et, coulant du N. au S., traverse le *lac de Génézareth*, appelé dans l'Ancien-Testament mer de *Cénéroth*, et dans le Nouveau, mer de *Galilée* ou de *Tibériade*; et, après avoir arrosé presque toutes les tribus, va se perdre dans le *lac Asphaltite*, nommé aussi *mer Morte*, *mare Mortuum* (Bahr-el-Louth, mer de Loth). Les eaux bitumineuses de cette mer sont, dit-on, si pesantes et si épaisses, qu'un homme n'y enfonce que difficilement. Sur ses bords existaient jadis les cinq villes de *Sodome*, *Gomorrhe*, *Adama*, *Séboïm* et *Ségor*, détruites par le feu du ciel.

352. Divisions. — La Palestine fut d'abord divisée en *peuples*, sous les Chananéens; puis en *tribus*, sous les Israélites; en *royaumes*, après la mort de Salomon; et enfin en *provinces*, après la captivité de Babylone.

Les principaux peuples étaient : les *Chananéens* proprement dits, au N.; les *Jébuséens*, qui occupaient les environs de Jérusalem, appelée alors *Jébus*, au centre; et les *Amorrhéens*, au S.

Josué, en établissant les Hébreux dans la Terre-Promise, partagea le pays en douze tribus, qui portèrent les noms des fils de Jacob. Cependant ceux de Joseph et de Lévi ne paraissent pas dans cette division, parce que la postérité de Joseph eut deux tribus qui portèrent les noms de ses deux fils, Manassé et Éphraïm; quant à la famille de Lévi, réservée pour le sacerdoce, elle n'eut en partage aucun canton particulier, mais elle possédait quarante-huit villes répandues dans le territoire des diverses tribus, et nommées *villes Lévitiques*. Six d'entre elles, appelées *villes de Refuge*, servaient d'asile à ceux qui, sans le vouloir, avaient eu le malheur de tuer quelqu'un; ils n'en pouvaient sortir qu'à la mort du grand-prêtre.

Après la mort de Salomon, la Palestine, qui jusqu'alors n'avait formé qu'un royaume, fut divisée en deux : celui de *Juda*, comprenant les tribus de Juda et de Benjamin, qui eut Jérusalem pour capitale; et celui d'*Israël* ou de *Samarie*, composé des dix autres tribus, et dont *Samarie* fut la capitale.

Après le retour de la captivité, ce pays fut divisé en quatre provinces, trois à l'O. du Jourdain, savoir : la *Galilée*, au N.; la *Samarie*, au milieu; et la *Judée* propre, au S.; la quatrième, appelée *Pérée*, était à l'E. du fleuve. Nous joindrons à ces provinces le *Pays des Philistins*.

353. Villes principales :

1° Dans la Galilée, divisée en *Supérieure*, qui comprenait les tribus de *Nephthali* et d'*Aser*; et *Inférieure*, qui renfermait celle de *Zabulon* et presque toute celle d'*Issachar* (la première était aussi appelée *Galilée des Gentils*, parce que beaucoup de ses habitants n'étaient pas Juifs de nation) :

Sepphoris, ensuite *Dio-Cæsarea* (Séphouri), près du Carmel, la ville la plus considérable de la Galilée, du temps de Josèphe.

Nazareth (Nazara), où résidait la mère de notre Sauveur.

Cana, où J.-C. fit son premier miracle.

Iotapata, place très-forte, que Vespasien assiégea, et où il prit l'historien Josèphe. — Capharnaüm, au N. du lac de Génézareth. J.-C. y fit plusieurs miracles. — Génézareth, à l'O. du même lac, auquel elle donnait son nom, et qui prit ensuite celui de *Tibériade*, d'une ville de ce nom, bâtie l'an 17 de l'ère chrétienne, en l'honneur de Tibère, par le roi Hérode Antipas, à la place de Génézareth.

554. 2° Dans la Samarie, qui renfermait seulement la tribu d'*Éphraïm* et la demi-tribu de *Manassé* en deçà du Jourdain, et qu'il ne faut pas confondre avec le royaume de ce nom, qui était beaucoup plus étendu :

Césarée, *Cæsarea*, auparavant la Tour de Straton, *Turris Stratonis* (Césarée de Palestine), sur le rivage de la mer, bâtie par Hérode le Grand, et résidence des gouverneurs romains.

Samarie, *Samaria*, ensuite *Sébaste* (Schéniroun), au S. E. de Césarée, capitale du royaume d'Israël.

Sichem, ensuite Neapolis (Nabolos), au S. E. de Samarie, dans une vallée, entre les monts *Garizim* et *Hébal*. Elle devint la capitale de la Samarie, après la ruine de Samarie par Salmanazar. — Jezrael ou Esdrael, au N. E. de Samarie; célèbre par la vigne de Naboth, par la punition d'Achab, et par la mort de la reine Jézabel.

555. 5° Dans la Judée proprement dite, qui comprenait les tribus de *Dan*, de *Siméon*, de *Benjamin* et de *Juda*, et le pays des *Philistins* :

Jérusalem ou *Hierosolyma* (Jérusalem), au centre, dans la tribu de Benjamin, sur les confins de celle de Juda, fameuse par le temple de Salomon, et surtout par la passion de J.-C.; elle était la capitale d'abord de toute la Palestine, et ensuite seulement du royaume de Juda. Détruite par Titus, elle fut relevée par Adrien, qui la nomma *Ælia Capitolina*. Elle conserve son ancien nom.

Jéricho (Eriha), au N. E. de Jérusalem, dans un pays couvert de palmiers, la première ville prise par Josué au delà du Jourdain. J.-C. y convertit Zachée.

BETHLÉEM, au S. de Jérusalem, fameuse par la naissance de notre Sauveur et par celle de David.

JOPPÉ (Joppé ou Jaffa), sur la mer Intérieure, le seul port de la Judée ; c'est là que s'embarqua Jonas. Andromède, suivant la Fable, avait été enchaînée à un rocher près de cette ville, et fut délivrée par Persée. — HÉBRON (Kabr-Ibrahim, tombeau d'Abraham), bâtie peu de temps après le déluge. Tout auprès était la vallée de *Mambré*, où habitèrent sous des tentes les patriarches Abraham, Isaac et Jacob.

356. 4° La PÉRÉE, entre le Jourdain, à l'O., et l'Arabie, à l'E., comprenait la demi-tribu de *Manassé* au delà du Jourdain, et celles de *Gad* et de *Ruben*. On peut y comprendre encore quelques régions situées à l'E. du Jourdain, qui faisaient réellement partie de l'Arabie, mais qui, dans la suite, ont été annexées à la Palestine, et qui sont citées sans cesse dans l'Histoire sainte : c'étaient, du N. au S., la *Trachonite*, l'*Iturée*, l'*Auranite*, le pays des *Ammonites*, celui des *Moabites*, et l'*Idumée*. Cette dernière, outre les *Édomites*, descendants d'Ésaü ou Edom, renfermait les *Amalécites*, ennemis jurés des Juifs. On trouvait dans tous ces pays peu de villes remarquables ; nous citerons seulement :

BOSTRA (Bosra), dans l'Auranite, métropole de l'Arabie sous Septime Sévère, et patrie de l'empereur Philippe. — RABBATH AMMON (Ammon), capitale des Ammonites. — RABBATH MOAB ou ARÉOPOLIS (El-Raba ou Maab), capitale des Moabites.

357. 5° Le Pays des PHILISTINS, les éternels ennemis des Juifs, auxquels ils furent assujettis par David, à l'O. de la Judée, sur la côte de la mer Intérieure, était divisé en cinq satrapies, dont les capitales étaient :

ASCALON, au S., et l'une des plus fortes places du pays ; patrie de Sémiramis et du roi Hérode. Dans ses environs croissait l'oignon appelé par les Latins *ascalonia*, dont nous avons fait *échalote*.

GAZA, au S., près de la mer, conserve son nom. Elle tenait le premier rang parmi les villes des Philistins, et osa résister à Cyrus et à Alexandre.

ACCARON ou EKRON, au N. ; le dieu Béelzébuth y était spécialement honoré. — GETH ou GATH, patrie du géant Goliath. — AZOT ou *Azotus*, au S. O. des précédentes. C'est là que les Philistins placèrent dans le temple de Dagon l'*Arche sainte*, dont ils s'étaient emparés.

ARABIE *.

538. BORNES ET DIVISION. — L'ARABIE, *Arabia*, qui a conservé son nom et ses bornes, puisqu'elle s'étendait au N. jusqu'à la Palestine, et au N. E. jusqu'à la Mésopotamie et à la Babylonie, fut peu connue des Anciens jusqu'à l'expédition qu'y fit Ælius Gallus, sous le règne d'Auguste, environ vingt ans avant J.-C. Ce général, après avoir pris et pillé plusieurs villes, ramena, sans avoir pu faire aucune conquête, son armée presque entièrement détruite par les maladies et les fatigues. — L'Arabie est divisée par les géographes anciens en Arabie *Pétrée*, *Heureuse* et *Déserte*.

539. I. ARABIE PÉTRÉE. — L'ARABIE PÉTRÉE, *Arabia Petræa*, à l'O., sur le golfe Arabique, tirait son nom de la ville de PÉTRA. Les peuples qui l'habitaient étaient, outre ceux que nous avons nommés (556), les *Amalécites*, les *Ismaélites*, descendants d'Ismaël, fils d'Abraham et d'Agar, et les *Madianites*, descendants de Madian, fils d'Abraham et de Céthura. Ce pays renfermait les déserts de *Pharan* et de *Sin*, où errèrent pendant quarante ans les Israélites, après leur sortie d'Égypte, et particulièrement celui de *Sinaï* ou *Sina*, situé dans cette espèce de péninsule formée par les deux bras ou golfes de la mer Rouge. Celui de ces deux golfes qui est à l'occident se nommait *golfe Héroopolites* (Bahr-el-Soueïs), de la ville d'*Héroopolis* en Égypte; l'oriental s'appelait *golfe Ælanites* ou *Ælanitique* (Bahr-el-Akaba), de la ville d'*Ælana*, nommée *Aïlath* dans les livres saints, en Arabie : il paraît que c'est vers l'extrémité septentrionale du premier qu'eut lieu le passage miraculeux des Israélites. Ce désert renfermait deux montagnes célèbres, savoir : le *Sinaï* ou *Sina* (Djébel-Tour), où Dieu donna sa loi à son peuple, et le mont *Horeb*, au N. O. du Sinaï, où il apparut à Moïse au milieu d'un buisson ardent, pour lui commander d'aller délivrer les Israélites.

---

* Consulter, dans mon *Atlas à l'usage des collèges*, la carte du MONDE ANCIEN.

560. Villes. — Les plus remarquables étaient :

Pétra (Krak ou Arak), au S. du lac Asphaltite, assiégée en vain par Démétrius Poliorcète, et qui était, au temps d'Auguste, la résidence du roi des *Nabathéens*.

Asiongaber ou *Bérénice* (Akabah ou Minet-Idabad, port de l'or), au fond du golfe Ælanitique, port d'où partaient les flottes de Salomon pour aller à Ophir (562 et 429).

Madian, au pied des monts Sinaï et Horeb, capitale des Madianites, et patrie de Jéthro, beau-père de Moïse. Quelques géographes la placent à l'E. du golfe Ælanitique.

561. II. Arabie Heureuse. — L'Arabie Heureuse, *Arabia Felix*, occupait tout le sud de la presqu'île ; elle était habitée par un grand nombre de peuples, parmi lesquels se faisaient remarquer les *Sabéens*, dont le pays produisait l'encens en abondance. Le café, plante inconnue des Anciens, assure aujourd'hui à ce pays autant de richesses que lui en procuraient autrefois l'encens et la poudre d'or qu'il fournissait aux peuples de l'Europe et de l'Asie ; c'était à ces dernières productions qu'il devait son nom d'*Arabie Heureuse*. Ses villes les plus remarquables étaient :

562. Saba (Saada), au S. On croit qu'elle était la résidence de la reine de Saba, qui vint visiter Salomon.

Musa (Moseli), aussi au S. Elle était l'entrepôt du commerce, comme Moka l'est aujourd'hui.

Iatrippa (Médine), vers le golfe Arabique. — Macoraba (La Mekke), au S. de la précédente, fondée, dit-on, par Abraham. — Quelques géographes placent la ville d'*Ophir* dans ces régions, où l'on trouve encore un endroit nommé Dophir.

563. III. Arabie Déserte. — L'Arabie Déserte, *Arabia Deserta*, au N. E., s'étendait jusque dans la Mésopotamie. Elle était habitée anciennement, comme de nos jours, par des hordes errantes, qui font métier de piller les voyageurs. On les appelait, dans l'antiquité, Arabes *Scénites*, c'est-à-dire vivant sous des tentes. Ce pays renfermait aussi la tribu des *Sarrasins*, ou mieux *Agarrasins*, descendants d'Ismaël, fils d'*Agar*, qui, d'abord très-faible, devint si considérable, qu'elle envahit tout le midi du continent, comme les Scythes ou Tartares se répandirent dans le Nord.

COLCHIDE*.

364. Position et Division. — La COLCHIDE, *Colchis* (Géorgie, Daghestan et Chirvan), occupait tout l'espace compris entre le Pont-Euxin et la mer Caspienne, et renfermait trois pays : la *Colchide* propre, l'*Ibérie* et l'*Albanie*.

365. I. COLCHIDE PROPRE. — La COLCHIDE PROPRE (Mingrélie, Imiréthie et Gouriel), qui s'étendait le long du Pont-Euxin, à l'O., est célèbre par l'expédition des Argonautes, et par l'histoire de Médée. Elle était arrosée par le *Phase*, *Phasis* (Rioni), et avait pour villes remarquables :

ÆA, sur le Phase, aujourd'hui détruite : c'est là que régnait Æétès, père de Médée, et qu'était la toison d'or, enlevée par les Argonautes.

PHASIS (Poti), à l'embouchure du Phase. — CYTA (Kutaïs), patrie de Médée.

366. II. IBÉRIE. — L'IBÉRIE, *Iberia* (Kakéthi et Karduel), à l'E. de la Colchide, avait, dit-on, été peuplée par une colonie d'Ibériens venus d'Espagne. Cette contrée fut quelque temps l'entrepôt des richesses de l'Inde, qui arrivaient par l'*Oxus* (Gihoun) dans la mer Caspienne, où il avait autrefois son embouchure, traversaient cette mer et remontaient le *Cyrus* (Kour), qui arrose l'Ibérie et l'Albanie, et se jette dans la même mer. Ses villes les plus remarquables étaient :

HARMOZICA (Akhaltziké), sur le Cyrus, place forte, qui tenait le premier rang dans l'Ibérie.

ZALISSA (Téflis), aussi sur le Cyrus.

367. III. ALBANIE. — L'ALBANIE, *Albania* (Daghestan, à l'O., et Chirvan, à l'E., le long de la mer Caspienne), fut, à ce que l'on croit, le berceau des Albanais d'Europe, qui furent transportés en Illyrie par Pompée. Ses villes les plus remarquables étaient :

CABALACA (Kablasvar), sur la mer Caspienne, au N., capitale.

ALBANA (Miasabad), à l'embouchure de l'*Albanus* (Samour) dans la mer Caspienne.

---

* Consulter la carte de l'EMPIRE D'ALEXANDRE.

ARMÉNIE.

368. Bornes, Montagnes, Rivières et Villes principales.—L'Arménie, *Armenia*, qui conserve aujourd'hui son nom, était bornée au N. par la Colchide, l'Ibérie et l'Albanie; à l'O. par l'Euphrate, qui la sépare de la Petite Arménie, dont nous avons parlé (529), au S. par la Mésopotamie et l'Assyrie, et à l'E. par la Médie. Cette contrée, où l'on place le Paradis Terrestre, est couverte de montagnes, parmi lesquelles on remarque le mont *Ararat* (mont Macis ou Agri-Dagh), sur lequel s'arrêta, dit-on, l'arche de Noé[*]. Plus au S. se trouvaient les monts Gordiens ou des Carduques, *Gordiæi* ou *Carduchorum montes*, habités par les Carduques, qui firent beaucoup souffrir les *Dix mille* dans leur retraite. L'Euphrate, *Euphrates*, le Tigre, *Tigris*, et le rapide Araxe, *Araxes*, prenaient leur source au pied des montagnes de ce pays, dont les villes principales étaient :

369. Tigranocerte, *Tigranocerta* (Sert), sur une montagne, au S. de l'Arménie, dont elle fut la seconde capitale. Fondée ou du moins embellie par le grand Tigrane, elle fut presque aussitôt prise et ruinée par Lucullus.

Naxuana (Nakchivan), dans la vallée de l'Araxe, la première ville, dit-on, bâtie après le déluge.

370. Artaxata (Ardek), sur la rivière *Harpasus*, qui se joint à l'Araxe, bâtie par le conseil d'Annibal. Elle fut assez longtemps la capitale de l'Arménie.

---

[*] Cette opinion fort respectable, puisqu'elle est généralement adoptée depuis bien des siècles, est cependant fort peu vraisemblable. Il résulte des termes mêmes de la Genèse, chap. xi, vers. 2, que les descendants de Noé habitèrent primitivement à l'orient du Tigre et de l'Euphrate, c'est-à-dire probablement au pied des hautes montagnes de l'Asie centrale, les plus élevées de tout l'univers (les monts Himalaya), et que par conséquent ce serait plutôt sur leurs sommets que se serait arrêtée l'arche de Noé.

MÉSOPOTAMIE.

571. BORNES ET VILLES PRINCIPALES. — La MÉSOPOTAMIE, *Mesopotamia* (Diarbeck), dont le nom signifie *au milieu des fleuves*, était comprise entre l'Euphrate et le Tigre ; ces deux fleuves se rapprochent tellement au S., qu'ils ne laissent entre eux qu'un petit espace, que Sémiramis ferma par un mur, qui séparait la Mésopotamie de la Babylonie. Ses villes principales étaient :

572. CABRÆ ou CHARRÆ, nommée dans l'Écriture *Harran*, nom qu'elle a conservé. C'est de là que sortit Abraham pour se rendre en Palestine. Crassus s'y réfugia après sa défaite près d'*Ichnæ*, et la quitta bientôt après pour gagner les montagnes d'Arménie, où il fut joint par les Parthes, qui le tuèrent, avec 20 mille de ses soldats, et firent 10 mille prisonniers.

CUNAXA, détruite, au S. E., sur l'Euphrate. C'est là que se livra, 401 ans avant J.-C., entre Artaxerxès-Mnémon et Cyrus le Jeune, la fameuse bataille dans laquelle celui-ci fut tué en combattant et qui fut suivie de la célèbre retraite des Dix mille Grecs, dirigée par Xénophon qui en écrivit l'histoire.

RESAINA (Ras-Aïn), sur le *Chaboras* (Kabour); ville très-ancienne, célèbre par la victoire remportée par le jeune Gordien sur Sapor, roi de Perse, l'an 245 de J.-C. — EDESSA ou CALLIRHOE (Orfa), à peu de distance de l'Euphrate, si ancienne, qu'on attribuait sa fondation à Nemrod. — NISIBIS (Nisibin), vers la source du *Mygdonius*, appelée par les Grecs *Antioche de Mygdonie*, prise par Trajan sur les Parthes.

ASSYRIE.

573. BORNES ET VILLES PRINCIPALES. — L'ASSYRIE propre, *Assyria* (Kourdistan), qui tirait son nom d'Assur, fils de Cham, et qu'il ne faut pas confondre avec l'empire d'Assyrie, qui s'est étendu sur presque toute l'Asie, avait au N. l'Arménie, à l'O. la Mésopotamie, au S. la Babylonie, et à l'E. la Médie. Ses principales villes étaient :

574. Ninive, *Ninus* (Nino, en ruines), sur le Tigre, ville très-ancienne, bâtie, dit-on, par Assur, et dont on a sans doute exagéré l'étendue, en disant qu'elle avait 18 lieues de circuit. Cette capitale de l'Assyrie est célèbre par la fameuse prédiction de Jonas, qui engagea ses habitants à faire pénitence.

Arbèles, *Arbela* (Erbil), au S. de Ninive, fameuse par la bataille gagnée par Alexandre sur Darius, et qui mit fin à l'empire des Perses. Cette bataille, qui porta le nom d'Arbèles, avait été livrée à *Gaugamela*, qui en est peu éloigné.

BABYLONIE.

575. Bornes et Villes principales.—La Babylonie, *Babylonia*, appelée aussi *Chaldée*, surtout dans sa partie méridionale (Irak-Arabi), avait au N. la Mésopotamie et l'Assyrie; à l'O. l'Arabie Déserte, qui, avec le golfe Persique, la bornait aussi au S.; à l'E., elle touchait la Susiane. C'est dans ce pays que se trouve la plaine de *Sennaar*, d'où le genre humain se dispersa dans le reste de l'univers, et où prit naissance la science de l'astronomie, dans laquelle les Chaldéens firent de grands progrès. Ses principales villes furent :

576. Babylone (en ruines), sur l'Euphrate, l'une des plus grandes et des plus anciennes villes du monde, fondée par Bélus et Nemrod, embellie par Sémiramis et par Nabuchodonosor; elle est célèbre par la captivité des Juifs et par la mort d'Alexandre le Grand. On croit que la tour de Babel se trouvait dans son enceinte, qui était de plus de douze lieues de tour.

Séleucie, *Seleucia*, bâtie sur la rive droite du Tigre par Séleucus Nicator pour ruiner Babylone, projet qui lui réussit. Séleucie devint une des capitales de son empire, et eut jusqu'à 600 mille habitants; mais elle fut détruite à son tour par le voisinage de :

Ctésiphon (Al-Madaïn), bâtie, aussi sur le Tigre, par les Parthes, qui en firent la capitale de leur empire. On s'est servi des ruines de ces deux dernières villes pour construire celle de *Bagdad*.

MÉDIE.

577. BORNES, RIVIÈRES ET VILLES PRINCIPALES. — La MÉDIE, *Media* (Irak-Adjémi), était bornée au N. par la mer Caspienne, à l'O. par l'Assyrie, au S. par la Susiane et la Perse propre, et à l'E. par l'Arie et l'Hyrcanie. C'est un pays froid et montagneux; elle se divisait en occidentale et orientale, et était arrosée par le *Gyndes* (Kara-Sou), que Cyrus fit diviser en 360 canaux, parce qu'il avait failli s'y noyer.

578. ECBATANE, *Ecbatana* (Hamadan), près du mont *Orontes* (Elwend); grande ville, capitale de l'empire des Mèdes, et ensuite l'une des quatre principales de l'empire des Perses, dans la Médie Occidentale.

RAGÆ (Raï), au N. E. d'Ecbatane, fondée par Ninus; la seconde ville de la Médie, près de laquelle on trouve le défilé nommé *Pyles Caspiennes*, de dix lieues de long, par lequel Alexandre entra dans le pays des Parthes. — HECATOM-PYLOS (Damghan), à l'entrée des déserts, fut longtemps la capitale des Parthes, qui habitaient plus au nord. — ECBATANE DES MAGES (Guerden), construite par Darius pour les Mages. On y voit encore un fameux Pyrée de Guèbres, ou adorateurs du feu, auprès d'une grande montagne nommée *Elbourz*, qui jette du feu.

SUSIANE.

579. BORNES ET VILLES PRINCIPALES. — La SUSIANE, *Susiana* (Khouzistan), était bornée au N. par la Médie, à l'O. par la Babylonie, au S. par le golfe Persique, et à l'E. par la Perse propre, dont elle était séparée par l'*Arosis* (Ab-Chirin), fleuve qui se jette dans le golfe Persique. Le *Pasitigris*, que remonta la flotte de Néarque, amiral d'Alexandre, est le fleuve le plus remarquable de cette contrée, qui avait pour ville principale :

580. SUSE, *Susa* (Sous), à l'entrée d'une vaste plaine, capitale de la Susiane, et l'une des quatre de la Perse. Les rois de ce pays y passaient les hivers, qui y étaient fort doux, et y conservaient une grande partie de leurs trésors, dont Alexandre s'empara. C'est là qu'arriva l'histoire d'Esther, et que Daniel, dont on y montre le tombeau, eut ses visions prophétiques.

PERSE PROPRE.

581. BORNES ET VILLES PRINCIPALES. — La PERSE propre, *Persis* (Farsistan), appelée dans les livres saints *Paras* et *Elam*, n'était qu'une province du vaste empire du même nom, qui fut détruit par Alexandre. Elle était bornée au N. par la Médie, à l'O. par la Susiane, au S. par le golfe Persique, et à l'E. par la Carmanie. Ses villes principales étaient :

582. PERSÉPOLIS (ruines, près de Chiraz), l'une des capitales de la Perse, avec un magnifique palais brûlé par Alexandre, et dont on trouve des restes nommés *Tchil-Minar*, ou les Quarante Colonnes.

Près de Persépolis, à l'O., était la *Montagne Royale* (Nakchi-Roustan), où l'on voyait les tombeaux des rois de Perse.

PASARGADE ou *Parsagada* (Pasa), qui renfermait le tombeau de Cyrus. C'est là qu'un philosophe indien, nommé *Calanus*, se brûla sur un bûcher en présence d'Alexandre.

CARMANIE.

583. BORNES, RIVIÈRES ET VILLES PRINCIPALES. — La CARMANIE, *Carmania* (Kerman et Laristan), était bornée au N. par de vastes déserts, où Cyrus et Sémiramis perdirent la plus grande partie de leurs troupes, en essayant de les traverser, et où l'armée d'Alexandre eut aussi beaucoup à souffrir : elle avait, à l'O., la Perse propre ; à l'E., la Gédrosie, et au S., la mer Érythrée, dont la côte était habitée par des peuples appelés Ichthyophages, *Ichthyophagi*, parce qu'ils se nourrissaient de poissons. On ne trouve sur cette côte d'autre rivière remarquable que l'*Anamis* (Mina), qui se jette dans la mer Érythrée, et à l'embouchure duquel Néarque fit mettre ses vaisseaux à terre et reposer ses troupes, tandis qu'il se rendait à *Salmus* (Mémaun), auprès d'Alexandre, qui le croyait mort. Les principales villes étaient :

CARMANA (Kerman ou Sirjan), au centre, capitale.

HARMOZIA (Bender-Abassi), ville considérable par son commerce, sur le golfe Persique.

584. ILES. — Le golfe *Carmanique* (détroit d'Ormouz) renfermait plusieurs îles, dont les principales étaient :

OARACTA (Kichmich), où était le tombeau d'Érythras, qui, dit-on, donna son nom à la mer Érythrée; quelques géographes placent ce tombeau dans l'île d'ORGANA ou *Ogyris* (Ormouz), située au N. E. d'Oaracta, et où se retirèrent les habitants d'Harmozie, lors de l'invasion des Mongols, au treizième siècle.

HYRCANIE.

585. POSITION ET DIVISION. — L'HYRCANIE, *Hyrcania* (Mazandéran), s'étendait à l'E. de la Médie, sur les côtes méridionales et orientales de la mer Caspienne, qui prenait sur ces rivages le nom de *mer d'Hyrcanie*. Elle avait au S. de vastes déserts et l'Arie, et à l'E., la Sogdiane et la Bactriane. Elle était très-fertile et comprenait plusieurs contrées, savoir :

586. 1° L'ASTABÈNE, à l'E. de la mer Caspienne, où se trouvait AZAAC (Azhor), première capitale de l'empire des Parthes, fondé par Arsace environ 250 ans avant J.-C., et qui, après avoir longtemps résisté aux Romains, finit sous le règne d'Artaban, vers l'an 227 de J.-C.

2° La PARTHIÈNE, berceau des Parthes, qui se sont ensuite étendus bien au delà des bornes de ce pays.

On y trouvait :

NISÆA ou *Parthaunisa* (Nésa), près de l'Ochus, capitale de la Parthiène, et lieu de la sépulture des rois.

587. 5° La MARGIANE (partie du Khorassan), qui renfermait un canton d'une fertilité prodigieuse, et avait pour ville principale :

ANTIOCHE sur le *Margus*, *Antiochia ad Margum* (Merv-Shahigian), fondée par Alexandre sous le nom d'Alexandrie, et augmentée par Antiochus-Soter, qui en fit une ville considérable et lui donna son nom.

ARIE.

588. Position et Villes principales. — L'Arie, *Aria* (royaume de Hérat), située au S. E. de l'Hyrcanie, était traversée par une chaîne de montagnes nommée *Paropamise*, que les compagnons d'Alexandre appelèrent *Caucase*, et que l'on regarde comme une prolongation du Taurus. Ses villes principales étaient :

Artacoana ou Arie, *Aria* (Fuchendy), capitale, au N. E., sur la petite rivière *Arius* (Héri-roud). — Alexandrie (Hérat), fondée par Alexandre, au S. E. d'Artacoana.

DRANGIANE.

589. Position et Capitale. — La Drangiane, *Drangiana*, ou Annabon (Sigistan), au S. de l'Arie, avait pour capitale :

Prophthasia (Zarang), au N. E. du lac Arien, *Aria* (aujourd'hui lac de Zerrah).

ARACHOSIE.

590. Position et Villes principales. — L'Arachosie, *Arachosia* (Arokhage ou Khandahar), à l'E. de la Drangiane, avait pour villes principales :

Arachotos (Rokhage), au S. O., fondée, dit-on, par Sémiramis, et première capitale du pays.

Alexandrie (Skandarie d'Arokhage), fondée par Alexandre sur les bords de l'*Arachotos* (Lora), affluent de l'*Etymander* (Helmend), rivière qui se jette dans le lac Arien.

GÉDROSIE.

591. La Gédrosie, *Gedrosia* (Béloutchistan), au S. de l'Arachosie, le long de la mer Erythrée, dont la côte était habitée par des Ichthyophages, avait pour villes principales :

Pura (auj. Pourah), vers les frontières de la Carmanie capitale. — Canasida ou *Tisa* (Tiz).

SOGDIANE.

592. Bornes. — La Sogdiane, *Sogdiana* (Grande-Boukharie), à l'E. de la mer Caspienne, et renfermant le lac *Oxien* (lac d'Aral), avait pour villes principales :

593. Maracanda (Samarkand), capitale, sur le *Polytimetus* (Sogd). Ce fut dans cette ville qu'Alexandre tua Clitus. Elle est célèbre pour avoir été, au quatorzième siècle, le siége de l'empire du fameux Tamerlan, qui en fit une des plus belles villes de l'Orient.

Cyropolis ou *Cyreschata* (Khodjend), fondée par Cyrus sur la rive gauche de l'Iaxarte, et la ville la plus reculée de son empire. Elle fut prise et détruite par Alexandre, qui bâtit encore plus à l'E. Alexandreschata ou *Alexandria ultima.* Sur la rive opposée de l'Iaxarte, on montrait les autels de Bacchus, d'Hercule, de Sémiramis, de Cyrus et d'Alexandre, qui indiquaient que ces conquérants n'avaient pas été plus loin de ce côté. — Nautaca (Karchey), où fut arrêté Bessus, meurtrier de Darius. Plus au N. O. se trouvait la roche Chorième, *Petra Chorienis* ou *Sisimethræ*, forteresse où Alexandre prit Roxane, qu'il épousa dans la suite. Il ne faut pas confondre cette place avec une autre nommée *Petra Oxi* ou *Sogdiana*, au voisinage de l'Oxus, dont Alexandre s'empara avec 300 soldats, quoiqu'elle fût très-forte de sa nature, et défendue par Arimaze, à la tête de trente mille hommes.

BACTRIANE.

594. Bornes. — La Bactriane proprement dite, *Bactriana* (Tokaristan), au S. de la Sogdiane, avait pour villes principales :

595. Bactra ou *Zariaspa* (Balkk), capitale de la Bactriane, dont Ninus, roi d'Assyrie, s'empara, grâce au courage de Sémiramis, qu'il épousa dans la suite.

Alexandria, ou *Antiochia*, où furent gardés les prisonniers romains que les Parthes firent à la défaite de Crassus.

SARMATIE ASIATIQUE.

596. Bornes et Fleuves. — La Sarmatie Asiatique, *Sarmatia Asiatica*, s'étendait au N. du Pont-Euxin et du Caucase, depuis le Tanaïs (Don) et le Palus-Méotide, à l'O., jusqu'à la mer Caspienne et la Scythie, à l'E.; les Anciens ignoraient ses bornes au N. Ce pays correspondait en grande partie à la Circassie, et à la province du Caucase, qui appartient à la Russie; il était arrosé par le *Tanaïs* (Don), le *Rha* (Volga) et l'*Hypanis* ou *Vardanus* (Boug).

597. Peuples. — Les peuples les plus connus de la Sarmatie Asiatique sont les *Alains*, fameux par les ravages que, joints aux *Huns*, ils firent en Europe, lors de la décadence de l'Empire Romain. Ces peuples, ainsi que tous les autres de la Sarmatie, menaient une vie errante, comme les Scythes, dont on croit qu'ils descendaient.

A l'E. du Bosphore Cimmérien, on remarquait, comme nous l'avons dit (29), le petit royaume grec du *Bosphore*.

SCYTHIE.

598. Position, Division et Fleuve principal. — La Scythie, *Scythia*, nom sous lequel les Anciens comprenaient tous les pays situés au N. de l'Asie, était divisée par eux en Scythie en deçà du mont Imaüs, *Scythia intra Imaüm*, et Scythie au delà de l'Imaüs, *Scythia extra Imaüm*. Le seul fleuve que les Anciens citent dans ce pays est l'*Iaxarte* (Sihoun), que les Scythes appelaient *Silis*, et que les soldats d'Alexandre prirent pour le *Tanaïs*.

599. Peuples principaux. — 1° Dans la Scythie en deçà de l'Imaüs (Tartarie indépendante):

Les Massagètes, *Massagetæ*, qui habitaient les plaines à l'E. de la mer Caspienne. Cette nation fut souvent en guerre avec Cyrus, qui tenta vainement de la soumettre. On dit que ces peuples tuaient les vieillards lorsqu'ils commençaient à avancer en âge, et qu'ils en dévoraient la chair.

SCYTHIE.

Les Saces, *Sacæ*, au S. O. des Massagètes. Il paraît que ce fut ce peuple qui eut pour reine Tomyris, qui, selon le récit de Justin, aurait vaincu et tué Cyrus.

Les Issédons, *Issedones*, auxquels Hérodote attribue aussi l'horrible coutume reprochée aux Massagètes.

400. Les Argippéens, *Argippæi*, hordes sacrées, voisines des Issédons et des Massagètes; ils habitaient le pied de montagnes très-hautes, se livraient aux pratiques religieuses et étaient les arbitres de leurs voisins.

Tous ces peuples, depuis le Pont-Euxin, paraissent avoir été assez bien connus des Grecs, qui fréquentaient cette mer, et qui commerçaient avec eux.

401. 2° Dans la Scythie au delà de l'Imaüs (Grand-Tibet et Kalmoukie), qui n'était connue que d'une manière fort imparfaite, se trouvaient :

Le Pays des Casiens, *Casia regio*, dont le nom est resté à Kachgar, et l'Auzakitis, qui paraît être le pays situé au pied des monts Ac-Sou, au N. E. de Kashgar.

La Sérique, *Serica*, où les marchands grecs se rendaient, et d'où ils rapportaient la matière nommée *Serica*, si précieuse dans ce temps, qu'elle se vendait au poids de l'or dans l'Empire Romain, paraît avoir aussi fait partie de la Scythie au delà de l'Imaüs; cependant quelques géographes la placent dans le Petit-Tibet, la confondant ainsi avec le pays des Issédons, qui avait pour capitale Issédon (probablement Iskerdon) : mais l'opinion la plus probable est que Sera, capitale de ce pays, est aujourd'hui Séri-Nagar, ou Cachemire.

INDE.

402. Bornes. — L'Inde, *India*, qui tirait son nom du fleuve nommé *Indus* ou *Sindus*, qui en traverse une partie, était fort peu connue des Anciens avant l'expédition d'Alexandre, quoiqu'ils prétendissent que Bacchus et Hercule en avaient fait la conquête. Elle ne le fut même que fort imparfaitement encore longtemps après cette époque. On lui donnait pour bornes, au N., les monts *Emodes* (Himalaya); à l'O., quelques peuplades scythes, l'Arachosie et la Gédrosie; au S., l'Océan Indien; à l'E., la région des Sines. Ses rivières principales étaient l'*Indus* (Sind) et le Gange, *Ganges*. La première reçoit : l'*Hydaspes*, sur les bords duquel Alexandre vainquit le roi Porus, qui essaya vainement de lui en disputer le passage, et où il fit construire, avec les sapins qui couvraient les montagnes voisines, la flotte sur laquelle il s'embarqua pour descendre l'Indus jusqu'à l'Océan; et l'*Hyphasis*, qui fut le terme des conquêtes du même prince, qui s'arrêta sur la rive gauche, où il fit élever des autels et établir un camp, dans lequel les lits des soldats étaient d'une grandeur extraordinaire, pour donner une idée gigantesque de son expédition.

Division. — Les deux grands fleuves de l'Inde servaient aux Anciens à diviser cette vaste région en trois parties, savoir : l'Inde en deçà de l'Indus, *India cis Indum*; l'Inde en deçà du Gange, *India intrà Gangem*; et l'Inde au delà du Gange, *India extrà Gangem*. Nous allons nommer les peuples et les villes les plus connus des trois parties.

403. I. Inde en deçà de l'Indus. — L'Inde en deçà de l'Indus (partie du Caboul et du Béloutchistan) était habitée par un assez grand nombre de peuples compris sous la dénomination d'*Indiens Citérieurs*, et parmi lesquels nous citerons seulement :

404. Les Assacènes, *Assaceni*, peuple puissant, au N. E., qui avait pour capitale Massaga (Achnagar), prise par Alexandre, qui en massacra les habitants et y plaça ensuite une colonie. — On doit citer aussi dans le même pays une forteresse nommée AORNOS (près de Khanepour), qu'on disait n'avoir pu être prise par Hercule, et qui le fut par Alexandre, après une vive résistance.

405. On trouvait encore dans cette partie de l'Inde les villes suivantes : — NYSA ou *Dionysopolis* (Noughz ou Deva-Naoucha-Nagar, ville du divin Bacchus), sur le Cophen (Cow). On y adorait le dieu dont elle porte le nom. — XYLÉNOPOLIS, ou la ville de bois (Lahovi), construite par Alexandre sur une des branches les plus occidentales de l'Indus, pour protéger sa flotte. — Le Port d'ALEXANDRE, *Alexandri portus*, dans lequel la flotte de Néarque resta vingt-quatre jours. — PATTALA (Braminabad, près de Tatta), à l'angle que forme l'Indus en se partageant en deux branches principales; capitale de l'île *Pattalène*, formée par les deux bras du fleuve et l'Océan. C'est de là que partit Néarque pour se rendre par la mer et l'Euphrate à Babylone.

406. II. INDE EN DEÇA DU GANGE. — L'Inde entre l'Indus et le Gange (partie E. du Caboul et Hindoustan) renfermait les villes suivantes :

407. TAXILA (Manikiala), où Alexandre passa l'Indus.

BUCEPHALA, fondée par ce prince en l'honneur de son cheval.

LAHORA (Lahore), capitale du royaume de Porus.

SERINDA (Sir-Hind), d'où les vers à soie furent apportés par deux religieux à l'empereur Justinien.

408. NICÆA (vis-à-vis de l'île de Jamad), bâtie sur l'Hydaspes par Alexandre, après sa victoire sur Porus.

BARIGAZA (Barotch), la ville la plus commerçante de cette contrée. Elle donnait son nom au golfe sur lequel elle était située (golfe de Cambaye).

PALIBOTHRA (Patelpouter), sur la rive droite du Gange, capitale d'un puissant empire fondé par Sandrochotus, l'un des compagnons d'Alexandre. — On trouvait aussi, dans cette partie de l'Inde, le *Pays des Oxydraques*, où Alexandre faillit perdre la vie, et au S. (sur la côte de Malabar) le pays de Pandion, *Pandionis regio*, qui tirait son nom d'un prince qui avait régné sur cette contrée terminée au S. par le promontoire *Comaria* (cap Comorin). Au N. de ce pays s'étendait celui qui était connu autrefois sous le nom de *Dachinabades* ou *Dechanabades* (Décan).

409. ILE. — Au S. de l'Inde, on place l'île de Taprobane, *Taprobana insula* (probablement Ceylan), qui paraît avoir été découverte par les Grecs peu de temps après l'expédition d'Alexandre dans l'Inde, et qui fut connue des Romains, sous l'empire de Claude, par la description que donnèrent à Rome des ambassadeurs envoyés par un des souverains de ce pays; description évidemment exagérée, et qui avait fait croire aux Anciens que cette île était beaucoup plus étendue qu'elle ne l'est réellement.

410. III. INDE AU DELA DU GANGE. — L'Inde au delà du Gange (une partie du Tibet et presqu'île au delà du Gange), était encore moins connue des Anciens que la précédente. La seule contrée qui paraisse mériter quelque attention est celle qu'ils nommaient :

LA CHERSONÈSE D'OR, *Aurea Chersonesus* (presqu'île de Malakka), située entre le golfe du Gange, à l'O., et le Grand golfe (golfe de Siam), à l'E. La plupart des interprètes de l'Écriture veulent que ce soit l'Ophir de Salomon; mais cette opinion paraît peu vraisemblable. On trouvait dans ce pays *Thinæ* (Ténassérim), avec un port nommé *Catigara* (Merghi).

PAYS DES SINES.

411. Le pays des Sines (royaumes de Siam et d'Annam) n'était connu des Anciens que de nom; ils y comprenaient tous les pays à l'E. du Grand golfe (golfe de Siam). Les peuples de cette contrée prirent leur nom des *Tsins* ou Chinois, qui occupaient d'abord la Sérique, mais qui, vers l'an 250 avant J.-C., envahirent le pays dont nous parlons. Il paraît que c'était de ces dernières contrées que les Anciens tiraient l'étoffe qu'ils appelaient *Sericum*, qui était une étoffe de soie, tandis que celle qu'ils tiraient de la Sérique, sous le nom de *Serica materies*, était peut-être l'étoffe nommée aujourd'hui *cachemire*.

AFRIQUE ou LIBYE.

442. Bornes et Divisions. — Les Anciens n'étendaient pas le nom d'Afrique à tous les pays qu'ils connaissaient dans cette partie du monde; celui de LIBYE paraît avoir été le nom générique, tandis que celui d'*Afrique* appartenait plus spécialement au pays de Carthage. Ses bornes étaient : le détroit de Gadès et la mer Intérieure au N., l'Océan Atlantique à l'O., le golfe Arabique et l'Océan Érythrée à l'E. Les Anciens ignoraient les bornes de l'Afrique au S., leurs connaissances ne s'étant pas étendues au delà du cap qu'ils nommaient la Corne du Midi, *Noti Cornu* ou *Notou Keras* (cap de Sierra Leone, ou même cap Roxo), sur la côte occidentale, et du cap *Prasum* (cap Delgado, ou peut-être même cap de Brava), sur la côte orientale. L'Afrique se divisait en six grands pays, savoir : l'*Égypte*, l'*Éthiopie*, la *Libye*, l'*Afrique propre*, la *Numidie* et la *Mauritanie*.

ÉGYPTE *.

413. Bornes et Divisions. — L'Égypte, *Ægyptus*, appelée dans les livres saints *Misraïm*, a conservé ces deux noms, puisque les Européens l'appellent encore aujourd'hui Égypte, et les Turcs *Missir*. Ce pays, qui a été peuplé de bonne heure, et que l'on regarde comme le berceau des sciences et des arts, forme une vallée de 200 lieues de long, fertilisée par les inondations du Nil. Elle était bornée au N. par la mer Intérieure; à l'O. par les déserts sablonneux qui la séparaient de la Libye; au S. par l'Éthiopie, avec laquelle elle ne communiquait que difficilement par des passages fort resserrés entre les rochers; et à l'E. par de hautes montagnes qui la séparent de la mer Rouge. Elle se divisait en trois parties : la *Basse-Égypte* ou *Delta*, au N.; l'*Égypte du milieu* ou *Heptanomide*, au centre; et la *Haute-Égypte* ou *Thébaïde*, au S. Chacune de ces trois divisions comprenait un certain nombre de gouvernements appelés *Nomes*.

414. Basse-Égypte. — La Basse-Égypte occupait toute la partie septentrionale de l'Égypte, depuis l'endroit où le Nil commence à se diviser en plusieurs branches, et comprenait le *Delta*, île de forme triangulaire, renfermée entre les deux bras principaux du Nil, et qui donnait quelquefois son nom à la Basse-Égypte, parce qu'elle en formait la partie principale. Ses villes remarquables étaient :

415. Alexandrie, *Alexandria*, bâtie par Alexandre; elle devint sous les Ptolémées, rois d'Égypte, une des villes les plus puissantes et les plus commerçantes du monde. Sa splendeur dura jusqu'à la découverte du cap de Bonne-Espérance, qui lui enleva le commerce de l'Inde. Un canal la faisait communiquer avec le Nil, et une chaussée, sur laquelle la ville actuelle est construite en grande partie, la joignait à l'île de *Pharos*, sur laquelle Ptolémée-Philadelphe fit con-

---

* Consulter, dans mon *Atlas à l'usage des colléges*, les cartes de l'Égypte et de l'Empire Romain.

struire une tour surmontée d'un fanal, pour éclairer les vaisseaux pendant la nuit : de là est venu le nom de *Phare* donné à cet édifice et à tous ceux de ce genre.

Canope, *Canopus* (Rosette), sous le nom de laquelle on désigne quelquefois l'Égypte, à l'une des principales embouchures du Nil. — Tamiathis (Damiette), sur la seconde embouchure principale. — Tanis (Menzaléh), au S. de Tamiathis, capitale d'un royaume particulier. C'est là que la famille de Jacob fut établie par le roi d'Égypte, et que naquit Moïse. — Péluse, *Pelusium* (Tinéh, en ruines), à l'E. de Tanis, sur l'une des branches du Nil; c'était une des clefs de l'Égypte, et la patrie de Ptolémée, astronome et géographe. — Bubastus (Basta), appelée *Pibezet* dans l'Écriture. De là partait un canal qui allait arroser les terres de l'isthme de Suez. — C'était aussi dans cette partie de l'Égypte que se trouvait le mont *Casius* (El-Kas), auprès duquel Pompée fut assassiné, et le lac *Maréotis* (Birk-Mariout), dont les environs produisaient d'excellents vins.

416. II. Moyenne Égypte. — L'Égypte du milieu, appelée aussi Heptanomide (Ouestaniéh), à cause des sept *Nomes* ou gouvernements qu'elle renfermait, était au S. de l'Égypte Inférieure et comprenait tout le centre de l'Égypte. C'est là que l'on voyait le lac *Mœris* (Fayoum), bassin agrandi par la main des hommes, et dans lequel se déchargeaient les eaux du Nil quand l'inondation était trop considérable; le *Labyrinthe* (Athénas), construit par douze rois, et formé de douze palais immenses qui communiquaient entre eux; et les fameuses *Pyramides*, monuments gigantesques élevés par les anciens rois d'Égypte pour leur servir de tombeaux. Les villes les plus remarquables étaient :

417. Memphis (Menf, village situé près de ses ruines), la seconde ville de l'Égypte, et capitale de l'Heptanomide, un peu au S. du Delta.

Hermopolis *la grande* ou la grande ville de Mercure (Achmouneyn), sur la rive gauche du Nil : on y trouve de beaux restes d'antiquités. — Antinoé, auparavant *Besa*, presque en face de la précédente, offre des ruines magnifiques (près d'Ensené). L'empereur Adrien la fit agrandir en l'honneur d'Antinoüs, son favori, qui y mourut.

418. Oasis. — On regarde ordinairement comme faisant partie de l'Heptanomide les deux oasis connues sous les noms de *Grande-Oasis* (El-Kardjéh) et *Petite-Oasis* (El-Bahariéh), situées fort à l'O. du Nil. Ces oasis sont comme des îles de terrain fertile au milieu des déserts de sable. Les Grecs les appelaient les îles des Bienheureux ; mais les Romains en faisaient un lieu d'exil.

419. III. Haute-Égypte. — L'Égypte Supérieure (Saïd), nommée aussi Thébaïde, de Thèbes, sa capitale, était située au S. de la précédente, et s'étendait au S. jusqu'à l'Éthiopie.

420. Villes. — Les principales étaient :

Thèbes, *Thebæ* ou *Diospolis magna*, la grande ville de Jupiter, appelée par Homère la Thèbes aux cent portes. Cette ville immense occupait les deux rives du Nil. Fondée par Osiris, elle avait été la première capitale de l'Égypte ; mais elle fut détruite sous Auguste, et réduite à n'être habitée que par villages : on trouve encore, au milieu de ses ruines magnifiques, ceux de Louksor et de Karnak. Tout auprès sont les tombeaux des anciens rois de Thèbes, taillés dans le roc.

Chemmis ou *Panopolis* (Ekmin), grande ville sur les bords du Nil, patrie de Danaüs, qui conduisit une colonie à Argos, dans la Grèce. — Ptolemaïs Hermii (Menshré), grande ville grecque, fondée par les Ptolémées, avec un temple de Mercure, sur la rive gauche du Nil. — Tentyra (Denderah), qui renfermait des temples magnifiques. — Coptos (Keft), à la droite du Nil, d'où partaient des routes qui conduisaient à *Myos-Ormos* et à *Bérénice*, deux ports de la mer Rouge, où les marchands s'embarquaient pour les Indes. — Syène (Assouan), la ville la plus méridionale de l'Égypte, presque sous le tropique du Cancer ; il s'y trouvait un puits qui servait jadis à connaître le moment du solstice d'été. Juvénal y fut relégué par Néron. — A l'E. du Nil se trouvaient les montagnes nommées *Basanites* (Baran), d'où l'on tire une pierre noire ou basalte propre à faire des vases et des ustensiles de ménage ; et le mont *Smaragdus* (Raz-al-Enf, ou le cap Nose), près de la mer Rouge. — C'est dans les grottes creusées dans les flancs de ces montagnes, et dans les déserts qui les avoisinaient, qu'habitèrent ces fameux solitaires qui ont rendu la Thébaïde si célèbre dans les premiers siècles de l'Église.

421. Iles. — Nous en citerons deux, qui se trouvaient dans le Nil, savoir : Éléphantine (Géziret-Assouan), qui renferme beaucoup d'anciens monuments ; Philé (Géziret-el-Birde, ou île du temple), où était placé le dernier poste des Romains sur cette frontière.

ÉTHIOPIE.

422. Pays qu'elle comprenait. — Les Anciens comprenaient sous le nom d'Éthiopie, *Æthiopia*, toutes les contrées de l'intérieur de l'Afrique, dont les habitants étaient noirs, depuis le golfe Arabique et l'Océan Érythrée, à l'E., jusqu'à l'Océan Éthiopien, à l'O. Ils divisaient ces vastes contrées en *Éthiopie Intérieure* (Nigritie et Cafrerie), qui leur était entièrement inconnue, et en *Éthiopie au-dessus de l'Égypte*, sur laquelle ils n'avaient que des notions très-imparfaites. Nous ne parlerons que de cette dernière, à laquelle nous joindrons le pays appelé par les Anciens *Azania* et *Barbaria*.

ÉTHIOPIE AU-DESSUS DE L'ÉGYPTE.

423. Bornes et Habitants. — L'ÉTHIOPIE AU-DESSUS DE L'ÉGYPTE, *Æthiopia suprà Ægyptum*, ou *pays de Chus* (Nubie et Abyssinie), était bornée au N. par l'Égypte; à l'O., par la Libye Intérieure et l'Éthiopie Intérieure; au S., par cette même Éthiopie Intérieure et par l'Azanie; et à l'E., par le golfe Arabique. Les Éthiopiens passaient pour les plus justes des hommes : aussi croyait-on que les dieux leur accordaient une longue vie. Ils formaient plusieurs peuples différents, dont les plus connus étaient :

424. Les Nobates, *Nobatæ*, qui occupaient d'abord le pays situé entre la Grande-Oasis et le Nil (Al-Kennim, dans la Nubie), et auxquels les Romains, sous Dioclétien, cédèrent sept journées de pays, qu'ils possédaient au S. d'Éléphantine, à condition qu'ils défendraient l'Égypte contre une autre nation nommée :

Les Blemmyes, *Blemmyes* que les Romains menèrent plusieurs fois dans leurs triomphes à Rome, et qui étaient tellement difformes, qu'ils faisaient horreur à voir. On trouvait dans les pays habités par ces peuples les villes suivantes :

425. Pselcis (Ibrim), ville moitié égyptienne et moitié

éthiopienne, sur la rive gauche du Nil, la première de l'Éthiopie occupée par les Romains.

Le Trésor de Cambyse, *Cambysis Ærarium*, sur la rive gauche du Nil, au lieu où s'établirent les restes de l'armée de Cambyse, avec le trésor de ce prince, après sa malheureuse expédition contre les Éthiopiens.

Napata, sur la rive droite du Nil, capitale des États de la Candace, ou reine d'Éthiopie, qui envoya des ambassadeurs à Auguste pour obtenir la paix, après l'expédition de Pétronius, dont les troupes pillèrent cette ville.

L'Ile ou, pour mieux dire, la presqu'île de Méroé, formée par l'*Astapus* et l'*Astaboras*, les deux principaux affluents du Nil, renfermait un des plus puissants royaumes de l'Éthiopie, qui pouvait mettre sur pied jusqu'à 250 mille hommes. Il avait pour capitale: Méroé, sur le Nil, fondée, à ce que l'on croyait, par Cambyse, roi de Perse.

Les Mégabares, *Megabari*, grande nation à l'O. du Nil et de l'île de Méroé: elle avait quelques villes; mais la plus grande partie était nomade, et se nourrissait de la chair des éléphants.

Les Memnons, *Memnones*, autre grand peuple, qui habitait au N. de l'île de Méroé, entre le Nil et l'Astapus (partie du Sennaar). On y recueillait le cinnamome, espèce de cannelle, et la myrrhe; c'est sans doute ce pays que les Anciens désignaient sous le nom de Pays du Cinnamome, *Cinnamomifera regio*.

426. On trouvait encore au S. de l'Éthiopie les villes suivantes:

Auxume (Axoum, en ruines), capitale du royaume des Auxumites; elle offre de beaux restes d'antiquités. Ce fut la première ville de l'Abyssinie qui reçut la religion chrétienne.

Semen, au S. d'Auxume, capitale d'une province qui a conservé son nom.

C'est au S. de ces pays, vers les sources du Nil, que les récits fabuleux de l'antiquité plaçaient les *Pygmées*.

427. Rapprochons-nous maintenant des côtes; nous trouverons d'abord sur celles de la mer Rouge:

ÉTHIOPIE.

Les Troglodytes, *Troglodytæ* (côte d'Habesch), peuples qui tiraient leur nom de leurs habitations, qui étaient des cavernes, et dont une partie portait aussi le nom d'*Ichthyophages*. On trouvait près de cette côte une île nommée *Ophiodes*, l'île aux Serpents, ou *Topazos*, à cause des pierres précieuses appelées topazes, qui s'y trouvaient en abondance. Sur la côte étaient les villes suivantes :

Bérénice, surnommée *Pan-Chrysos*, c'est-à-dire toute d'or, parce qu'elle était située au pied d'une montagne où se trouvaient des mines de ce métal.

Adulis, sur un golfe auquel elle donnait son nom, port qui était comme l'entrepôt de toutes les marchandises de l'intérieur de l'Éthiopie, qui passaient de là en Arabie et en Asie.

Bérénice, surnommée *Epi-Dirès*, d'un promontoire appelé *Dirè*, situé près du détroit du même nom, qui faisait communiquer le golfe Arabique avec le golfe *Avalites*, formé par l'Océan Érythrée.

428. Les bords du golfe *Avalites* (côtes septentrionales du royaume d'Adel) étaient habités par les Avalites, *Avalitæ*, dont les principales villes étaient :

Avalites (Zeïlah), ville très-commerçante.

Mosylon, port d'où s'exportait le cinnamome, et le terme des conquêtes de Sésostris de ce côté.

Vis-à-vis du promontoire *Aromata* (cap Guardafui), situé à l'extrémité méridionale de cette côte, est placée une île nommée par les Anciens *Dioscorides* (Socotora).

Au delà s'étendait, le long de la côte de l'Océan Érythrée, la contrée désignée par les géographes anciens sous le nom de Barbarie, *Barbaria*, et dont l'intérieur portait celui d'Azanie, *Azania*, d'où est venu le nom actuel (côte d'Ajan). On y trouvait :

Rapta (Bandel-Velho), à peu de distance de la mer, sur une rivière nommée *Raptus* (Doara). Cette ville faisait un grand commerce de dents d'éléphant.

Le pays qui s'étendait au S. était habité par des anthropophages.

429. Le cap *Prasum* (cap de Brava, suivant quelques géographes, et cap Delgado, suivant d'autres) paraît avoir été la limite des connaissances des Grecs et des Romains en Afrique; cependant quelques géographes placent beaucoup au S., dans le royaume de Sofala, sur la côte de Mozambique, le pays d'*Ophir*, d'où les flottes de Salomon rapportaient l'or et les parfums précieux. La richesse des produits de cette côte donne assez de poids à cette opinion.

LIBYE.

450. Bornes. — La contrée qui portait particulièrement le nom de Libye, *Libya*, était bornée au N. par la mer Intérieure, qui prenait sur ces côtes le nom de mer d'Afrique ou de Libye; elle avait à l'E. l'Égypte et l'Éthiopie, dont la partie intérieure la bornait aussi au S.; à l'O., elle touchait la Tripolitane, l'une des provinces désignées sous le nom d'Afrique propre. On la divisait en deux parties: *Libye Maritime* et *Libye Intérieure*.

I. Libye Maritime.

451. La Libye Maritime, *Libya Maritima* (pays de Derne ou de Barcah), occupait tout le nord de la Libye, le long des côtes, et s'étendait peu dans l'intérieur. Elle se divisait en deux provinces: la *Marmarique*, à l'E., et la *Cyrénaïque*, à l'O.

452. I. Marmarique. — La Marmarique, *Marmarica*, était habitée par plusieurs peuples, la plupart nomades, dont les principaux étaient:

Les Adyrmachides, *Adyrmachidœ*, sur les bords de la Méditerranée, avec une ville nommée Parætonium (Al-Barétoun), la seule remarquable que l'on trouvât sur la côte de la Marmarique.

453. Les Ammoniens, *Ammonii*, qui occupaient les oasis situées au milieu du désert, et dont la principale était celle que l'on nommait Ammon (Syouah), où l'on trouvait le fameux temple de Jupiter, qui, avec les bâtiments qui l'entouraient, formait une espèce de ville. Alexandre le Grand faillit périr dans les sables avec son armée en allant la visiter.

454. II. Cyrénaïque. — La Cyrénaïque, *Cyrenaïca*, appelée aussi *Pentapole*, parce qu'elle renfermait cinq villes principales, s'étendait le long de la mer jusqu'à la *Grande Syrte*. Les cinq villes étaient:

455. Cyrène (Kuren), grande ville grecque, qui donna

son nom à la province; fondée par des habitants de l'île de Théra dans l'Archipel, 651 ans avant J.-C., et patrie du philosophe Aristippe et du poëte Callimaque. Elle fut la capitale d'un État qui resta assez longtemps indépendant, et résista toujours aux Carthaginois, qui eurent avec les Cyrénéens, au sujet de leurs frontières, une discussion terminée par le dévouement des frères Philènes, qui consentirent à être enterrés vifs au lieu qui prit le nom d'Autels des Philènes, *Philenorum aræ*, à cause des autels qu'on leur éleva; ces autels marquaient la limite des deux territoires.

DARNIS (Derne), à l'E. de Cyrène. — APOLLONIA (Marsa-Souza), au N. E. de Cyrène, dont elle était le port. — PTOLÉMAÏS (Tolométa), au S. O. de Cyrène, ville riche et commerçante, avec un port. — BÉRÉNICE, auparavant HESPERIS (Bernic), au bord de la Grande Syrte. Quelques Anciens plaçaient près de cette ville le *Jardin des Hespérides*, qui n'a jamais existé que dans l'imagination des poëtes.

456. Vers la Grande Syrte habitaient:

Les NASAMONS, *Nasamones*, qui vivaient de sauterelles. Ils furent anéantis par les Romains, sous le règne de Domitien.

Les PSYLLES, *Psylli*, qui étaient une autre nation, voisine des Nasamons. Ils prétendaient posséder le secret de charmer les serpents, ou plutôt de guérir, en les suçant, les blessures faites par ces reptiles.

II. LIBYE INTÉRIEURE.

457. La LIBYE INTÉRIEURE, *Libya Interior* (Grand désert du Sahara), s'étendait au S. et au S. O. de la Cyrénaïque, depuis l'Égypte, à l'E., jusqu'à l'Océan Atlantique, à l'O. Cette partie de l'Afrique était fort mal connue des Anciens et ne nous l'est à nous-mêmes que très-imparfaitement. Ses principaux peuples étaient:

458. Les GARAMANTES, *Garamantes*, à l'O. de l'Égypte et de l'Éthiopie au S. de l'Égypte, séparés de la Libye Maritime par de vastes déserts de sable.

Les GÉTULES, *Gætuli*, au S. de la Numidie et de la Mauritanie, et à l'O. des Garamantes; ils s'étendaient, au S., jusqu'au *Niger* ou *Nigris* (Niger). Cette grande nation comprenait plusieurs peuples particuliers, tels que les *Autololes*, vers le rivage de l'Océan Atlantique; les *Gétules Daræ*, plus à l'E.; les Pérorses, *Perorsi*, et les Pharusiens, *Pharusii*, plus au S.; enfin, les Gétules noirs, *Melano-Gætuli*, et les Nègres ou Nigrites, *Nigritæ*, au S. du grand désert, sur les bords du Niger.

439. Une partie de la côte de l'Océan Atlantique fut découverte par Hannon, amiral carthaginois, que ses compatriotes chargèrent d'aller reconnaître ces contrées et d'y établir des colonies. On ignore l'époque de cette expédition, qui paraît s'être terminée, suivant quelques géographes, vers le cap des Trois-Pointes, et, suivant d'autres, vers l'embouchure de la rivière de Noun, à 270 lieues environ des colonnes d'Hercule.

440. On trouvait sur les côtes de l'Océan Atlantique plusieurs îles, dont les plus connues étaient:

Cerné (île Fédal ou île d'Arguin), avec laquelle les Carthaginois faisaient un grand commerce d'échange.

Les Hespérides, dont le nom signifie *Iles du Couchant* (Lancerote et Fortaventure, celles des Canaries qui se rapprochent le plus de l'Afrique).

Les îles Fortunées, *Fortunatæ insulæ* (les autres Canaries), qui devaient leur nom à la douceur de l'air qu'on y respire et à leur fertilité, avantages bien exagérés par les poëtes, qui y ont placé les Champs-Élysées

AFRIQUE PROPRE.

441. Bornes et divisions.—L'Afrique propre, *Africa* (régence de Tunis et de Tripoli), appelée aussi Afrique *Carthaginoise*, parce qu'elle renfermait le siége de cette fameuse république, était bornée au N. par la mer d'Afrique ou de Libye; à l'O., par la Numidie; au S., par la Gétulie, partie de la Libye Intérieure; et à l'E., par la Grande Syrte et la Cyrénaïque. Elle se divisait en trois provinces : la *Tripolitane*, la *Byzacène* et la *Zeugitane*.

442. I. Tripolitane. — La Tripolitane, *Tripolitana* (régence de Tripoli), était appelée aussi *Syrtique* à cause de sa position entre les deux *Syrtes*. Elle tirait son premier nom de ses trois villes principales, savoir :

443. Leptis la Grande (Lébida, en ruines).

OEa (Tripoli), au N. O. de Leptis.

Sabrata (Sabart ou Vieux-Tripoli), colonie romaine, à l'O. d'OEa.

444. Vers la Petite Syrte se trouvait l'île de *Meninx* ou des *Lotophages*, c'est-à-dire mangeurs de lotos, avec une capitale du même nom. Le lotos est un arbre qui produit un fruit délicieux, bon à manger et à faire une boisson enivrante; on croit que c'est le *jujubier de Séédra*. Le nom de Lotophages était donné aussi à plusieurs peuplades de la Tripolitane, qui habitaient aux environs de la Petite Syrte.

445. II. Byzacène. — La Byzacène, *Byzacena* (partie de la régence de Tunis), au N. O. de la Tripolitane, avait au N. la Zeugitane. Ses villes les plus remarquables étaient :

446. Byzacium ou *Byzacena* (Beghni), qui donnait son nom au pays voisin de la Petite Syrte, dans laquelle les vaisseaux d'Énée, selon le récit de Virgile, furent jetés par une tempête.

Hadrumetum, ruinée, au N. E. de Byzacium, colonie phénicienne. Ce fut près de cette ville que César débarqua à son arrivée en Afrique.

447. Thenæ (Taïnéh), la première place dont César se rendit maître en Afrique. — Tysdrus (El-Jem), au N. de *Thenæ*, à quelque distance de la mer. C'est là que Gordien, proconsul d'Afrique, faisait sa résidence quand il fut proclamé empereur par les Africains conjurés contre Maximin. — Leptis la Petite (Lemta), au N. de Tysdrus, surnommée *la Petite* pour la distinguer de celle de la Tripolitane : c'était néanmoins une ville considérable. — Thala ou *Thelepte*, au S. de la Byzacène, place forte où Jugurtha avait la plus grande partie de ses trésors et ses enfants, lorsqu'elle fut assiégée par Quintus Métellus ; ses habitants se précipitèrent dans les flammes plutôt que de se rendre. — Capsa (Cafsa), au S. E. de Thala, place forte, prise et ruinée par C. Marius.

448. Ile. — On trouvait sur la côte de la Byzacène l'île appelée *Cercina* (Kerkéni), fertile en blé. Elle avait de bons ports et une capitale qui portait le même nom.

449. III. Zeugitane. — La Zeugitane, *Zeugitana* (partie occidentale de la régence de Tunis), s'étendait le long de la mer Intérieure, depuis la Byzacène, au S. E., jusqu'à la Numidie, à l'O. Elle était arrosée par le *Bagradas* (Mégherda), le fleuve le plus considérable de l'Afrique propre, et célèbre par l'énorme serpent que l'armée de Régulus eut à combattre sur ses bords. Ses villes principales étaient :

450. Carthage, *Carthago*, colonie de Tyr, fondée par Didon, selon Virgile, et située sur une presqu'île dans le golfe de Tunis. Devenue riche et puissante par son commerce, elle fut longtemps la rivale de Rome, qui, après trois guerres cruelles, finit par en triompher, et la renversa de fond en comble. Rebâtie depuis par Jules César, elle fut détruite de nouveau par les Arabes à la fin du septième siècle. Sa citadelle se nommait *Byrsa*, et son port *Cothon*. C'est la patrie de Térence, poëte comique.

Zama (Zag), près de laquelle se livra la sanglante bataille dans laquelle Annibal fut entièrement défait par le premier Scipion l'Africain. Elle fut dans la suite la capitale du royaume de Juba.

Utique, *Utica* (Satcor), près de l'embouchure du Bagradas, colonie de Tyr, et la première ville de l'Afrique propre après Carthage. Elle est célèbre par la mort du second Caton, surnommé *Caton d'Utique*.

Tunes (Tunis) était déjà une place importante quand Régulus s'en rendit maître. — Aspis ou Clypea (Aclybia), près de laquelle le consul Marcus Valérius défit sur mer les Carthaginois, et dont les consuls Régulus et Manlius firent une place d'armes pendant la première guerre Punique. — Hippo-Zarythos (Bensert), à l'O. d'Utique ; colonie phénicienne. — Madaurus, détruite, dans l'intérieur ; patrie du philosophe Apulée.

Lac. — Dans l'intérieur du pays se trouvait un lac qui portait le nom de marais *Tritonis*, d'où Minerve était appelée *Tritonia*, parce que cette déesse s'était, disait-on, montrée pour la première fois sur les bords de ce lac.

NUMIDIE.

451. Bornes. — Avant le règne d'Auguste, on comprenait sous le nom de Numidie (régence d'Alger) tous les pays situés sur la côte de la mer Intérieure, depuis le *Rubricatus* ou *Tusca*, qui la séparait de l'Afrique propre, à l'E., jusqu'au *Molochath* ou *Malva*, qui la bornait du côté de la Mauritanie, à l'O. Ces pays avaient au S. la Libye Intérieure. Ils étaient divisés en deux parties par l'*Ampsagas* (Wad-al-kibir), fleuve qui coule du S. E. au N. O. et se rend dans la mer Intérieure. Les pays à la droite du fleuve étaient occupés par les *Numides Massyliens*, et ceux qui sont à sa gauche, par les *Numides Massèsyliens*. Sous les Romains, tout ce qui est à la gauche du fleuve fut réuni à la Mauritanie, et en forma une des parties sous le nom de *Mauritanie Césarienne*. Nous la décrirons en parlant de la Mauritanie, et nous ne nous occuperons ici que de la partie qui conserva le nom de Numidie. On y trouve le mont *Pappua* (mont Edoug), au N., où se retira Gélimer, dernier roi des Vandales, après avoir été vaincu par Bélisaire. Ses villes principales étaient :

452. Hippone, *Hippo-Regius* (Bone), à l'E., sur un golfe qui porte son nom. Elle tire son plus grand lustre de saint Augustin, qui en fut évêque.

Cirta, appelée *Constantina* (Constantine) par Constantin le Grand, qui la restaura. C'était la ville la plus riche et la plus considérable de la Numidie, surtout sous le règne de Massinissa et de ses successeurs, dont elle était la capitale.

Tagaste (Tajelt), au S. d'Hippone; célèbre pour avoir donné naissance à saint Augustin, l'une des lumières de l'Église.

MAURITANIE.

453. Bornes et divisions. — La Mauritanie, dans sa plus grande étendue, c'est-à-dire en y comprenant la partie occidentale de la Numidie, avait pour bornes la mer Intérieure et le détroit de Gadès, au N.; l'Océan Atlantique, au S. O.; et le fleuve Ampsagas, au S. E. Elle était séparée au S. du pays des Gétules par le mont Atlas. Elle se divisait en deux provinces : la *Mauritanie Césarienne*, au S. E., et la *Mauritanie Tingitane*, à l'O.

454. I. Mauritanie Césarienne. — La Mauritanie Césarienne, *Mauretania Cæsariensis* (partie occidentale de la régence d'Alger), dont nous avons déjà parlé, avait pour villes principales :

455. Césarée, *Cæsarea* (Dahmus), sur la mer, capitale de la province et patrie de l'empereur Macrin.

Siga (Ned-Roma), à l'O., à peu de distance de la mer; elle était la capitale de Syphax, avant qu'il eût dépouillé Massinissa de ses États. On y trouve des restes d'antiquités romaines.

Sitifi (Sétif), dans l'intérieur, ville assez considérable, qui devint dans le moyen âge la métropole d'une province appelée Mauritanie Sitifienne, *Mauretania Sitifensis*.

Tubuna (Tubnah), vers le mont Aurasius; aux environs de cette ville étaient les Musulans, *Musulani*, peuple puissant qui se révolta sous l'empire de Tibère, qui eut beaucoup de peine à le réduire.

456. II. Mauritanie Tingitane. — La Mauritanie Tingitane, *Mauretania Tingitana* (empire de Maroc), qui s'étendait jusqu'à l'Océan Atlantique, à l'O., avait pour villes principales :

457. Tingis (Tanger), près du détroit de Gadès. Elle donnait son nom à cette partie de la Mauritanie dont elle était la capitale. On y montrait le corps d'Antée, regardé comme un géant étouffé par Hercule.

Septa ou Abyla, vis-à-vis de Gibraltar, sur une montagne que l'on regardait comme l'une des colonnes d'Hercule. — Lixus (Larache), sur l'Océan Atlantique, fondée par les Phéniciens, et augmentée par une colonie romaine. C'est là que l'on fixe le siége du royaume d'Antée ; quelques auteurs y placent aussi le jardin des Hespérides.

C'est par cette partie de l'Afrique que les Arabes ou Sarrasins passèrent en Espagne, et c'est de là qu'ils ont tiré leur nom de *Maures*. Ils pénétrèrent jusqu'au sein de la France, où ils furent défaits complétement entre Tours et Poitiers, l'an 732, par Charles-Martel, qui arrêta le cours de leurs conquêtes.

FIN.

TABLE ALPHABÉTIQUE

DES NOMS CITÉS DANS LA GÉOGRAPHIE ANCIENNE.

A

	Pages		Pages		Pages
Abantes, p.	96	Æa.	128	Albanus, fl.	128
Abdère.	78	Ægea.	81	Albe la Longue.	64
Abellinum.	66	Ægitna.	38	Albièces, p.	37
ABRETTENA,	105	Ægium.	91	Albiga.	32
Abrincates, p. et v.	28	Ægos Potamos. Ælana.	79 8	Albiœce. ALBION.	37 8
Abus, fl.	8	Ælanites (golfe).	126	Albis, fl.	40
Abydos.	105	Ælia Capitolina.	124	Albium Ingau-	
Abyla, mont.	4-159	Æmona.	60	num.	59
Académie.	89	Ænaria, i.	74	— Intemelium.	58
ACARNANIE.	86	Ænoe.	90	Alemanni, p.	41
Accaron.	125	Ænos.	78	Aleria.	73
ACHAÏE.	91	Æthalia, i.	74	Alesia.	25
Achéloüs, fl.	85	AFRIQUE.	142	Aletum.	29
Achéron, fl.	83	— Carthaginoise.	154	Alexandre (port d').	140
Achérusien (marais).	83	— Propre. Aganippé, font.	154 85	Alexandreschata ou Alexandria	
Achérusienne (péninsule).	83	Agarrasins, p. Agatha.	127 35	Ultima. Alexandria (Ara-	136
Achille (île d').	76	Agathyrses, p.	15	chosie).	135
Acidalie, font.	88	Agaunum.	39	— (Arie).	135
Aciris, fl.	69	Agedincum.	26	— (Bactriane).	136
Aco.	122	Agenus, fl.	27	Alexandrie.	142
Acrocérauniens (monts).	83	Aginnum. Agrigente.	33 72	Allia, fl. Allobroges, p.	63 36
Acro-Corinthe.	91	Agylla.	61	Alpe Grecque.	39
Acropolis.	89	Ailath.	126	— Pennine.	39
Actium, v. et pr.	86	Alabanda.	108	Alpes Bastarni-	
Adama.	122	Alains, p.	137	ques.	15
Addua, r.	57	Alata Castra.	10	— Carniques.	55
Adramyttium.	106	Alatrium.	65	— Cottiennes.	56
Adria (Picenum).	63	Alba Augusta.	36	— Grecques.	38
— (Vénétie).	60	— Pompéia.	59	— Maritimes.	39
Aduatiques, p.	20	Albana.	128	— Pennines.	38
Adulis.	149	ALBANIE.	128	— Rhétiques.	55
Adyrmachides, p.	151	Albanopolis.	82	Alphée, fl.	91

162   TABLE ALPHABÉTIQUE.

	Pages		Pages		Pages
Amalécites, p.	125	Antinoë.	144	Arcadie.	93
Amanus (mont).	104	Antioche (Bac-		Archelaïs.	113
Amasia.	110	triane).	136	Ardea.	64
Amastris.	110	— (Margiane).	134	Ardennes (forêt	
Amathonte.	118	— (Mygdonie).	130	des).	19
Amazones, p.	110	— (Syrie).	119	Ardiscus, r.	77
Ambiani.	22	Antipolis.	38	Arduba.	48
Ambiens, p.	22	Antium.	65	Arécomiques, p.	34
Ambracie.	83	Antros, i.	33	Aréopolis.	125
Ameria.	63	Antunnacum.	19	Aréthon, fl.	83
Amisus.	110	Anxanum.	66	Aréthuse, font.	71
Amiternum.	63	Anxur.	65	Arévaques, p.	50
Ammon.	151	Aornos.	140	Argée (mont).	112
Ammonites (pays		Aoüs, fl.	82	Argentoratum.	19
des).	125	Apamée Cibotos.	111	Arginuses, is.	117
Amorgos, i.	98	— (Syrie).	119	Argolide.	93
Amorium.	112	Apennin (mont).	61	Argos.	93
Amorrhéens, p.	123	Apollonie.	82	Argyppéens, p.	138
Amphipolis.	81	— (Cyrénaïque).	152	Aria, lac et v.	135
Amphissa.	87	— (Macédoine).	83	Arie.	135
Amphryse, fl.	86	— (Mygdonie).	81	Ariminium, fl.	
Ampsagas, fl.	157	Apta Julia.	37	et v.	62
Amyclæ.	95	Apua.	59	Arles.	37
Anagnia.	64	Apuans.	59	Arménie (Gran-	
Anamans, p.	58	Apulie.	68	de).	129
Anamis, fl.	133	Aquæ Helveticæ.	24	— (Petite).	112
Anaphlystos.	90	— Mattiacæ.	41	Armoricaines	
Anas, fl.	49	— Sextiæ.	38	(cités).	28
Anatiliens, p.	37	— Tarbellicæ.	33	Armoricanus	
Anchiale.	116	Aquilée.	60	Tractus.	29
Ancône.	63	Aquinum.	65	Arnus, fl.	61
Ancyre.	112	Aquitaine		Aromata, prom.	149
Andecavi.	29	— Première.	29	Arosis, fl.	132
Andécaviens, p.	29	— Seconde.	32	Arpi.	68
Anderitum.	32	Arabie.	126	Arpinum.	65
Andes, p.	29	— Déserte.	127	Arrétins, p.	61
Andes.	57	— Heureuse.	127	Arrretium.	61
Andomatunum.	25	— Pétrée.	126	Arsia, fl.	59
Andros, i. et v.	98	Arabique (golfe).	3	Artaxata.	129
Anemurium, v.		Arachosie.		Artémise (côte	
et pr.	115	Arachotus, fl.		d').	96
Angles, p.	12	et v.	135	Arunces, p.	65
Anigrus, fl.	92	Aradus, v. et i.	121	Arvernes, p.	31
Anio, fl.	64	Arægenus.	28	Arverni.	31
Antandros.	105	Aram.	119	Arviens, p.	29
Anticyre, i.	86	Arar, r.	23	Arvii.	29
— (Phocide).	86	Ararat (mont).	129	Ascalon.	125
— (Thessa-		Arausio.	36	Ascanius (lac).	109
lie).	87	Araxes, fl.	129	Ascra.	88
Anti-Liban, mt.	120	Arbèle.	131	Asculum.	63

TABLE ALPHABÉTIQUE.

	Pages		Pages		Pages
Aser (tribu d').	123	Atur, fl.	33	Auranite.	125
Asie.	103	Aufidena.	66	Aurelianum.	27
— Mineure.	104	Aufidus, fl.	68	Auréliens, p.	27
Asinarus, fl.	71	Augusta Auscio-		Ausci.	33
Asiongaber.	127	rum.	33	Ausciens, p.	33
Asopus, fl.	91	— Bracara.	52	Auser.	61
Asphaltite (lac).	5-22	— Prætoria.	57	Ausonie.	55
Aspis.	156	— Rauracorum.	23	Autels d'Alexan-	
Assacènes, p.	139	— Suessionum.	23	dre.	136-139
Assyrie.	130	— Taurinorum.	57	— des Philènes.	152
Astabène.	134	— Treverorum.	21	Autissiodorum.	26
Astaboras, fl.	148	— Tricastinorum.	36	Autololes, p.	153
Astacène (g.).	109	— Veromanduo-		Autricum.	27
Astapa.	54	rum.	22	Autura, r.	27
Astapus.	148	— Vindelicorum.	44	Auxume.	148
Astique.	78	Augustobona.	26	Auzakitis.	138
Astures, p.	51	Augustodorum.	28	Avalites, p.	149
Asturica.	51	Augustodunum.	25	— (golfe des).	3-149
Astypalæa, î.	99	Augustoneme-		Avantiques, p.	39
Atacins, p.	35	tum.	31	Avaricum.	31
Atax, fl.	34	Augustoritum.	31	Avenio.	36
Aternum, fl. et v.	66	Aulerques Ceno-		Aventicum.	24
Athènes.	89	mans, p.	29	Averne (lac).	66
Athesis, fl.	44	— Diablintes, p.	29	Axius, fl.	80
Athos (mont).	80	— Eburovices, p.	28	Axona, r.	21
Atlantide, i.	1	Aulis.	88	Azaac.	134
Atrébates, p. et v.	22	Aulon.	82	Azanie.	149
Attique.	89	—Cilicius.	5	Azot ou Azotus.	125

B

	Pages		Pages		Pages
Babylone.	131	Barygaza (golfe		Bérénice Épi-	
Babylonie.	131	de).	140	Dirés.	149
Bacenis, forêt.	42	Bazanites (mont).	145	— Pan-Chry-	
Bactra.	136	Basilia.	23	sos.	149
Bactriane.	136	Bastarnes, p.	15	— (Thébaïde).	145
Bæterræ.	35	Bataves, p.	20	Bergo.	13
Bætis, fl.	49	— (île des).	20	Bergomum.	57
Bagacum.	21	— (ville des).	20	Béryte.	121
Bagradas, fl.	155	Bégerres, p.	34	Besa.	144
Baïes.	67	Belgique.	18	Besses, p.	77
— (Golfe de).	67	— Première.	20	Bétasiens.	20
Bajocasses, p. et		— Seconde.	21	Bethléem.	125
v.	28	Bellovaci.	22	Bétique.	53
Baléares, îs.	52	Bellovaques, p.	22	Bigerrions, p.	34
— (Grande.)	52	Bénévent.	66	Bilbilis.	52
— (Petite).	52	Benjamin (tr. de).	124	Bisaltes, p.	80
Baltia.	13	Béotie.	87	Bistonides.	78
Barbarie.	149	Bérénice (Ara-		Bithynie.	109
Barcino.	52	bie).	127	Bituriges Cu-	
Barygaza.	140	— (Cyrén.).	152	biens, p.	31

	Pages		Pages		Pages
Bituriges Vivisques, p.	32	Borysthènes, fl.	14	BRITANNIQUES (îles).	8
Bituriges.	31	— v.	16	— (Petites).	11
Blemmyes, p.	147	BOSPHORE (royaume du).		Briva Isaræ.	27
Boagrius, fl.	87	— Cimmérien.	17	Brivates, port.	30
Bodincomagus.	59	— de Thrace.	137	Brixia.	57
Bodincus, fl.	59	Bostra.	6	Bructères, p.	11
Bodiontiques, p.	39	Bracara Augusta.	125	Brundisium.	69
Bodotria (golfe).	9			Brutiens, p.	70
BOIARIA.	42	Brattia, i.	51	BRUTIUM.	69
Boïens, p. (Cispadane).	58	Bratuspantium.	48	Bubastus.	144
— (Germanie).	42	Bregetio.	22	Bucephala.	140
— (Lyonnaise).	25	BRETAGNE (Grande).	45	Budins, p.	15
— (Norique).	45			Burdigala.	32
Boiodurum.	44	— (Petite).	8	Burgondes, p.	43
BOIOHEMUM.	42	— Romaine.	28	Buthrotum.	83
Boïum.	87	Brigantes, p. (Bretagne).	8	Bysanthe.	78
Bolerium, pr.	11			BYZACÈNE.	154
Bononia (Gaule).	22	— p. (Hibernie).	9	Byzacena ou Byzacium	154
— (Italie).	58	Brigantia.	10	Byzantium.	78
Borbetomagus.	19	— (lac de).	44	Byrsa.	155
Borusses, p.	15	Brigantio.	44	Byzia.	78
			39		

C

Cabalaca.	128	Callipolis.	79	Capsa.	155
CABALIE.	115	Callirhoë.	130	Caracates, p.	19
Cabillonum.	25	Callistè, i.	99	Caralis.	73
Cadurces, p.	32	Calpé (mont).	4	— (golfe de).	73
Cadurci.	32	Calydon.	87	Carambis, pr.	17-140
Cære.	61	Calypsus, i.	102	Carcaso.	35
Cæsarea, i.	28	Camalodunum.	9	Carcine.	16
Cæsarea ad Argeum.		Camaracum.	22	Carcinites (g.).	16
	113	Camarina.	71	Cardia.	79
— Augusta.	50	Cambyse (Trésor de)	148	Carduques, p.	129
— (Mauritanie).	158	Camiros.	117	— monts des.	129
— (Palest.).	124	CAMPANIE.	66	Carentulus, fl.	32
Cæsarodunum.	29	Cana.	124	CARIE.	108
Cæsaromagus.	22	Canasida.	135	Caris, fl.	31
Caïcus, fl.	5	Cannes.	68	Carmana.	133
Caieta.	65	Canope.	144	CARMANIE.	133
Calabrois, p.	68	Cantabres, p.	49	Carmanique (g.).	134
Calagurris.	51	Cantiens, p.	8	Carmel (mont).	122
CALÉDONIE.	10	Canusium.	68	CARNIE.	60
Calédoniens, p.	10	Capharnaum.	124	Carnutes, p. et v.	27
Calètes, p.	27	Capoue.	66	Carpathes (monts).	15
Callaïques, p.	51	CAPPADOCE.	112		
Calle portus.	51	Caprées, i.	74	Carpathos, i.	117

	Pages		Pages		Pages
Carpentoracte.	36	Centum Cellæ.	62	Ciliciens Manda-	
Carpétans, p.	51	Céos, i.	99	cadeni, p.	105
Carræ.	130	Céphalénie, i.	101	Cimbres, p.	12
Carteia.	54	Céphissus, fl.	89	CIMBRIQUE	
Carthage.	155	Céramique (g.).	110	(CHERSONÈSE).	11
— la Neuve.	51	Céramus.	110	CINNAMOME (pays	
CARTHAGINOISE		Cérasonte.	111	du).	148
(Afrique).	155	Cercina, i.	155	Circeii, pr.	65
Caryæ.	23	Cerné, i.	153	Cirta.	157
Carystus.	97	Cestrus, fl.	114	Cissa, i,	48
CASIA.	138	Cévennes, mts.	30	Cithéron, m.	85
Casilinum.	67	Chaboras, fl.	130	Citium.	118
Casius (mont).	144	Chalcédoine.	109	Clanis, fl.	60
Caspiennes (Py-		Chalcidique (pé-		Clastidium.	59
les).	132	ninsule).	81	Clazomène.	107
Cassiope.	101	Chalcis, i.	81	— (péninsule	
Cassitérides, is.	11	— v.	96	de).	107
Castalie (font.		CHALDÉE.	131	Climax.	114
de).	85	Chamaves, p.	41	Climberris.	33
Castulo.	54	CHANAAN.	122	Clitumnus, fl.	62
Catane.	71	Chananéens, p.	123	Clunia.	51
CATAONIE.	112	CHAONIE.	83	Clusiniens, p.	61
Catélaunes, p.	23	Charræ.	130	Clusium.	61
Catelauni.	23	Charybde (gouffre		— (marais de).	61
Cattes, p.	42	de).	70	Clypea.	156
Caturiges, p.	39	Chauques.	41	Cnemis, m.	87
Cauca.	51	Chemmis.	145	Cnidos.	109
Caucase (mont).	135	Chéronée.	88	Cnossus.	100
Caudines (Four-		CHERSONÈSE		Cocytus, fl.	83
ches).	66	— Cimbrique.	12	Codanus. (g.)	3
Caudium.	66	— d'Or.	141	COELÉSYRIE.	120
Caunus.	108	— Taurique.	17	Cokajon.	45
Cavares, p.	36	— de Thrace.	78	Colapis, fl.	45
Caystrus, fl.	106	— v.	17	COLCHIDE.	127
Celenæ.	111	Chérusques, p.	42	Collatia.	64
Celtes, p.	49	Chimera.	84	Colonia Agrip-	
CELTIBÉRIE.	49	Chimère (mt.).	114	pina.	20
Celtibériens, p.	50	Chios, i. et v.	117	— Trajana.	20
CELTIQUE.	18	Chrysopolis.	81	Colophon.	107
Celtiques, p.	53	Chus (pays de).	147	COMAGÈNE.	119
Cemenelium.	39	Cibalis.	45	Comane (Capp.).	113
Cenchrées.	91	Cicones, p.	78	— Pontique.	111
Cénéroth (lac		CILICIE.	115	Comaria, pr.	141
de).	124	— Lyrnessien-		Côme.	56
Cenomani.	29	ne.	106	Commones, p.	38
Cénomans, p.		— de Plaines.	115	Conclusum mare.	30
(Gaule).	29	— Thébaïque.	106	Condate.	29
— (Italie).	57	— Trachée.	115	Condivicnum.	29
Centaures, p.	85	— (Portes de).	113	Condruses, p.	20
Centrons, p.	38	— (Canal de).	5	Confluentes.	19

TABLE ALPHABÉTIQUE.

	Pages		Pages		Pages
Conimbriga.	53	Gossio.	33	Gybira.	118
Consentia.	70	Gossyra, i.	73	Cybistra.	113
Consoranni.	34	Gothon.	155	Cyclades, is.	97
Consorans, p.	34	Cotyora.	111	Cydnus, fl.	115
Constantia (Gypre).		Cragus, m.	114	Cydonia.	100
	118	Crathis, fl.	79	Cyllène.	93
— (Gaule).	28	Crémère, fl.	61	Cyllène, mont.	96
Constantina.	157	Cremna.	115	Cyme.	106
Constantinople.	78	Cremni.	15	Cynosarge.	89
Convènes, p.	34	Crémone.	57	Gynos Cephalæ,	
Copaïs, lac.	88	Crepsa, i.	48	coll.	96
Gophès, fl.	141	Crète, i.	99	Cynthus, mont.	98
Coptos.	145	Criou Metopon,		GYNURIE.	94
Corbilo.	29	pr.	17 et 110	Cypre, i.	117
Corcyre, i. et v.	101	Crissa.	87	GYRÉNAÏQUE.	151
— la Noire.	48	Crociatonum.	27	Cyrène.	151
Cordoue.	53	Grotone.	70	Gyreschata.	136
Corfinium.	66	Ctésiphon.	131	Cyrnos, i.	73
CORINTHIE.	92	Cucuse.	113	Cyropolis.	136
Corinthe.	92	Cume.	106	Gyrrha.	87
— (golfe de).	92	Cumes.	67	Gyrus, fl.	128
— (isth. de).	92	Cunaxa.	130	Cyta.	128
Corone.	95	CUNEUS.	52	Cythère, i. et v.	97
CORSE, i.	73	Cures.	63	Cytinium.	87
Gortone.	61	Curia.	44	Gytnos, i.	99
Cortoniens, p.	61	Curicta, i.	48	Cytorus, mont.	110
Corycus,	116	Curiosolites, p.		Gyzique.	105
Cos, i. et v.	117	et v.	29		

D

	Pages		Pages		Pages
Daces, p.	45	DECHANABADES.	141	Dioméde (îles de).	74
Dachinabades, p.	141	Décélie.	90	Dionysiopolis.	140
DACIE.	45	Déciates, p.	38	Dioscorides, i.	149
— d'Aurélien.	75	DÉCUMATES (ch.).	42	Diospolis.	111
DALMATIE.	46	Delminium.	47	Diré (dét. de).	3
Damas.	120	Délos, i. et v.	98	— (prom. de).	149
Damasia.	44	Delphes.	87	Dium.	82
DAN (tribu de).	124	DELTA.	144	Divio.	25
Danapris, fl.	14	Démétrias.	86	Divodurum.	21
Danaster, fl.	45	Dercon.	77	Divona.	32
Danube, fl.	75 et 76	Dertona.	59	Dodone.	83
Daphné.	129	Détroit de Sicile.	71	DOLIONIS.	105
Daræ, p.	152	Devana.	10	Dolopes, p.	86
Darantasia.	38	Diablintes, peup.		DORIDE (Grèce).	87
DARDANIE.	75	et ville.	29	— (Asie Min.).	108
Dariorigum.	30	Dibio.	25	Dorisque (pl. de).	78
Darnis.	152	Dinia.	39	DRANGIANE.	135
DAUNIE.	68	Diocæsarea.	123	Drave, fl.	44
Dea Vocontiorum.	36	Bioclea.	48	Drepanum.	70

TABLE ALPHABÉTIQUE.

	Pages		Pages		Pages
Drilo ou Drinus, r.	82	Dulichium.	101	Duro-Catela-	
Dru, mont.	25	Durannius, r.	31	num.	23
Druentia, r.	35	Duria (Gr.), r.	57	Duro-Cortorum.	25
Druna, r.	35	Duria (Petite), r.	56	Durovernum.	8
Dubis, r.	23	Durius, r.	49	Dyme.	9
Dubris.	9	Durocasses.	27	Dyrrachium.	82

E

Eblana.	10	Eleusis.	89	Erétrie.	37
Eboracum.	9	Eleuthéros (faux).		Eridan, fl.	55
Ebre, fl.	49	rivière.	120	Erineus.	87
Ebrodunum.	39	ELIDE.	92	Erymanthe, m.	90
Ebudés, is.	11	Elis.	92	Erythræ.	107
Eburons, p.	20	Elusa.	33	Erythræa, i.	53
Eburovices, peup. et ville.	28	Elusates, p. EMATHIE.	33 81	Eryx, mont. Esdraël.	71 124
Ebusus, i. et v.	52	Emerita Au-		Esdrélon (pl. d').	122
Ecbatane des Mages.	132	gusta. Emèse.	53 120	ESPAGNE. — Citérieure.	49 50
— (Médie).	132	Emodes (monts).	139	— Intérieure.	50
Echinades, is.	101	Emporiæ.	52	— Supérieure.	50
Edesse (Macéd.).	81	Enipée, fl.	86	— Ultérieure.	52
— (Mésopot.).	130	Enna.	72	Estyens, p.	14
Edétans, p.	50	EOLIDE.	106	ETHIOPIE.	147
Edomites.	125	Eoliennes, is.	72	— Intérieure.	149
Eduens, p.	25	Ephèse.	107	— au-dessus de	
Egates, is.	73	EPHRAÏM (tr. d').	124	l'Egypte.	147
Egesta.	72	Epi-Cnémidiens.		Etna, mont.	71
Egialée, mont.	95	peuple.	87	ETOLIE.	87
Egine, i. et v.	97	EPICTÈTE (PHRY-		ETRURIE.	60
EGYPTE.	143	GIE).	111	Etymander, r.	135
— (Basse).	143	Epidamnus.	82	Eubée, i.	96
— (Haute).	145	Epidaure (Argo-		Euganéens, p.	60
— (Moyenne).	144	lide).	94	Euphrates, fl.	129
Ekron.	125	— (Illyrie).	48	EUROPE.	7
Elæa.	106	EPIRE.	83	EUROPE.	78
Elaïtique, g.	106	Epi-Zéphyriens.		Eurotas, fl.	91
ELAM.	133	peuple.	70	Eurymédon, fl.	114
Elaver, r.	25	Eques, p.	64	Evénus, fl.	85
Eléphantine, île et ville.	146	Eressus.	97		

F

Fæsules.	61	Fidena ou Fidènes.	63	Forum Claudii.	38
Féries.	62	FINNINGIA.	14	— Julii.	38
Falerne (campagne de).	65	Finois. Flaviobriga.	14 51	— Neronis. Francs, p.	37 40
Falisques, p.	62	Flévo, lac.	40	Frentans. p.	66
Faventia.	58	Florentia.	61	Frisons, p.	40
Felsina.	58	Fortunées, is.	153	Fronto, fl.	60
Fennes, p.	14	Forum Allieni.	58	Fucin, lac.	65

G

	Pages		Pages		Pages
Gabales, p. et v.	31	GAULE Narbon-		Geth.	125
Gabellus, fl.	58	naise.	34	Gétules,	152
GAD (tribu de).	125	— Transalpine	18	— Daræ, p.	153
Gadès ou Gadir.	53	— Transpadane.	65	Gigée (lac).	108
— (détroit de).	4	— (dét. de).	2	Glaucus (golfe).	114
GALATIE	112	— (golfe de).	4	Glota, fl.	9
GALILÉE.	123	Gaulos, i.	73	Gnossus.	100
— des Gentils.	123	Gaza.	125	Gomorrhe.	122
— (mer de).	122	GÉDROSIE.	135	Gomphi.	86
Gallæci, p.	51	Gélons, p.	15	Gordiens	
Gallicènes.	30	Gelonus.	15	(monts).	129
Gallinaria, i.	59	Genabum.	27	Gordium.	112
Gange, fl.	139	Genève.	36	Gortyne.	100
— (golfe du).	3	Génésareth, lac		Goths, p.	13
Gangra.	112	et v.	124	Gothons, p.	14
Garamantes, p.	152	Genua.	59	Grand Golfe.	3
Garizim. mont.	124	Genusus, fl.	82	GRANDE SÉQUA-	
Garocèles, p.	57	Gergovia (Arv.).	31	NAISE.	23
Garumna, fl.	31	— (Boïens).	25	GRÈCE.	84
Gath.	125	GERMANIE.	40	— (Grande).	68
Gaugamela.	131	— Entre l'Elbe		— Propre.	84
GAULE.	18	et la Vistule.	42	— (Iles de la).	96
— Belgique.	18	— Entre le Rhin		Grampius,	
— en Braies.	18	et le Wéser.	40	mt.	10
— Celtique.	18	— Entre le Wéser		Granique, fl.	105
— Chevelue.	18	et l'Elbe.	41	Gugernes, p.	20
— Cisalpine.	55	— Inférieure.	20	Gutes, p.	13
— Cispadane.	57	— Supérieure.	19	Gymnesiæ, is.	52
— Comata.	18	Gesoriacum.	22	Gyndes, fl.	132
— Lyonnaise.	24	Gètes, p.	46	Gythium.	95

H

Hadrianopolis.	77	Hélicon (mont).	85	Hercule (dét. d').	4
Hadrumetum.	154	Heliopolis.	120	— (Colonnes d')	4
Halicarnasse.	108	Hellespont.	6	— Monécus	
Halonnesos, i.	96	Helorum.	71	(port d').	39
Halis, fl.	104	Hélos.	95	Hercynienne	
Harmozica.	128	Helvétiens, p.	24	(forêt).	39
Harmusa.	134	Helviens, p.	36	Héréens, monts.	71
Harpasus, fl.	129	Hémus (mont).	30	Herius, r.	28
Harran.	130	Hénètes, p.	29	Hermione.	94
Hébal (mont).	124	Hephæstia.	110	Hermon, mont.	122
Hébron.	125	HEPTANOMIDE.	144	Hermopolis.	144
Hèbre, fl.	77	Héraclée (Luc.).	69	Hermundures, p.	42
Hécatompylos.	132	— (Pont).	110	Hermus, fl.	104
Helca.	69	— (Thrace).	77	Herniques, p.	65
Hélène.	35	Heræum (temple).	94	Héroopolis.	125
— i.	97	Herculanum.	66	— (golfe d').	126

TABLE ALPHABÉTIQUE.

	Pages		Pages		Pages
Hesperi cornu.	141	Hippocrène, f.	85	Hybla major.	72
Hespérides, is.	153	Hippo Regius.	157	Hydaspes, fl.	139
— (Jardin des).	152	Hippo Zarytos.	156	Hydrea, i.	97
HESPÉRIE (Gr.).	55	Hirpins, p.	66	Hydruntum.	69
— (Petite).	55	Hispalis.	53	Hymette (mont).	83
Hesperis.	152	HISTRIE.	60	Hypanis, fl.	16
HIBERNIE.	10	Hæmus, mont.	75	Hyperboréens, p.	14
— (mer d').	2	Homonada.	115	Hyperia.	71
Hiera, i.	73	Horeb, mont.	126	Hyphasis, fl.	139
Hillévions, p.	13	Hostilia.	57	HYRCANIE.	137
Himera.	72	Huns, p.	137	— (Lydie).	108

I

Iadera.	47	Ilissus, fl.	89	Ios, i.	99
Ialysos.	117	Ilium.	105	Iotapata.	124
IAPYGIE.	68	— novum.	105	Ipsus.	112
Iapygium prom.	68	Illiberis.	35	Iris, fl.	111
Iassus.	108	ILLYRICUM ou Il-		Isara, r. (Belg.).	21
Iatinum.	25	lyrie et Illyris.	47	— (Viennoise).	35
Iatrippa.	127	— (mer d').	47	Isaura.	115
Iaxartes, fl. 136 et	137	ILLYRIE Grec-		ISAURIE.	114
Iazyges, p.	15	que.	82	Isca Silurum.	9
IBÉRIE (Asie).	128	Iluro.	33	Ismaélites, p.	126
— (Europe).	49	Ilva.	74	Ismarus, mont.	78
Iberus, fl.	49	Imaüs, mont.	137	ISRAEL (roy.).	123
Icaria.	117	Imbros, i.	79	ISSACHAR	
Icauna, r.	24	Inachus, fl.	91	(tribu d').	123
Icènes, p.	9	Inarimé, i.	74	Issédon.	138
Ichnæ.	130	INDE.	139	Issédons, p.	138
Ichnusa, i.	73	— au-delà du		Issus.	116
Ichthyophages,		Gange.	141	Ister, fl.	75
p. (Carmanie).	133	— en-deçà de		Istiæa.	96
— (Éthiopie).	149	l'Indus.	139	Itahyrius, mont.	122
Iconium.	112	— en-deçà du		Italica.	53
Iculisna.	32	Gange.	140	ITALIE.	55
Ida, mont		Indus, fl.	139	— proprement dite.	60
(Crète).	100	Ingaunes, p.	59		
— (Troade).	104	Iogena.	28	— (îles d').	70
IDUMÉE.	125	Insubres, p.	56	Ithaca.	101
Ierné, i.	10	Intéméliens, p.	59	Ithome, mont.	95
Iernis.	10	Interamna.	62	Itius, port.	22
Ilerda.	50	Iolchos.	86	Ituna, golfe.	9
Ilergètes, p.	50	IONIE.	106	ITURÉE.	125

J

Jadera.	47	Joppé.	125	Juliobona.	28
Jébus.	123	Jourdain, fl.	122	Juliobriga.	50
Jébuséens, p.	123	JUDA (tribu de).	124	Juliomagus.	29
Jéricho.	124	— (royaume de).	123	Julis.	99
Jérusalem.	124	JUDÉE.	124	Jura (mont).	23
Jesrael.	124				

G. ANC.   8

TABLE ALPHABÉTIQUE.

L

	Pages		Pages		Pages
Labeatis (marais).	48	Lesbos, i.	116	Locriens Epi-Cnémidiens, p.	87
Labyrinthe de Crète.	100	Lestrygons, p.	71	— Epi-Zéphyriens, p.	70
— d'Égypte.	144	Lesura, m.	32	— Opuntiens, p.	87
Lacédémone.	95	Léthé, fl.	100	— Ozoles, p.	87
LACONIE.	95	Leucadia ou Leucas, i.	101	Londinium.	9
Lactora.	34	Leucas.	101	Lotophages, p.	154
Lactorates, p.	34	Leucate, prom.	101	Luca.	61
Lahore.	140	Lencé, i.	76	LUCANIE.	69
Lamia.	86	Leuctres.	88	Luceria.	68
Lampsaque.	105	Leuques, p.	21	Lucumonies.	60
Langobards, p.	43	Léviens, p.	57	Lucus Asturum.	51
Lanuvium.	64	Lévitiques (villes).	123	— Augusti (Espagne).	51
Laodicea.	111	Lexoviens, p. et v.	28	— Augusti (Gaule).	36
Lapithes, p.	85	Liban (mont).	119	Lugdunum Batavorum.	20
Lapurdum.	33	Libethrius (mt.).	85	— Convenarum.	4
Laranda.	112	Libiciens, p.	57	— Segusianorum.	26
Larissa.	94	Liburnes, p.	47	Luna.	58
Larisse.	85	LIBURNIE.	47	Lusitains, p.	53
Larius (lac).	56	LIBYE.	151	LUSITANIE.	52
LATIUM.	63	— Intérieure.	152	Lutetia.	27
Latmos (mont).	108	— Maritime.	151	Luteva.	35
Laurentum.	64	Libyssa.	109	LYCAONIE.	112
Lauriacum.	45	Licus, fl.	43	Lychnidus.	82
Laurium (mont).	85	Liger, fl.	24	Lycée (jardin).	90
Lavinium.	64	LIGURIE.	58	— (mont).	90
Lebadea.	88	Lilybée.	72	LYCIE.	113
Lebedos.	107	— (prom. de).	71	LYDIE.	107
Lechæum (port).	91	Limonum.	32	LYONNAISE.	24
Legio septima gemina.	51	Lindos.	117	— première.	24
Léman (lac).	23	Lingones.	25	— seconde.	27
Lemanis (port).	9	Lingons, p. (Gaule).	24	— troisième.	28
Lemnos, i.	116	— (Italie).	58	— quatrième.	26
Lémovices, p. et v.	31	Lipara i. et v.	73	Lyrnessus.	106
Leontini.	72	Liris, fl.	65	Lysimachia.	79
Lepræum.	92	Litane (forêt).	58		
Leptis (Grande).	154	Liternum.	67		
— (Petite).	155	Lixus.	159		
Lerne (lac de).	94	LOCRIDES.	87		

M

	Pages		Pages		Pages
MACÉDOINE.	80	Macron Tichos.	77	Magnésie du Méandre.	107
Macoraba.	127	Madaurus.	156	— du Sipyle.	107
Macra, fl.	58	Madian.	127	Magon (port de).	52
Macris.	97	Madianites, p.	124		

TABLE ALPHABÉTIQUE.

	Pages		Pages		Pages
Malaca.	54	Mediolanum		Mer Morte.	5 et 122
Malia.	73	(Santons).	32	— de Myrtos.	5
Maliaque (golfe).	86	Médiomatrices, p.	21	— Paresseuse.	2
Malva, fl.	156	Mediomatrici.	21	— Putride.	6
Mambré (vall.).	125	Medoacus, fl.	59	— de Sardaigne.	4
Mamertum.	70	Meduana, r.	28	— de Sicile.	5
Manassé (tribu).	124	Mégabares, p.	148	— des Suèves.	3
Mandacadeni, p.	105	Mégalopolis.	93	— Supérieure.	5
Mandubiens, p.	25	Mégare.	90	— de Toscane ou	
Mantinée.	91	Mégaride.	90	Tyrrhénienne.	4
Mantinorum		Mélanes (golfe).	78	— Verginienne.	2
oppidum.	74	Mélano-Gétu-		Méroë, i. et v.	148
Mantoue.	57	les, p.	153	Mesembria.	78
Mantua.	52	Mélas, fl.	79	Mésopotamie.	130
Maracanda.	136	— fl. et golfe.	113	Messane.	71
Marathon.	89	Meldi.	27	Messapie.	68
Marcianopolis.	76	Mélès, fl.	107	Messène.	95
Marcomans, p.	42	Mélita, i. et v.	73	Messénie.	94
Maréotis, lac.	144	Mélité, i.	48	Métaponte.	69
Margiane.	134	Mélitène.	113	Metaurus, fl.	62
Margus, fl. et v.	75	Melodunum.	26	Méthone	
Mariana.	74	Mélos, i.	98	(Macédoine).	82
Marianus (mont).	49	Mémines, p.	38	— (Messénie).	95
Marmarique.	151	Memnous, p.	147	Méthymne.	117
Maronea.	78	Memphis.	144	Metulum.	47
Marrubium.	65	Ménale (mont).	90	Mevania.	62
Marseillais, p.	37	Ménapiens, p.	20	Midaium.	112
Marseille.	37	Méninx, i.	154	Milet.	108
Marses, p.	65	Mer Adriatique.	5	Miletopolis.	16
Marsyas, fl.	111	— d'Afrique.	5	Mincius, r.	57
Maruccins, p.	66	— d'Ausonie.	5	Minius, fl.	49
Massaga.	139	— des Baléares.	4	Minoa.	100
Massagètes, p.	137	— de Calédonie.	2	Minturnes.	65
Massésyliens, p.	157	— Carpathienne.	5	Misraïm.	144
Massique (mont).	65	— Caspienne.	3	Mitylène.	116
Massyliens, p.	157	— de Crète.	5	Moabites	
Mathacé, i.	102	— Egée.	5 et 6	(pays des).	125
Matisco.	25	— d'Espagne.	4	Mœris, lac.	144
Maures, p.	159	— d'Etrurie.	4	Moesie.	75
Mauritanie.	158	— (Grande).	2	— Inférieure.	75
— Césarienne.	158	— d'Hibernie.	4	— Supérieure.	75
— Sitifienne.	158	— d'Hyrcanie.	5	Moguntiacum.	19
— Tingitane.	158	— d'Ibérie.	4	Molochath, fl.	157
Mazaca.	113	— Icarienne.	5	Molosses, p.	83
Méandre, fl.	104	— des Indes.	2 et 3	Mona, i.	11
Mèdes, p.	26	— Inférieure.	5	Monabia, i.	11
Médie.	132	— Intérieure	4	Mori-Marusa.	12
Mediolanum		— Ionienne.	5	Morins, p.	22
(Eburovices).	28	— de Libye.	5	Mosa, r.	19
— (Insubriens).	56	— de Ligurie.	4	Moselle, r.	20

172 TABLE ALPHABÉTIQUE.

	Pages		Pages		Pages
Mosylon.	149	Mur de Sévère.	8 et 9	Mygdonie.	130
Munda, fl.	53	Musulans, p.	158	Mylæ.	72
— v.	54	Mutina.	58	Myos-Ormos.	145
Munychie, port.	89	Mycale (mont).	106	Myrina.	116
Musa.	127	Mycènes.	94	Mysie.	104
Mur d'Adrien.	8 et 9	Myconos.	98	— (Petite).	105

N

Nabathéens, p.	127	Némée.	94	Ninive.	130
Naïssus.	76	Nemetacum.	22	Nisæa.	134
Namnètes, p. et v.	29	Némètes, p.	19	Nisibis.	130
Nantuates, p.	39	Nephtali (tribu de).	123	Nitiobriges, p.	33
Napata.	148	Nequinum.	63	Nobates, p.	147
Nar, fl.	62	Nérigon.	13	Nœodunum.	29
Narbo Martius.	35	Neritus.	102	Nole.	67
Narbonnaise.	34	Néruses, p.	39	Nomes (Égypte).	144
— première.	34	Nervicanus tractus.	21	Nora.	113
— seconde.	37	Nerviens, p.	21	Norba Cæsarea.	53
Narcisse (f. de).	88	Nestus, r.	78	Norique.	44
Narnia.	63	Neuf voies (les).	81	Normands, p.	13
Naro, fl.	48	Nevirnum.	25	Novempopulanie.	33
Narona.	48	Nicæa (Bithynie).	109	Noviodunum (Éduens).	25
Nasamons, p.	152	— (Corse).	74	— (Suessions).	23
Naupacte.	87	— (Gaule).	39	Noviomagus (Bataves).	20
Nauplia.	94	— (Inde).	140	— (Lexoviens).	28
Nautaca.	136	Nicomédie.	109	— (Némètes).	19
Naxos, i. et v.	98	Nicopolis ad Istrum.	76	Novus.	113
Naxuana.	129	— (Arménie).	113	Numance.	50
Nazareth.	124	— (Épire).	83	Numidie.	157
Nazianze.	113	Niger ou Nigris.	153	Nursia.	63
Neapolis (Italie).	67	Nigrites, p.	153	Nymphæum, p.	82
— (Palestine).	124	Nil, fl.	143	Nysa.	140
Nébrodes (monts)	71			Nysæa.	90
Nemausus.	35				

O

Oaracta.	134	Océan Hyperboréc.	2 et 3	Œnotrie.	34
Oasis (grande).	145	Ocelum.	57	Œscus.	76
— (petite).	145	Ocha, mont.	97	Œta, m.	84
Océan.	2	Ochus, fl.	134	Ogyris.	134
— Aquitanique.	3	Octodurus.	39	Olba.	115
— Atlantique.	2	Odessus.	15	Olbia (Bith.).	109
— Britannique.	2	Odryses, p.		— (Sarmatie).	16
— Cantabrique.	3	Œa.	77	Olina, r.	27
— Érythrée.	2 et 3	Œleusa, i.	154	Olisippo.	53
— Éthiopien.	3	Œniades, is.	115	Oltis, r.	31
— Germanique.	2		101	Olympe, m.	

	Pages		Pages		Pages
(Bithynie).	109	Orbélus (mont).	75	Ortygie, i.	71
— (Thessalie).	84	Orcades, is.	11	Osca.	51
OLYMPENA.	109	Orchomène.	88	Osismiens, p.	30
Olympia.	92	Ordessus.	15	Osismii.	30
Olynthe.	81	Orestias.	77	Ossa (mont).	84
OMBRIE.	62	Oreus.	96	Ostie.	64
Ophiodes, i.	149	Organa.	134	Othonos.	102
OPHIR.	127 et 150	Oricum.	83	Oxiæ, is.	101
Ophiusa.	52	Orobiens.	56	Oxien, lac.	136
Oponte.	87	Orontes.	119	Oxus, fl.	128
Or (Cherso-		Orope (mont).	89	Oxybiens, p.	38
nèse d')	141	Orospeda (mont).	49	Oxydraques, p.	140

P

Pachyn, promont.	71	Paros, i. et v.	98	Permesse, fl.	85
Pactole, r.	106	Parthaunisa.	134	Pérorses, p.	153
Padus, fl.	55	Parthénope.	67	Persépolis.	133
Pæstum.	69	Parthes, p.	134	Persique (golfe).	3
Pagasæ.	86	PARTHIÈNE.	134	Perusia.	62
PALESTINE.	122	Paryadres		Pérusiens, p.	62
Palibothra.	140	(monts).	113	Pessinonte.	112
Pallantia.	51	Pasargada.	133	Petilia.	70
Pallène (pén.).	81	Pasitigris, fl.	132	Petra, i.	137
Palma.	52	Passaro.	83	— (Macédoine).	82
Palmyre.	152	Patala.	140	— Nabathéens).	127
PALMYRÈNE.	152	Patalène.	140	Pétrocoriens, p.	33
Palus Méotide.	6	Patara.	114	Petrocorii, v.	33
Pamisus, fl.	95	Patavium.	59	Peucé, i.	15
PAMPHYLIE.	114	Patmos, i.	117	PEUCÉTIE.	69
Pandataria, i.	74	Patræ.	91	Peucins, p.	15
PANDION		Pax Julia.	53	Phalère, port.	89
(pays de).	140	Paxæ, is.	102	Pharos, i.	
Pangée (mout).	80	Pélasges, p.	85	(mer Egée).	143
Panionium.	107	PÉLASGIOTIDE.	85	— (Illyrie).	48
PANNONIE.	45	Pélasgique, g.	86	Pharsale.	86
Panopolis.	145	Pélignes, p.	66	Pharusiens, p.	151
Panorme.	72	Pélion (mont).	84	Phase, fl.	128
Panticapée.	17	Pella.	81	Phasis, v.	128
PAPHLAGONIE.	110	PÉLOPONNÈSE.	90	Phasos.	133
Paphos, i.	118	Pélore, promont.	71	Phazelis.	114
Pappua (mont).	157	Péluse.	144	Phéaciens	
Paradis terrestre.	129	Pénée, fl.	85	(i. des).	103
Parætonium.	151	PENTAPOLE.	151	Phénéos.	93
PARAS.	133	Pentélique, mt.	85	PHÉNICIE.	121
Parisiens, p.	27	Péparéthos.	96	Phères.	86
Parisii.	27	PÉRÉE.	125	Philé, i.	146
Parme.	58	Perga.	114	Philippes.	80
Parnasse (mont).	85	Pergame.	105	Philippopolis.	77
Paropamise, mt.	135	Périnthe.	77	PHILISTINS.	125

8.

TABLE ALPHABÉTIQUE.

	Pages		Pages		Pages
Phlégréens (champs).	67	Pisidie.	114	Præneste.	64
Phlionte.	91	Pistoria ou Pistorium.	61	Prasum, pro.	150
Phocée.	106	Pithécuses, is.	74	Prétutiens, p.	63
Phocide.	87	Pithyuses, is.	52	Priène.	107
Phrygie		Placentia.	57	Privernum.	65
Epictète.	111	Planasia, i.	73	Prochyta, ins.	73
— (Grande).	111	Platées.	88	Proconnesos, i. et v.	116
— Katakékauménè.	111	Pola.	60	Prophthasia.	135
— (Petite).	111	Polytimetus, r.	136	Propontide.	5
Phylæ.	145	Pompeianum.	67	Province Romaine.	5
Pibeset.	143	Pompeii.	66		
Picentia.	66	Pompeiopolis.	116	Prusa.	109
Picentins, p.	66	Pompelo.	51	Pselcis.	147
Picenum.	63	Ponéropolis.	77	Psophis.	93
Pictavi.	32	Pont de Trajan.	76	Psylles.	152
Pictes, p.	10	Pont.	110	Ptolemaïs (Cyrénaïque).	152
Pictons, p.	32	Pont-Euxin.	6	— Hermii.	145
Piérie.	82	Pontia, i.	74	— (Phénicie).	121
Piérius (mont).	119	Pontins (marais).	65	Puteoli.	67
Pinde (mont).	84	Port d'Auguste.	64	Pygmées, p.	147
Pindus.	87	— de Luna.	59	Pylos.	95
Pirée, port.	89	— de Vénus (Gaule).	35	Pyramides.	144
Pisæ.	61	— (Italie).	59	Pyrène (font.).	91
Pisaurum.	62	Posidium, pro.	108	Pyrénées (monts).	49
Pisaurus, fl.	62	Posidonia.	70	Pytho.	87
Pise.	92	Potidée.	81		

Q

Quades, p.	43

R

	Pages		Pages		Pages
Rabbath Ammon.	125	Reii.	37	Riphées, mts.	14
— Moab.	125	Rêmes ou Rémois.	23	Roche Chorièue.	136
Ragæ.	132	Remi, p.	23	— Oxienue.	136
Rapta.	149	Resaina.	130	— de Sisyméthra.	136
Raptus, fl.	149	Revessio.	31	— Sogdienne.	136
Ratiaria.	76	Rha, fl.	137	Rome.	63
Raudiens (champs).	56	Rhædestus. Rhegium.	78 70	Rotomagus. Roxolans, p.	27 15
Rauracum.	23	Rhenea, i.	98	Royale (montagne).	133
Rauraques, p.	23	Rhenus, fl.	23		
Ravenne.	58	Ruétie.	44	Ruben (tribu de).	125
Réaté.	63	Rhiu, fl.	23		
Redones.	29	Rhodes, i. et v.	117	Rubicon, fl.	55
Rédons, p.	29	Rhodope, mont.	15	Rubo, fl.	14
Regia.	10	Rhyndacus, fl.	105	Rubricatus, fl.	157
Rciens, p.	37	Riduna, i.	28	Rugiens, p.	43

TABLE ALPHABÉTIQUE.

	Pages		Pages		Pages
Ruscino.	35	Rutènes Provin-		Rutuba.	59
Rusellæ.	61	ciaux.	32	Rutules, p.	64
Rusellans, p.	61	Ruteni.	32	Rutupiæ.	9
Rutènes Libres.	32				

S

	Pages		Pages		Pages
Saba.	127	Sardique.	76	SCYTHIE au-delà	
Sabéeus, p.	127	Sardons, p.	35	de l'Imaüs.	138
Sabins, p.	63	Sarmates, p.	15	— en-deçà de	
Sabis, r.	21	SARMATIE Euro-		l'Imaüs.	137
Sabrata.	154	péenne.	14	— Européenne.	7
Sabrina, fl.	8	— Asiatique.	137	— (Petite).	15
Sabrinæ Æstua-		Sarmatique		Sébaste.	124
rium.	8	(Océan).	3	Sebastopolis.	115
Saces, p.	138	Sarnia, i.	28	Seboïm.	122
Sagonte.	56	Saronique (golfe).	90	Seduni.	39
Sagrus, fl.	66	Sarrasius, p.	127	Sédons, p.	39
Saïens, p.	28	Sarsina.	62	Ségalaunes, p.	36
Saii.	28	Sarus, fl.	113	Segesta.	73
Salamis, i. et v.	97	Satala.	113	Segobriga.	50
— v. (Cy-		SATURNIE.	55	Segodunum.	32
pre).	118	Sauromates, p.	15	Ségor.	122
Salasses, p.	57	Save, r.	44	Segovia.	51
Salentins, p.	68	Savona.	59	Ségusiens, p.	26
Salerne.	66	Saxons, p.	12	Ségusins, p.	56
Salinæ.	39	Scaldis, fl.	21	Segusio.	56
Salmantica.	52	Scamandre, fl.	105	Segustero.	37
Salmus.	133	SCANDIE.	13	Seleucie (Babyl.).	131
Salodurum.	24	Scandies, is.	13	— Pieria.	119
Salone.	47	SCANDINAVIE.	13	— (Susiane).	132
Salyens, p.	37	Scardona.	48	— Trachée.	115
Samara, r.	21	Scardus, mont.	75	Selga.	115
SAMARIE.	124	Scénites Ara-		Sélinonte.	72
— (royaume		bes).	127	Selinus, v. et fl.	115
de).	123	Scepsis.	106	Sellasie.	95
Samarobriva.	22	Scillonte.	92	Semen.	148
Samé ou Samos,		Scironiennes		Sémiramis (mur	
i. et v.	101	(roches).	90	de).	129
Samnites, p.	65	Scodra.	48	Semnons, p.	43
SAMNIUM.	65	Scopelos, i.	96	Sena, i.	30
Samos, i. et v.	117	SCOTIE.	10	Sennar (plaine	
Samosate.	119	Scots, p.	10	de).	131
Samothrace, i.	79	Scupi.	76	Senogallia.	62
Sangarius, fl.	104	Scyathos, i.	96	Sénones, p. et	
Sanitium.	39	Scylacium.	70	v. (Gaule).	26
Santones.	32	— (golfe de).	70	— p. (Italie).	62
Santons, p.	32	Scylla (rocher		SENONIE.	26
— (Port des).	32	de).	70	Sentiens, p.	39
Sardaigne, i.	73	Scyros, i.	96	Senus, fl.	10
Sardes.	107	SCYTHIE Asiatiq.	137	Sepias, pr.	84

	Pages		Pages		Pages
Sepphoris.	123	SINES (pays des).	141	Strophades, is.	100
Septa.	159	Singidunum.	75	Strymon, fl.	80
Sequana, fl.	24 et 26	Sinope.	110	Strymonique	
Séquanais, p.	23	Sinus Codani		(golfe).	80
Sera.	138	Fauces.	3	Stymphale, lac.	93
Serinda.	140	Sipyle, mont.	106	Styx, fl.	91
Seriphos, i.	99	Sirmium.	45	Sueltères, p.	38
SÉRIQUE.	138	Siscia.	45	SUEONIA.	15
Sésame.	119	Sitifi.	158	Suessa Pometia.	65
Sessites, fl.	57	Sitons, p.	13	Suessiones.	23
Sestos.	78	Smaragdus,		Suessions, p.	22
Sévo, mont.	13	mont.	145	Suètres, p.	39
Sicambres, p.	41	Smyrne.	106	Suèves, p.	42
Sicanes, p.	70	Sodome.	122	SUÉVIE.	42
Sicanie.	70	SOGDIANE.	136	Suindinum.	29
Sichem.	124	Soli.	116	Suions, p.	13
Sicile, i.	70	Solore.	132	Sulmo.	66
— (détroit de).	5	Soloë.	118	Suniques, p.	20
Sicules, p.	70	Solorius, mont.	59	Sunium, bourg	
Sicyone.	91	Soracte, mont.	61	et prom.	90
SICYONIE.	91	Sotiates, p. et		Suse.	132
Sidé.	114	v.	33	SUSIANE.	132
Sidon.	121	Sparte.	95	Sybaris, v. et fl.	69
Siga.	158	Sphactérie ou		Syène.	145
Sigée, v. et pr.	105	Sphagie.	100	Synnade.	112
Silarus, fl.	60	Spolète.	62	Syphnos, i.	99
Silis, fl.	137	Sporades, is.	99	Syracuse.	71
Silures, p.	9	et 117		SYRIE.	119
SIMÉON (tribu		Stabiæ.	66	Syriennes (Py-	
de).	124	Stagyre.	81	les).	116
Simoïs, fl.	105	Stéchades, is.	38	Syros, i.	99
Sina ou Sinaï,		Stényclare.	95	Syrtes (Grande	
m.	126	Stratos.	86	et Petite).	5
— (désert du).	126	Strongylé, i.	73	SYRTIQUE.	154
Sindus, fl.	138				

T

	Pages		Pages		Pages
Tagaste.	157	Tarbelles, p.	33	Tauresia.	57
Tage, fl.	49	Tarente.	68	Tauresium.	76
Taliatis.	76	— (golfe de).	5	Taurins, p.	57
Tamesis, fl.	8	Tarnis, r.	31	Tauro-Scythes,	
Tamiathis.	144	Tarquiniens, p.	62	p.	17
Tanagra.	89	Tarquinii.	62	Taurus, mont.	113
Tanaïs, fl.	137	TARRACONAISE.	50	Tavium.	112
Tanarus, r.	59	Tarracone.	50	Taxilla.	140
Tanis.	144	Tarse.	116	Taygète, mont.	90
Taphræ.	17	Tartarus, r.	60	Teanum.	67
Taphros (dét. de).	73	Tartesse, i et v.	54	Teate.	66
Taprobane, i.	141	Tartessos.	54	Tectosages, p.	
Tarascon.	37	Taruenna.	21	(Gaule).	34

TABLE ALPHABÉTIQUE. 177

	Pages		Pages		Pages
Tectosages, p. (Galatie).	112	Thespies.	88	Trébizonde.	110
Tégée.	93	THESPROTIE.	83	Trévères, p.	19
Télamon.	61	THESSALIE.	85	Triballes, p.	76
Téléthrius, mont.	96	Thessalonique.	81	Triboques, p.	19
Télis, r.	54	Thinæ.	141	Tricasses, p. et v.	26
Telmissus, v. et golfe.	114	THRACE.	77	Tricastins, p.	36
Telo Martius.	38	Thronium.	87	Tricca.	85
Tempé (vall.).	84	Thulé, i.	11	Tricoriens, p.	37
Tenarium, prom.	90	Thurium.	69	Tridentum.	44
Ténédos, i. et v.	116	Thyane.	113	Trimontium.	77
Ténos, i.	98	Thymbræum.	112	Trinacrie, i.	71
Tentyra.	145	Tibériade.	122	Trinobantes, p.	9
Téos.	107	— (mer de).	122	TRIPHYLIE.	92
Tephris.	113	Tiberis, fl.	64	Tripolis.	121
Térapne.	113	Tibiscus.	45	TRIPOLITANE.	154
Tergeste.	95	Tibur.	64	Tritonis (marais).	156
— (golfe de).	5	Ticinum.	57	TROADE.	104
Terioli.	44	Tigranocerte.	129	Trocmes, p.	112
Termessus.	115	Tigre, fl.	129	Trœzen.	94
Terracine.	65	Tina, fl.	9	Troglodytes, p.	149
Tésin, r.	57	Tingis.	158	Troie.	105
TÉTRAPOLE.	87	Tisa.	135	Truentus, r.	63
Teuthberg (forêt de).	41	Titius, fl.	47	Tubuna.	158
Teutons, p.	12	Tmolus, mont.	106	Tullum.	21
Thabor, mont.	122	Tolbiac.	20	Tunes.	156
Thala.	155	Toletum.	51	Turba.	34
Tharsis.	54	Tolistobojes, p.	112	Turdules, p.	54
Thasos, i.	82	Tolosa.	35	Turicum.	24
THÉBAÏDE.	145	Tolosates, p.	34	Turnacum.	21
Thèbe.	106	Tomi.	76	Turones.	29
Thèbes (Egypte).	145	Tongres, p.	20	Turons, p.	29
— (Béotie).	88	Tonsus, r.	77	Turris Libissonis.	73
Thémiscyre (plaine de).	110	Topazos, i.	149	— Stratonis.	123
Thenæ.	155	Tormès, r.	53	Turuntus, fl.	14
Theodosia.	17	Toronaïque (g.).	81	Tusca, fl.	157
Thera, i.	100	Torone.	81	Tusculanum.	64
Therma.	81	Toxandres, p.	20	Tusculum.	64
Thermaïque (g.).	81	TRACHONITE.	125	Tusques, p.	60
Thermodon, fl.	110	Trajana colonia.	19	Tyras, fl.	45
Thermopyles.	84	Trajani portus.	62	Tyrida.	78
Thermus.	87	Trajanopolis (Cilicie).	115	Tyrrhènes, p.	60
		— (Thrace).	78	Tyr.	121
		Trasimène (lac de).	62	Tysdrus.	155
		Trébie, r.	57		

U

Ubiens, p.	20	Ulpia Trajana.	45	Uxantis, i.	30
Uliarus, i.	32	Utique.	155	Uxellodunum.	32

V

	Pages		Pages		Pages
Vaccéens, p.	51	Vénétie.	59	Viminacium.	75
Vagoritum, p.	29	— proprement		Vindélicie.	44
Valentia.	36	dite.	59	Vindiles, p.	42
Vallée Pennine.	39	Venta Icenorum.	9	Vindilis, i.	30
Vallenses, p.	39	Venusia.	68	Vindobona.	45
Vallum Romanum.	41	Véragres, p.	39	Vinnius, mont.	49
		Vercellæ.	57	Vintium.	39
Vangions, p.	19	Véroduniens, p.	21	Vistule, fl.	30
Vapincum,	37	Verodunum.	21	Visurgis, fl.	40
Var, fl.	39	Véromanduens,		Vivisques (Bituriges).	
Vardanus, fl.	137	p.	22		33
Vasates, p. et v.	33	Vérone.	59	Vocetius, mont.	24
Vascons, p.	51	Vesontio.	23	Vocontiens, p.	36
Vasio.	36	Vesunna.	33	Volaterræ.	61
Vectis, i.	11	Vésuve, mont.	66	Volaterrans, p.	61
Védiantiens, p.	39	Vettons, p.	53	Volces Arécomiques.	35
Veïens, p.	61	Vétuloniens, p.	61		
Véies.	61	Vetulonii.	61	— Tectosages.	34
Véliocasses, p.	27	Viadrus, fl.	42	Volsques, p.	65
Velitræ.	65	Vibères, p.	39	Vorganium.	30
Vellaves, p.	31	Vicentia.	60	Vosges, monts.	19
Vellavi.	31	Victoria.	10	Vulcania, i.	73
Venafrum.	67	Viducasses, p. et v.	28	Vulcaniennes, is.	72
Vénèdes, p.	14			Vulgientes, p.	37
Vénelles, p.	28	Vienne.	36	Vulsiniens, p.	61
Vénètes, p.	29	Viennoise.	35	Vulsinii.	61
— (îles des).	30	Vigenna, r.	30	Vulturne, fl.	67
Veneti.	29				

X

Xanthe, fl.	105	Xanthus.	114	Xylénopolis.	140

Z

Zabulon (tribu de).	123	Zalissa.	128	Zarmizegethusa.	46
		Zama.	155	Zela.	110
Zacynthe, i. et v.	100	Zancle.	71	Zephyrium, p.	70
		Zariaspa.	136	Zeugitane.	155

FIN.

PARIS. — IMPRIMERIE DE CASIMIR, RUE DE LA VIEILLE-MONNAIE, N° 12

PETIT ABRÉGÉ
DE GÉOGRAPHIE.

DÉFINITIONS.

Qu'est-ce que la GÉOGRAPHIE ?

La *Géographie* est une science qui a pour objet la description de la Terre.

Quelle est la forme de la Terre ?

La *Terre* a à peu près la forme d'une sphère ou d'une boule.

La Terre est-elle immobile comme elle le paraît ?

Les anciens le croyaient ainsi ; mais un astronome moderne, nommé Copernic, a découvert que le mouvement du soleil et des autres astres autour de la Terre n'était qu'apparent, et qu'en réalité c'est la Terre qui exécute un double mouvement : l'un sur elle-même dans l'espace d'un peu moins de vingt-quatre heures, ou d'un jour ; l'autre autour du soleil, dans l'espace de 365 jours et près de six heures, ou d'une année.

*Qu'appelle-t-on l'*AXE *de la Terre ?*

On appelle l'*Axe* de la Terre une ligne imaginaire autour de laquelle la Terre fait sa révolution journalière.

Qu'est-ce que les PÔLES *de la Terre, et par quels noms les distingue-t-on ?*

Les *Pôles* de la Terre sont les deux points où l'axe de la Terre perce la surface du globe terrestre ; on les distingue par les noms de *Pôle Arctique* et de *Pôle Antarctique*.

Que signifient ces noms Arctique et Antarctique ?

Le pôle *Arctique* se nomme ainsi parce qu'il est constamment tourné vers la partie du ciel où se trouve la constellation appelée en grec *Arctos*, c'est-à-dire l'Ourse ; le pôle *Antarctique* est le pôle opposé à l'Ourse.

Quels sont les quatre POINTS CARDINAUX, *et où se placent-ils ordinairement sur les cartes géographiques ?*

Les quatre *Points Cardinaux* sont : le *Nord*, appelé aussi *Septentrion*, qui se place ordinairement au haut de la carte ; le *Midi* ou *Sud*, qui se place au bas ; l'*Orient*, *Est* ou *Levant*, qui se place à la droite de la personne qui regarde la carte ; et l'*Occident*, *Ouest* ou *Couchant*, qui se place à sa gauche.

Ne fait-on pas encore usage d'autres Points Cardinaux ?

Outre les quatre points cardinaux que nous venons de nommer, on emploie souvent encore les quatre suivans, qu'on peut appeler *Points Cardinaux Intermédiaires*, et qui tirent leurs noms de ceux des deux points entre lesquels chacun d'eux est placé. Ces quatre points sont : le *Nord-Est*, entre le nord et l'est ; le *Nord-Ouest*, entre le nord et l'ouest ; le *Sud-Est*, entre le sud et l'est ; le *Sud-Ouest*, entre le sud et l'ouest.

A quoi servent les Points Cardinaux ?

Les Points Cardinaux servent à indiquer la position des lieux entre eux : ainsi, pour exprimer que l'Afrique, par exemple, est située, sur la carte, au-dessous de l'Europe, on dit qu'elle est au *Sud* de l'Europe ; pour dire que l'Asie est, sur la carte, à la droite de l'Europe, on dit qu'elle est à l'*Est* de l'Europe.

*Qu'est-ce que l'*ÉQUATEUR*, et comment l'appelle-t-on encore ?*

L'*Équateur* est une ligne circulaire qui fait le tour de la terre à égale distance des deux pôles *, et la coupe en deux parties égales appelées *Hémisphères* ou moitiés de sphère. Celle de ces moitiés qui se trouve du côté du pôle arctique prend le nom d'*Hémisphère Boréal*, et celle qui est du côté du pôle antarctique, celui d'*Hémisphère Austral*. On appelle encore l'Équateur *Ligne Equinoxiale*, parce que, lorsque le soleil semble décrire cette ligne sur la terre par son mouvement diurne, ce qui arrive vers le 20 mars et le 23 septembre, c'est le moment des *Equinoxes*, c'est-à-dire le moment où les jours sont égaux aux nuits par toute la terre.

Qu'est-ce que le MÉRIDIEN*, et pourquoi l'appelle-t-on ainsi ?*

Le *Méridien* est une ligne circulaire qui fait le tour de la Terre, en passant par les deux pôles, et qui la partage en deux hémisphères : l'un vers l'orient, appelé *Hémisphère Oriental*, et l'autre vers l'occident, appelé *Hémisphère Occidental*. On appelle cette ligne *Méridien*, parce que, lorsque le soleil arrive au-dessus dans sa révolution journalière, il est *midi* pour tous les peuples qui se trouvent justement au-dessous, dans la partie du monde éclairée par le soleil ; il est alors minuit pour tous ceux qui se trouvent sous la même ligne, dans la partie non éclairée.

Qu'appelle-t-on DEGRÉS DE LATITUDE*, et à quoi servent-ils ?*

On appelle *Degrés de Latitude* ces lignes que l'on voit, sur les

---

* Il n'est pas nécessaire, je crois, d'avertir nos jeunes élèves que les lignes dont nous parlons ici ne sont pas réellement tracées sur la terre, mais qu'elles sont seulement supposées par les astronomes et les géographes, pour expliquer les phénomènes célestes.

DÉFINITIONS. 5

cartes, tracées dans le même sens que l'équateur. Ils servent à marquer à quelle distance les divers lieux du globe se trouvent de l'équateur.

Comment se comptent les Degrés de Latitude?

Pour compter les Degrés de Latitude, on les distingue en degrés de *Latitude Septentrionale*, qui se comptent depuis 0 jusqu'à 90, à partir de l'équateur jusqu'au pôle arctique, et degrés de *Latitude Méridionale*, qui se comptent de même depuis 0 jusqu'à 90, entre l'équateur et le pôle antarctique.

Qu'appelle-t-on Degrés de Longitude, *et à quoi servent-ils?*

On appelle *Degrés de Longitude* ces lignes que l'on voit, sur les cartes, tracées dans le même sens que le méridien, et passant, comme lui, par les pôles du monde. Ils servent à marquer à quelle distance les divers lieux du globe se trouvent du méridien convenu*.

Comment se comptent les Degrés de Longitude?

Pour compter les Degrés de Longitude, on les distingue en degrés de *Longitude Orientale*, qui se comptent depuis 0 jusqu'à 180, à l'orient du méridien convenu, et degrés de *Longitude Occidentale*, qui se comptent aussi depuis 0 jusqu'à 180, à l'occident de ce même méridien.

Qu'est-ce que les Tropiques?

Les *Tropiques* sont deux petits cercles parallèles à l'équateur, comme ceux qui marquent les degrés de latitude; ils sont éloignés de l'équateur de 23 degrés 27 minutes. L'un, situé dans l'hémisphère boréal, s'appelle *Tropique du Cancer*; l'autre, situé dans l'hémisphère austral, se nomme *Tropique du Capricorne*.

Pourquoi ces cercles sont-ils appelés Tropiques?

Ces cercles sont appelés *Tropiques* d'un mot qui signifie *tourner*, parce que le soleil, y étant arrivé, ne les dépasse pas, mais semble s'y arrêter pour retourner ensuite vers l'équateur. Lorsqu'il se trouve au Tropique du Cancer, ce qui arrive vers le 23 juin, c'est alors pour nous le *Solstice d'Été* et le plus long jour de l'an-

---

* Nous employons l'expression de *Méridien Convenu*, parce que le méridien n'est point, comme l'équateur, une ligne fixe et invariable, mais seulement de convention. En effet, toute ligne qui coupe la terre en deux parties égales, en passant par les pôles, est un méridien; or tous les degrés de longitude remplissant ces conditions sont autant de méridiens : il a donc fallu convenir de choisir l'un d'eux pour point de départ. C'est ce qu'ont fait les divers peuples de l'Europe, mais sans s'accorder entre eux pour ce choix. Les Français, après avoir adopté long-temps, pour premier méridien, celui qui passe par l'île de Fer, l'une des Canaries, l'ont abandonné pour se servir de celui qui passe par l'Observatoire royal de Paris. Les Anglais emploient celui de *Greenwich*, près de Londres.

née; lorsqu'il se trouve au Tropique du Capricorne, vers le 22 décembre, c'est le *Solstice d'Hiver*, et nous avons le jour le plus court de l'année.

Qu'est-ce que les CERCLES POLAIRES?

Les *Cercles Polaires* sont deux petits cercles placés dans chaque hémisphère, à la même distance des pôles que les tropiques le sont de l'équateur. On les distingue par les noms de *Cercle Polaire Arctique* et de *Cercle Polaire Antarctique*, qu'ils tirent de leur position.

Qu'est-ce qu'un CONTINENT?

Un *Continent* est un espace considérable de terre non interrompu par des mers.

Qu'est-ce qu'une ILE?

Une *Ile* est une portion de terre moins considérable qu'un continent, et entourée d'eau de toutes parts.

Quels noms donne-t-on à une réunion d'îles?

Lorsque plusieurs îles se trouvent placées fort près les unes des autres, elles se désignent sous le nom de *Groupe*, et lorsqu'elles couvrent un espace de mer assez considérable, sous celui d'*Archipel*.

Qu'est-ce qu'une PRESQU'ILE *ou* PÉNINSULE?

Une *Presqu'île* ou *Péninsule* est une portion de terre environnée d'eau de tous côtés, à l'exception d'un seul par lequel elle tient au continent.

Qu'est-ce qu'un ISTHME?

Un *Isthme* est la langue de terre qui joint une presqu'île au continent.

Qu'appelle-t-on BANCS DE SABLE *et* BAS-FONDS?

On appelle *Bancs de sable* et *Bas-fonds*, ou mieux encore *Hauts-fonds*, des endroits où la mer offre peu de profondeur.

Qu'appelle-t-on ÉCUEILS *ou* VIGIES?

On appelle *Écueils* ou *Vigies* des rochers à fleur d'eau, contre lesquels les vaisseaux courent risque d'échouer; s'ils s'élèvent au-dessus de l'eau, et que la mer se brise dessus avec violence, ils prennent le nom de *Récifs* ou *Brisans*.

Qu'est-ce qu'un CAP *ou* PROMONTOIRE?

Un *Cap* ou *Promontoire* est une pointe de terre élevée qui s'avance dans la mer.

Qu'est-ce qu'une MONTAGNE *ou un* MONT?

Une *Montagne* ou un *Mont* est une masse considérable de terre ou de rochers qui s'élève sur la surface du globe. Lorsqu'il

DÉFINITIONS.

s'en trouve un grand nombre les unes à la suite des autres, elles prennent le nom de *Chaînes*; lorsqu'une montagne est isolée, et qu'elle s'élève en forme de cône, on lui donne le nom de *Pic*: ainsi l'on dit le *Pic de Ténériffe*, dans l'île de ce nom.

Qu'est-ce qu'un Volcan?

Un *Volcan* est une montagne qui lance du feu; l'ouverture par laquelle sortent les matières enflammées s'appelle *Cratère*.

Qu'est-ce qu'un Défilé?

Un *Défilé*, appelé aussi *Pas* ou *Col*, est un passage étroit entre deux montagnes escarpées, ou entre une montagne escarpée et la mer.

Qu'est-ce qu'un Désert, *et quels autres noms lui donne-t-on encore?*

Un *Désert* est une vaste étendue de terres stériles et inhabitées: lorsqu'elles offrent des plaines fort élevées, comme dans le centre de l'Asie, on les appelle *Steppes*; et, lorsqu'elles se composent de plaines basses et humides, comme le long des grands fleuves de l'Amérique, *Savanes*.

Qu'est-ce qu'une Côte *ou une* Plage?

Une *Côte* ou une *Plage* est la partie de la terre qui est baignée par la mer: lorsque les côtes se composent de rochers élevés, elles prennent le nom de *Falaises*; et, lorsqu'elles ne sont formées que par des collines de sable, celui de *Dunes*.

Qu'appelle-t-on Mer *ou* Océan?

On donne le nom de *Mer* ou *Océan* à l'immense étendue d'eau salée qui couvre près des trois quarts du globe.

Qu'est-ce qu'un Golfe *ou une* Baie?

Un *Golfe* ou une *Baie* est une étendue d'eau qui s'avance dans les terres. Une *Baie* est ordinairement moins grande qu'un golfe; elle prend le nom d'*Anse*, lorsqu'elle est peu considérable.

Qu'est-ce qu'un Port?

Un *Port* est ordinairement une petite baie que le travail des hommes a rendue propre à offrir un asile sûr aux vaisseaux: un port s'appelle *Havre*, quand il a peu d'étendue, et *Crique*, lorsqu'il ne peut recevoir que de très-petits bâtimens.

Qu'est-ce qu'une Rade?

Une *Rade* est un endroit, le long des côtes, où les vaisseaux peuvent jeter l'ancre et se trouver à l'abri des vents.

Qu'est-ce qu'un Détroit, *et quels autres noms prend-il encore?*

Un *Détroit* est une portion de mer resserrée entre deux terres, et qui fait communiquer ensemble deux mers ou deux parties de mer. Il prend, dans certains cas particuliers, les noms de *Pas, Passe, Canal, Phare, Pertuis* et *Bosphore* : ainsi l'on dit le *Pas-de-Calais*, le *Canal Saint-Georges*, le *Phare de Messine*, le *Pertuis d'Antioche*, le *Bosphore de Thrace*.

Qu'est-ce qu'un LAC?

Un *Lac* est une grande étendue d'eau, ordinairement douce, qui ne communique avec la mer que par des rivières qui la traversent ou en découlent; quelques lacs n'ont aucune communication apparente avec la mer. Lorsqu'un lac est très-petit, on l'appelle *Étang*.

Qu'est-ce qu'une RIVIÈRE?

Une *Rivière* est une eau qui coule sans cesse, jusqu'à ce qu'elle se réunisse à une autre rivière ou à la mer. Lorsqu'elle est peu considérable, on lui donne le nom de *Ruisseau*; si elle est très-considérable, et qu'elle se rende directement à la mer, on l'appelle *Fleuve*.

Qu'est-ce que la SOURCE *et l'*EMBOUCHURE *d'une rivière?*

La *Source* d'une rivière est l'endroit où elle sort de terre; son *Embouchure* est l'endroit où elle entre dans la mer.

Qu'est-ce que le CONFLUENT *de deux rivières?*

On appelle *Confluent* l'endroit où deux rivières se réunissent.

Qu'entend-on par la RIVE DROITE *et la* RIVE GAUCHE *d'une rivière?*

La *Rive Droite* d'une rivière est le bord situé à la droite d'une personne qui, placée au milieu de cette rivière, en suivrait le cours; la *Rive Gauche* est le bord qui se trouverait à sa gauche.

Qu'entend-on par ces expressions, le HAUT *et le* BAS *d'une rivière?*

Quand on se sert de ces expressions, *le Haut, le Bas* d'une rivière, *le Haut* signifie toujours l'endroit le plus rapproché de sa source, et *le Bas* l'endroit le plus voisin de son embouchure.

Qu'est-ce qu'un CANAL?

Un *Canal* est une sorte de rivière factice qui sert ordinairement à faire communiquer deux rivières entre elles, ou une rivière avec l'Océan, ou même deux mers entre elles. C'est ainsi que le canal royal du Languedoc fait communiquer la Méditerranée avec la Garonne, et par suite avec l'Océan.

GRANDES DIVISIONS DU GLOBE.

En combien de parties divise-t-on le Monde?

Le Monde est aujourd'hui divisé par les géographes en cinq parties, savoir : l'*Europe*, l'*Asie*, l'*Afrique*, renfermées dans l'*Ancien Continent*, ainsi appelé parce qu'il fut le seul connu jusque vers la fin du quinzième siècle; l'*Amérique*, qui occupe le *Nouveau Continent*, découvert en 1492; enfin l'*Océanie*, qui se compose d'un nombre considérable d'îles répandues dans le Grand-Océan, et dont la principale, nommée *Australie* ou *Nouvelle-Hollande*, est assez étendue pour mériter le nom de continent : elle fut découverte par les Hollandais au commencement du dix-septième siècle.

DIVISIONS NATURELLES DU GLOBE.—La surface du globe terrestre est de plus de 25 millions et demi de lieues carrées. Cette immense étendue se divise naturellement en deux parties distinctes, savoir : les *Mers* qui en couvrent environ les trois quarts ou plus de 19 millions de lieues carrées ; et les *Terres*, qui occupent une superficie de plus de 6 millions et demi de lieues carrées.

RACES D'HOMMES. — La terre est occupée par environ 740 millions d'habitans appartenant à trois races principales, savoir[*] : I. La BLANCHE ou CAUCASIENNE, qui a peuplé presque toute l'Europe, le S. de l'Asie, le N. de l'Afrique, et qui a envoyé des colonies dans toutes les parties de l'Univers. On y distingue trois rameaux ou variétés, savoir : 1° le rameau *Araméen*, qui comprend les peuples entre l'Euphrate et la Méditerranée, avec les Arabes, les Egyptiens, et même les Abyssins ; 2° le rameau *Indien, Germain et Pélasgique*, auquel appartiennent à la fois les habitans des deux Indes et la plupart des peuples de l'Europe ; 3° le rameau *Scythe* et *Tartare*, composé des peuples qui avoisinent la mer Caspienne, et dont les Turcs, les Hongrois et les Finlandais font aussi partie.

II. La race JAUNE ou MONGOLE, divisée en six rameaux, savoir : 1° le rameau *Mantchou*, dans l'Asie centrale ; 2° le *Sinique*, dans la Chine et le Japon ; 3° l'*Hyperboréen*, qui a peuplé les extrémités septentrionales de l'Europe, de l'Asie et de l'Amérique ; remarquable par la petite taille et les traits rabougris des nations qui le composent, Lapons, Samoyèdes, Ostiaks, Eskimaux, etc.; 4° le *Malais*, dans la presqu'île de Malakka et dans la partie de

---

[*] Voir dans mon *Atlas à l'usage des colléges* la carte de la MAPPEMONDE, sur laquelle les races sont distinguées par le coloriage.

l'Océanie distinguée par le nom de *Malaisie*; 5° l'*Océanien*, peu différent du précédent, qui couvre la plus grande partie de la Micronésie et de la Polynésie; 6° l'*Américain* ou *Cuivré*, auquel appartient la population primitive de l'Amérique.

III. La race NÈGRE ou MÉLANIENNE, subdivisée en rameaux *Éthiopien*, au centre de l'Afrique; *Cafre*, sur toute la côte S. E., et *Hottentot*, dans la partie méridionale. Un quatrième rameau, désigné par le nom d'*Océanien*, et qui semble renfermer les êtres les plus abrutis de l'espèce humaine, a peuplé la Nouvelle-Hollande et presque toute la Mélanésie.

RELIGIONS. — On compte sur la terre 4 religions principales, savoir :

Le *Christianisme*, fondé sur l'Ancien et le Nouveau Testament, et qui enseigne une religion révélée aux hommes par le *Christ*, fils de Dieu. Il s'est divisé en trois branches principales, savoir :

1° La religion *Catholique Romaine*, qui reconnaît pour chef le *Pape* comme successeur visible de J.-C. Elle domine dans le centre et dans le S. de l'Europe et de l'Amérique. — 2° La religion *Grecque*, qui ne reconnaît pas la suprématie du Pape, et qui domine en Russie, dans une partie de la Turquie et en Grèce. — 3° La religion *Protestante* ou *Réformée*, divisée en plusieurs branches, et qui s'est séparée de l'Église Catholique vers la fin du 16° siècle. Elle domine dans le N. de l'Europe et de l'Amérique. — Les divers cultes chrétiens embrassent 266 millions d'individus.

Le *Judaïsme*, ou la religion Juive fondée sur l'Ancien Testament, mais qui n'a point reconnu J.-C. comme le Sauveur promis au monde. Il compte environ 4 millions de sectateurs dispersés dans toutes les contrées de l'univers.

Le *Mahométisme* ou *Islamisme*, mélange de pratiques chrétiennes, juives et superstitieuses, prêché au septième siècle en Arabie, par Mahomet, regardé par ses sectateurs comme le dernier et le plus grand prophète. Sa doctrine, renfermée dans le *Koran* (mot qui signifie *livre*), est professée dans l'E. de l'Europe, le S. O. de l'Asie et le N. de l'Afrique par 100 millions d'individus.

Le *Paganisme* ou *Polythéisme*, qui reconnaît plusieurs dieux. Il se divise en un grand nombre de cultes divers, parmi lesquels on distingue : Le *Brahmisme* ou *Brahmanisme*, suivi dans l'Hindoustan; le *Bouddhisme*, espèce de Brahmisme réformé, répandu dans l'Inde au-delà du Gange et admis dans la Chine sous le nom de religion de *Fô*; le *Chamanisme*, ayant pour chef le *Dalaï-Lama*, et dominant dans l'Asie centrale et dans une portion de la Sibérie; enfin le *Fétichisme* ou culte des créatures animées ou inanimées, qui domine chez tous les peuples sauvages, particulièrement dans l'intérieur de l'Afrique et de l'Amérique et dans l'Océanie. Ces différens cultes comptent peut-être 370 millions de sectateurs.

PRINCIPALES MERS DU GLOBE[*].

Comment divise-t-on les Mers?

Les *Mers* se divisent naturellement en mers *Extérieures*, qui entourent les continens, et mers *Intérieures*, situées dans l'intérieur des terres.

Combien y a-t-il de mers Extérieures?

Les mers Extérieures sont au nombre de cinq, savoir: l'*Océan Atlantique*, le *Grand Océan*, la *mer des Indes*, l'*Océan Glacial Arctique* et l'*Océan Glacial Antarctique*.

I. *Où est situé l'*Océan Atlantique, *et quels noms prennent ses diverses parties?*

L'Océan Atlantique est situé entre l'Europe et l'Afrique, à l'E., et l'Amérique à l'O. On lui donne les noms d'Océan Atlantique *Équinoxial*, entre les tropiques; *Boréal*, entre le tropique du Cancer et le cercle polaire arctique; *Austral*, entre le tropique du Capricorne et le cercle polaire antarctique.

Quelles mers forme l'Océan Atlantique?

L'Océan Atlantique forme cinq mers principales, savoir:

La *mer du Nord*, entre la Grande-Bretagne, à l'O., la Norvège et le Danemark, à l'E., les Pays-Bas et l'Allemagne, au S. On lui donne même, sur les côtes de ce dernier pays, le nom de *mer d'Allemagne*;

La *mer d'Écosse*, au N. de l'Écosse;

La *mer d'Irlande*, entre l'Irlande, à l'O., et l'Angleterre, à l'E.;

La *mer des Eskimaux*, entre le Groenland, au N. E., et le Labrador, au S. O. Cette mer forme elle-même celle de *Baffin*, au N. E. de l'Amérique du Nord; et cette dernière communique avec la *mer Polaire*, dont on a reconnu l'existence au N. de l'Amérique, et qui est sans doute formée par l'Océan Glacial Arctique;

La *mer des Antilles* ou *des Caraïbes*, à l'E. de l'isthme qui réunit les deux Amériques.

II. *Où est situé le* Grand Océan, *et quels noms prennent ses différentes parties?*

Le Grand Océan, appelé aussi *Océan Pacifique*, placé entre l'Amérique, à l'E., et l'Asie, à l'O., s'étend encore au S. de ces

---

[*] Consulter, pour les mers, la carte de la Mappemonde, et celles des différentes Parties du Monde dont elles baignent les côtes.

deux parties du monde. Il reçoit, comme l'Atlantique, les noms de Grand Océan *Équinoxial*, *Boréal* et *Austral*, sous les différentes latitudes.

Quelles mers forme le Grand Océan?

Le Grand Océan forme sept mers principales, savoir:

La *mer de Behring*, au N., entre la presqu'île du Kamtchatka, à l'O., et l'Amérique, à l'E.;

La *mer d'Okhotsk*, entre la Sibérie, à l'O., et la presqu'île du Kamtchatka, au N. E.;

La *Mer du Japon*, entre la Mantchourie, à l'O., et les îles du Japon, à l'E.;

La *mer Jaune*, entre la Chine, à l'O., et la Corée, à l'E.;

La *mer Orientale* ou *mer Bleue*, au S. de la précédente;

La *mer de la Chine*, entre cet empire, au N., le royaume d'Annam, à l'O., et les Philippines, à l'E.;

La *mer Vermeille* ou de *Cortès*, nommée aussi *golfe de Californie*, entre la Vieille-Californie, à l'O., et le Nouveau-Mexique, à l'E.

III. *Où est située la* MER DES INDES?

La mer des Indes est renfermée entre l'Asie, au N., l'Afrique, à l'O., et les grandes îles de l'Océanie, à l'E.; elle pourrait être regardée comme faisant partie du Grand Océan Austral, qui s'étend au S.

IV. *Où est situé l'*OCÉAN GLACIAL ARCTIQUE, *et quel nom lui donnaient les anciens?*

L'Océan Glacial Arctique, situé au N. de l'Europe, de l'Asie et de l'Amérique, occupe toute la partie septentrionale du globe. Les anciens, qui ne le connaissaient que d'une manière fort vague, l'appelaient *Océan Hyperborée* et aussi *mer Paresseuse*, parce qu'ils croyaient que les eaux en étaient toujours glacées.

Quelles mers forme l'Océan Glacial Arctique?

L'Océan Glacial Arctique forme la *mer Blanche*, entre la Laponie, à l'O., la partie N. E. de la Russie d'Europe, à l'E. et au S., et la *mer Polaire*, au N. de l'Amérique.

V. *Où est situé l'*OCÉAN GLACIAL ANTARCTIQUE?

L'Océan Glacial Antarctique, situé au S. du Grand Océan Austral, occupe la partie la plus méridionale du globe. Il était entièrement inconnu aux anciens, et ne forme aucune mer particulière.

Combien y a-t-il de mers INTÉRIEURES?

Les principales mers Intérieures sont au nombre de quatre, savoir: la *mer Baltique*, la *mer Méditerranée*, la *mer Rouge*, et la mer *Caspienne.* Elles étaient toutes plus ou moins connues des anciens.

I. *Où est située la* MER BALTIQUE ?

La mer Baltique (ancien Océan Sarmatique), formée par la mer du Nord, avec laquelle elle communique par le *Skager-Rack*, le *Cattegat*, le *Sund*, le *Grand* et le *Petit Belt*, est située en Europe, entre la Suède, au N. et à l'O., la Russie, à l'E., et la Prusse, au S.

II. *Où est située la* MER MÉDITERRANÉE ?

La mer Méditerranée, qui tire son nom de sa position au milieu des terres, est formée par l'Océan Atlantique, avec lequel elle communique par le détroit de Gibraltar. Elle est située entre l'Europe, au N. et à l'O., l'Afrique, au S., et l'Asie, à l'E. C'était la seule qui fût bien connue des anciens.

En combien de mers principales se divise la mer MÉDITERRANÉE ?

La mer Méditerranée se divise en six mers principales, savoir : la mer *Méditerranée* proprement dite, la mer *Adriatique*, l'*Archipel*, la mer de *Marmara*, la mer *Noire* et la mer d'*Azof*.

Quels noms prend encore la mer MÉDITERRANÉE *proprement dite ?*

La mer Méditerranée proprement dite prend encore les noms de mer de *Sicile* (anciennement mer Inférieure ou de Toscane), entre l'île de Sardaigne, à l'O., l'Italie, à l'E., et la Sicile, au S.; de mer *Ionienne*, entre l'Italie et la Sicile, à l'O., et la Grèce, à l'E.; enfin de mer de *Candie* ou de *Crète*, au N. de l'île de ce nom.

Quels noms lui donnaient encore les anciens ?

Les anciens lui donnaient encore les noms de mer de *Sardaigne* à l'O. de l'île du même nom ; de mer de *Libye* ou d'*Afrique*, le long de la côte de Barbarie ; et de *Grande-Mer*, sur la côte de la Syrie ; nom qui lui avait été donné par les Phéniciens et les Hébreux, par opposition avec le lac *Asphaltite* ou la mer *Morte*, situé à l'E. de leur pays.

Où est située la mer ADRIATIQUE ?

La mer Adriatique, communiquant avec la Méditerranée par le canal d'Otrante, est placée entre l'Italie, au N., à l'O. et au S. O.; le royaume d'Illyrie et la Turquie d'Europe, à l'E.; on l'appelle quelquefois aussi *Golfe de Venise*. Les Romains lui donnaient le nom de *mer Supérieure*, par opposition à la mer *Inférieure*, située à l'O. de leur pays.

*Où est placé l'*ARCHIPEL, *et d'où lui venait son ancien nom ?*

L'Archipel (ancienne mer Égée), situé entre la Turquie d'Eu-

..rope, au N., ce même pays et la Grèce, à l'O., la mer de Candie, au S., et l'Anatolie, à l'E., tirait son nom ancien d'Égée, roi d'Athènes, qui s'y précipita, croyant que son fils Thésée avait péri dans son expédition contre le Minotaure.

Quels noms particuliers les Grecs lui donnaient-ils encore?

Les Grecs lui donnaient encore les noms particuliers de mer de *Myrtos*, entre la Grèce et les Cyclades; de mer *Icarienne*, autour de l'île *Nicaria*: elle est célèbre dans les poètes par la chute d'Icare; enfin, de mer de *Scarpanto*, nom qu'elle conserve encore aujourd'hui autour de l'île qui le lui donne.

Où est placée la mer de MARMARA?

La mer de Marmara (ancienne Propontide) est placée entre la Romélie, au N. et à l'O., et l'Anatolie, au S. et à l'E.; elle communique au S. O. avec l'Archipel par le canal des Dardanelles.

Où est placée la mer NOIRE?

La mer Noire (ancien Pont-Euxin) est placée entre la Turquie d'Europe, à l'O., l'Anatolie, au S., et la Russie d'Europe, à l'E. et au N.; elle communique, au S. O., avec la mer de Marmara, par le canal de Constantinople. On n'est pas plus d'accord sur l'origine de son nom ancien que sur celle de son nom moderne. De fréquentes tempêtes en rendent la navigation fort dangereuse.

*Où est située la mer d'*AZOF?

La mer d'Azof ou de Zabache (ancien Palus-Méotide) est entourée de toutes parts par les provinces méridionales de la Russie d'Europe. Elle prend sur les côtes de la Crimée (ancienne Chersonèse Taurique), au S. O., le nom de mer *Putride*; elle communique, au S., avec la mer Noire par le détroit d'Iénikalé ou de Kaffa.

Où est située la mer ROUGE?

La mer Rouge, formée par la mer des Indes, avec laquelle elle communique, au S. E., par le détroit de Bab-el-Mandeb et le golfe d'Aden, est renfermée entre l'Égypte, la Nubie et l'Abyssinie, à l'O. et au S. O., et l'Arabie, à l'E. et au N.

Où est placée la mer CASPIENNE?

La mer Caspienne, qui n'a aucune communication apparente avec les autres mers du globe, est placée entre la Russie, au N. et à l'O., la Perse, au S., et la Tartarie, à l'E. Les anciens l'ont prise longtemps pour un golfe de l'Océan Hyperborée, et la croyaient beaucoup plus étendue de l'O. à l'E. que du N. au S. La partie S. E., qui baignait la côte du pays nommé autrefois *Hyrcanie*, prenait quelquefois le nom de *mer d'Hyrcanie*.

EUROPE*.

Quelles sont les bornes de l'Europe?

L'Europe, située au N. O. de l'ancien continent, est bornée au N. par l'Océan Glacial Arctique ; à l'O., par l'Atlantique ; au S., par la Méditerranée ; au S. E., par l'Archipel, le détroit des Dardanelles, la mer de Marmara, le détroit de Constantinople, la mer Noire et le Caucase ; à l'E., par la mer Caspienne, le fleuve Oural, les monts Ourals ou Poyas, et le fleuve Kara.

Quelle est l'étendue de l'Europe, et combien a-t-elle d'habitans ?

L'Europe est, après l'Océanie, la plus petite des cinq parties du monde ; sa longueur, du S. O. au N. E., n'excède pas 1,250 lieues, et sa largeur 900 ; mais elle est, proportionnellement à son étendue, la plus peuplée, et renferme environ 228 millions d'habitans.

Quelles sont les grandes divisions de l'Europe ?

L'Europe se divise en seize parties principales, dont quatre au Nord, sept au milieu et cinq au Sud.

Les quatre au Nord sont : 1° les *Iles Britanniques* ; 2° le *Danemark* ; 3° la *Suède* avec la *Norvége* ; 4° la *Russie d'Europe* avec la *Pologne*.

Les sept au milieu sont : 1° la *France* ; 2° la *Confédération Suisse* ; 3° les *Pays-Bas* ; 4° la *Belgique* ; 5° les *États de la Confédération Germanique* ; 6° la *Prusse* ; 7° l'*Autriche*.

Les cinq au Sud sont : 1° l'*Espagne* ; 2° le *Portugal* ; 3° l'*Italie* ; 4° la *Turquie d'Europe* ; 5° la *Grèce*.

ÉTENDUE ET CLIMAT DE L'EUROPE. — L'Europe n'a en étendue

---

* Consulter, dans mon *Atlas à l'usage des colléges*, la carte de l'EUROPE.

que le quart de l'Asie et de l'Amérique, et le tiers de l'Afrique ; mais elle ne renferme pas, comme les autres parties du monde, de vastes déserts : aussi est-elle, proportionnellement à son étendue, la plus peuplée et la mieux cultivée. Elle jouit aussi, presque généralement, d'une température douce, qui favorise le développement de toutes les facultés de l'homme et la production de toutes les richesses agricoles.

Productions. — L'Europe produit en abondance le blé, le vin, le lin, et toutes les choses nécessaires à la vie. Les animaux utiles y sont en grand nombre, et les animaux nuisibles assez rares. On y trouve peu de mines d'or et d'argent, mais beaucoup de fer, de plomb, d'étain, de houille, de sel, etc.

Quels sont les principaux Golfes *de l'Europe ?*

Les principaux Golfes de l'Europe sont :

En Écosse, ceux de *Murray* et de *Forth* ou d'*Edinbourg*, à l'E. ; de la *Clyde* et du *Solway*, à l'O. — En Angleterre, le *Wash*, à l'E. ; et le golfe ou canal de *Bristol*, au S. O., à l'embouchure de la Severn. — Dans les Pays-Bas, le *Zuider-Zée*, ancien lac *Flevo*, réuni à la mer en 1282, par une inondation qui couvrit trente lieues de pays. — Dans la Prusse, le golfe de *Dantzig*, au N. E. — Entre la Suède et la Finlande, celui de *Botnie*. — En Russie, ceux de *Finlande* et de *Riga* ou de *Livonie*, à l'O. — En France, ceux de *Gascogne* (ancien Océan Aquitanique), au S. O., et de *Lyon* ou plus exactement du *Lion* (ancien golfe de Gaule), au S. — Dans les États du roi de Sardaigne, celui de *Gênes* (ancienne mer de Ligurie), au S. E. — Dans le royaume Lombard-Vénitien, celui de *Venise* (ancienne mer Adriatique), au S. E. — Dans l'Illyrie, celui de *Trieste*, au N. O. — Dans le royaume de Naples, celui de *Tarente*, au S. E. — Dans la Grèce, celui de *Patras* et de *Lépante* (autrefois de Corinthe), à l'O. — Dans la Turquie, celui de *Salonique* (autrefois Thermaïque), au S.

Quels sont les principaux Détroits *de l'Europe ?*

Les principaux détroits de l'Europe sont :

Le *Canal du Nord* et le *Canal Saint-Georges* (ancienne mer d'Hibernie), entre l'Irlande et la Grande-Bretagne ; ils sont réunis entre eux par la mer d'Irlande (ancienne mer Verginienne). — La *Manche* (ancien Océan Britannique) et le *Pas-de-Calais* (détroit de Gaule), entre les îles Britanniques et la France. — Le canal du *Jutland* ou *Skager-Rack*, entre la Norvége et le Jutland ; le *Cattégat*, entre le Jutland et la Suède ; le *Sund*, entre la Suède et l'île de Séeland ; le *Grand-Belt*, entre les îles de Fionie et de Séeland ; le *Petit-Belt* entre l'île de Fionie et de Jutland. — Le Détroit de *Gibraltar* (anciennement de Gadès), entre l'Espagne et l'empire de Maroc ; les anciens l'appelaient aussi détroit d'*Hercule*, parce qu'ils croyaient qu'il avait été creusé par ce héros pour faire communiquer la Méditerranée avec l'Océan. —

Les *Bouches de Bonifacio*, entre les îles de Corse et de Sardaigne. — Le *Phare de Messine* (ancien détroit de Sicile), entre la Sicile et la Calabre. — Le Canal d'*Otrante*, entre la province de ce nom et l'Albanie. — Ceux de *Talanta* et de *Négrepont* (ancien Euripe), entre l'île de ce nom et la Livadie; de *Gallipoli* ou des *Dardanelles* (ancien Hellespont), qui joint l'Archipel à la mer de Marmara; il tirait son nom ancien d'Hellé, fille d'Athamas, roi de Thèbes, qui s'y noya. Vis-à-vis d'Abydos, ce détroit n'a pas plus d'un quart de lieue de largeur; ce fut en cet endroit que Xercès construisit un pont pour faire passer son armée en Europe. — Le canal de *Constantinople* (ancien Bosphore de Thrace), qui joint la mer de Marmara à la mer Noire. — Le détroit d'*Iénikale* ou de *Kaffa* (ancien Bosphore Cimmérien), qui joint la mer Noire à celle d'Azof ou de Zabache.

Quels sont les principaux Lacs *de l'Europe?*

Les principaux Lacs de l'Europe sont :

En Suède, les lacs *Vener*, *Vetter* et *Mælar*. — En Russie, les lacs *Onega*, *Ladoga*, *Peipous* et *Ilmen*. — En Hongrie, le lac *Balaton*. — Entre le grand-duché de Bade, le Wurtemberg et la Suisse, celui de *Constance*. — En Suisse, ceux de *Zurich*, de *Lucerne*, de *Neuchâtel* et de *Genève*, appelé aussi lac *Léman*. — Dans le royaume Lombard-Vénitien, les lacs *Majeur*, de *Côme*, d'*Iseo* et de *Garda*; ce dernier, le plus grand de l'Italie, est sujet à des tempêtes qui sont souvent fatales aux barques qui le traversent. — Dans les États de l'Église, le lac de *Pérouse* (ancien lac de Trasimène), à quelque distance de la ville dont il porte le nom, fameux par la seconde victoire d'Annibal sur les Romains en Italie; celui de *Bolsena*, près de la ville de ce nom.

Quelles sont les Presqu'îles *principales de l'Europe?*

On compte en Europe six Presqu'îles, trois grandes et trois petites.

Les grandes sont :

La *Suède* avec la *Norvége* et la *Laponie*, qui forment, au N. de l'Europe, une vaste presqu'île renfermée entre la mer Blanche, au N. E., l'Océan Glacial Arctique, au N., l'Océan Atlantique Septentrional et la mer du Nord, à l'O., le Skager-Rack, le Cattégat, le Sund, la mer Baltique, au S., cette même mer et le golfe de Bothnie, à l'E. — L'*Espagne*, que l'on appelle même souvent la Péninsule, au S. O. de l'Europe, entre l'Océan Atlantique, à l'O. et au S. O., le détroit de Gibraltar, au S., et la Méditerranée à l'E. et au S. E. — L'*Italie*, entre le canal de Corse et la mer de Sicile, à l'O., la mer Ionienne, au S., et le canal d'Otrante avec la mer Adriatique, à l'E.

Les petites Presqu'îles sont :

Le *Jutland* (ancienne Chersonèse Cimbrique), entre la mer du Nord, à l'O., le Skager-Rack, au N., le Cattégat, à l'E. — La

Grèce, entre la mer Ionienne, à l'O., celle de Candie, au S., et l'Archipel, à l'E. Cette presqu'île se divise en deux autres, dont la plus méridionale, la *Morée*, est jointe à l'autre par l'isthme de Corinthe, nommé aussi *Hexamili*, parce qu'il n'a que six milles de largeur. — La *Crimée* (ancienne Chersonèse Taurique), au S. de la Russie, à laquelle elle est jointe par l'isthme de Pérécop. Elle est entourée par la mer Noire, à l'O. et au S., le détroit d'Iénikalé et la mer d'Azof, à l'E. et au N. E.

Quels sont les principaux CAPS *de l'Europe?*

Les principaux sont les Caps :

Clear, au S. de l'Irlande.—*Land's-End* et *Lizard*, au S. O. de l'Angleterre. — *Nord*, dans l'île Mageroë ou Magroë, au N. de la Laponie ci-devant danoise. — *Lindes*, au S. de la Norvége. — *Skagen*, au N. du Jutland. — *De la Hague*, à l'O. de la France. — *Ortégal* et *Finistère*, à l'O. de l'Espagne, et *Trafalgar*, au S. du même pays; ce dernier est célèbre par un combat naval entre les Français et les Anglais. — *Saint-Vincent*, au S. O. du Portugal, dans l'Algarve.

Quelles sont les principales CHAÎNES DE MONTAGNES *de l'Europe?*

Les principales Chaînes sont :

Les *Dophrines* ou *Alpes Scandinaves* (probablement le mont Sevo), qui s'étendent du Skager-Rack à la mer Glaciale, entre la Norvége, à l'O., et la Suède avec la Laponie, à l'E. — Les monts *Ourals* ou *Poyas*, noms qui tous deux signifient *ceinture* (probablement les anciens monts Riphées), qui s'étendent entre les Russies d'Europe et d'Asie jusqu'à la mer Glaciale. — Les *Pyrénées*, qui s'étendent de l'Océan à la Méditerranée, entre la France, au N., et l'Espagne, au S. — Les *Alpes*, qui bornent l'Italie au N., et la séparent de la France, de la Suisse et de l'Allemagne. — L'*Apennin*, qui traverse l'Italie du N. au S. dans toute sa longueur. — Les monts *Carpathes* ou *Krapacks* (anciens monts Hercyniens), entre la Hongrie et la Gallicie.—Les monts *Balkans* (ancien mont Hémus), qui partagent la Turquie en septentrionale et méridionale.

Combien y a-t-il de VOLCANS *en Europe?*

Ils sont au nombre de trois, savoir :

Le mont *Hécla*, au centre de l'Islande. — Le *Vésuve*, en Italie, près de Naples. — L'*Etna* ou mont *Gibel*, en Sicile.

Quels sont les principaux FLEUVES *de l'Europe Septentrionale?*

Les principaux sont :

En Angleterre, la *Tamise*, qui coule à l'E., et se jette dans le Pas-de-Calais; l'*Humber*, qui coule au N. E., et se jette dans la mer du Nord; la *Severn*, qui coule vers le S. O., et se jette dans

EUROPE. 17

le Canal Saint-Georges. — En Irlande, le *Shannon*, qui coule vers le S. O., et se jette dans l'Océan Atlantique.— Entre la Suède et la Russie : la *Tornéa*, qui prend sa source à l'extrémité de la chaîne des Dophrines, et, coulant au S., se jette dans le golfe de Botnie. — Dans la Russie : la *Duina*, qui coule au N., et se jette dans la mer Blanche, près d'Arkhangelsk; la *Néva*, qui passe à Saint-Pétersbourg, et joint le lac Ladoga au golfe de Finlande; la *Duna*, qui coule à l'O., et se jette dans le golfe de Riga ; le *Niémen*, qui coule aussi à l'O., et se jette dans la Baltique; le *Dniestr*, qui coule vers le S. E., et se jette dans la mer Noire ; le *Dniépr* (ancien Borysthène), qui coule au S., et se jette dans la mer Noire, après avoir reçu le *Boug* (Hypanis) ; le *Don* (ancien Tanaïs), qui coule aussi vers le S., et va, grossi de plus de cinq cents rivières, se jeter dans la mer d'Azof; le *Volga*, le plus considérable des fleuves de l'Europe, qui prend sa source dans le lac de *Voronov*, sur les frontières de la Lithuanie, et va, après un cours de plus de 640 lieues, se jeter, au S., dans la mer Caspienne, au-dessous d'Astrakhan.

Quels sont les principaux FLEUVES *de l'Europe Centrale ?*

Les principaux sont :

Dans la France : La *Seine*, qui prend sa source dans la Côte-d'Or, et va se jeter au N. O. dans la Manche ; la *Loire*, qui prend sa source dans le département de l'Ardèche, coule d'abord au N., et ensuite à l'O., et va se jeter dans l'Océan Atlantique ; la *Garonne*, qui prend sa source dans les Pyrénées, et va se jeter au N. O., dans le golfe de Gascogne; le *Rhône*, qui prend sa source dans la Suisse, traverse le lac de Genève, et coule vers l'O. jusqu'à Lyon, où, après avoir reçu la *Saône*, il tourne subitement vers le S., et va se jeter dans le golfe de Lyon. — Entre la France et l'Allemagne : Le *Rhin*, qui prend sa source dans la Suisse, au mont Saint-Gothard, traverse le lac de Constance, et, coulant vers le N. jusque dans les Pays-Bas, où il tourne vers l'O., se divise en quatre branches, le *Wahal*, le *Leck*, l'*Yssel* et le *Rhin*, et se perd dans la mer du Nord.— Dans l'Allemagne : Le *Wéser*, qui prend sa source non loin de Cassel, coule vers le N., en traversant la Hesse, le Hanovre et le grand-duché d'Oldenbourg, et se jette dans la mer d'Allemagne ; l'*Elbe*, qui a sa source dans la Bohême, traverse la Saxe, la Prusse, sépare le Hanovre du Holstein, et va se jeter dans la mer d'Allemagne; l'*Oder*, qui prend sa source aux monts Carpathes, traverse toute la Prusse, et se jette dans la mer Baltique ; le *Danube*, le plus grand fleuve de l'Europe après le Volga : il prend sa source au pied des montagnes de la Forêt-Noire, dans le grand-duché de Bade, traverse de l'O. à l'E. le Wurtemberg, la Bavière, l'Autriche, la Hongrie, au milieu de laquelle il tourne subitement vers le S. ; puis, reprenant son cours vers l'E., il traverse une partie de la Turquie d'Europe, et se jette, par plusieurs embouchures, dans la mer Noire.— Dans la Pologne : La *Vistule*, qui prend sa source près de celle de l'Oder, traverse le royaume de Pologne et la Prusse occidentale, et se jette dans le golfe de Dantzig.

Quels sont les principaux FLEUVES *de l'Europe Méridionale?*

Les principaux sont :

Dans l'Espagne : Le *Minho*, qui coule au S. O., et se jette dans l'Océan Atlantique ; le *Douro* ou *Duero*, qui, coulant à l'O., traverse une partie de l'Espagne et la partie septentrionale du Portugal, et se jette aussi dans l'Océan Atlantique ; le *Tage*, qui coule au S. O., traverse une partie de l'Espagne et du Portugal, et se jette aussi dans l'Océan Atlantique, au-dessous de Lisbonne ; la *Guadiana*, qui coule vers le S. O., traverse une partie de l'Espagne et la partie S. du Portugal, et se jette dans le golfe de Cadix ; le *Guadalquivir*, qui, coulant vers le S. O., arrose la partie méridionale de l'Espagne, et se jette aussi dans le golfe de Cadix ; l'*Èbre*, qui coule du N. O. au S. E., et se jette dans la Méditerranée. — Dans l'Italie : Le *Pô*, qui prend sa source au mont Viso, dans le Piémont, traverse ce royaume de l'O. à l'E., sépare le royaume Lombard-Vénitien des duchés de Parme et de Modène et des États de l'Église, et se jette dans le golfe de Venise ; l'*Adige*, qui sort des Alpes au N., et, coulant d'abord au S., et ensuite à l'E., traverse le royaume Lombard-Vénitien, et se jette dans le golfe de Venise ; l'*Arno*, qui prend sa source dans l'Apennin, traverse de l'E. à l'O. le grand-duché de Toscane, et se jette dans la Méditerranée ; le *Tibre*, qui sort aussi de l'Apennin, à l'E. de la Toscane, et, traversant du N. au S. les États de l'Église, va se jeter, à l'O., dans la Méditerranée. — Dans la Turquie d'Europe : le *Vardari*, qui la traverse en partie, du N. O. au S. E., et va se jeter dans le golfe de Salonique ; la *Maritza* (ancien Hèbre), qui la traverse aussi en partie, du N. au S., et se jette, grossie d'un assez grand nombre de rivières, dans l'Archipel.

ILES BRITANNIQUES.

Quelle est la position des Iles Britanniques*, et comment les divise-t-on ?*

Les Iles Britanniques, situées au N. O. de l'Europe, et séparées de la France par la Manche et le Pas-de-Calais, se composent de deux grandes îles et d'un assez grand nombre de petites. Les deux grandes, séparées l'une de l'autre par le canal du Nord, la mer d'Irlande et le canal St-Georges, sont : la *Grande-Bretagne*, à l'E., et l'*Irlande*, à l'O. La première, que les anciens appelaient Albion, à cause de la blancheur de ses côtes, renferme les deux royaumes d'*Angleterre*, au S., et d'*Écosse*, au N. ; l'*Irlande* forme le troisième royaume. Les petites îles sont répandues autour des deux grandes, et dans le canal qui les sépare.

Quels sont la population, la religion et le gouvernement des Iles Britanniques *?*

Les Iles Britanniques renferment environ 25 millions et demi d'habitans, dont la plus grande partie suit la religion appelée *Anglicane*, l'une des branches de la religion protestante. Le gouvernement est monarchique et représentatif.

ANGLETERRE PROPREMENT DITE [*].

*Comment se divise le royaume d'*Angleterre *?*

Le royaume d'Angleterre, séparé, au N., de l'Écosse, par la *Tweed*, qui se rend, à l'E., dans la mer du Nord, et par le golfe du Solway, à l'O., se divise en *Angleterre propre*, subdivisée en quarante comtés, à l'E., et *Principauté de Galles*, subdivisée en douze comtés, à l'O.

*Quelles sont les principales villes de l'*Angleterre *?*

Les principales villes de l'Angleterre sont : LONDRES

---

[*] Consulter dans mon *Atlas* les cartes de l'Europe et de la France.

(Londinium), capitale des Iles Britanniques, une des villes les plus grandes, les plus peuplées, les plus riches et les plus fameuses du monde, traversée par la Tamise, que les plus gros vaisseaux remontent jusque dans son port; 1270 mille habitans. — YORK (Eboracum), vers le N., sur l'*Ouse*, qui se jette dans l'Humber: archevêché; ville très-ancienne et regardée autrefois comme la seconde de l'Angleterre.—BRISTOL, port au S. O., près du golfe du même nom, dans lequel se jette la Severn; autrefois la troisième ville de l'Angleterre. — LIVERPOOL, port très-commerçant sur la mer d'Irlande. Population, 250 mille habitans.—MANCHESTER et BIRMINGHAM, villes très-manufacturières, qui ont aussi une population fort considérable. — OXFORD et CAMBRIDGE, fameuses universités. — CANTORBÉRY ou mieux CANTERBURY (Durovernum), au S. E. de Londres, capitale du comté de Kent: archevêché, primat du royaume.—DOUVRES (Dubris), port sur le Pas-de-Calais, le plus fréquenté par les passagers qui se rendent d'Angleterre en France. — PORTSMOUTH et PLYMOUTH, ports sur la Manche, fameux pour la marine de guerre.

A ces villes on peut ajouter encore: *Newcastle*, au N. E., dans les environs de laquelle se trouvent les mines de houille les plus abondantes connues. — *Leeds*, à l'O. d'York, importante par ses fabriques et son commerce d'étoffes de laine. — *Bath*, au S. O., renommée pour ses eaux minérales. — *Greenwich*, près de Londres, avec un observatoire où les Anglais font passer leur premier méridien.

ÉCOSSE.

*Quelles sont les limites, la division et la population de l'*ÉCOSSE*?*

L'Écosse (ancienne Calédonie), située au N. de l'Angleterre, se divise en trente-trois comtés, et renferme plus de 2 millions d'habitans. Ceux de la partie montagneuse ont conservé les mœurs et les goûts de leurs ancêtres, ainsi que leur langage, appelé la langue *Erse*, dans laquelle Ossian a composé ses poèmes. Les Romains leur donnaient le nom de *Pictes*, à cause de l'usage qu'ils avaient de se peindre le corps.

Quelles sont les principales villes de l'Écosse?

Les principales villes de l'Écosse sont: EDINBOURG (Alata Castra), au S. E., près du golfe de Forth ou d'Edinbourg, formé par la mer du Nord; université: 133 mille habitans. — GLASGOW, à l'O., sur la *Clyde*, qui se jette au S. O. dans le golfe du même nom, formé par le canal du Nord; célèbre par son université et par ses belles imprimeries: 147 mille âmes.

IRLANDE.

*Quelles sont la position, la population et les divisions principales de l'*IRLANDE*?*

L'Irlande, renfermée dans l'île du même nom (ancienne Hibernie), a 6 millions 800 mille habitans, et possède un grand nombre de curiosités naturelles. Elle se divise en quatre provinces, savoir: l'*Ulster* ou *Ultonie*, au N.; le *Connaught* ou *Connacie*, à l'O.; le *Leinster* ou *Lagénie*, à l'E.; et le *Munster* ou *Momonie*, au S. Ces provinces se subdivisent en trente-deux comtés.

Quelles sont les villes principales de l'Irlande?

Les principales villes de l'Irlande sont: DUBLIN (Eblana), capitale, à l'E., sur le canal Saint-Georges; résidence du vice-roi; archevêché, université; la troisième ville des Iles Britanniques par sa population, qui est de 227 mille âmes. — ARMAGH, au N. E.; elle a un archevêque qui prend le titre de primat. — GALLOWAY, au S. O., port sur la baie du même nom. — WATERFORD, au S. E., sur le havre du même nom. — LIMERICK, dans une île formée par le Shannon. — CORK, au S. O., la seconde ville de l'Irlande, renfermant, dit-on, plus de 100 mille âmes.

Quelles sont les PETITES ILES *qui font partie des Iles Britanniques?*

Les principales sont:

1° Dans la Manche, près des côtes de France, les ILES NORMANDES, savoir: AURIGNY (Riduna), en face du cap de la Hague; GUERNESEY (Sarnia), au S. O. de la précédente;

capitale, *Saint-Pierre*; enfin JERSEY (Cæsarea), au S. E. de la précédente : capitale, *Saint-Hélier*.

2° Dans la Manche, sur la côte d'Angleterre, l'île de WIGHT (Vectis), qui en est séparée par un canal peu considérable : capitale, *Newport*. L'infortuné roi Charles 1er y fut détenu dans le château de *Carisbrook*.

3° Les SORLINGUES ou SCILLY (Cassiterides), groupe de 45 petites îles situées vis-à-vis du cap Lizard, à la pointe S. O. de l'Angleterre.

4° Dans la mer d'Irlande, l'île d'ANGLESEY (Mona), au S. E., séparée, par le détroit de *Menay*, de la principauté de Galles, dont elle forme un des comtés : capitale, *Beaumaris*; et l'île de MAN (Monobia), au N. de la précédente. Elle a jadis formé un royaume : capitale, *Douglas*.

5° Les HÉBRIDES ou WESTERNES (Ebudes), à l'O. de l'Écosse et au N. de l'Irlande; elles sont fort nombreuses, et plusieurs ont assez d'étendue. Les plus remarquables sont : *Lewis*, *Skye*, *Mull*, *Islay* et *Staffa*.

6° Les ORCADES ou ORKNEY (Orcades), groupe de 60 îles situées à la pointe N. E. de l'Écosse, dont elles sont séparées par le détroit de *Pentland* : la plus grande, nommée *Pomona*, a pour capitale *Kirkwall*.

7° Les SHETLAND, groupe de 86 îles situées au N. E. de l'Écosse. La principale est *Mainland* (probablement l'ancienne *Thule*); capitale, *Lerwick*. Plusieurs sont inhabitées.

CLIMAT, PRODUCTIONS, COMMERCE, MANUFACTURES, MARINE, POSSESSIONS LOINTAINES. — Quoique le climat des Iles Britanniques soit généralement humide et brumeux, cependant les terres y sont fertiles. On y trouve aussi de nombreuses mines de fer, d'étain, de plomb, de cuivre et de houille; mais ce qui constitue la véritable richesse et la puissance de l'empire Britannique, c'est son immense commerce alimenté par d'innombrables manufactures, facilité à l'intérieur par un grand nombre de canaux et de chemins de fer, mais surtout vivifié et protégé par une marine de vingt mille vaisseaux, qui rend toutes les parties du monde tributaires de l'Angleterre. Elle possède d'ailleurs sur les deux continens, dans toutes les mers, et jusque dans l'Océanie, de vastes territoires et un grand nombre d'îles, où sa domination s'étend sur près de 130 millions d'hommes.

DANEMARK.

Quels sont les bornes, la population, la religion et le gouvernement du DANEMARK?

Le Danemark (ancienne Chersonèse Cimbrique et îles Scandiæ) est borné au N. par le Cattégat et le Skager-Rack; à l'O., par la mer du Nord; au S., par l'Elbe, qui le sépare de l'Allemagne; à l'E., par la mer Baltique, le Sund et le Cattégat. Sa population est d'environ 2 millions d'habitants, dont la plus grande partie suit la religion luthérienne. Son gouvernement, qui avait été électif et aristocratique jusqu'en 1660, époque à laquelle il devint une monarchie héréditaire et absolue, est, depuis l'année 1854, monarchique constitutionnel.

De quoi se composent les états du Danemark?

Les états du Danemark se composent de plusieurs îles situées dans la mer Baltique, de la presqu'île de *Jutland*, des duchés de *Holstein* et de *Lauembourg*, de l'*Islande*, avec les îles *Féroë*.

Quelles sont les principales îles situées dans la mer Baltique?

Les deux principales sont : l'île de SÉELAND, séparée, à l'E., de la Suède par le Sund, et qui renferme COPENHAGUE, capitale de tout le royaume, peuplée de 111 mille habitans, brûlée par les Anglais en 1807; et l'île de FIONIE, à l'O. de Séeland, dont elle est séparée par le Grand-Belt; cap., *Odensée*.—Les autres îles, telles que *Langeland*, *Fémeren*, *Laland*, *Falster*, *Bornholm*, sont moins considérables.

Comment se divise le JUTLAND?

La presqu'île du JUTLAND, située à l'O. de l'île de Fionie, dont elle est séparée par le Petit-Belt, se divise en NORD-JUTLAND : cap., *Viborg*, près du golfe profond appelé *Liim Fiord*; et SUD-JUTLAND, ou duché de *Sleswig* : cap., *Sleswig*, sur le golfe de *Slie*, formé par la Baltique; ville très-florissante.

Quelles sont les deux provinces du Danemark qui appartiennent à la Confédération Germanique?

Ces deux provinces sont : 1° le *duché* de HOLSTEIN, situé au S. du Jutland ; villes principales : KIEL, capitale, près de la Baltique ; et *Altona*, ville très-commerçante, sur la rive droite de l'Elbe : ce pays produit d'excellens chevaux ; 2° le *duché* de LAWEMBOURG, au S. E. du précédent, et dont la capitale porte le même nom.

*Qu'est-ce que l'*ISLANDE*?*

L'Islande, ou *Terre de Glaces*, située au N. O. de l'Europe, et coupée, au N., par le cercle polaire, est une grande île volcanique de 128 lieues de long sur 75 de large, et couverte de montagnes dont la plus célèbre est le mont *Hécla*, volcan haut de 5,120 pieds. Elle a près de 50 mille habitans, qui vivent, pour la plupart, dans des fermes isolées ; aussi *Reykiavig*, la ville principale de l'île, n'en renferme-t-elle que 500 environ.

Au S. E. de l'Islande se trouve le groupe des îles FÆROË, au nombre de 24, renfermant environ 5 mille habitans.

Le Danemark possède en outre, en Asie, en Afrique et en Amérique, plusieurs établissemens peu considérables.

On peut citer encore : dans l'île de Séeland, *Elseneur* ou *Helsingœr*, où se paie au Danemark le droit dû par tous les vaisseaux qui traversent le Sund, dont le passage est défendu par la forteresse de *Cronenbourg*. — Dans le Nord-Jutland, la ville la plus considérable est *Aalborg*, port de mer à l'entrée du profond golfe de *Liim* ou *Liim-Fiord*, formé par le Cattégat, et dont le fond n'est séparé de la mer du Nord que par une plage sablonneuse assez étroite. — *Flensborg*, sur un petit golfe de la Baltique, est la plus grande ville du duché de Sleswig.

CLIMAT, PRODUCTIONS. — Les îles du Danemark sont la partie la plus tempérée et la plus agréable du royaume ; c'est aussi la plus fertile en grains, lin, etc. Le Jutland est généralement froid et couvert de marais et de bruyères. Le Holstein possède de riches pâturages où l'on élève des chevaux renommés. L'Islande est un pays montagneux et très-froid où il ne croit pas de blé, ni même de grands arbres. La pomme de terre y est la culture principale. On y voit en plusieurs endroits des espèces de volcans qui lancent à une hauteur prodigieuse des torrens d'eau bouillante.

SUÈDE.

Quels sont les bornes, la population, la religion et le gouvernement de la Suède?

Le royaume de Suède (ancienne Scandinavie), l'un des plus septentrionaux de l'Europe, est compris dans une vaste presqu'île bornée, au N., par l'Océan Glacial Arctique; à l'O., par l'Océan Atlantique et la mer du Nord; au S., par le Skager-Rack et la Baltique; et à l'E., par la Baltique, le golfe de Botnie et la Russie. Sa population est de près de 4 millions d'habitans qui suivent la religion réformée. Son gouvernement est monarchique; mais l'autorité du roi y est tempérée par celle du sénat et des états-généraux.

De combien de royaumes se composent les états du roi de Suède?

Les états du roi de Suède se composent de deux royaumes, qui ont leurs constitutions distinctes et leurs assemblées indépendantes, savoir : le royaume de *Suède*, à l'E., et celui de *Norvége*, à l'O., réunis sous le même souverain en 1814.

Suède.

Comment se divise la Suède?

La Suède se divise en quatre grandes provinces qui se subdivisent en cantons. Ces provinces sont : la *Gothie*, au S.; la *Suède propre*, au milieu; la *Botnie*, autour du golfe de ce nom, et la *Laponie*, au N.

Quelles sont les principales villes de la Suède?

Les principales villes de la Suède sont : STOCKHOLM, sur le lac Mælar, grande ville avec un port très-vaste, capitale du royaume. Pop. 75 mille habitans. — UPSAL, au N. O. de Stockholm, célèbre université et le lieu ordinaire du couronnement des rois. Pop. 4,500 habitans. Entre cette ville et la précédente se trouve celle de *Sigtuna*, qui était très-considérable du temps d'Odin, législateur des Scandinaves, dont elle paraît avoir été la résidence. — GOETEBORG, à l'O. de la Gothie, port de mer, l'une des villes les plus commerçantes de la Suède. — TORNÉA, à l'embouchure de la rivière du même nom : il y fait si froid que la rivière y gèle à 18 pieds d'épaisseur.

A ces villes on peut ajouter : — *Carlscrona*, au S. E., sur la Baltique, le principal port militaire du royaume. — *Calmar*, au N. E. de Carlscrona, ville forte, port et chantier de construction, sur le détroit de son nom, qui sépare l'île d'OEland de la Suède. Elle est fameuse par l'acte d'union des trois couronnes de Suède, Norvége et Danemark, sous le sceptre de la grande Marguerite, qui y fut conclu le 20 juillet 1397.

NORVÉGE.

Comment la NORVÉGE *est-elle séparée de la Suède, quelle en est la population, et comment se divise-t-elle?*

La Norvége, séparée de la Suède par la longue chaîne des Dophrines, renferme près de 1400 mille habitans, et se divise en quatre gouvernemens, qui, à l'exception d'un seul, portent les noms de leurs capitales.

Quelles sont les principales villes de la Norvége?

Les principales villes de la Norvége sont : CHRISTIANIA, au S., sur la baie d'Anslo, capitale de toute la Norvége et de la province d'*Aggershuus*, qui tire son nom de la forteresse d'*Agger*, qui domine la ville de Christiania. — DRONTHEIM, BERGEN et CHRISTIANSAND, ports sur les côtes occidentale et méridionale. Les deux premières ont servi de résidence aux anciens rois de Norvége.

Quelles sont les îles qui dépendent de la Suède?

Les principales sont :

1° Dans la Baltique : OELAND, cap. *Borckholm*; — GOTTLAND, cap. *Wisby*.

2° Dans la mer du Nord, le long des côtes de la Norvége, es groupes des îles TROMSEN, au N., et LOFFODEN, au S. O.

des précédentes, et près desquelles se trouve le tourbillon de *Mal-Strom*, qui, dans l'hiver surtout et lorsque le vent souffle du N. O., produit un bruit qui se fait entendre de plusieurs lieues, et quelquefois attire et engloutit les vaisseaux qui passent aux environs.

Dans les régions lointaines, la Suède possède l'île *Saint-Barthélemy*, l'une des Antilles, qui lui fut cédée par la France en 1784.

CLIMAT, PRODUCTIONS. — Le climat de la Suède est généralement froid, et son sol peu productif, si ce n'est vers le S.; elle est remplie de lacs, dont plusieurs ont un aspect agréable. La Norvège est presque tout entière hérissée de montagnes qui produisent en abondance des bois propres à la construction des vaisseaux, et qui font l'objet d'un grand commerce. Les parties septentrionales de la Laponie, où le plus long jour et la plus longue nuit durent trois mois, ne renferment que quelques misérables bourgades. Les habitans de ce pays sont remarquables par leur petite taille et fort superstitieux; ils tirent un grand parti d'un animal fort curieux nommé *le renne*, qui ne peut vivre que dans les régions septentrionales; ils l'attellent aux traîneaux dont ils se servent pour voyager dans ces contrées couvertes presque toute l'année de neige et de glace. La Suède renferme beaucoup de mines de fer et de cuivre; il y en a même plusieurs d'or et d'argent.

RUSSIE D'EUROPE.

Quelles sont les bornes et l'étendue de la RUSSIE D'EU-ROPE?

La Russie d'Europe (anciennes Sarmatie, Tauride et Colchide), appelée autrefois *Moscovie*, a pour bornes, au N., la mer Glaciale; à l'O., la Suède, le golfe de Botnie, la mer Baltique, la Prusse et les États de l'empereur d'Autriche; au S., la Turquie d'Europe, la mer Noire, le Caucase et la mer Caspienne; et à l'E., le fleuve Oural, les monts Ourals ou Poyas et le fleuve Kara, qui la séparent de la Russie d'Asie. Elle a 658 lieues de long sur 560 de large, et comprend ainsi une étendue dix fois plus considérable que celle de la France; mais une grande partie est couverte de vastes forêts.

Quels sont la population, la religion et le gouvernement de la Russie?

Malgré son immense étendue, la Russie d'Europe contient au plus 52 millions et demi d'habitans, dont 45 millions environ professent la religion grecque, et 6 millions la religion catholique; le reste se compose de luthériens, juifs, mahométans, etc. Ses souverains portent le titre d'empereur ou de *tzar*. Le gouvernement y est presque absolu, et la couronne est héréditaire, même pour les femmes. Depuis Pierre-le-Grand, la civilisation, favorisée par les souverains de ce vaste empire, s'y est introduite rapidement, et une portion des habitans, qui étaient tous *serfs*, a reçu la liberté.

Comment l'empire de Russie se divise-t-il?

L'empire de Russie se compose de deux parties distinctes, savoir: 1° *l'empire de Russie proprement dit*, qui comprend les provinces de l'ancienne Pologne incorporées à l'empire à la suite des partages de 1772, 1793 et 1795; 2° le nouveau *royaume de Pologne*, qui, bien que considéré maintenant comme partie intégrante de l'empire, conserve encore une administration et un sénat particuliers. La Russie se divise aujourd'hui en 58 gouvernemens, et la Pologne en 8 provinces appelées voivodies.

Russie.

Quelles sont les principales villes des provinces septentrionales de la Russie ?

Les principales sont : SAINT-PÉTERSBOURG, à l'embouchure de la *Néva*, dans le golfe de Finlande; capitale de l'empire, fondée par Pierre-le-Grand en 1705. Population, 422 mille habitans. — CRONSTADT, un des principaux ports de la Russie, construit par Pierre-le-Grand au fond du golfe de Finlande. — ABO, entre les golfes de Botnie et de Finlande, vis-à-vis de l'archipel qui porte son nom, capitale de la *Finlande*, ancienne province suédoise, dont une partie fut cédée à la Russie en 1721, et le reste conquis par cette puissance en 1808. — RIGA, située sur le golfe de *Livonie*, ainsi nommé de la province dont Riga est la capitale, et qui fut conquise sur les Suédois par Pierre-le-Grand, après la victoire qu'il remporta à *Pultawa* ou *Poltava*, dans la Russie centrale. — ARKHANGELSK, port sur la mer Blanche, à l'embouchure de la Dvina : entrepôt du commerce du N. de la Russie.

Quelles sont les principales villes des provinces centrales et méridionales de la Russie ?

Les principales sont : MOSCOU, ancienne capitale de la Russie, brûlée par les Russes en 1812, au moment de l'entrée des troupes françaises, et aujourd'hui presque entièrement rebâtie. Population, 166 mille habitans. — VLADIMIR, au N. E. de Moscou, ancienne résidence des grands-ducs de Russie. — KAZAN, au S. E. de la précédente, capitale d'un ancien royaume tartare conquis par les Russes en 1552. — KIEV, au S. O., sur le Dniépr, une des villes les plus considérables de la Russie, résidence des premiers souverains de ce pays. — ODESSA, au S. de Kiev, port sur la mer Noire, un des plus commerçans de l'Europe. — KAFFA, près de la mer Noire, dans le gouvernement de Tauride, qui renferme la presqu'île de Crimée, jointe au continent par l'isthme de *Pérékop*, sur lequel se trouve la ville de ce nom. — TAGANROG, petit port sur la mer d'Azof, où l'empereur Alexandre est mort en 1825. — ASTRAKHAN, dans une île du Volga, à l'embouchure de ce fleuve dans la mer Caspienne, l'une des villes les plus considérables de la Russie, et fort importante par le grand commerce qu'elle fait avec la Perse et tout l'Orient.

Quelles sont les principales villes des gouvernemens de Russie formés de la partie de la POLOGNE *qui a été réunie à cet empire?*

Les principales sont: VILNA, ville riche et commerçante, ancienne capitale du grand-duché de Lithuanie. — GRODNO, au S. O. de Vilna, et où se tenaient autrefois les diètes polonaises. — MOHILEV, sur le Dniépr, au S. E. de Vilna, ville forte et très-marchande, célèbre par une victoire remportée sur les Russes par les Suédois en 1707. A environ vingt lieues à l'O. de cette ville, coule la *Bérésina*, fameuse par les désastres que les Français éprouvèrent sur ses bords, en 1812, dans la malheureuse retraite de Moscou.

Quelles sont les îles qui dépendent de la Russie?

Les îles qui dépendent de la Russie d'Europe sont:

1° Dans la mer Baltique:

Les îles d'ALAND, groupe situé vis-à-vis d'Abo, sur la côte S. O. de la Finlande, et compris dans son gouvernement: ces îles furent cédées par la Suède à la Russie, en 1809. Population, 12 mille habitans. — DAGO et OËSEL, à l'entrée du golfe de Livonie.

2° Dans la mer Glaciale:

Les îles de KALGOUEV et la NOUVELLE-ZEMBLE. Cette dernière est grande et inhabitée; mais les Russes et les Samoïèdes s'y rendent quelquefois pour la pêche. Au S. E. de cette île se trouve celle de VAÏGATCH, séparée du continent par le détroit qui porte son nom.

POLOGNE.

Quelles sont les villes remarquables du royaume de Pologne?

Les principales villes du royaume de Pologne sont : VARSOVIE, capitale du royaume, sur la rive gauche de la Vistule, mais communiquant par un pont de bateaux avec le faubourg fortifié de *Praga*, situé sur la rive droite. Population, 156 mille habitans. — KALISZ, au S. O. de Varsovie, la seconde ville du royaume par sa population et son industrie.

NOTIONS DIVERSES SUR LA RUSSIE ET LA POLOGNE. — La Russie se compose presque entièrement de vastes plaines dont la température est assez froide, mais qui sont généralement fertiles. La partie méridionale et surtout la Crimée jouissent d'un climat doux et agréable; on y récolte en abondance du blé, du lin, du chanvre, du tabac et même du vin. La partie septentrionale, exposée à un froid rigoureux, est tout-à-fait stérile; l'est est couvert d'immenses forêts, et le sud-est, de plaines sablonneuses et imprégnées de sel. Les monts Ourals renferment des mines de diamans, d'or, de cuivre et de fer.

Quelque immenses que soient les territoires soumis à la Russie en Europe, ils ne forment qu'environ le quart de cet empire, qui s'étend encore dans le nord de l'Asie et de l'Amérique, et dont toutes les possessions réunies égalent la 7e partie de la terre habitable.

La Pologne, qui formait, avant la fin du siècle dernier, un des plus grands royaumes de l'Europe, fut, comme nous l'avons dit plus haut, démembrée par la Russie, la Prusse et l'Autriche, qui s'en partagèrent les provinces. Reconstituée en 1807, sous le nom de grand-duché de Varsovie, elle a repris en 1815 le nom de royaume de Pologne sous la souveraineté de l'empereur de Russie, qui la faisait gouverner par un vice-roi, avec un sénat et une chambre de députés. Jalouse de recouvrer son indépendance, elle a soutenu avec gloire contre la Russie, en 1831, une lutte sanglante que l'extrême disproportion de ses forces a fini par lui rendre fatale, mais dans laquelle elle s'est illustrée au plus haut degré par son courage et son patriotisme. Le climat et les productions de la Pologne sont les mêmes que ceux de la Russie. On y rencontre beaucoup de marais et des forêts considérables.

FRANCE.

Quelles sont les bornes et la population de la France?

La France, le pays le plus occidental de l'Europe centrale, est bornée, au N., par le grand-duché du Bas-Rhin, la Belgique et le Pas-de-Calais; au N. O., par la Manche; à l'O., par l'Océan Atlantique; au S., par les Pyrénées, qui la séparent de l'Espagne, et par la Méditerranée; à l'E., par le Var, les Alpes et le Rhône, qui la séparent des États Sardes et de la Suisse, et par le Rhin, qui la sépare de l'Allemagne. Sa population est d'environ 32 millions d'habitans.

Quels sont la religion et le gouvernement de la France?

La religion catholique est celle de l'immense majorité des Français; les provinces de l'E. et du S. renferment un assez grand nombre de protestans. Le gouvernement est du nombre de ceux que l'on nomme *monarchie représentative*. Le roi y gouverne conformément aux lois, qui sont faites par le concours des trois pouvoirs, savoir: *le Roi, la chambre des Pairs*, composée d'un nombre indéterminé de membres nommés par le roi, et *la chambre des Députés*, dont les membres, au nombre de 459, sont élus pour cinq ans par les départemens.

Quelles sont les productions de la France?

La France, une des contrées les plus riches de l'Europe par la fertilité de son territoire, produit en abondance toutes les choses nécessaires à la vie, telles que blé, vin, huile, etc. On y trouve des mines de fer, de plomb, de cuivre et de charbon. L'industrie de ses habitans leur a fourni les moyens d'égaler, et même de surpasser, les produits des manufactures des pays étrangers: les draps, les tapis, les porcelaines, les soieries, y ont surtout atteint une grande supériorité.

Quelles sont les principales chaînes de montagnes de la France?

La France, outre les grandes chaînes des Pyrénées et des Alpes, qui la bornent, comme nous l'avons dit, au S. et à l'E., renferme encore dans l'intérieur trois autres chaînes moins considérables, savoir : 1° Les CÉVENNES (Cebenna), au S., dont une petite chaîne, nommée la *Lozère*, donne son nom à un département ; de cette chaîne se détache celle des *monts d'Auvergne*, dont deux sommets remarquables, le *Cantal* et le *Puy-de-Dôme*, donnent aussi leurs noms à deux départemens ; 2° Le JURA, qui sépare, à l'E., la France de la Suisse ; 3° Les VOSGES (Vosesus), qui semblent en être le prolongement. Toutes deux donnent aussi leurs noms à des départemens.

Quelles sont les principales rivières de la France ?

Nous avons déjà nommé les cinq grands fleuves de la France ; chacun d'eux reçoit plusieurs rivières importantes, savoir : le RHIN reçoit, sur sa rive gauche, la *Moselle*, augmentée de la *Meurthe*. — La SEINE reçoit, sur sa rive droite, l'*Aube*, la *Marne* et l'*Oise*, grossie de l'*Aisne* ; et sur sa rive gauche, l'*Yonne* et l'*Eure*. — La LOIRE reçoit sur sa rive droite la *Nièvre*, la *Maine*, formée par la réunion de la *Mayenne* avec la *Sarthe*, augmentée du *Loir*, et, sur sa rive gauche, l'*Allier*, le *Loiret*, le *Cher*, l'*Indre*, la *Vienne*, grossie de la *Creuse*, et la *Sèvre-Nantaise*. — La GARONNE reçoit, sur sa rive droite, l'*Ariége*, le *Tarn*, grossi de l'*Aveyron*, le *Lot* et la *Dordogne*, grossie de la *Vezère*, augmentée elle-même de la *Corrèze*, et, sur sa rive gauche, le *Gers*. — Le RHÔNE reçoit, sur sa rive droite, l'*Ain*, la *Saône*, grossie du *Doubs*, l'*Ardèche* et le *Gard*, et sur sa rive gauche, l'*Isère*, la *Drôme*, la *Sorgue*, formée par la *fontaine de Vaucluse*, et la *Durance*. — On peut encore ajouter à ces rivières la *Meuse*, qui va mêler ses embouchures à celles du *Rhin* et de l'*Escaut*, qui, grossi de la *Scarpe*, se rend dans la mer du Nord ; la *Somme*, l'*Orne* et la *Vire*, qui se rendent dans la Manche ; la *Vilaine*, la *Sèvre-Niortaise*, grossie de la *Vendée*, et la *Charente*, qui se jettent dans l'Océan Atlantique ; l'*Adour*, qui se rend dans le golfe de Gascogne ; l'*Aude* et l'*Hérault*, qui se jettent dans le golfe de Lyon ; et enfin le *Var*, qui sépare, à l'E., la France du comté de Nice, et coule, au S., dans la Méditerranée. Presque toutes ces rivières donnent leurs noms aux départemens qu'elles arrosent.

Quels sont les principaux Canaux de la France?

Les principaux canaux de la France sont : le canal de *Saint-Quentin*, qui joint l'Escaut à la Somme ; le canal de *Picardie*, qui joint la Somme à l'Oise ; le canal de l'*Ourcq*, qui amène actuellement à Paris les eaux de la petite rivière du même nom, et qui, lorsqu'il sera terminé, doit réunir la Somme à la Seine ; les canaux d'*Orléans* et de *Briare*, qui joignent la Seine à la Loire ; le canal du *Centre*, qui unit la Loire à la Saône ; le canal de *Bourgogne*, qui réunit l'Yonne et la Saône ; le *canal du Rhône au Rhin*, qui unit ces deux fleuves en joignant le Doubs au Rhin ; et le canal du *Languedoc* ou du *Midi*, qui unit la Méditerranée à l'Océan Atlantique.

Comment se divisait autrefois la France, et comment se divise-t-elle aujourd'hui?

Avant l'année 1790, la France était divisée en 40 gouvernemens, dont 32 grands et 8 petits ; ces derniers étaient enclavés dans les grands, à l'exception du huitième, formé par l'île de Corse, située dans la Méditerranée. Aujourd'hui la France est divisée en 86 départemens, qui ont pris leurs noms des rivières qui les traversent, des fontaines, montagnes ou rochers qui s'y trouvent, et des mers qui en baignent les côtes. (*Voyez-en le tableau à la fin du volume.*)

Quels étaient les 32 grands gouvernemens anciens, et comment se divisaient-ils?

Les 32 grands gouvernemens anciens se divisaient de la manière suivante : 8 au nord, savoir : la *Flandre française*, l'*Artois*, la *Picardie*, la *Normandie*, l'*Ile-de-France*, la *Champagne*, la *Lorraine* et l'*Alsace* ; 17 au milieu, savoir : la *Bretagne*, le *Maine*, l'*Anjou*, la *Touraine*, l'*Orléanais*, le *Berry*, le *Nivernais*, le *Bourbonnais*, la *Bourgogne*, la *Franche-Comté*, le *Poitou*, l'*Aunis*, la *Saintonge*, la *Marche*, le *Limosin*, l'*Auvergne* et le *Lyonnais* ; 7 au sud, qui sont : la *Guyenne*, le *Béarn*, le comté de *Foix*, le *Roussillon*, le *Languedoc*, le *Dauphiné* et la *Provence*.

CLIMAT, PRODUCTIONS. — Le climat de la France est généralement tempéré, et l'air pur et salubre. Les régions du N. O., plus humides et plus froides que le reste de la France, sont, presque partout, d'une grande fertilité en grains de toute espèce; elles abondent en excellens pâturages qui nourrissent de superbes bestiaux; mais elles ne produisent pas de vin; il est remplacé par la bière et le cidre. Les contrées de l'est et du sud fournissent les meilleurs vins de l'Europe, connus sous les noms de *Champagne*, de *Bourgogne* et de *Bordeaux*. Le sud-est, abrité par les montagnes contre les vents froids du N. et humides de l'O. et du N. O., voit mûrir les fruits des pays chauds, tels que l'olive, l'orange, le citron, la grenade, etc.

Notions historiques. — La France occupe la plus grande partie de l'ancienne *Gaule* soumise par Jules César au pouvoir des Romains, qui la possédèrent pendant 500 ans, et envahie, au Ve siècle de l'ère chrétienne, par les peuplades belliqueuses de la Germanie connues sous le nom de *Francs*. Clovis, le plus illustre de leurs chefs, y fonda une monarchie qui devint, sous Charlemagne, le plus puissant empire de l'Europe. Morcelée sous ses successeurs par des partages multipliés, elle était devenue la proie d'une foule de petits souverains absolus. Hugues Capet, montant sur le trône en 987, possédait seulement l'*Ile-de-France*, la *Picardie* et l'*Orléanais*. Les autres provinces y furent successivement réunies.

PROVINCES DU NORD.

Quel est le département qui correspond à l'ancienne FLANDRE FRANÇAISE, *et quelles en sont les villes remarquables?*

La Flandre française, conquise sur les Espagnols par Louis XIV, en 1667, a formé:

Le département du Nord. — Lille, chef-lieu, ancienne capitale de la Flandre française, l'une des plus fortes places du royaume; défendue, en 1792, par le courage de ses habitans contre les Autrichiens, qui la bombardèrent pendant huit jours. — *Douai*, cour royale. — *Dunkerque*, port sur la mer du Nord, patrie du fameux marin Jean Bart. — *Cambrai* (Cameracum), qui a eu Fénelon pour évêque. — *Cassel*, située sur une montagne d'où l'on aperçoit trente-deux villes, et célèbre par trois grandes batailles. — *Valenciennes*, assiégée et prise par Louis XIV en personne, en 1667. — Le village de *Bouvines*, célèbre par la victoire qu'y remporta Philippe-Auguste en 1214. — Celui de *Malplaquet*, où le prince Eugène et Marlborough gagnèrent, en 1709, la bataille qui força Louis XIV à demander la paix. — *Denain*, où Villars sauva la France en 1712.

*Quel est le département qui correspond à l'ancienne province d'*Artois, *et quelles en sont les villes remarquables ?*

L'Artois, l'une des dix-sept provinces des Pays-Bas, réuni à la France sous Louis XIII, en 1640, a formé, en y joignant le *Pays Reconquis* et le *Boulonnais*, qui faisaient partie de la Picardie :

Le département du Pas-de-Calais, ainsi nommé du détroit qui sépare la France de l'Angleterre. — Arras (Atrebates), chef-lieu, ancienne capitale de l'Artois, évêché, ville forte : Turenne y força dans ses lignes Condé, qui cherchait à s'en emparer à la tête des troupes espagnoles. — *Calais*, port sur le détroit auquel elle donne son nom, vis-à-vis de Douvres en Angleterre, fameuse par le dévouement d'Eustache de Saint-Pierre. — *Boulogne*, autre port sur le même détroit. — *Saint-Omer*, place forte, au S. de laquelle se trouve le village d'*Azincourt*, où les Français perdirent une fameuse bataille contre les Anglais, en 1415, sous le règne de Charles VI. — *Lens*, au N. d'Arras, célèbre par la victoire que le duc d'Enghien remporta dans ses plaines, sur les Espagnols, en 1648.

Quel est le département qui correspond à l'ancienne province de Picardie, *et quelles en sont les villes remarquables ?*

La Picardie, province qui n'a jamais été aliénée de la couronne de France, forme aujourd'hui :

Le département de la Somme. — Amiens (Ambiani), sur la Somme, chef-lieu, évêché, cour royale, siége de la monarchie française sous Clodion, et remarquable par le traité de paix de 1802, entre la France et l'Angleterre ; patrie de Voiture, de Gresset et de la belle Gabrielle d'Estrées. — *Péronne*, ville très-forte, au milieu des marais formés par la Somme. — *Abbeville*, sur la même rivière. — *Crécy*, fameuse par la funeste bataille qu'y perdit, en 1346, Philippe de Valois contre Édouard III, roi d'Angleterre, et qui coûta aux Français plus de 60 mille hommes.

Quels sont les départemens qui correspondent à l'ancienne province de NORMANDIE, *et quelles en sont les villes principales?*

La Normandie, ainsi appelée des Normands, peuples du nord de l'Europe, auxquels Charles-le-Simple fut contraint de la céder, et qui fut réunie à la couronne en 1204, sous le règne de Philippe-Auguste, a formé cinq départemens, savoir :

Celui de la SEINE-INFÉRIEURE, au nord. — ROUEN (Rotomagus), sur la Seine, chef-lieu, archevêché, cour royale, ville ancienne, et l'une des plus importantes de la France par son commerce et par sa population; patrie de Fleury, des deux Corneille et de Fontenelle. — *Dieppe* et *Le Havre*, ports sur la Manche; le dernier à l'embouchure de la Seine. — *Yvetot*, dont les seigneurs paraissent avoir porté le titre de rois, vers l'an 534. — *Elbeuf*, célèbre par ses draps.

Celui de l'EURE, au S. du précédent. — ÉVREUX (Eburovices), chef-lieu, évêché. — *Louviers*, renommé pour ses draps. — Le bourg d'*Ivry*, dans les plaines duquel Henri IV vainquit le duc de Mayenne en 1590.

Celui du CALVADOS, à l'O. du précédent; il tire son nom d'une chaîne de rochers qui borde toute la côte. — CAEN, sur l'Orne, chef-lieu, cour royale, patrie de Malherbe. — *Lisieux* (Lexovii). — *Bayeux* (Bajocasses), évêché. — *Falaise*, célèbre par la naissance de Guillaume-le-Conquérant, et par la foire de *Guibray*, qui se tient dans l'un de ses faubourgs.

Celui de l'ORNE, au S. du précédent. — ALENÇON, sur la Sarthe, chef-lieu, remarquable par ses dentelles et par ses pierres appelées *diamans d'Alençon*. — *Séez* (Saii), évêché.

Enfin celui de la MANCHE, à l'O., ainsi nommé de la mer qui en baigne les côtes. — SAINT-LÔ, chef-lieu. — *Cherbourg*, sur la Manche, beau port pour la marine de guerre. — *Coutances* (Constantia), évêché.

Quels sont les départemens qui correspondent à l'ancienne

province de l'ILE-DE-FRANCE, et quelles en sont les villes remarquables?

L'Ile-de-France, ainsi nommée de sa position entre plusieurs rivières qui en formaient, pour ainsi dire, une île, correspond aussi à cinq départemens, savoir :

Celui de l'AISNE, au N. E., dont une partie appartient à l'ancienne Picardie. — LAON, chef-lieu, sur une montagne. — *Saint-Quentin* (Augusta Veromanduorum), sur la Somme, à l'endroit où elle reçoit le canal du même nom. — *Soissons* (Suessiones), évêché, ville très-ancienne où Clovis fixa le siége de son empire, après y avoir vaincu Syagrius, en 486. Au N. se trouve la superbe manufacture de glaces de *Saint-Gobain*, dans la forêt de Coucy. — *Château-Thierry*, patrie du bon La Fontaine. — *La Ferté-Milon*, patrie de Racine.

Celui de l'OISE, au S. O. du précédent. — BEAUVAIS, chef-lieu, évêché, patrie de l'illustre Jeanne Hachette, qui se couvrit de gloire en la défendant contre Charles-le-Téméraire, qui l'assiégeait à la tête de 80 mille hommes, en 1472. — *Compiègne*, sur l'Oise, avec un château royal et une belle forêt.

Celui de SEINE-ET-OISE, au S. du précédent. — VERSAILLES, chef-lieu, évêché, remarquable par le magnifique château bâti par Louis XIV, qui fut, jusqu'à la révolution, la résidence des rois, et qui renferme maintenant un magnifique musée historique créé par le roi Louis-Philippe. — *Saint-Germain*, *Rambouillet* et *Saint-Cloud*, célèbres par leurs châteaux royaux ; le premier a vu naître Louis XIV.

Celui de la SEINE, enclavé dans le précédent. — PARIS (Lutetia et ensuite Parisii), sur la Seine, chef-lieu, capitale de la France, siége du gouvernement, des deux chambres et de la cour de cassation ; archevêché, cour royale ; l'une des plus belles et des plus considérables villes du monde. — *Saint-Denis*, célèbre par son antique abbaye, qui renferme une maison d'éducation pour des filles des membres de la Légion-d'Honneur, et dans l'église de laquelle sont les tombeaux des rois de France.

Celui de Seine-et-Marne, à l'E. des précédens. — Melun (*Melodunum*), sur la Seine, chef-lieu; patrie d'Amyot, traducteur de Plutarque. — *Meaux* (Meldi), sur la Marne; elle a eu Bossuet pour évêque. — *Fontainebleau*, célèbre par son magnifique château et par sa forêt. — *Montereau-Faut-Yonne*, au confluent de l'Yonne et de la Seine : il s'y trouve un pont sur lequel Jean, duc de Bourgogne, fut assassiné, en 1419, par ceux qui accompagnaient le Dauphin, depuis Charles VII.

Quels sont les départemens qui correspondent à l'ancienne province de Champagne, *et quelles en sont les villes remarquables ?*

L'ancienne province de Champagne, qui fut réunie à la couronne en 1284, par le mariage de Jeanne, reine de Navarre, avec Philippe-le-Bel, a formé quatre départemens, savoir :

Celui des Ardennes, au N., ainsi nommé d'une vaste forêt qui couvrait autrefois toute cette partie de la France. — Mézières, sur la Meuse, chef-lieu. — *Sedan*, chef-lieu d'une principauté cédée à la France par Frédéric-Maurice, duc de Bouillon, en 1642; renommée par ses draps, et patrie de Turenne. — *Rocroy*, où le grand Condé, alors duc d'Enghien, remporta, le 19 mai 1643, une fameuse victoire sur les Espagnols.

Celui de la Marne, au S. O. du précédent. — Chalons-sur-Marne (*Catalaunum*), chef-lieu. — *Reims* (Remi), sur la Vèle, archevêché, ville très-ancienne, où se faisait le sacre des rois de France.

Celui de l'Aube, au S. du précédent. — Troyes (*Tricasses*), sur la Seine, chef-lieu, évêché, ancienne capitale de la Champagne.

Celui de la Haute-Marne, à l'E. du précédent. — Chaumont-en-Bassigny, sur la Marne, chef-lieu. — *Langres* (Lingones), sur le plateau le plus élevé de la France, évêché; elle possède de belles antiquités.

Quels sont les départemens qui correspondent à l'ancienne

province de LORRAINE, et quelles en sont les villes remarquables ?

L'ancienne province de Lorraine, dont la partie nommée les *Trois-Évêchés* appartient à la France depuis 1552, et dont le reste lui est échu sous Louis XV, après la mort de Stanislas, roi de Pologne, a formé quatre départemens, savoir :

Celui de la MEUSE, à l'O. — BAR-LE-DUC, sur l'Ornain, chef-lieu. — *Verdun*, anciennement l'un des *Trois-Évêchés*. — *Commercy*, place forte. — *Varennes*, où l'infortuné roi Louis XVI fut arrêté, le 21 juin 1791.

Celui de la MOSELLE, au N. — METZ, sur la Moselle, chef-lieu, place forte, cour royale, l'un des *Trois-Évêchés* anciens. — *Thionville*, où Pépin d'Héristal tenait sa cour. — *Sarreguemines*, place forte.

Celui de la MEURTHE, au S. du précédent. — NANCY, sur la Meurthe, chef-lieu, cour royale, évêché, ancienne capitale de la Lorraine. — *Toul*, sur la Moselle, anciennement l'un des *Trois-Évêchés*. — *Château-Salins*, qui tire son nom de ses salines. — *Lunéville*, où Stanislas, roi de Pologne, fit sa résidence lorsqu'il se fut retiré en France.

Celui des VOSGES, au S. du précédent. — ÉPINAL, sur la Moselle, chef-lieu. — *Plombières*, renommée par ses bains chauds. — *Domremy*, village où naquit Jeanne d'Arc.

*Quels sont les départemens qui correspondent à l'ancienne province d'*ALSACE*, et quelles en sont les villes principales ?*

L'ancienne province d'Alsace, cédée à la France par la paix de Westphalie, en 1648, a formé deux départemens, savoir :

Celui du BAS-RHIN, au N. — STRASBOURG, ville très-forte, sur l'Ill, à peu de distance de son embouchure dans le Rhin, chef-lieu, évêché; ancienne capitale de l'Alsace, conquise par Louis XIV en 1681.

Celui du HAUT-RHIN, au S. du précédent. — COLMAR, sur l'Ill, cour royale. — *Béfort*, place forte. — *Mulhouse* ou *Mulhausen*, fameuse par ses fabriques de toiles peintes, et autrefois le chef-lieu d'une petite république alliée de la Suisse.

PROVINCES DU CENTRE.

Quels sont les départemens qui correspondent à l'ancienne province de BRETAGNE, *et quelles en sont les villes remarquables ?*

L'ancienne province de Bretagne, qui fut réunie à la couronne de France par le mariage d'Anne, fille du dernier duc de ce pays, avec le roi Charles VIII, a formé cinq départemens, savoir :

Celui du FINISTÈRE, ainsi nommé de sa position à l'extrémité la plus occidentale de la France. — QUIMPER, chef-lieu, évêché. — *Brest*, sur l'Océan, l'un des meilleurs et des plus beaux ports de l'Europe, et l'un des principaux arsenaux de la marine française.

Les îles d'OUESSANT (Uxantis), situées sur la côte de ce département, en font partie; elles sont célèbres par un combat naval que se livrèrent les Français et les Anglais, en 1778.

Celui des CÔTES-DU-NORD, à l'E. du précédent et au S. de la Manche. — SAINT-BRIEUC, près de la mer, qui y forme un bon havre, chef-lieu, évêché.

Celui du MORBIHAN, au S. du précédent; il doit son nom à une espèce de golfe formé par l'Océan sur sa côte méridionale, et appelé, dans le langage du pays, *Morbihan*, c'est-à-dire *petite mer*. — VANNES (Veneti), près du Morbihan, chef-lieu, évêché. — *Lorient*, à l'embouchure du Blavet, port dont les Anglais cherchèrent en vain à s'emparer en 1746. — Au S. O. de Vannes se trouve la presqu'île de *Quiberon*, où périt, en 1795, l'élite de la marine française.

Vis-à-vis de cette presqu'île se trouve l'ELLE-ILE (Vindilis), qui a six lieues de long sur deux de large, et 5 mille habitans.

Celui d'ILLE-ET-VILAINE, à l'E. des précédens. — RENNES, sur la Vilaine, chef-lieu, cour royale, évêché, ancienne capitale de la Bretagne. — *Saint-Malo*, port sur la Manche, dont les habitans sont très-bons marins. — Sur la côte se trouve le rocher de *Cancale*, où l'on pêche d'excellentes huîtres.

Celui de la LOIRE-INFÉRIEURE, au S. du précédent. — NANTES (*Nannetes*), sur la Loire, chef-lieu, évêché, l'une des villes les plus considérables de France; fameuse par l'édit qu'y donna Henri IV, en faveur des calvinistes, en 1598, et qui fut révoqué par Louis XIV, en 1685. — *Paimbœuf*, où se déchargent les gros vaisseaux qui ne peuvent remonter la Loire jusqu'à Nantes.

Quels sont les départemens qui correspondent à l'ancienne province du MAINE, et quelles en sont les villes remarquables?

L'ancienne province du Maine, réunie à la couronne sous Louis XI, et fameuse par la volaille qu'on y nourrit, a formé deux départemens, savoir:

Celui de la MAYENNE, à l'O. — LAVAL, sur la Mayenne, chef-lieu, renommé par ses fabriques de toiles.

Celui de la SARTHE, à l'E. du précédent. — LE MANS (*Cenomani*), sur la Sarthe, chef-lieu, évêché, ancienne capitale de la province. — *La Flèche*, sur le Loir, qui possède un magnifique collège fondé par Henri IV, en 1605, et dans l'église duquel étaient déposés le cœur de ce bon prince et celui de Marie de Médicis, son épouse.

Quel est le département qui correspond à l'ancienne province d'ANJOU, et quelles en sont les villes remarquables?

L'ancienne province d'Anjou, réunie à la couronne sous le règne de Louis XI, a formé:

Le département de MAINE-ET-LOIRE, au S. des précédens. — ANGERS (*Andecavi*), sur la Maine, formée un peu au-dessus par la réunion de la Sarthe avec la Mayenne; chef-lieu, ancienne capitale de l'Anjou, cour royale, évêché. — *Saumur*, sur la rive gauche de la Loire, avec un pont sur cette rivière.

Quel est le département qui correspond à l'ancienne pro-

vince de Touraine, et quelles en sont les villes remarquables?

L'ancienne province de Touraine, réunie à la couronne sous Philippe-Auguste, si agréable et si fertile qu'elle a mérité le surnom de *Jardin de la France*, a formé :

Le département d'Indre-et-Loire, à l'E. du précédent. — Tours (Turones), chef-lieu, dans une belle plaine, entre la Loire et le Cher, archevêché : on y voyait, avant la révolution, l'église Saint-Martin, fameuse dans les premiers temps de la monarchie. — A un quart de lieue de cette ville se trouve le château de *Plessis-lez-Tours*, où Louis XI passa les dernières années de sa vie. — *Chinon*, où Charles VII tint sa cour pendant l'occupation de la presque totalité de son royaume par les Anglais. — *Loches*, patrie d'Agnès Sorel. Au S. O. se trouve le bourg de *La Haye*, où naquit Descartes.

Quels sont les départemens qui correspondent à l'ancienne province de l'Orléanais, et quelles en sont les villes principales?

L'ancienne province de l'Orléanais, une des plus belles et des plus fertiles de la France, a formé les trois départemens suivans, savoir :

Celui d'Eure-et-Loir, au N. O.; il renferme l'ancienne *Beauce*, célèbre par sa fertilité. — Chartres (Carnutes), sur l'Eure, chef-lieu, évêché, avec une cathédrale dont on admire les clochers. Henri IV y fut sacré en 1594. — *Dreux* (Durocasses), remarquable par la bataille de 1562, où le prince de Condé fut fait prisonnier.

Celui du Loiret, au S. E. du précédent. — Orléans (Aurelianum), sur la Loire, chef-lieu, ancienne capitale de la province, cour royale, évêché; fameuse par deux sièges qu'elle soutint, le premier contre Attila, en 450, et le second, en 1428, contre les Anglais, que le courage de Jeanne d'Arc força à se retirer. — *Montargis*, sur le *Loing*, petite rivière qui se jette dans la Seine, qu'elle fait communiquer avec la

Loire, à l'aide du canal d'*Orléans* et de celui de *Briare*, qui commence à la ville de ce nom, dans le même département.

Celui de LOIR ET-CHER, au S. du précédent.—BLOIS, sur la Loire, que l'on y passe sur un beau pont; chef-lieu, évêché; ce fut dans le château de cette ville que le duc et le cardinal de Guise furent tués, aux états qu'y avait convoqués Henri III, en 1588; patrie du bon Louis XII.—*Vendôme*, célèbre par les princes qui en ont porté le nom.—*Chambord*, où se trouve un magnifique château bâti par François Ier, habité ensuite par Bayard, et l'un des plus beaux édifices gothiques qui soient en France.

Quels sont les départemens qui correspondent à l'ancienne province du BERRY, *et quelles en sont les villes remarquables?*

L'ancienne province du Berry, réunie à la couronne sous Philippe Ier en 1100, a formé deux départemens, savoir :

Celui du CHER, au S. de celui du Loiret. — BOURGES (Bituriges), chef-lieu, situé à peu près au centre de la France; archevêché, cour royale, patrie de Louis XI. — *Sancerre*, fameuse par le siège qu'elle soutint, en 1575, contre le roi Charles IX, et pendant lequel la famine força les habitans à manger les animaux les plus immondes.

Celui de l'INDRE, au S. O. du précédent.—CHATEAUROUX, sur l'Indre, chef-lieu; les forges des environs produisent le meilleur fer de France.— *Issoudun*, patrie du prédicateur Bourdaloue. — *La Châtre*, sur l'Indre.

Quel est le département qui correspond à l'ancienne province du NIVERNAIS, *et quelles en sont les villes remarquables?*

L'ancienne province du Nivernais a formé :

Le département de la NIÈVRE, à l'E. de celui du Cher.— NEVERS (Nivernum), sur la Loire, chef-lieu, ancienne capitale de la province. — *Cône*, sur la même rivière; fonderie de canons et d'ancres et fabrique de coutellerie.

Quel est le département qui correspond à l'ancienne pro-

vince du BOURBONNAIS, *et quelles en sont les villes remarquables?*

L'ancienne province du Bourbonnais, dont l'héritière épousa Robert de Clermont, fils de saint Louis et l'un des ancêtres de Henri IV, forme aujourd'hui :

Le département de l'ALLIER, au S. du précédent. — MOULINS, sur l'Allier, chef-lieu, renommé pour sa coutellerie. — *Vichy* (Aquæ Calidæ) et *Néris* (Aquæ Neræ), fameuses par leurs eaux minérales, sont aussi dans ce département.

Quels sont les départemens qui correspondent à l'ancienne province de BOURGOGNE, *et quelles en sont les villes remarquables?*

L'ancienne province de Bourgogne, longtemps gouvernée par des ducs très-puissans, et réunie à la couronne après la mort de Charles-le-Téméraire, tué au siége de Nancy, en 1477, a formé quatre départemens, savoir :

Celui de l'YONNE, formé d'une partie de la Champagne et du N. O. de la Bourgogne. — AUXERRE (Autissiodurum), sur l'Yonne, chef-lieu. — *Sens*, archevêché : on voit dans sa cathédrale les tombeaux du dauphin, fils de Louis XV, et de son épouse. — *Joigny, Tonnerre, Avallon,* fameuses par leurs vins. — Le village de *Fontenay,* à huit lieues au S. d'Auxerre, est malheureusement célèbre par la bataille qui s'y livra, en 841, entre Charles-le-Chauve et ses frères, et qui coûta la vie à près de 100 mille Français.

Celui de la CÔTE-D'OR, qui tire son nom d'une chaîne de collines qui produisent d'excellens vins, au S. E. du précédent. — DIJON (Divio), sur le canal de Bourgogne; chef-lieu, ancienne résidence des ducs, cour royale, évêché ; patrie de plusieurs grands hommes, et, entre autres, du fameux Bossuet. — *Montbard,* patrie de Buffon. — *Beaune,* célèbre par ses vins.

Celui de SAÔNE-ET-LOIRE, au S. du précédent. — MACON, sur la Saône, chef-lieu ; renommé par ses vins. — *Autun*

(Augustodunum), évêché, ville très-ancienne. — *Châlons-sur-Saône* (Cabillonum).

Celui de l'AIN, au S. E. du précédent. — BOURG, chef-lieu, ancienne capitale de la *Bresse*, cédée par le duc de Savoie à Henri IV, en 1601, en même temps que le *Bugey*, qui avait pour capitale *Belley*, évêché. — *Trévoux*, sur la rive gauche de la Saône.

Quels sont les départemens qui correspondent à l'ancienne province de FRANCHE-COMTÉ, *et quelles en sont les villes remarquables?*

L'ancienne province de Franche-Comté, deux fois conquise par Louis XIV, en 1668 et 1674, et restée à la France par la paix de Nimègue, a formé trois départemens, savoir :

Celui de la HAUTE-SAÔNE, au N. — VESOUL, au pied d'une montagne, chef-lieu. — *Gray*, sur la Saône. — *Luxeuil*, célèbre par ses eaux minérales.

Celui du JURA, au S. O. du précédent. — LONS-LE-SAUNIER, chef-lieu. — *Dôle*, sur le Doubs, capitale de la Franche-Comté, avant que Besançon n'eût été cédée à la France. — *Salins*, qui tire son nom de ses salines : elle fut presque entièrement détruite par un incendie en 1825.

Celui du DOUBS, au N. E. du précédent. — BESANÇON (Vesontio), sur le Doubs, chef-lieu, ancienne capitale de la province, archevêché, cour royale, ville très-forte, prise par Louis XIV en personne, en 1674. — *Montbéliard*, autrefois la capitale d'une petite principauté appartenant à la maison de Wurtemberg.

Quels sont les départemens qui correspondent à l'ancienne province du POITOU, *et quelles en sont les villes remarquables?*

L'ancienne province du Poitou, conquise sur les Anglais par Charles V, et réunie à la couronne en 1574, a formé trois départemens, savoir :

Celui de la VENDÉE, à l'O., fameux par les guerres dont ces contrées ont été le théâtre. — BOURBON-VENDÉE, nommée aussi *Napoléonville*, chef-lieu. — *Les Sables-d'Olonne*, port sur l'Océan. — *Luçon*, évêché.

Les îles de Noirmoutier (Herio) et Dieu (Ogia), situées sur la côte de ce département, en font aussi partie.

Celui des Deux-Sèvres, à l'E. du précédent. — Niort, sur la Sèvre-Niortaise, chef-lieu. — *Bressuire* et *Parthenay*, célèbres dans les guerres de la Vendée.

Celui de la Vienne, à l'E. du précédent. — Poitiers (*Limonum*), chef-lieu, cour royale, évêché. — Près de cette ville se trouvent *Vouillé*, qui a donné son nom à la bataille dans laquelle Clovis défit et tua Alaric, roi des Visigoths, en 507; et *Maupertuis*, où se livra, en 1356, la funeste bataille où le roi Jean fut fait prisonnier par les Anglais. — *Châtellerault*, renommée pour sa coutellerie.

Quel est le département qui correspond aux anciennes provinces d'AUNIS et de SAINTONGE, et quelles en sont les villes remarquables?

Les anciennes provinces d'Aunis et de Saintonge, réunies, comme la précédente, à la couronne sous Charles V, ont formé :

Le département de la Charente-Inférieure. — La Rochelle, chef-lieu, port sur l'Océan; évêché, ancienne capitale du pays d'Aunis, patrie de Réaumur; fameuse par le siége qu'y soutinrent les calvinistes, sous Louis XIII. — *Saintes*, ancienne capitale de la Saintonge. Près de cette ville se trouve *Taillebourg*, célèbre par la victoire qu'y remporta sur les Anglais saint Louis encore fort jeune, en 1242 — *Rochefort*, sur la Charente, à cinq lieues de son embouchure, l'un des principaux arsenaux de la marine royale, et fonderie de canons.

Les îles de Ré et d'Oleron (Uliarus), séparées par le pertuis d'Antioche, font aussi partie de ce département; sur la côte duquel elles sont situées, et renferment 7 mille habitans.

Quel est le département qui correspond à l'ancienne pro-

vince d'ANGOUMOIS, *et quelles en sont les villes remarquables?*

L'ancienne province d'Angoumois, réunie aussi à la couronne sous Charles V, de même que les précédentes, a formé :

Le département de la CHARENTE. — ANGOULÊME (Iculisna), chef-lieu, sur une montagne, près de la Charente, renommé par ses eaux-de-vie. — *Jarnac*, où Henri III remporta, en 1569, une victoire sur les calvinistes commandés par le prince de Condé, qui y fut tué par Montesquiou. — *Cognac*, célèbre par ses eaux-de-vie.

Quel est le département qui correspond à l'ancienne province de la MARCHE, *et quelles en sont les villes remarquables?*

L'ancienne province de la Marche, réunie à la couronne par François Ier en 1531, forme aujourd'hui :

Le département de la CREUSE. — GUÉRET, chef-lieu, ancienne capitale de la Marche. — *Aubusson*, renommée pour ses manufactures de tapis.

Quels sont les départemens qui correspondent à l'ancienne province du LIMOSIN, *et quelles en sont les villes remarquables?*

L'ancienne province du Limosin, réunie à la couronne sous Charles V, a formé deux départemens, savoir :

Celui de la HAUTE-VIENNE, à l'O., qui renferme aussi la partie occidentale de la Marche. — LIMOGES, chef-lieu, ancienne capitale du Limosin, cour royale, évêché; patrie du chancelier d'Aguesseau.

Celui de la CORRÈZE, au S. E. du précédent. — TULLE, sur la Corrèze, chef-lieu. — *Brives-la-Gaillarde*. — *Turenne*.

*Quels sont les départemens qui correspondent à l'ancienne province d'*AUVERGNE, *et quelles en sont les villes remarquables?*

L'ancienne province d'Auvergne, confisquée sur le connétable de Bourbon, et réunie à la couronne, en 1531, a formé deux départemens, savoir :

Celui du Puy-de-Dôme, au N. — Clermont, chef-lieu, près de la montagne qui donne son nom au département. Ce fut dans un concile qui s'y tint en 1096, que fut résolue la première croisade. Patrie de Pascal.—*Riom*, cour royale, au milieu de la plaine de la *Limagne*, renommée pour sa fertilité.

Celui du Cantal, au S. O. du précédent. — Aurillac, chef-lieu. — *Saint-Flour*, évêché.

Quels sont les départemens qui correspondent à l'ancienne province du Lyonnais, *et quelles en sont les villes remarquables?*

L'ancienne province du Lyonnais, réunie à la couronne sous Philippe le Bel, a formé deux départemens, savoir :

Celui de la Loire, à l'O. — Montbrison, chef-lieu. — *Roanne*, sur la Loire, ville très-commerçante. — *Saint-Étienne*, sur le *Furens*, dont les eaux, excellentes pour la trempe de l'acier, ont rendu célèbre sa fabrique d'armes. Cette ville, l'une des plus importantes de la France par ses manufactures, communique avec Lyon et avec Roanne par des *chemins de fer* qui unissent ainsi le Rhône à la Loire.

Celui du Rhône, à l'E. — Lyon (Lugdunum), au confluent de la Saône et du Rhône, chef-lieu, ancienne capitale du *Lyonnais*, la seconde ville du royaume par son commerce et par sa population, archevêché, cour royale; patrie d'un grand nombre d'hommes célèbres. Elle soutint pour la cause royale, en 1793, un siége de deux mois, par suite duquel elle éprouva de grands désastres, qui sont aujourd'hui entièrement réparés.

PROVINCES DU MIDI.

Quels sont les départemens qui correspondent à l'ancienne province de Guyenne, *et quelles en sont les villes remarquables?*

L'ancienne province de Guyenne, qui se composait de la *Guyenne* et de la *Gascogne*, après avoir formé un royaume, sous le nom d'*Aquitaine*, fut ensuite gouvernée par des ducs, et enfin réunie définitivement à la couronne de France, sous Charles VII, en 1453, après avoir été, pendant plus de trois cents ans, le théâtre d'une guerre presque continuelle entre les Français et les Anglais. Elle a formé neuf départemens, savoir :

Celui de la GIRONDE, au N. O.—BORDEAUX (Burdigala), chef-lieu, sur la rive gauche de la Garonne, que l'on y passe sur un superbe pont de pierre de près d'un demi-quart de lieue de longueur ; ancienne capitale de la *Guyenne*, archevêché, cour royale, et l'un des ports les plus vastes et les plus commerçans du royaume. A 4 lieues au S. se trouve le village de *La Brède*, patrie de Montesquieu. — *Blaye* (Blavia), sur la Gironde ; les vaisseaux qui remontent jusqu'à Bordeaux y laissent leurs canons. — *Coutras* (Corterate), où Henri IV, alors roi de Navarre, remporta, en 1587, une grande victoire sur les catholiques, commandés par le duc de Joyeuse.—*Bazas* (Vasates), sur un rocher.—A l'embouchure de la Gironde est un rocher isolé (île d'Antros), où Henri IV a fait bâtir un phare, appelé la *Tour de Cordouan*.

Celui des LANDES, au S. du précédent, ainsi appelé des *landes* ou terres incultes qui couvrent une assez grande partie de son territoire, et que l'on commence à défricher. — MONT-DE-MARSAN, chef-lieu. — *Dax* (Aquæ Tarbellicæ), sur l'Adour.

Celui de la DORDOGNE, au N. E. de celui de la Gironde. —PÉRIGUEUX (Petrocorii), sur l'*Isle*, chef-lieu, évêché, ancienne capitale du *Périgord*. A deux lieues se trouve le château de *Montaigne*, où naquit le célèbre écrivain de ce nom. — *Bergerac*, sur la Dordogne.

Celui de LOT-ET-GARONNE, au S. du précédent.— AGEN (Aginnum), sur la Garonne, chef-lieu, cour royale, évêché, ancienne capitale de l'*Agénois*.

Celui du LOT, à l'E. des précédens. — CAHORS (Cadurci), sur le Lot, chef-lieu, évêché, ancienne capitale du *Quercy*, patrie du poète Clément Marot ; prise d'assaut, en 1580, par Henri IV, alors roi de Navarre.

Celui de l'AVEYRON, au S. E. du précédent. — RHODEZ (Ruteni), près de l'Aveyron, chef-lieu, ancienne capitale du *Rouergue*.

Celui de TARN-ET-GARONNE, au S. O. de celui du Lot. — MONTAUBAN, sur le Tarn, chef-lieu; prise par le cardinal de Richelieu, en 1629, sur les calvinistes, qui s'y étaient fortifiés.

Celui du GERS, au S. O. du précédent. — AUCH (Ausci), sur le Gers, chef-lieu, ancienne capitale de l'*Armagnac* et de toute la Gascogne. — *Condom*, ancien évêché.

Celui des HAUTES-PYRÉNÉES, au S. du précédent. — TARBES (Turba), sur l'Adour, chef-lieu, ancienne capitale du *Bigorre*, où se trouvent *Bagnères* et *Barréges*, célèbres par leurs eaux minérales.

Quel est le département qui correspond à l'ancienne province du BÉARN, et quelles en sont les villes remarquables?

L'ancienne province du Béarn, qui renfermait la *Basse-Navarre*, dont Henri IV était roi quand il se vit appelé, par sa naissance, au trône de France, a formé, en y joignant l'ancien *pays des Basques*, qui faisait partie de la Gascogne :

Le département des BASSES-PYRÉNÉES. — PAU, sur le *gave* ou rivière du même nom, chef-lieu, cour royale, patrie de Henri IV, qui y naquit le 15 décembre 1557. — *Bayonne* (Lapurdum), port de mer très-commerçant sur le golfe de Gascogne, à l'embouchure de l'Adour; évêché, ancienne capitale du *pays des Basques*. Cette ville a donné son nom aux baïonnettes, qui y furent inventées. — *Saint-Jean-Pied de-Port*, ancienne capitale de la Basse-Navarre.

Quel est le département qui correspond à l'ancien COMTÉ DE FOIX, et quelles en sont les villes remarquables?

L'ancien comté de Foix, avec une petite portion de la Gascogne et du Languedoc, a formé :

Le département de l'ARIÉGE. — Foix, sur l'Ariége, chef-lieu. — *Pamiers*, ancien évêché.

Quel est le département qui correspond à l'ancienne pro-

vince du Roussillon, et quelles en sont les villes remarquables?

L'ancienne province du Roussillon, prise sur les Espagnols par Louis XIII, et réunie à la couronne par la paix des Pyrénées, en 1659, a formé, en y joignant la *Cerdagne* française et une petite partie du Languedoc :

Le département des Pyrénées-Orientales. — Perpignan (Ruscino), sur le *Tet*, chef-lieu, ancienne capitale du Roussillon, ville forte prise sur les Espagnols en 1642. — *Mont-Louis*, forteresse bâtie par Louis XIV, ancienne capitale de la Cerdagne française.

Quels sont les départemens qui correspondent à l'ancienne province du Languedoc, *et quelles en sont les villes remarquables?*

L'ancienne province du Languedoc, pays agréable et fertile qui, après avoir appartenu aux Visigoths d'Espagne, et ensuite aux comtes de Toulouse, fut réuni à la couronne par Philippe-le-Hardi après la mort de Raymond, le dernier de ses comtes, a formé huit départemens, savoir :

Celui de la Haute-Garonne, au S. O. — Toulouse (Tolosa), à l'endroit où la Garonne reçoit le canal du Midi, chef-lieu, ancienne capitale du Languedoc, archevêché, cour royale; ville très-ancienne, célèbre par son académie des Jeux floraux. Il s'y livra entre les Français et les Anglais une sanglante bataille en 1814.

Celui du Tarn, au N. E. du précédent. — Alby (Albiga), sur le Tarn, chef-lieu, archevêché. — *Castres*, sur l'Agout, prise par Louis XIII sur les protestans, en 1629.

Celui de l'Aude, au S. E. du précédent.—Carcassonne (Carcaso), sur l'Aude, chef-lieu, évêché. — *Castelnaudary*, sur le canal du Midi, célèbre par le combat de 1632, où fut pris le duc de Montmorency, qui eut la tête tranchée à Toulouse. — *Narbonne* (Narbo Martius), une des villes les plus considérables de la Gaule sous les Romains.

Celui de l'Hérault, au N. E. du précédent. — Montpellier, chef-lieu, l'une des villes les plus agréables de

France, sur une colline, à deux lieues de la mer ; cour royale, évêché. — *Béziers* (Biterræ), dans une position si agréable qu'elle a fait dire que *si Dieu venait habiter la terre, c'est à Béziers qu'il se fixerait.*—*Lodève* (Luteva), patrie du cardinal de Fleury. — *Lunel* et *Frontignan*, fameuses par leurs vins muscats.

Celui de la Lozère, au N. du précédent, traversé par les montagnes de ce nom. — Mende, sur le Lot, chef-lieu, évêché.

Celui de la Haute-Loire, au N. du précédent, et renfermant une petite portion de l'Auvergne. — Le Puy, près de la Loire, chef-lieu, remarquable par sa fabrique de dentelles noires. — *Brioude*, dans l'ancienne Auvergne ; à une demi-lieue se trouve *Vieille-Brioude*, où l'on voyait sur l'Allier un pont dont on attribuait la construction aux Romains, et qui s'est écroulé il y a quelques années.

Celui de l'Ardèche, au S. E. du précédent. — Privas, chef-lieu. — *Tournon*, sur le penchant d'une colline, près du Rhône ; célèbre par son beau collége.

Celui du Gard, au S. du précédent. — Nîmes (Nemausus), chef-lieu, cour royale ; évêché qui a compté Fléchier parmi ses prélats. Cette ville, importante par ses manufactures et sa population, est la plus remarquable de la France par ses beaux monumens romains. — Entre Nîmes et *Uzès* se trouve le fameux *pont du Gard*, ouvrage des Romains, composé de trois étages d'arcades, dont les plus élevées soutenaient un aqueduc qui portait l'eau à Nîmes, ville alors très-importante.—Le *Pont-Saint-Esprit*, ainsi nommée d'un beau pont de 22 arches sur le Rhône. — *Beaucaire*, aussi sur le Rhône, célèbre par ses foires ; elle communique par un canal avec *Aigues-Mortes*, où saint Louis s'embarqua pour ses deux croisades, en 1240 et 1269, et qui aujourd'hui se trouve à plus d'une lieue de la mer.

Quels sont les départemens qui correspondent à l'ancienne province du Dauphiné, *et quelles en sont les villes principales ?*

L'ancienne province du Dauphiné, qui fut long-temps

gouvernée par des souverains qui portaient le titre de *Dauphins de Viennois*, et cédée, en 1345, par le dernier d'entre eux, nommé Humbert II, à Philippe de Valois, sous la condition que les fils aînés des rois de France porteraient le nom et les armes de dauphin, a formé trois départemens, savoir :

Celui de l'Isère, au N. — Grenoble (Gratianopolis), sur l'Isère, chef-lieu, cour royale, évêché; patrie du chevalier Bayard. — *Vienne* (Vienna), sur le Rhône, fort célèbre du temps des Romains, et fameuse par le concile de 1311, dans lequel l'ordre des Templiers fut aboli.

Celui de la Drôme, au S. du précédent. — Valence (Valentia), près du Rhône, chef-lieu, évêché. Le pape Pie VI, illustre par ses malheurs et par sa résignation, y mourut en 1799.

Celui des Hautes-Alpes, à l'E. du précédent. — Gap (Vapincum), chef-lieu. — *Briançon* (Brigantio), une des plus hautes et des plus fortes villes de l'Europe. — *Embrun* (Ebrodunum), sur un rocher escarpé, près de la Durance.

Quels sont les départemens qui correspondent à l'ancienne province de la Provence, *et quelles en sont les villes remarquables?*

L'ancienne Provence, ainsi nommée parce qu'elle fut longtemps la seule *province* que les Romains possédassent dans la Gaule, et réunie à la couronne de France en 1481, par Louis XI, que Charles d'Anjou, comte du Maine et de Provence, institua son héritier, a formé quatre départemens, savoir :

Celui de Vaucluse, ainsi nommé de la fontaine de ce nom, rendue si célèbre par les vers de Pétrarque, et qui contient, outre une petite partie de la Provence, le Comtat Venaissin, qui appartenait aux papes lorsqu'il fut réuni, en 1791, à la France, qui l'a conservé. — Avignon (Avenio), sur le Rhône, chef-lieu, archevêché, ancienne capitale du Comtat, et pendant soixante-huit ans la résidence des papes. — *Orange* (Arausio), ancienne capitale d'une petite principauté qui appartenait à la maison de Nassau, et réunie à la France par Louis XIV. — *Carpentras* (Carpentoracte), au pied du mont *Ventoux*.

Celui des BASSES-ALPES, à l'E. du précédent. — DIGNE (Dinia), chef-lieu; à une lieue se trouvent des eaux minérales renommées. — *Sisteron*, sur la Durance. — *Forcalquier* (Forum Neronis), sur une montagne.

Celui des BOUCHES-DU-RHÔNE, au S. de celui de Vaucluse. — MARSEILLE (Massilia), excellent port sur le golfe de Lyon, chef-lieu; fondée 600 ans avant J.-C., par une colonie de Phocéens venus de l'Asie-Mineure, et l'une des villes les plus considérables de France par son commerce et par sa population. Les grands vaisseaux, qui ne peuvent entrer dans son port, s'arrêtent à l'île d'*If*, qui en est peu éloignée, et sur laquelle se trouve le château du même nom. — *Arles* (Arelate), près de l'endroit où le Rhône se partage en deux branches; Ausone l'appelle la *Rome des Gaules*. — *Aix* (Aquæ Sextiæ), archevêché, cour royale; ancienne capitale de la Provence, et fort considérable aussi sous les Romains.

Celui du VAR, à l'E. du précédent, et séparé du comté de Nice par la rivière dont il porte le nom. — DRAGUIGNAN, chef-lieu. — *Toulon* (Telo-Martius), l'un des plus beaux ports de l'Europe; préfecture maritime, et le principal chantier de construction de la marine royale de France.

Les îles d'HYÈRES et de LÉRINS (anciennes îles Stæchades) font partie de ce département, sur la côte duquel elles sont situées.

Quel est le quatre-vingt-sixième département de la France, et quelles en sont les villes remarquables?

Le quatre-vingt-sixième département de la France se compose de l'île de CORSE (Corsica), dont il porte le nom, et qui est située au S. E. de la France, dans la Méditerranée; elle a été cédée à la France par les Génois, en 1768, et conquise sur les habitans l'année suivante. — AJACCIO, chef-lieu, évêché. Patrie de Napoléon Bonaparte. — *Bastia*, bon port, cour royale, ancienne capitale de l'île.

ROYAUME DES PAYS-BAS.

Quels sont les bornes, la population, la religion et le gouvernement du royaume des Pays-Bas?

Le royaume des Pays-Bas, ainsi nommé parce que le sol en est si bas, qu'il n'est préservé des irruptions de la mer que par de fortes digues, est borné au N. et à l'O. par la mer du Nord, au S. par la Belgique, et à l'E. par le grand-duché du Bas-Rhin et par le Hanovre. Il a environ 65 lieues du N. au S., et 40 de l'O. à l'E. Sa population est d'environ 2 millions et demi d'habitans, presque tous calvinistes. Le gouvernement est monarchique et représentatif.

Comment se divisent les Pays-Bas?

Depuis la révolution qui, au mois de septembre 1830, a séparé la Hollande de la Belgique, réunies en un seul royaume depuis 1814, les Pays-Bas ne se composent plus que de dix provinces, comprises autrefois sous le nom de Hollande, et du grand-duché de Luxembourg, qui en est séparé en partie par la Belgique et qui appartient à la Confédération Germanique. (*Voir* page 62.)

Quelles sont les principales villes du royaume des Pays-Bas?

Les principales villes de ce royaume sont: AMSTERDAM, sur le Zuiderzée, capitale de la Hollande septentrionale et de tous les Pays-Bas, l'une des plus belles et des plus florissantes villes du monde. Population, 200 mille habitans. — Leyde (Lugdunum Batavorum), sur le vieux canal du Rhin, fameuse par son université. — La Haye, au S. O. d'Amsterdam, résidence habituelle du roi des Pays-Bas, et siége des états-généraux. Population, 48 mille habitans. On la regarde comme un bourg, parce qu'elle n'a ni portes ni murailles. — Rotterdam, sur la Meuse, que les plus gros vaisseaux peuvent remonter; patrie d'Érasme. Population, 66 mille habitans. — Utrecht, au S. E. d'Amsterdam, capitale de la province de son nom, fameuse par l'union de 1579, qui fut le fondement de la république des Provinces-Unies, et par le congrès de 1715, qui pacifia l'Europe. — HARLEM, à l'O. d'Amsterdam ; elle dispute à Mayence la gloire d'avoir inventé l'imprimerie.— MAESTRICHT, sur la Meuse, forteresse importante, capitale de la province du *Limbourg*. — LUXEMBOURG, au S. E., sur l'Alzette; capitale du grand-duché de Luxembourg, une des plus fortes places de l'Europe, prise par les Français en 1684, sous Louis XIV, et en 1795.

A ces villes on peut ajouter encore: *Groningue*, au N. E. d'Amsterdam, université célèbre —*Saardam*, sur le Zuiderzée; chantier de construction, célèbre par le séjour qu'y fit Pierre-le-Grand. — *Nimègue*, sur le Wahal, avec un château bâti, dit-on, par Charlemagne, remarquable par la paix de 1679.

Quelles sont les principales îles qui dépendent des PAYS-BAS ?

Les îles qui dépendent des Pays-Bas sont extrêmement nombreuses. La province de *Zélande* tout entière se compose d'un grand nombre d'îles formées par l'Escaut et la Meuse, à leur embouchure dans la mer du Nord, et dont une des principales est celle de WALCHEREN, qui renferme *Middelbourg*, capitale de la province, et *Flessingue*. — Sur la côte de la Hollande, la plus remarquable est celle du TEXEL, à l'entrée du Zuiderzée, fameuse par deux batailles navales livrées en 1653 et 1675.

CLIMAT, PRODUCTIONS, POSSESSIONS LOINTAINES. — L'industrie et l'activité des Hollandais ont transformé en champs bien cultivés et en excellens pâturages les marais qui couvraient la plus grande partie de leur pays, dont le climat est cependant encore humide et variable. La fabrication des toiles, la pêche du hareng, procurent d'immenses revenus à ce peuple industrieux, qui avait, avant les Anglais, le monopole du commerce dans toutes les parties de l'univers, où il conserve encore de nombreuses possessions renfermant près de 10 millions d'habitans.

BELGIQUE*.

Quels sont les bornes, la population, la religion et le gouvernement de la BELGIQUE?

La Belgique est bornée au N. par la Hollande, à l'O. par la mer du Nord, au S. par la France, et à l'E. par le grand-duché du Bas-Rhin. Elle renferme environ 4 millions d'habitans, presque tous catholiques. Le gouvernement est monarchique et représentatif.

Comment se divise la Belgique, et quelles en sont les villes principales?

La Belgique se divise en huit provinces, dont les principales villes sont : BRUXELLES, sur la Senne, ville riche et commerçante; capitale de la Belgique. Sa population est d'environ 100 mille habitans. — *Waterloo* est au S. E. de cette ville. — ANVERS, au N., sur l'Escaut, grande ville et port fameux, surtout pendant le temps que la Belgique a appartenu à la France. Elle est défendue par une forte citadelle, dont les Français se sont rendus maîtres en 1832, à la suite d'un siége difficile et glorieux. Cette ville, patrie de Rubens et de plusieurs excellens peintres, compte 65 mille habitans. — MALINES, entre Anvers et Bruxelles, jolie ville archiépiscopale, renommée par ses fabriques de dentelles. — BRUGES, au N. O., ville commerçante, sur un beau canal qui fait communiquer OSTENDE, port sur la mer du Nord, avec GAND, situé au confluent de l'Escaut et de la Lys, ville très-grande et importante par son commerce; patrie de Charles-Quint. Population, 70 mille habitans. — TOURNAY, au S. O. de Gand, plusieurs fois prise et reprise par les Français et les Autrichiens, et à 2 lieues de laquelle se trouve *Fontenoy*, village fameux par la victoire que les Français, commandés par

---

* Consulter, dans mon *Atlas à l'usage des colléges*, la carte de la FRANCE, pour la *Belgique* et pour la *Confédération Suisse*.

le maréchal de Saxe, y remportèrent, en 1745, sur les Anglais et les Hollandais. — Mons, sur la Trouille, au S. E. de Tournay, fameuse par plusieurs siéges, et surtout par celui qu'en fit Louis XIV en 1691. — Au S. O. de cette ville s'étendent les plaines de *Jemmapes*, illustrées par une victoire des Français en 1792. — Namur, au confluent de la Sambre et de la Meuse, prise par Louis XIV en 1692. A l'O. de cette ville se trouve *Fleurus*, célèbre par trois victoires gagnées par les Français. — Liège, sur la Meuse, capitale de l'ancien évêché de ce nom, devenu une des provinces de la Belgique ; patrie de Grétry. Population, 50 mille habitans. A 6 lieues au S. E. est le bourg de *Spa*, connu par ses eaux minérales. — Louvain, à l'E. de Bruxelles ; fameuse université.

Climat, Productions, Industrie. — L'aspect général de la Belgique est celui d'une vaste plaine entrecoupée de quelques collines ombragées de forêts et de vallées couvertes de gras pâturages. Le sol, d'une admirable fertilité, est cultivé avec soin, produit en abondance des grains, du lin, du chanvre, du tabac, et renferme de riches mines de fer, de houille et de marbre ; l'air y est pur et sain. Sa population, qui est d'environ 2,300 habitans par lieue carrée, est riche de son industrie, dont les toiles, les dentelles, les soieries, les draps, sont les produits principaux.

CONFÉDÉRATION SUISSE.

Quels sont les bornes, la population, les divisions, le gouvernement et la religion de la SUISSE?

La Suisse (ancienne Helvétie), bornée au N. et à l'E. par l'Allemagne, à l'O. par la France, dont elle est séparée par le Jura, au S. par les États du Roi de Sardaigne et le royaume Lombard-Vénitien, renferme une population de près de 2 millions d'habitans. La Suisse se compose de vingt-deux cantons indépendans les uns des autres pour leur administration intérieure. Les affaires qui touchent à l'intérêt général sont réglées par une diète qui se rassemble tous les ans, dans l'un des trois cantons de *Zurich*, *Berne* ou *Lucerne*, et dans lequel se choisit aussi, chaque année, le chef de l'État, nommé le *Landammann*. Des vingt-deux cantons, neuf sont catholiques, sept protestans et six mixtes. On parle français dans ceux qui sont voisins de la France, italien dans ceux qui sont au S. des Alpes, et allemand dans tous les autres.

Quelles sont les principales villes de la Suisse?

Les principales villes de la Suisse sont: BALE (Basilia), sur le Rhin, qui la divise en deux parties; c'est la ville la plus grande et la plus commerçante de la Suisse. On y voit le tombeau d'Érasme. Population, 16 mille habitans. — SOLEURE (Salodurum), au S. O. de Bâle, célèbre par un traité d'alliance qui y fut conclu, pour cinquante ans, entre la France et la Suisse, en 1777. — BERNE, au S. de Soleure, une des plus belles villes de la Suisse, prise par les Français en 1798, après de sanglans combats; une partie de son canton, le plus grand de la Suisse, est couverte de glaciers connus sous le nom de *Mer de glace*. On y trouve aussi la belle chute d'eau du *Staubbach*, qui tombe de 808 pieds de haut. — FRIBOURG, au S. O. de Berne; le canton dont elle est le chef-lieu renferme la petite ville de *Morat*, sur le lac du même nom, où Charles le Téméraire fut vaincu, en 1476, dans une sanglante bataille, par les Suisses, qui élevèrent deux pyramides formées des os des Bourguignons.—LAUSANNE, au S. O. de Fribourg, à peu de distance du lac de Genève. — GENÈVE, au S. O. de Lausanne, sur le lac Léman ou lac de Genève, capitale de l'ancienne république du même nom. Elle fait un grand commerce d'horlogerie, et a donné naissance à plusieurs hommes célèbres. Population, 25 mille habitans. — LUCERNE, sur le lac du même nom, qui forme la partie occidentale de celui des *Quatre cantons* ou des *Waldstettes*, au N. E. de Berne; grand passage pour l'Italie par le Saint-Gothard; résidence du nonce du pape. — ZURICH, près du lac de son nom, au N. E. de Soleure, dans une belle position; fameuse par une victoire remportée par les Français en 1799, et à la suite de laquelle les Autrichiens et les Russes furent forcés d'évacuer la Suisse. Patrie de Gessner.

A ces villes on peut ajouter : — *Schaffhouse*, au N. E. de Bâle, sur la rive droite du Rhin, à une lieue au-dessus de la fameuse cataracte où ce fleuve, large de trois cents pieds, se précipite de quatre-vingts pieds de haut. — *Neuchâtel*, au S. O. de Soleure, sur le lac du même nom; chef-lieu d'un canton qui reconnaît la souveraineté du roi de Prusse. — *Habsbourg*, dans le canton de Berne, berceau de la famille qui gouverne l'Autriche. — *Schwitz*, à l'E. de Lucerne, gros bourg qui paraît avoir donné son nom à toute la Suisse; chef-lieu d'un canton qui a produit le fameux Guillaume Tell, et où se trouvent le village et la montagne de *Morgarten*, où les Suisses remportèrent en 1316, sur Léopold d'Autriche, la victoire célèbre qui assura leur liberté. — *Altorf*, au S. de Schwitz, est remarquable par deux fontaines qui désignent les endroits où étaient placés Guillaume Tell et son fils, lorsque ce malheureux père se vit forcé d'abattre d'un coup d'arbalète une pomme placée sur la tête de l'enfant. — *Sion*, à l'E. de Genève, sur le Rhône, est le chef-lieu du *Valais*, où se trouvent dans les Alpes deux passages : celui du *Grand-Saint-Bernard*, franchi par l'armée française avec son artillerie en 1800, et célèbre par son hospice situé au point le plus élevé du passage; et celui du *Simplon*, fameux par la route magnifique que les Français y ont ouverte en 1801. On trouve dans ce canton beaucoup de *Crétins*, êtres malheureux défigurés par des goîtres énormes, et qui sont à la fois sourds-muets, et dans un état complet de stupidité qui ferait douter s'ils appartiennent à l'espèce humaine.

CLIMAT, PRODUCTIONS. — La présence de montagnes couvertes de glaces éternelles rend le climat de la Suisse généralement froid; mais, si ce pays est peu fertile en grains, il possède d'excellens pâturages qui nourrissent de nombreux troupeaux : aussi le beurre et le fromage sont-ils pour lui d'importans objets de commerce.

CONFÉDÉRATION GERMANIQUE*.

Qu'est-ce que la Confédération Germanique?

La Confédération Germanique présente une réunion de trente-neuf États plus ou moins importans de l'Allemagne, liés pour la sûreté commune. Une diète fédérative de dix-sept membres, présidée par l'Autriche, est chargée de toutes les affaires ordinaires. Une diète générale de soixante-neuf membres, dans laquelle chacun des États est représenté en proportion de son importance, est convoquée, à Francfort-sur-le-Main, pour les affaires qui touchent les lois fondamentales. (Voyez, à la fin du volume, les noms des États.)

DUCHÉ DE NASSAU.

Quelles sont la position, la population et la capitale du duché de NASSAU?

Ce duché, appelé aussi principauté de Nassau, appartenant au duc de ce nom, est situé au S. E. du grand-duché du Bas-Rhin, et renferme 357 mille habitans. Il a pour capitale WIESBADEN, dont les eaux thermales étaient déjà renommées du temps des Romains. — NASSAU, qui a donné son nom à la famille qui gouverne ce duché, n'est qu'une ville peu considérable, avec un château.

DUCHÉ DE HESSE-CASSEL.

Quelles sont la position, la population et la capitale du duché de HESSE-CASSEL?

Le duché de Hesse-Cassel, ou Hesse-Électorale, au duc de ce nom, est situé au N. E. de la principauté de Nassau, et renferme 590 mille habitans. Il a pour capitale CASSEL, sur la Fulde, au N., chef-lieu de l'ancien landgraviat; population, 26 mille habitans.

---

*. Consulter, dans mon *Atlas à l'usage des colléges*, les cartes de FRANCE et d'EUROPE.

GRAND-DUCHÉ DE HESSE-DARMSTADT.

Quelles sont la position, la population et les villes principales du grand-duché de HESSE-DARMSTADT?

Le grand-duché de Hesse-Darmstadt, au grand-duc de ce nom, est séparé en deux parties par le territoire de Francfort-sur-le-Main et par une portion de la Hesse-Électorale, et renferme 700 mille habitans. Ses villes principales sont : DARMSTADT, au S. E. de Nassau, capitale de l'ancien margraviat, et aujourd'hui du grand-duché de Hesse-Darmstadt. — MAYENCE, au confluent du Rhin et du Main, capitale de l'ancien archevêché de ce nom ; la ville la plus importante du grand-duché, et l'une des forteresses de la Confédération Germanique. — WORMS, ville très-ancienne, où s'assemblèrent souvent les anciennes diètes germaniques.

FRANCFORT-SUR-LE-MAIN, ville libre, siége de la diète germanique, et peuplée de 48 mille habitans, se trouve, comme nous l'avons dit, enclavée au milieu de cet État.

GRAND-DUCHÉ DE BADE.

Quels sont la position, la population, le gouvernement et les villes principales du grand-duché de BADE?

Le grand-duché de Bade est situé au S. de celui de Hesse-Darmstadt, le long de la rive droite du Rhin, qui le sépare de la France. Sa population est de 1 million 150 mille habitans. Son gouvernement est représentatif. Ses villes principales sont : CARLSRUHE, vers le N., résidence du grand-duc, ville moderne et bâtie très-régulièrement. — MANHEIM, au confluent du Neckar et du Rhin, la ville la plus considérable du grand-duché. — HEIDELBERG, renommée par son université, la plus ancienne de l'Allemagne. — RASTADT, au S. O. de Carlsruhe, célèbre par le traité de 1714, entre la France et l'Empire, et par l'inutile congrès de 1799. — BADE, à deux lieues au S. de Rastadt, ancienne capitale du grand-duché. — CONSTANCE, sur les bords du lac auquel elle donne son nom, célèbre par le fameux concile de 1451, qui condamna au feu les deux réformateurs Jean Huss et Jérôme de Prague.

ROYAUME DE WURTEMBERG.

Quels sont les bornes, la population, la religion, le gouvernement et les villes principales du royaume de WURTEMBERG?

Le Wurtemberg est renfermé entre le grand-duché de Bade, au N. O., à l'O. et au S. O., et la Bavière, au S. E., à l'E. et au N. E. Sa population est d'environ 1 million 520 mille habitans, la plupart luthériens. Son gouvernement est monarchique et représentatif. Ses principales villes sont: STUTTGART, au centre, près du Neckar, chef-lieu du cercle de ce nom et capitale du royaume. — ULM, au S. E. de Stuttgart, sur le Danube; chef-lieu du cercle du Danube. Les Français y prirent, en 1805, une armée allemande de 36 mille hommes. — *Louisbourg*, au N. de Stuttgart, jolie ville moderne, l'une des résidences royales, et qui possède une fonderie de canons.

ROYAUME DE HANOVRE.

Quels sont les bornes, la population, le gouvernement et les villes principales du royaume de HANOVRE?

Le Hanovre, situé au N. O. de l'Allemagne, est borné au N. par la mer d'Allemagne et l'Elbe; à l'O. par les Pays-Bas; au S. par le grand-duché du Bas-Rhin et autres provinces de la Prusse, qui borne aussi le Hanovre à l'E. Sa population est de 1 million 550 mille habitans. Ce pays est une monarchie représentative, qui, après avoir eu, pendant plus d'un siècle, les mêmes souverains que l'Angleterre, a recommencé, en 1837, à avoir son roi particulier. Les villes principales sont: HANOVRE, sur la Leine, qui se jette dans le Wéser, chef-lieu de l'ancienne principauté de Kalenberg, et capitale du royaume. Population, 28 mille habitans. — GOETTINGUE, au S. E. de Hanovre, sur la même rivière, fameuse par son université. — OSNABRUCK, au S. O. de Hanovre, chef-lieu de l'ancien évêché de ce nom, érigé par Charlemagne, et remarquable par le célèbre traité de Westphalie, conclu en 1648 entre les Suédois et l'Empereur.—*Clausthal*, au S. E. de Hanovre, remarquable par ses mines d'argent et de plomb.—*Lunebourg*, au N. E., autrefois ville impériale, capitale d'un duché du même nom.

GRAND-DUCHÉ D'OLDENBOURG.

Quelles sont la position, la population et les villes principales du grand-duché d'OLDENBOURG ?

Le grand-duché d'Oldenbourg est entouré de toutes parts par le Hanovre, si ce n'est au N., où il touche la mer d'Allemagne. Il renferme 240 mille habitans, et produit d'excellens chevaux. Il a pour capitale OLDENBOURG, à peu près au centre.

Quelle est la ville libre qui se trouve à l'E. du grand-duché d'Oldenbourg ?

A l'E. du grand-duché d'Oldenbourg se trouve BRÊME, sur le Wéser, ville libre, entrepôt du commerce d'une partie du nord de l'Allemagne. Population, 50 mille habitans, dont 58 mille dans la ville même, et le reste dans son territoire.

GRAND-DUCHÉ DE BRUNSWICK.

Quelles sont la position, la population et les villes principales du grand-duché de BRUNSWICK ?

Le grand-duché de Brunswick, situé au S. E. du Hanovre, renferme 242 mille habitans. Il a pour capitale BRUNSWICK, sur l'Ocker, grande ville, peuplée de 56 mille habitans.—WOLFENBUTTEL, au S. de Brunswick, capitale du duché de ce nom, qui appartient à un prince de la maison de Brunswick.

Quelles sont les deux villes libres dont les territoires se trouvent enclavés entre les duchés de Holstein et de Lawenbourg ?

Les deux villes libres dont les territoires se trouvent enclavés entre les duchés de Holstein et de Lawenbourg, sont : HAMBOURG, au S. O., sur l'Elbe, l'une des villes les plus commerçantes de l'Europe ; sa population est de 148 mille habitans, dont 112 mille pour la ville elle-même ; elle a pour port CUXHAVEN, à l'embouchure de l'Elbe.—LUBECK, au N. E., sur la *Trave*, à quatre lieues de son embouchure dans la Baltique; une des places de commerce les plus considérables de l'Europe. Population: 41 mille habitans, dont 22 mille dans la ville même. — TRAVEMUNDE, située à l'embouchure de la Trave, peut en être regardée comme le port.

GRANDS-DUCHÉS DE MECKLEMBOURG.

Quelles sont la position, les divisions, la population et les villes principales du MECKLEMBOURG?

Le Mecklembourg, situé à l'E. du territoire de Lubeck et des duchés de Holstein et de Lawenbourg, est divisé en deux parties, distinguées entre elles par les noms de leurs capitales, et gouvernées par des grands-ducs qui sont membres de la Confédération Germanique. Ces deux grands-duchés sont ceux de MECKLEMBOURG-SCHWÉRIN, à l'O., avec une population de 451 mille habitans; capitale, SCHWÉRIN, entre deux lacs, dont le plus considérable porte le même nom, et renferme plusieurs îles, dans l'une desquelles est bâti le palais du grand-duc; mais ce prince fait sa résidence ordinaire dans un château magnifique situé dans le joli bourg de *Ludwigslust*, à 6 lieues plus au S. — MECKLEMBOURG-STRÉLITZ, à l'E., avec une population de 77 mille habitans; capitale, STRÉLITZ, divisé en *Vieux* et *Nouveau Strélitz*; le dernier renferme le palais du grand-duc.

SAXE.

Quelles sont la position et les divisions de la Saxe?

La Saxe, qui occupe à peu près le centre de l'Allemagne, se compose du *royaume de Saxe* et de *quatre principautés*, dont les souverains sont tous membres de la Confédération Germanique.

Quels sont les bornes, la population, le gouvernement et les villes principales du ROYAUME DE SAXE?

Le royaume de Saxe, qui a perdu une grande partie de ses possessions par suite des événemens de 1814, est borné au N. et à l'E. par les États du roi de Prusse, à l'O. par les principautés de Saxe, et au S. par la Bohême. Sa population est de

1 million 400 mille habitans. Son gouvernement est monarchique et représentatif. Ses villes principales sont : DRESDE, sur l'Elbe, capitale du royaume, peuplée d'environ 70 mille habitans. A deux lieues se trouve le château de *Pilnitz*, maison de plaisance, sur les bords de l'Elbe. — LEIPZIG, au N. O. de Dresde, chef-lieu du cercle du même nom, fameuse par ses foires annuelles, consistant surtout en livres, par son université, et par la bataille qui se livra dans ses plaines en 1813; patrie de Leibnitz. Population, 40 mille habitans. — Les mines d'argent de la Saxe fournissent, année commune, plus de 56 mille marcs de ce métal, c'est-à-dire au-delà du quart de ce qu'on retire de toutes les mines de l'Europe réunies.

Quelles sont la position, la population et les villes principales des QUATRE PRINCIPAUTÉS *appartenant à la maison de* SAXE?

Les quatre principautés appartenant à la maison de Saxe, qui en ont formé cinq jusqu'à la mort du duc de Gotha et Altenbourg, en 1826, sont situées à l'O. du royaume de Saxe, dans l'ancien duché de ce nom, qui fait aujourd'hui partie des États du roi de Prusse, et portent, depuis la fin de 1826, les noms suivans : 1° Le grand-duché de SAXE-WEIMAR, qui renferme 212 mille habitans, et qui a pour villes principales : WEIMAR, au centre, capitale, résidence du grand-duc, et l'une des villes savantes de l'Allemagne. — IÉNA, au S. E. de Weimar, célèbre par son université, et par une grande victoire des Français sur les Prussiens, en 1806. — 2° Le duché de SAXE-COBOURG-GOTHA, renfermant 145 mille habitans, et ayant pour villes principales : COBOURG, au S., sur l'Itz, et GOTHA, au N., sur la Leine, ville importante par son industrie et ses établissemens scientifiques. — 3° Le duché de SAXE-MEININGEN-HILDBURGHAUSEN-ET-SAALFELD, peuplé de 150 mille habitans, et ayant pour villes principales : MEININGEN, jolie petite capitale, à l'O., HILDBURGHAUSEN, au S. E., et SAALFELD, au N. E. — 4° Le duché de SAXE-ALTENBOURG, peuplé de 104 mille habitans, et ayant pour capitale ALTENBOURG, sur la Pleiss, à l'E. de Weimar. — Le duc de Saxe-Cobourg possède en outre, sur la rive gauche du Rhin, dans l'ancien département de la Sarre, la principauté de *Lichtenberg,* où l'on ne trouve d'autre ville que *Saint-Vendel.*

ROYAUME DE BAVIÈRE.

Quels sont les bornes, la population, la religion et le gouvernement de la BAVIÈRE?

La Bavière, bornée au N. par la Saxe, à l'O., par la Hesse et le Wurtemberg, au S., par le Tyrol, et à l'E. par l'Autriche et la Bohême, renferme près de 4 millions d'habitans; elle possède, sur la rive gauche du Rhin, le *cercle du Rhin* ou *Bavière rhénane,* enclavé entre la Hesse, au N., le grand-duché du Bas-Rhin, à l'O., la France, au S., et le Rhin, qui le sépare du grand-duché de Bade, à l'E. Son gouvernement est monarchique et représentatif. La religion catholique est dominante dans ce pays.

Quelles sont les principales villes de la Bavière?

Les principales villes de la Bavière sont : MUNICH, vers le S., capitale de tout le royaume; elle passe pour une des plus belles villes de l'Europe, et renferme 65 mille habitans. — AUGSBOURG (Augusta Vindelicorum), au N. O., de Munich, ville ancienne et très-industrieuse, célèbre par la profession de foi qui donna naissance à une des branches de la religion protestante. — NUREMBERG, au N. d'Augsbourg, une des villes les plus florissantes de l'Allemagne par son commerce. — RATISBONNE, au S. E. de Nuremberg, sur le Danube, que l'on y passe sur un beau pont, ancienne capitale de la Bavière sous les rois Carlovingiens, et patrie de don Juan d'Autriche. — PASSAU, au confluent de l'Inn, de l'Ilz et du Danube, ville très-ancienne et très-forte.—SPIRE, près du Rhin, est la capitale du cercle du Rhin, où l'on remarque encore la forteresse de *Landau,* qui appartenait autrefois à la France, et qui est aujourd'hui à la Confédération Germanique, et *Deux-Ponts,* ancienne capitale du duché de ce nom.

PRUSSE.

Quels sont les bornes, la population, le gouvernement et la religion de la PRUSSE?

Les États du roi de Prusse se composent de deux parties distinctes, dont l'une occupe toute la partie septentrionale de l'Allemagne centrale, et a pour bornes au N. la Baltique et le Mecklembourg, à l'O. le Hanovre et la Hesse, au S. les principautés et le royaume de Saxe, une partie des États autrichiens, et la Pologne, qui, avec la Russie, la borne encore à l'E. La seconde partie des États Prussiens, désignée sous le nom de *Prusse Rhénane* ou *grand-duché du Bas-Rhin*, est séparée de la Prusse, à l'E., par le Hanovre et la Hesse, et entourée par le Hanovre au N., les Pays-Bas et la Belgique à l'O., la France et plusieurs petits États allemands au S. La population de tous ces pays réunis est de 12 millions et demi d'habitans. Son gouvernement est une monarchie pure. La religion luthérienne y est dominante.

Comment se divisent les États du roi de Prusse?

Les États Prussiens sont de deux espèces : 1° Ceux qui font partie de la Confédération Germanique, à l'O., renfermant cinq provinces subdivisées en dix-neuf gouvernemens, et qui sont : la *Prusse Rhénane*, à l'O.; la *Poméranie*, au N.; le *grand-duché de Brandebourg*, au centre; le *duché de Saxe*, au S. O.; et celui de *Silésie*, au S. E. — 2° Ceux qui ne font pas partie de la Confédération Germanique, au nombre de deux, subdivisés en six gouvernemens, et qui sont : l'ancienne *Prusse Royale*, et le *grand-duché de Posen*, composé de la partie de la Pologne qui est restée à la Prusse d'après les derniers traités.

Quelles sont les principales villes des provinces de la Prusse qui font partie de la Confédération?

Les principales sont : BERLIN, sur la Sprée, capitale du grand-duché de Brandebourg et de tout le royaume de Prusse.

Population, 220 mille habitans. Au S. O. est *Potsdam*, le Versailles de la Prusse, et voisin du célèbre château de *Sans-Souci*, maison de plaisance des rois. — MUNSTER, au N. de la Prusse Rhénane, célèbre par le traité de paix de 1648. — DUSSELDORF, au S. O. de Munster, ville grande et industrieuse. — COLOGNE (Colonia Agrippina), sur le Rhin, capitale de la Prusse Rhénane. Population, 64 mille habitans. Renommée pour son eau aromatique, et patrie de saint Bruno et de Philippe Rubens. — AIX-LA-CHAPELLE, au S. O. de Cologne, choisie par Charlemagne pour être le siége de son empire, et célèbre par plusieurs traités de paix. — MAGDEBOURG, sur l'Elbe, capitale du duché de Saxe, ville très-forte, prise par les Français en 1805, après un siége long et pénible. — CUSTRIN, à l'E. de Berlin, au confluent de l'Oder et de la Warta; place forte. — FRANCFORT, sur l'Oder, au S. de Custrin, célèbre par ses foires, ses belles rues et ses monumens. — STETTIN, au N. E. de Berlin, sur l'Oder, capitale de la Poméranie Prussienne; ville très-forte et très-commerçante. — STRALSUND, au N. O. de Stettin, sur le détroit qui sépare l'île de Rugen du continent; capitale de l'ancienne Poméranie Suédoise, ville très-forte et très-riche. — BRESLAU, au S. E. de Berlin, sur l'Oder, capitale de la Silésie, et qui mérite le nom de troisième capitale de la Prusse par ses monumens, son industrie, son commerce et sa population, qui est de 82 mille habitans.

Quelles sont les principales villes des provinces de la Prusse qui ne font pas partie de la Confédération?

Les principales sont : DANTZIG, au N., près de la Vistule et du golfe auquel elle donne son nom; capitale de l'ancienne Prusse Occidentale, et l'une des villes les plus importantes de l'Europe par son commerce et ses richesses. Les Français la prirent en 1807, après un siége mémorable. Pop., 54 mille habitans. — KOENIGSBERG, au N. E., sur la *Prégel*, près de la mer; capitale de l'ancienne Prusse Orientale et de toute la Prusse Royale. Pop., 70 mille habitans. — EYLAU et FRIEDLAND, au S. E. de Koenigsberg, célèbres par les victoires qu'y remportèrent les Français sur les Prussiens et les Russes, en 1807, et qui amenèrent la paix qui fut signée à Tilsitt, près du Niémen, au N. E. de Kœnigsberg. — Posen, sur la Warta, capitale du grand-duché. — Gnesen ou *Gnesne*, au N. E. de Posen, archevêché : c'est, dit-on, la première ville bâtie en Pologne ; on y couronnait autrefois les rois de ce pays.

Autres villes remarquables. — Aux villes que nous avons nommées, on peut ajouter, dans la Prusse Rhénane : — Clèves, au N., non loin du Rhin, au-dessus de l'endroit où ce fleuve se partage en plusieurs bras. — Solingen, au S. E. de Clèves, renommée pour ses lames de fleurets. — Coblentz (Confluentes), au confluent du Rhin et de la Moselle. — Trèves (Treveri), sur la Moselle, ville très-importante sous les Romains et regardée comme la plus ancienne de l'Allemagne. — Paderborn, au S. E. de Munster, fondée, dit-on, par Charlemagne. — Wetzlar, enclavée entre la principauté de Nassau et le grand-duché de Hesse-Darmstadt, autrefois ville libre et impériale, et le siége de la chambre suprême de l'Empire. — Dans le duché de Saxe : — Erfurth, ville forte, enclavée entre les principautés de Saxe-Gotha et Weimar. — Halle, au S.-E. de Magdebourg, remarquable par ses salines et sa célèbre université. — Lutzen, illustrée par deux victoires, l'une remportée sur l'empereur d'Allemagne, en 1632, par le roi de Suède Gustave-Adolphe, qui la paya de sa vie, et l'autre gagnée sur les Prussiens et les Russes, en 1813, par les Français, qui y lavèrent l'affront fait à leurs armes, en 1757, par le grand Frédéric, à *Rosbach*, situé à peu de distance, et où les Prussiens avaient élevé en mémoire de cet événement une colonne détruite par les Français après la victoire d'Iéna. — Dans la Silésie : — Glogau, place forte sur l'Oder, et Glatz, autre forteresse, près des frontières de la Bohême. — Dans la Prusse Occidentale : — Thorn, sur la Vistule, qu'on y passe sur un pont d'une demi-lieue de long, patrie de l'astronome Copernic. — Marienbourg, ville forte, au S. E. de Dantzig, ancienne résidence des chevaliers de l'ordre Teutonique, fondateurs de la monarchie prussienne. — Elbing, dont le port, situé près de l'une des embouchures de la Vistule, fait un grand commerce maritime.

Quelles sont les îles que possède la Prusse ?

La Prusse possède trois îles dans la mer Baltique, savoir : Wollin, Usedom, entre les embouchures de l'Oder, renfermant chacune une ville du même nom. — Rugen, vis-à-vis de Stralsund, au N. O. des précédentes, mais plus considérable, fortifiée par l'art et la nature. Capitale Bergen, au N.

AUTRICHE.

*Quels sont les bornes, la population, la religion et le gouvernement de l'*Autriche?

Les États de l'empereur d'Autriche sont bornés au N. par la Russie, la Pologne, la Prusse et la Bavière; à l'O., par la Suisse et le Piémont; au S. par les duchés de Parme et de Modène, les États du Pape, la mer Adriatique et la Turquie d'Europe, qui les borne aussi à l'E. La population de ce vaste empire s'élève à plus de 30 millions d'habitans, dont plus de 20 millions sont catholiques, et 700 mille environ sont juifs; le reste se partage entre les églises grecque et protestante. Son gouvernement est monarchique.

Comment se divisent les États de l'empereur d'Autriche?

Les États de l'empereur d'Autriche sont de trois espèces : 1° Les provinces qui font partie de la Confédération Germanique; 2° celles qui n'en font pas partie; 3° les possessions d'Italie, que nous ne décrirons qu'en parlant de l'Italie.

Quelles sont les provinces de l'empire d'Autriche qui font partie de la Confédération?

Les provinces de l'empire d'Autriche qui font partie de la Confédération sont au nombre de huit, savoir : l'*Autriche propre*, le *Tyrol*, au S. O.; la *Styrie*, la *Carinthie*, la *Carniole*, et l'*Istrie Autrichienne*, au S.; le royaume de *Bohême*, au N. O., et le margraviat de *Moravie* et de *Silésie*, au N.

Quelles sont les principales villes de l'Autriche, du Tyrol, de la Styrie, de la Carinthie, de la Carniole et de l'Istrie?

Les principales villes de ces provinces sont : VIENNE (Vindobona), sur le Danube, capitale de la *Basse-Autriche* et de tout l'empire; assiégée inutilement deux fois par les Turcs, et prise par les Français en 1805 et 1809. Population, 270 mille habitans. A peu de distance se trouvent les maisons de plaisance de *Laxembourg* et de *Schœnbrunn*.—LINTZ, sur le Danube, capitale de la *Haute-Autriche*, ville forte. — SALZBOURG, au S. O. de Lintz, archevêché, capitale de l'ancien État du même nom : patrie de Charlemagne. — INSPRUCK, au S. O., sur l'Inn, capitale du *Tyrol*. — TRENTE (Tridentum), au S. O. d'Inspruck, sur l'Adige, fameuse par le concile général qui s'y tint, en 1545, contre les protestans. — GRATZ, au S. O. de Vienne, sur la Muhr ; capitale de la *Styrie* ; archevêché, avec une citadelle sur un rocher de 700 pieds de haut. — KLAGENFURT, au S. O. de Gratz, près du lac de Wert, capitale de la *Carinthie*. — LAYBACH, au S. E. de Klagenfurt, remarquable par le congrès de 1820, capitale de la *Carniole*. — TRIESTE (Tergeste), port de mer sur le golfe du même nom, formé par la mer Adriatique ; capitale de l'*Istrie Autrichienne*, ville très-commerçante. Population, 50 mille habitans. Les trois dernières provinces dont nous venons de nommer les capitales appartiennent au royaume d'*Illyrie*, dont nous parlerons plus bas.

Quelles sont les bornes, la population et les villes principales du royaume de BOHÊME ?

La Bohême a la Silésie Prussienne et la Saxe, au N. ; la Bavière, à l'O. ; l'Autriche, au S. ; et le margraviat de Moravie et de Silésie, à l'E. Elle est entourée d'une chaîne de montagnes, et divisée par la *Moldau* en *Orientale* et *Occidentale* ; elle forme un royaume dont la population s'élève à environ 3 millions 700 mille habitans. Ses villes principales sont : PRAGUE, au centre, sur la Moldau, capitale de la Bohême, ville grande et forte, peuplée de 85 mille habitans. Les Français, au nombre de 20 mille, y soutinrent un siége mémorable en 1742. — REICHENBERG, au N., la seconde ville du royaume par sa population et son industrie. — TŒPLITZ et CARLSBAD, vers la frontière du N. O., possèdent des sources d'eaux thermales renommées.

Quelles sont la position, la population et les villes principales du margraviat de MORAVIE *et de* SILÉSIE ?

Le margraviat de MORAVIE et de SILÉSIE, composé de la Moravie et de la portion de la Silésie qui est restée à l'Autriche, en 1742, après qu'elle en eut cédé la plus grande partie à la Prusse, est situé entre la Bohême, à l'O., la Galicie et la Hongrie, à l'E., et renferme près de 2 millions d'habitans. Ses villes principales sont : BRUNN, capitale de la *Moravie* et le centre de son commerce ; elle est défendue par un bon château-fort. Au S. E., se trouve le village d'*Austerlitz*, illustré par une fameuse victoire des Français sur les Autrichiens et les Russes, en 1805. — TROPPAU, au N. E. de Brunn, capitale de la *Silésie Autrichienne*.

Quelles sont les provinces de l'empire d'Autriche qui ne font pas partie de la Confédération Germanique ?

Les provinces de l'empire d'Autriche qui ne font pas partie de la Confédération sont au nombre de huit, savoir : le royaume de *Galicie*, avec la *Buchovine*, qui en fait partie, au N. ; le royaume de *Hongrie*, auquel sont annexés les royaumes de *Slavonie* et de *Croatie*, au centre ; la *Transylvanie*, à l'E. ; et enfin les deux *royaumes d'Illyrie* et de *Dalmatie*, au S. E.

Quelles sont la position, la population et les villes principales du royaume de GALICIE ?

Le royaume de GALICIE, situé au N. E. de l'empire d'Autriche, comprend la partie méridionale de l'ancienne Pologne, dont l'Autriche s'est emparée en 1772, et la *Buchovine*, petite province démembrée de la Moldavie. Il contient 4 millions 500 mille habitans, et a pour villes principales : LÉOPOLD ou LEMBERG, au centre, capitale du royaume, ville grande et commerçante, prise d'assaut par le roi de Suède, Charles XII, en 1704. — TSCHERNOWITZ, au S. E., près du Prouth, capitale de la *Buchovine*. — Au N. O., se trouve le territoire de CRACOVIE, déclarée ville libre par le congrès de Vienne, et peuplée de 25 mille habitans ; la république entière en a 71 mille.

Quelles sont les bornes, la population et les villes principales de la HONGRIE, *en y comprenant les provinces qui y sont annexées ?*

La HONGRIE, située à l'E. de l'empire d'Autriche, et

ayant la Turquie à l'E. et au S., forme un royaume qui, avec les provinces que nous avons nommées plus haut, renferme 9 millions 471 mille habitans. Ses principales villes sont : BUDE ou OFEN, sur le Danube, au centre de la Hongrie, dont elle est la capitale; prise plusieurs fois par les Turcs, qui en sont restés les maîtres depuis 1529 jusqu'en 1686. Population, 27 mille habitans. Elle communique par un pont de bateaux avec PESTH, située sur la rive gauche du Danube, et la ville la plus commerçante de la Hongrie, peuplée de 40 mille habitans. — C'était dans la plaine de *Rokasch*, située près de cette ville, que s'assemblait jadis la nation hongroise pour élire ses rois. — Au N. E. se trouve le fameux vignoble de *Tokaï*, possédé par la cour d'Autriche. — PRESBOURG, sur le Danube, au N. O. de Bude, à laquelle elle a restitué depuis 1790 le titre de capitale de la Hongrie. Population, 35 mille habitans. — DEBRECZIN, à l'E. de Pesth, village qui est devenu, par son industrie, la ville la plus peuplée de la Hongrie; 41 mille habitans. — AGRAM, au S. O. de Bude, près de la Save, capitale de la *Croatie*. — CARLSTADT, au S. O. d'Agram, forteresse importante, remarquable par le traité de paix de 1699, entre l'Autriche, la Pologne et les Vénitiens d'un côté, et les Turcs de l'autre. — POSÉGA, au S. E. d'Agram, capitale de la *Slavonie*, province à laquelle l'Autriche donne le titre de royaume, quoiqu'elle fasse partie de la Hongrie. — PÉTERVARADIN ou PÉTERWARDEIN, au S. E. de Poséga, sur le Danube; l'une des plus fortes places du monde, célèbre par une fameuse bataille que le prince Eugène y gagna, en 1716, contre les Turcs.

Toutes les frontières méridionales de la Hongrie et celles de la Transylvanie, dont nous allons parler, sont désignées sous le nom de *Limites militaires*, et soumises à une administration particulière divisée en *générálats* et *régimens*, dans le but de protéger ces frontières contre les Turcs, dont les possessions touchent de ce côté à celles de l'Autriche.

Quelles sont la position, la population et les villes principales de la TRANSYLVANIE ?

La TRANSYLVANIE ou la *Grande principauté des Sept-*

Châteaux, est située au S. de la Hongrie, et renferme 2 millions d'habitans. Ses villes principales sont : KLAUSEN-BOURG, au N. O., capitale de la principauté, depuis que ce titre a été enlevé à HERMANSTADT, situé au S. de la proivince. — CRONSTADT, à l'E. de Hermanstadt, la ville la plus importante de la Transylvanie par sa population, sa richesse et son industrie.

AUTRES VILLES REMARQUABLES. — Aux villes que nous venons de nommer, on peut ajouter encore : — Dans la Bohême, LEITMERITZ, au N. O. de Prague, renommée pour ses vins.

Dans la Moravie : — OLMUTZ, ville forte, ancienne capitale de la province, et le siège d'un archevêché.

Dans l'archiduché d'Autriche : WAGRAM, sur le Danube, illustrée par une victoire signalée des Français sur les Autrichiens, en 1809.

Dans la Hongrie : — KREMNITZ, au N. E. de Presbourg, près de laquelle sont les mines d'argent et de plomb les plus riches connues en Europe. — ALBE-ROYALE ou *Stuhlweissenburg*, au S. O. de Bude, ville très-ancienne, où sont les tombeaux des rois de Hongrie.

Quelles sont la position, la population, les villes remarquables des royaumes d'ILLYRIE et de DALMATIE, et les îles principales qui dépendent de ces deux royaumes?

Le royaume d'ILLYRIE, situé entre la mer Adriatique, à l'O., la Hongrie au N. E., et la Turquie au S. E., et peuplé de 1 million 124 mille habitans, comprend, outre la Carinthie, la Carniole et l'Istrie Autrichienne, que nous avons décrites parmi les provinces qui font partie de la Confédération, plusieurs autres pays, dont les villes principales sont : CAPO D'ISTRIA, au S. de Trieste, dans une petite île du golfe de ce nom, jointe à la terre par un pont levis; capitale de l'*Istrie Vénitienne*. — POLA, au S. de la presqu'île d'Istrie, remarquable par ses belles antiquités romaines.

Le royaume de DALMATIE, situé au S. E. de celui d'Illyrie, n'a qu'une population de 525 mille habitans. Ses villes principales sont : ZARA, au S. E. de Capo d'Istria, capitale du royaume, quoiqu'elle ne renferme que 6 mille habitans. — RAGUSE, au S. E. de Zara, bon port sur l'Adriatique; capitale de l'ancienne république du même nom. — Les principales îles qui dépendent de ces deux royaumes sont : Veglia (Curicta), au N., la plus belle et la mieux peuplée. — Cherso (Crepsa), au S. O. de Veglia; elle est très-longue, et abondante en bétail et en miel excellent. —Pago (Cissa), au S. E. des précédentes.—Brazza (Brattia), au S. E. de Pago. — Lesina (Pharos), au S. de Brazza; elle a 48 lieues de tour, et renferme une ville du même nom, avec un bon port. —Corzola et Méléda, au S. E. des précédentes.

Climat et Productions. — Le climat de l'Allemagne est froid et humide dans le nord, couvert en grande partie de landes et de marécages; le centre et le midi sont entrecoupés de montagnes, de vallons très-fertiles et d'immenses forêts, dont la plus célèbre est la *Forêt-Noire* dans le grand-duché de Bade et le Wurtemberg. La température y est généralement douce et salubre. Les bords du Rhin produisent des vins estimés. Les montagnes du centre, parmi lesquelles on distingue celles du *Harz*, au S. E. du Hanovre, sont riches en métaux de toute espèce, et particulièrement en argent et en plomb; celles du *Erz* qui séparent le royaume de Saxe de l'empire d'Autriche, recèlent d'abondantes mines d'un fer excellent, que les Allemands ont l'art de travailler avec une rare perfection. Toutes ces montagnes renferment aussi un grand nombre de pierres précieuses, telles que des topazes, des agates, des améthystes et du cristal de roche; mais la contrée la plus riche en productions minérales est la Hongrie, qui, sous ce rapport, l'emporte sur tous les autres pays de l'Europe, et qui produit, en outre, les vins renommés connus sous le nom de vins de *Tokai*. Au nombre des productions remarquables de la Prusse, il faut citer le *succin*, ou ambre jaune, que l'on recueille sur les bords de la mer, près des embouchures de la Vistule.

ESPAGNE.

Quels sont les bornes, la population, la religion et le gouvernement de l'Espagne?

L'Espagne, qui, avec le Portugal, occupe la grande presqu'île située au S. O. de l'Europe, est bornée au N. par les Pyrénées, qui la séparent de la France, et par le golfe de Gascogne; à l'O., par l'Océan Atlantique et le Portugal; au S., par l'Océan Atlantique, le détroit de Gibraltar, et la Méditerranée, qui lui sert aussi de borne à l'E. Elle a 240 lieues de long sur 200 de large, et renferme une population de 11 à 12 millions d'habitans, professant tous la religion catholique. Son gouvernement est monarchique constitutionnel.

Comment se divise l'Espagne?

L'Espagne se divise en 14 provinces, dont plusieurs ont porté le titre de royaumes, savoir: six au N., qui sont de l'O. à l'E. la *Galice*, les *Asturies*, les *provinces Basques*, la *Navarre*, l'*Aragon* et la *Catalogne*; cinq au milieu, qui sont: le royaume de *Léon*, l'*Estramadure*, la *Vieille* et la *Nouvelle-Castille*, et le royaume de *Valence*; deux au S., qui sont: l'*Andalousie*, qui comprend les 4 royaumes de *Séville*, *Cordoue*, *Jaen* et *Grenade*, et le royaume de *Murcie*; une dans la Méditerranée, composée des *Iles Baléares*.

Quelles sont les principales villes des provinces du nord de l'Espagne?

Les principales villes du nord de l'Espagne sont: SAINT-JACQUES-DE-COMPOSTELLE, au N. O., à peu de distance de l'Atlantique; capitale de la *Galice*, archevêché; lieu d'un célèbre pèlerinage au tombeau de saint Jacques-le-Majeur, qu'on y a cru enterré. — OVIÉDO, capitale des *Asturies*. — BILBAO, à l'E. d'Oviédo, capitale de la *Biscaye*; prise et reprise plusieurs fois par les Français et les Espagnols, en 1808 et 1809. — PAMPELUNE (Pompelo), au S. E. de Bilbao, ville très-forte, prise par les Français dans la dernière guerre;

capitale de la *Navarre*, province au N. de laquelle se trouve *Roncevaux*, célèbre par la mort du fameux Roland, neveu de Charlemagne. — SARAGOSSE (Cæsarea Augusta), sur l'Èbre, au S. E. de Pampelune, capitale de l'*Aragon* ; fameuse par le siége opiniâtre qu'elle soutint contre les Français en 1809.—BARCELONE (Barcino), à l'E. de Saragosse ; ville très-forte, avec un bon port sur la Méditerranée ; capitale de la *Catalogne*, et l'une des principales villes de l'Espagne : cruellement ravagée par la fièvre jaune en 1821 ; 120 mille habitans.

Entre ces provinces et la France se trouve, dans les gorges des Pyrénées, la petite république d'ANDORRE, peuplée de 16 mille habitans.

Quelles sont les principales villes des provinces du centre de l'Espagne ?

Les principales villes des provinces du centre de l'Espagne sont : MADRID (Mantua), au centre ; capitale de la Nouvelle-Castille et de toute l'Espagne, sur le Mançanarès, ruisseau qu'on passe sur un pont magnifique ; c'est la plus élevée et l'une des plus petites capitales de l'Europe. Population, 200 mille habitans. — A peu de distance de cette ville sont les châteaux royaux de l'*Escurial*, sur la Guadarrama, et d'*Aranjuez*, sur le Tage. — LÉON (Legio Septima Gemina), au S. E. d'Oviédo, capitale de l'ancien royaume du même nom. — BURGOS, à l'E. de Léon, capitale de la *Vieille-Castille*, patrie du Cid. — SALAMANQUE (Salamantica), au S. de Léon ; fameuse université. — BADAJOZ, au S. O. de Salamanque, sur la Guadiana, que l'on passe sur un pont de 1,864 pieds de long, sur lequel les Portugais furent défaits, en 1661, par don Juan d'Autriche ; capitale de l'*Estramadure Espagnole*. — TOLÈDE (Toletum), sur le Tage, au S. de Madrid ; fameuse université ; elle fut, avant Madrid, la capitale de l'Espagne. — VALENCE, au S. E. de Tolède, sur le Guadalaviar, à une lieue de la mer, capitale de l'ancien royaume du même nom, et l'une des plus florissantes villes d'Espagne. Population, 80 mille habitans. — Au S. se trouve *Alicante*, ville fameuse par ses vins.

Quelles sont les principales villes du midi de l'Espagne?

Les principales villes du midi de l'Espagne sont : CORDOUE (Corduba), sur le Guadalquivir, au S. O. de Tolède, dans l'Andalousie; très-florissante sous les Maures; patrie du fameux Gonzalve.—SÉVILLE (Hispalis), au S. O. de Cordoue, sur le même fleuve; capitale de l'*Andalousie*, si belle qu'elle a donné lieu au proverbe espagnol : *Qui n'a point vu Séville n'a point vu de merveille*. C'est la patrie de Michel Cervantes; 91 mille habitants. — CADIX (Gades), au S. O. de Séville, dans la même province; bon port, et l'une des villes les plus commerçantes du monde; population, 70 mille habitans; très-forte par sa position dans une petite île réunie au S. par une chaussée à l'île de *Léon* (ancienne île Érythrée); célèbre par la révolution de 1820. — JAEN, au S. E. de Cordoue, ancienne capitale d'un royaume. — On trouve encore dans l'Andalousie XÉRÈS et ROTA, renommées par leurs vins, et le fort de GIBRALTAR (Calpe), sur le détroit de ce nom; il est situé sur un rocher à 1,400 pieds au-dessus de la mer, et appartient depuis 1704 aux Anglais, qui s'en sont emparés par surprise. — GRENADE, à l'E. de Séville; capitale du royaume de son nom, le dernier que les Maures aient possédé en Espagne, et d'où ils furent chassés en 1492. Ils ont bâti dans cette ville un palais magnifique nommé *Alhambra*, qui subsiste encore. — MURCIE, au N. E. de Grenade, capitale du royaume de son nom, conquise sur les Maures, en 1265, par Ferdinand, roi de Castille. — CARTHAGÈNE (Carthago Nova), au S. E. de Murcie; port sur la Méditerranée, le meilleur de l'Espagne, et l'un des plus considérables de l'Europe. — MALAGA (Malaca), port de mer, au S. de la même province, renommée par ses vins.

AUTRES VILLES REMARQUABLES. — A ces villes on peut ajouter : au N., LE FERROL, excellent port militaire et magnifique arsenal maritime; et LA COROGNE, bon port de commerce, tous deux sur l'Atlantique. — TARRAGONE, port sur la Méditerranée, la ville la plus considérable de l'Espagne sous les Romains. — LORCA, au S. O. de Murcie, ville importante, où l'on trouve des antiquités romaines.

Quelles sont les îles que l'Espagne possède en Europe ?

Les principales îles que l'Espagne possède en Europe sont les anciennes ILES BALÉARES, situées dans la Méditerranée, au nombre de quatre, savoir : MAJORQUE (Major), la plus grande du groupe, de 57 lieues de circuit, et peuplée de 180 mille habitans ; capitale *Palma*, au S. — MINORQUE (Minor), au N. E. de Majorque ; villes : *Citadella*, à l'O., et *Port-Mahon* (Portus Magonis), à l'E. Population, 45 mille habitans. — IVIÇA ou *Ivice* (Ebusus), au S. O. de Majorque, avec une capitale du même nom ; elle est très-fertile, et produit beaucoup de sel. — FORMENTERA (Ophiusa), au S. d'Iviça ; elle doit, dit-on, son nom au froment qu'on y récolte en abondance.

L'Espagne a encore, dans les diverses parties du monde, de nombreuses possessions dont nous parlerons en leur lieu.

CLIMAT ET PRODUCTIONS DE L'ESPAGNE ET DU PORTUGAL. — L'Espagne occupe, avec le Portugal, la totalité de la vaste péninsule qui termine l'Europe au S. O. Cette belle contrée, traversée en tous sens par de hautes chaînes de montagnes, jouit, par cette raison, d'une température moins chaude que celle qu'elle devrait éprouver d'après sa position : cependant les côtes méridionales sont exposées à de grandes chaleurs, et même aux funestes effets d'un vent brûlant d'Afrique, nommé le *siroco*. Le sol, mal cultivé, supplée par sa fertilité à la paresse des habitans, et donne les productions les plus variées. Les riches mines d'or et d'argent, d'où les Carthaginois et les Romains tirèrent d'immenses trésors, ont cessé d'être exploitées ; mais le fer, le plomb, le cuivre et les marbres précieux s'y trouvent encore en abondance. La laine fine des moutons mérinos, la soie et les vins fins sont encore pour les Espagnols et les Portugais d'importans objets de commerce.

PORTUGAL.

Quels sont les bornes, la population, la religion, le gouvernement et les divisions du PORTUGAL?

Le Portugal est borné à l'O. et au S. par l'Océan, et de tous les autres côtés par l'Espagne. Il a environ 125 lieues de long sur 60 de large, et renferme près de 5 millions d'habitans, professant la religion catholique. Son gouvernement est une monarchie représentative.

Quelles sont les divisions et les villes principales du Portugal?

Le Portugal se divise en six provinces, dont nous donnerons les noms en indiquant leurs villes principales, qui sont : LISBONNE (Olisippo), à l'embouchure du Tage ; capitale de l'*Estramadure Portugaise* et de tout le royaume ; résidence des souverains. Son port, qui est très-vaste, passe pour un des meilleurs de l'Europe. Renversée par le tremblement de terre de 1755, elle est entièrement réparée. Population, 240 mille habitans. — Au S. O. se trouve *Belem*, sur le Tage, sépulture des rois. — BRAGA, au N., capitale de la province d'*Entre Minho et Douro*. — A l'embouchure de ce dernier fleuve se trouve le port de PORTO ou *Oporto*, renommé pour ses vins, et devenu par son commerce la seconde ville du Portugal ; 70 mille habitans. — BRAGANCE, au N. E. de Braga, capitale de la province de *Tras-os-Montes* ou *au-delà des monts*. Cette ville a donné son nom à la famille actuellement régnante, qui fut portée sur le trône par la révolution de 1640. — COÏMBRE (Conimbriga), au S. de Braga ; capitale de la province de *Beira*, et ancienne résidence des rois : fameuse université. — ÉVORA, au S. E. de Lisbonne, capitale de l'*Alentejo*. — TAVIRA, port de mer, au S., sur l'Océan, capitale de l'*Algarve* (Cuneus), qui a porté le titre de royaume.

Les Portugais ont, en outre, dans les diverses parties du monde, de nombreuses possessions, que nous décrirons dans leur lieu.

ITALIE*.

Quelles sont les bornes, l'étendue et la population de l'Italie?

L'Italie est cette vaste presqu'île formée au S. de l'Europe par la Méditerranée à l'O. et au S., et la mer Adriatique à l'E. Elle est bornée au N. par les Alpes, qui la séparent de la France, de la Suisse et de l'Allemagne; sa longueur est de 250 lieues sur 155 dans sa plus grande largeur. La chaîne de l'Apennin la traverse du N. O. au S. E. dans toute son étendue. Sa population, en y comprenant la Sicile et Malte, avec les petites îles qui en dépendent, s'élève à près de 21 millions d'habitans.

Combien l'Italie renferme-t-elle d'États différens, et quels sont-ils?

L'Italie renferme dix États différens, savoir : les royaumes de *Sardaigne* et *Lombard-Vénitien*, les duchés de *Parme*, *Plaisance* et *Guastalla*, les États de *Modène*, les duchés de *Lucques* et de *Massa-Carrara*, le grand-duché de *Toscane*, les *États de l'Église*, la république de *Saint-Marin*, le royaume des *Deux-Siciles*, les îles de *Malte*, *Gozzo* et *Comino*, à l'Angleterre.

ROYAUME DE SARDAIGNE.

Quels sont les bornes, la population, la religion et le gouvernement des États du roi de Sardaigne?

Les États du roi de Sardaigne comprennent, outre l'île de ce nom, des possessions assez considérables au N. O. de l'Italie et du golfe de Gênes. Ces possessions sont bornées au N. par la Suisse, à l'O. par la France, au S. par la Méditerranée, et à l'E. par le duché de Parme et le royaume Lombard-Vénitien. La population de tous ces États est d'environ

---

* Consulter, dans mon *Atlas à l'usage des Colléges*, les cartes de l'Europe et de la France.

4 millions d'habitans, dont 492 mille pour l'île de Sardaigne et les autres petites îles qui l'entourent. Ils professent la religion catholique. Le gouvernement de ce royaume est monarchique.

De quoi se composent les États du roi de SARDAIGNE?

Les États du roi de Sardaigne se composent de sept provinces principales, savoir : l'*île de Sardaigne*, au S. de la Corse, dont elle est séparée par le détroit de Bonifacio; le duché de *Savoie*, à l'E. du Dauphiné, berceau de la famille qui règne aujourd'hui dans ce pays; le *Piémont*, séparé de la Savoie par le *Grand* et le *Petit Saint-Bernard*, et par le *Mont-Blanc*, la plus haute montagne des Alpes; le *Montferrat*, le *Milanais Sarde*, à l'E.; le *comté de Nice* et le *duché de Gênes*, qui occupent toute la côte septentrionale du golfe de ce nom.

Quelles sont les principales villes du royaume de Sardaigne?

Les principales villes du royaume de Sardaigne sont : TURIN (Augusta Taurinorum), non loin du confluent de la Doria Riparia et du Pô, capitale du Piémont, résidence des souverains, et l'une des plus belles villes de l'Italie. Population, 120 mille habitans. — CHAMBÉRY, au S. O. de la Savoie, dont elle est la capitale. — CASAL, sur le Pô, ville forte, capitale du Montferrat. — ALEXANDRIE, au S. E. de Turin, sur le Tanaro, ville très-forte, capitale du Milanais Sarde. — NICE (Nicæa), à une lieue de l'embouchure du Var, capitale du comté de son nom; dans une situation admirable et sous un ciel extrêmement pur. — GÊNES (Genua), au S. E. d'Alexandrie, bâtie en amphithéâtre sur le bord de la mer, et surnommée *la Superbe*, à cause de la magnificence de ses palais, où le marbre est prodigué de toutes parts. Elle était la capitale d'une république que son commerce rendit, au dix-septième siècle, un des États les plus riches et les plus puissans de l'Europe. Louis XIV la fit bombarder en 1684. Population, 76 mille habitans. — CAGLIARI (Caralis), au S. de l'île de Sardaigne, sur le golfe du même nom; capitale, archevêché, résidence du roi pendant tout le temps que ses États furent occupés par les Français. Population, 28 mille habitans.

Dans les États du roi de Sardaigne se trouve enclavée la PRINCIPAUTÉ DE MONACO, dont le territoire a une superficie de 6 à 7 lieues. Sa capitale est MONACO, petit port sur la Méditerranée, et sa ville la plus importante *Mentone*, située un peu plus au N. E.

ROYAUME LOMBARD-VÉNITIEN.

Quels sont les bornes, la population, la religion et le gouvernement du royaume LOMBARD-VÉNITIEN?

Le royaume Lombard-Vénitien, situé au N. de l'Italie, est borné au N. par l'empire d'Autriche et la Suisse; à l'O., par les États Sardes; au S., par les duchés de Parme et de Modène, par les États de l'Église et le golfe de Venise; et à l'E., par le royaume d'Illyrie. Sa population est d'environ 4 millions et demi d'habitans, professant la religion catholique. Il est gouverné, sous la souveraineté de l'empire d'Autriche, par un vice-roi, qui est un prince de la famille impériale.

De quoi se compose et comment se divise le royaume Lombard-Vénitien?

Le royaume Lombard-Vénitien se compose de la *Valteline*, qui faisait autrefois partie du pays des Grisons, au N. O.; du *Milanais*, à l'O.; du duché de *Mantoue*, au centre, et de l'ancienne république de *Venise*, à l'E.: il est aujourd'hui partagé en deux grands gouvernemens, celui de *Milan*, divisé en neuf délégations, et celui de *Venise*, qui en comprend huit.

Quelles sont les principales villes du royaume Lombard-Vénitien?

Les principales villes du royaume Lombard-Vénitien sont : MILAN (Mediolanum), capitale du royaume Lombard-Vénitien, et l'une des villes les plus belles et les plus riches de l'Italie. Population, 140 mille habitans.—PAVIE (Ticinum), au S., sur le Tesin, ancienne capitale des Lombards, et fameuse par la bataille où François Ier fut fait prisonnier en 1525.—MARIGNAN, où ce même prince remporta une célèbre victoire sur les Suisses et le duc de Milan.—LODI, au S. E. de Milan, sur l'Adda, ville forte que les Français prirent sur les Autrichiens, en 1796, après avoir passé un pont sous le feu de leur artillerie.—MANTOUE (Mantua), dans un lac formé par le Mincio; ce qui la rend très-forte.—VÉRONE (Verona), au N. E. de Mantoue, sur l'Adige, remarquable par les congrès de 1820 et de 1823.—PADOUE (Patavium), à l'E. de Vérone, sur la Brenta; fameuse université. — VENISE, au N. E. de Padoue, dans le golfe qui porte son nom; une des plus belles, des plus considérables et des plus fortes villes du monde; fondée au cinquième siècle, au milieu des lagunes de la mer Adriatique, par quelques habitans de Padoue, qui s'y réfugièrent pour se soustraire à la fureur d'Attila. Son commerce l'avait rendue, au commencement du quatorzième siècle, un des plus puissans États de l'Europe. Population, 110 mille habitans.

DUCHÉS DE PARME, PLAISANCE ET GUASTALLA.

Quels sont la position, la population, la religion, le gouvernement et les villes principales des duchés de PARME, PLAISANCE *et* GUASTALLA?

Ces trois duchés, situés au S. E. du Milanais, renferment près de 450 mille habitans professant la religion catholique; ils appartiennent à l'archiduchesse Marie-Louise d'Autriche, mais doivent passer après sa mort au duc de Lucques, dont les États seront alors réunis à la Toscane. Leurs villes principales sont: PARME (Parma), au S. E., capitale du duché du même nom; ville grande, riche, et peuplée de 30 mille habitans.—PLAISANCE (Placentia), au N. O. de Parme; elle tire son nom de sa situation extrêmement agréable, au confluent du Pô et de la Trébia; capitale du duché du même nom. Population, 30 mille habitans. — GUASTALLA, au S. E. de Plaisance; petite ville sur le Pô.

ÉTATS DE MODÈNE.

Quels sont la population, la religion, le gouvernement, les divisions et les villes principales des États de MODÈNE?

Les États de Modène, situés au S. E. des duchés de Parme et de Guastalla, renferment environ 400 mille habitans professant la religion catholique, et sont gouvernés par un archiduc de la maison d'Este. Ils comprennent les anciens duchés de *Modène*, de *la Mirandole* et de *Reggio*, qui ont des capitales du même nom, et celui de *Massa et Carrara*, qui y a été réuni par suite de la mort de la princesse qui le possédait. Les villes principales sont : MODÈNE (Mutina), au S. E. de Parme, résidence du prince. Population, 25 mille habitans. — *Reggio*, au N. O. de Modène, patrie de l'Arioste, fameux poète italien. — MASSA, au S. O. de Modène, ancienne capitale du duché de son nom. — CARRARA, petit port, fameux par ses beaux marbres connus sous le nom de marbres de CARRARE.

DUCHÉ DE LUCQUES.

Quels sont la position, la population, la religion, le gouvernement et les villes principales du duché de LUCQUES?

Le duché de Lucques, situé au S. de celui de Modène, renferme 150 mille habitans professant la religion catholique. Il a été donné par le congrès de Vienne, en indemnité, à Marie-Louise de Bourbon, ancienne reine d'Étrurie ; mais il est, comme nous l'avons dit, réversible au grand-duché de Toscane. Sa capitale est LUCQUES (Luca), au N. O. de Florence, ville fort belle et très-commerçante, peuplée de 48 mille habitans.

GRAND-DUCHÉ DE TOSCANE.

Quels sont la position, la population, la religion, le gouvernement et les villes principales du grand-duché de TOSCANE?

Le grand-duché de Toscane (ancienne Étrurie), situé sur la côte de la Méditerranée et traversé par la chaîne des Apennins, où l'on trouve des mines d'argent, de cuivre, etc., renferme 1 million 300 mille habitans professant la religion catholique. Cet État, après avoir plusieurs fois changé de souverains, a été donné, en 1814, à l'archiduc Ferdinand d'Autriche, qui le gouverne sous le nom de grand-duc de Toscane. Ses principales villes sont : FLORENCE, au N., sur l'Arno, capitale du grand-duché de Toscane; grande et belle ville, peuplée de 80 mille habitans. Elle fut pendant plusieurs siècles la capitale d'un des plus puissans États de l'Europe, et le berceau des arts, des lettres et des sciences en Occident; patrie du Dante, d'Améric Vespuce et des Médicis. — PISE (Pisa), à l'O. de Florence, aussi sur l'Arno; capitale d'une ancienne république détruite par les Florentins en 1406. — LIVOURNE, un des plus fameux ports de la Méditerranée, peuplée de 75 mille habitans.—SIENNE, au S. E. de Livourne; université célèbre.

L'île d'ELBE ne dépend-elle pas de la Toscane?

L'île d'Elbe (Ilva), située dans la Méditerranée, et où fut relégué Napoléon en 1814, appartient, depuis 1815, au grand-duché de Toscane, sur la côte duquel elle se trouve. Elle possède des carrières de fer, d'aimant et de marbre, et renferme une population de 14 mille âmes. Capitale : PORTO-FERRAJO, au N.; 5 mille habitans.

ÉTATS DE L'ÉGLISE.

Quels sont les bornes, la population, la religion, le gouvernement et les divisions des ÉTATS DE L'ÉGLISE?

Les États de l'Église, qui occupent le centre de l'Italie, sont bornés au N. par le royaume Lombard-Vénitien; à l'O., par les duchés de Modène et de Toscane et par la Méditerranée; au S., par le royaume de Naples, qui, avec la mer Adriatique, les borne aussi à l'E. Ils renferment une population de plus de 2 millions et demi d'habitans professant la religion catholique. Ils ont été rendus, en 1814, au pape, qui en avait été dépouillé en 1809. Ils se divisent en dix-huit provinces, dont la plupart portent les noms des villes qu'elles ont pour chefs-lieux.

Quelles sont les villes remarquables des États de l'Église ?

Les villes les plus remarquables des États de l'Église sont : ROME (Roma), au S., sur le Tibre; capitale et résidence du pape. Cette ville, l'ancienne capitale du monde, est encore aujourd'hui, quoiqu'elle ait été saccagée six fois par les Barbares, une des plus fameuses de l'univers, et celle qui offre le plus de beaux monumens anciens et modernes. Population, 153 mille habitans. — CIVITA-VECCHIA, port commerçant sur la Méditerranée. — OSTIE, port près de l'embouchure du Tibre. — TIVOLI (Tibur), au N. E. de Rome, séjour délicieux, fameux par les cascades du *Teverone* (Anio). — FERRARE (Forum Allieni), au N. des États de l'Église; capitale de l'ancien duché du même nom; patrie du cardinal Bentivoglio et du poëte Guarini. — BOLOGNE (Bononia), au S. O. de Ferrare; très belle ville; la plus fameuse université de l'Italie; 64 mille habitans. — RAVENNE (Ravenna), au S. E. de Ferrare, à une lieue de la mer Adriatique, sur laquelle elle était autrefois située, ancienne résidence des rois visigoths. — URBIN, au S. E. de Ravenne; patrie de Raphaël. — ANCÔNE, port fortifié sur l'Adriatique, le plus commerçant de toute cette côte.

Le pape ne possède-t-il pas encore deux territoires dans le royaume des Deux-Siciles ?

Oui, le pape possède encore dans le royaume des Deux-Siciles les duchés de PONTE-CORVO et de BÉNÉVENT, qui s'y trouvent enclavés, et qui ont pour capitales les villes dont ils portent les noms.

Où est située la petite république de SAINT-MARIN ?

La petite république de Saint-Marin, qui renferme 7 mille habitans, et une capitale du même nom sur une montagne escarpée, est située dans les États de l'Église, au N. du duché d'Urbin, dans lequel elle se trouve enclavée.

ROYAUME DES DEUX-SICILES.

Quels sont les bornes, la population, la religion et le gouvernement du royaume des DEUX-SICILES?

Le royaume des Deux-Siciles, composé de la partie méridionale de l'Italie, de la Sicile et de quelques petites îles répandues sur les côtes, est borné au N. O. par les États du Pape; au N. E. et à l'E., par la mer Adriatique; au S. et à l'O., par la Méditerranée. Sa fertilité et la beauté de son ciel l'ont fait surnommer le paradis de l'Italie. Sa population est de plus de 7 millions et demi d'habitans, dont 1 million 745 mille pour la Sicile. Ils professent la religion catholique. Le gouvernement est monarchique et a pour chef un prince de la maison de Bourbon qui demeura en Sicile pendant tout le temps que dura l'invasion de ses États par les Français.

Comment se divise la partie du royaume des Deux-Siciles située sur le continent?

Toute la partie du royaume des Deux-Siciles qui se trouve sur le continent est partagée en quatre grandes provinces, savoir : les *Abruzzes*, au N., le long de la mer Adriatique; la *Terre de Labour*, sur la côte de la Méditerranée; la *Pouille*, au S. E. des Abruzzes, et la *Calabre*, qui occupe toute la partie méridionale de l'Italie; chacune de ces provinces se subdivise en trois autres. Nous décrirons séparément la Sicile, divisée naturellement en trois vallées.

Quelles sont les principales villes du royaume des Deux-Siciles situées sur le continent?

Les principales villes du royaume des Deux-Siciles situées en Italie sont : NAPLES (Neapolis), sur le golfe du même nom, capitale, surnommée *la Noble* et *la Gentille*; l'une des plus belles villes du monde, avec un bon port qui la rend très-commerçante. Population, 450 mille habitans. — A peu de distance, au S. E., se trouve PORTICI, maison de plaisance bâtie au pied du Vésuve, sur les ruines d'*Herculanum*. — AQUILA et CHIETI (Teate), au N., dans les Abruzzes. —

Manfredonia, au N. E. de Naples, sur le golfe qui porte son nom. — Bari (Barium), au S. E. de Manfredonia, ville forte, sur la mer Adriatique. — Otrante (Hydruntum), au S. E. de Bari, sur le détroit auquel elle donne son nom, et qui forme l'entrée de la mer Adriatique; archevêché. — Tarente (Tarentum), sur le golfe auquel elle donne son nom. — Cosenza (Consentia), au S. O. de Tarente. — Reggio, sur le Phare de Messine.

Quelles sont la position, les divisions et les villes remarquables de la Sicile?

La Sicile, située au S. de l'Italie, dont elle est séparée par le Phare de Messine, a 70 lieues de long sur environ 45 de large, et se divise en trois vallées, dans chacune desquelles se trouve un des trois caps qui lui avaient fait donner anciennement le nom de *Trinacrie*. Ses villes remarquables sont: PALERME (Panormus), au N., l'un des plus beaux ports de la Méditerranée; capitale de toute la Sicile; résidence du vice-roi; archevêché. Population, 170 mille habitans. — Messine (Messana), sur le détroit auquel elle donne son nom; capitale du Val-Demona. — Noto, au S., capitale du Val de Noto. — Syracuse (Syracuse), au N. E. de Noto, port de mer; on y voit des ruines magnifiques.

Quelles sont les autres îles remarquables qui dépendent du royaume des Deux-Siciles?

Les autres îles qui dépendent du royaume des Deux-Siciles sont: les îles de Lipari (Vulcaniæ), situées au N. de la Sicile; elles sont au nombre de douze, dont la principale donne son nom au groupe, et a pour capitale une ville très-ancienne et très-forte qui porte aussi le même nom, et qui fut ruinée par Barberousse en 1544, et rebâtie par Charles-Quint. — Pantelaria, située au S. O. de la Sicile. — A l'entrée du golfe de Naples, Capri (Capreæ), séjour enchanteur, mais d'un difficile accès, avec une capitale du même nom. — Ischia (Ænaria), qui renferme des mines d'or et d'argent, et une capitale du même nom.

MALTE.

Où est située l'île de MALTE, *et quelle en est la capitale*?

L'île de Malte (Melita), située au S. de la Sicile, et ayant environ vingt lieues de circuit, appartient aujourd'hui aux Anglais. Elle est célèbre pour avoir été la demeure des chevaliers de Saint-Jean-de-Jérusalem, auxquels Charles-Quint la donna, en 1525, lorsqu'ils eurent été contraints d'abandonner Rhodes. Sa population, en y comprenant les petites îles de GOZZO et de COMINO, situées au N. O., et qui en dépendent, est de 160 mille habitans. Malte a pour capitale CITÉ-LAVALETTE, au N., ville très-forte, avec un bon port.

CLIMAT, PRODUCTIONS. — L'Italie est la contrée de l'Europe qui jouit du climat le plus riant et le plus serein. Le sol y est agréablement diversifié par la chaîne de l'Apennin qui la traverse dans toute son étendue. Le nord, entouré de hautes montagnes qui donnent naissance à une multitude de lacs et de rivières, est la partie la moins chaude; mais c'est la plus fertile en grains de toute espèce, en vins et en gras pâturages. Plus au sud croissent l'olivier, le citronnier, le pistachier, le grenadier, le coton et la canne à sucre. Entre Rome et Naples, se trouvent les cantons malsains connus sous le nom de *Marais Pontins*. Enfin les provinces méridionales, couvertes en partie de montagnes et de forêts, et mal cultivées, quoique fertiles, sont sujettes à de violens tremblemens de terre.

TURQUIE D'EUROPE.

Quels sont les bornes, la population, la religion et le gouvernement de la TURQUIE D'EUROPE ?

La Turquie d'Europe forme une grande presqu'île bornée au N. par la Russie et l'Autriche ; à l'O., par le royaume d'Illyrie, la mer Adriatique, le canal d'Otrante et la mer Ionienne ; au S., par la Grèce, le détroit des Dardanelles et la mer de Marmara ; et à l'E., par le canal de Constantinople et la mer Noire. L'île de Candie et les îles du N. de l'Archipel appartiennent aussi à la Turquie d'Europe. La population de cet empire est d'environ 9 millions d'habitans, dont les deux tiers environ sont Grecs et suivent la religion grecque, et le reste se compose, pour la plus grande partie, de Turcs qui sont mahométans de la secte d'Omar. Son gouvernement est despotique, et a pour chef le *Sultan*, appelé quelquefois aussi le *Grand-Turc* ou le *Grand-Seigneur*.

Comment se divise la Turquie d'Europe ?

La Turquie d'Europe, divisée par les Turcs en gouvernemens ou *eyalets*, subdivisée en districts, *livas*, dont les limites sont fort incertaines, se compose des dix provinces suivantes, savoir : la *Moldavie* et la *Valachie* (ancienne Dacie) ; la *Bulgarie* et la *Servie* (ancienne Mésie) ; la *Bosnie*, comprenant la partie de la *Croatie* qui appartient à la Turquie ; l'*Albanie* (Illyrie et Épire) ; la *Macédoine* et la *Romélie* ou *Roum-Ili* (ancienne Thrace) ; la partie septentrionale de la *Livadie* (ancienne Grèce) ; enfin les *Îles* que nous avons indiquées ci-dessus. Mais toutes ces provinces n'obéissent pas directement au sultan : ainsi la *Servie* est gouvernée par un prince héréditaire, plutôt tributaire que sujet de l'empire Ottoman ; la *Moldavie* et la *Valachie* forment aussi deux états presque indépendans. L'île de *Candie* a été cédée depuis quelques années, par le Grand-Seigneur, au vice-roi d'Égypte, en indemnité des frais que ce pacha a faits pour aider les Turcs dans leur guerre contre les Grecs.

Quelles sont les principales villes des provinces septentrionales et occidentales de la Turquie d'Europe?

Les principales sont : IASSI, capitale de la Moldavie, siége ordinaire du gouvernement, à l'E. de la province. — BOUKHAREST, au S. O. d'Iassi, non loin du Danube, capitale de la Valachie, ville grande et commerçante. — SOPHIA, au S. O. de Boukharest, capitale de la Bulgarie et résidence du beglerbeg ou gouverneur-général des provinces centrales de la Turquie d'Europe. — SILISTRI, au N. E. de Sophia, sur le Danube, ville forte. — VARNA, bon port sur la côte occidentale de la mer Noire, célèbre par la bataille qu'y gagna, en 1444, le sultan Amurath II. — CHOUMLA, à l'O. de Varna, au pied d'une petite chaîne qui se rattache aux monts Balkans; ville forte qui arrêta, pendant longtemps, l'armée des Russes dans leur dernière guerre contre la Turquie. — BELGRADE, au confluent du Danube et de la Save, l'une des plus fortes places de l'Europe, et la ville la plus importante de la Servie, dont la capitale est SÉMENDRIA, au S. E., aussi sur le Danube; ville beaucoup moins considérable, mais qui est la résidence du prince et du sénat de Servie. — SCUTARI (Scodra), au S., sur le lac du même nom; grande ville, capitale de l'Albanie; résidence du pacha et d'un évêque catholique romain. — PARGA, au S. E. Les habitans de cette ville ont été transportés à Corfou par les Anglais, afin de les soustraire à la fureur des Turcs, contre lesquels ils s'étaient révoltés.

Quelles sont les principales villes des provinces orientales et méridionales de la Turquie d'Europe?

Les principales villes sont : CONSTANTINOPLE, sur le détroit de son nom, fondée par Constantin, dans la position la plus belle et la plus avantageuse de l'univers, avec un port immense et l'un des plus sûrs de l'Europe; prise, en 1453, par Mahomet II, qui en fit la capitale de son empire. Population, 600 mille habitans. — ANDRINOPLE, au N. O.

de Constantinople, sur la Maritza; elle a été le séjour des sultans. — SALONIQUE (Thessalonica), au S. O., sur le golfe de ce nom; ville considérable et très-commerçante, peuplée de 70 mille habitans. —LARISSE, sur la Salembria, au S.; archevêché. Cette ville passe pour la capitale de la province, quoiqu'elle ne soit point la demeure du pacha, qui réside à IANINA, au N. O., dans une île au bord d'un lac, devenue célèbre, dans ces derniers temps, par la révolte et par la mort du fameux pacha Ali.

Quelles sont les îles qui dépendent de la Turquie d'Europe?

Les îles qui dépendent de la Turquie d'Europe sont:

1° Au N. de l'Archipel, TASSO (ancienne Thasos);— SAMOTRAKI (ancienne Samothrace); — IMBRO (Imbros);— STALIMÈNE (Lemnos), la plus grande des quatre.

2° Au S. de l'Archipel, la grande île de CANDIE (ancienne Crète), d'environ 200 lieues de tour, et peuplée de 240 mille habitans. Cette île, la plus grande de l'ancienne Grèce, appartient, depuis 1669, aux Turcs, qui l'ont divisée en trois pachalicks, dont les capitales sont: CANDIE, port fortifié, sur la côte septentrionale, archevêché grec et la principale ville de l'île; peuplée de 12 mille habitans; — RETIMO, à l'O. de Candie; — LA CANÉE, à l'O. de Retimo, ports munis de quelques fortifications.—*Spachia* ou *Sphakie*, port situé sur la côte méridionale, a des habitans qui se livrent au commerce et à la piraterie. Ils sont indépendans des Turcs, ainsi que les *Abdiotes*, qui habitent au S. E. et sont un reste des Sarrasins.

CLIMAT, PRODUCTIONS. — La Turquie d'Europe jouit d'un climat doux et salubre. Elle est traversée par plusieurs chaînes de montagnes qui recèlent des mines précieuses mal exploitées par les conquérans barbares et indolens qui dominent sur ce beau pays depuis quatre siècles. Les provinces septentrionales sont couvertes de riches pâturages qui pourraient nourrir de nombreux troupeaux; celles du midi, dont le sol n'est pas moins fertile, fourniraient en abondance toutes les productions de l'Italie; mais l'industrie et l'agriculture languissent dans ces riches contrées par l'effet du despotisme qui détruit et décourage tout.

GRÈCE.

Quels sont les bornes, l'étendue, la population, la religion et le gouvernement de la GRÈCE?

La Grèce, qu'une lutte sanglante et héroïque a enfin arrachée au joug des Turcs, après trois siècles d'esclavage, est bornée au N. par la Turquie, à l'O. par la mer Ionienne, au S. par la Méditerranée, et à l'E. par l'Archipel. Elle a environ 60 lieues de long du N. au S., et 56 dans sa plus grande largeur de l'O. à l'E. Sa population, cruellement décimée par les malheurs de la guerre, ne s'élève qu'à 450 mille habitans environ, professant la religion grecque, dont une des branches est réunie à l'Église catholique. Le gouvernement de la Grèce, après avoir varié plusieurs fois depuis que ce pays a recouvré son indépendance, est devenu, au commencement de l'année 1833, une monarchie héréditaire, sous la souveraineté du roi Othon, fils du roi de Bavière; mais les formes de ce gouvernement ne sont pas encore définitivement arrêtées.

Quelles sont les divisions naturelles de la Grèce?

La Grèce se divise naturellement en 3 parties, savoir : la *Livadie*, au N. du golfe de Corinthe et à l'E. de celui d'Athènes; la presqu'île de *Morée*, au S. du golfe de Corinthe, et les *Îles* répandues le long des côtes orientales de la Grèce.

Quelles sont les principales villes de la Grèce?

Les principales villes de la Grèce sont : ATHÈNES, dans une péninsule séparée de la Morée par le golfe qui porte son nom; capitale du royaume de la Grèce. Elle a dû cette distinction à son antique célébrité et aux monumens de l'antiquité qu'elle conserve encore, et parmi lesquels on distingue surtout les restes du *Parthénon* ou temple de Minerve, bâti sur le rocher élevé qui lui sert de citadelle, et nommé encore aujourd'hui l'*Acropolis*. — LIVADIE (Lebadea), au N. O.

d'Athènes, ville industrieuse, qui a donné son nom à la province. — LÉPANTE, ville très-forte, sur le golfe du même nom, à l'entrée duquel don Juan d'Autriche remporta, en 1571, la fameuse victoire navale qui arrêta les progrès des Turcs en Europe. — A peu de distance vers l'O., à l'extrémité d'une langue de terre qui s'avance dans le golfe, se trouve *Missolonghi*, fameuse par la défense héroïque de ses habitans contre les Turcs, en 1826. — CORINTHE, dans la Morée, à l'entrée de l'isthme auquel elle a donné son nom. — TRIPOLITZA, à peu près au centre de la Morée, non loin des ruines de Mantinée. — NAUPLIE ou NAPOLI DE ROMANIE, au N. E. de Tripolitza, ville très-forte avec un bon port, avantages auxquels elle doit d'avoir été pendant plusieurs années le siége du gouvernement grec. — MISTRA, au S. E. de Tripolitza; à une lieue et demie se trouvent les ruines de l'ancienne Sparte. — NAVARIN (près de l'ancienne Pylos), au S. O., port devenu célèbre par la victoire qu'y remportèrent, en 1827, sur les Turcs et les Égyptiens, les flottes combinées de la France, de l'Angleterre et de la Russie.

Quelles sont les îles qui dépendent de la Grèce?

Les îles qui dépendent de la Grèce sont : I. La grande île de NÉGREPONT (ancienne Eubée), sur la côte orientale de la Livadie, dont elle est séparée par le détroit de Négrepont (ancien Euripe), célèbre par la singularité de son flux et de son reflux, et couvert, aujourd'hui comme dans l'antiquité, d'un pont, dans sa partie la plus resserrée, où il n'a pas plus de 50 pieds de largeur. L'île a environ 120 lieues de circuit, et fut prise sur les Vénitiens par les Turcs, en 1469. Capitale, NÉGREPONT ou EGRIPO, sur le détroit; ville forte, considérée comme l'une des clefs de la Grèce. — II. Les petites îles situées au N. E. de Négrepont, et dont les principales sont : SKIATO, qui possède une bonne rade; — SCOPÉLO et SARAKINO, dont les vins sont estimés; — CHÉLIDROMIA et PÉLAGNISI, au N. E.; — SKIRO (ancienne Scyros), au S. E., riche en beau marbre. — III. Les CYCLADES, ainsi appelées d'un mot qui signifie *cercle*, par les Anciens, qui les croyaient rangées en cercle autour de l'île de Délos, aujourd'hui Sdili, si célèbre par le culte d'Apollon, occupent tout le sud de l'Archipel. Les plus remarquables sont : 1° Andro (Andros), à la pointe S. E. de Négrepont ; 2° Tino (Tenos), au S. E., très-bien cultivée et produisant beaucoup de soie ; 3° Myconi (Myconos) ; 4° Syra (Syros) ; — 5° Naxie (Naxos), au S. E., et dont les habitans forment une république ; — 6° Paro, à l'O.; — 7° Amorgo (Amorgos), au S. E.; — 8° Santorin (Thera), au S.; — 9° Milo (Melos), à l'O., qui possède un des meilleurs ports de la Méditerranée ; ces îles ont des capitales qui portent les mêmes noms. — IV. Les îles situées sur la côte de la Morée, savoir : Colouri (ancienne Salamine) ; — Engia (ancienne Égine) ; — et Hydra (Hydrea), dont les habitans, les plus habiles marins de l'Archipel, se sont montrés les ennemis les plus redoutables des Turcs, dans la guerre que leur ont faite les Grecs pour se soustraire à leur domination.

Climat, Productions. — La Grèce est, encore plus que l'Espagne, traversée en tous sens par de hautes chaînes de montagnes, qui y produisent sur la température les mêmes effets. Le sol, naturellement fertile, fournirait en abondance toutes les productions de l'Italie ; mais l'agriculture, long-temps découragée par l'effet du despotisme turc, y est encore languissante par suite d'une guerre longue et désastreuse.

ILES IONIENNES.

Quelles sont les îles appelées ILES IONIENNES, *ou la république des Sept Iles?*

Les îles Ioniennes, ou la république des Sept-Iles, se composent de sept îles, situées sur la côte occidentale de la Grèce. Après avoir successivement appartenu aux Vénitiens, aux Turcs, aux Russes et aux Français, elles forment aujourd'hui un état prétendu indépendant, mais réellement sous la domination de l'Angleterre. Ces sept îles sont : CÉRIGO (ancienne Cythère), au S. de la Morée ; ZANTE (ancienne Zacinthe), à l'O. de la Morée ; elle a environ trente lieues de tour et 45 mille habitans ; — CÉPHALONIE (Céphalénie), au N. O. de Zante ; elle a environ 60 lieues de circuit et 60 mille habitans ; — THÉAKI (ancienne Ithaque), au N. E. de Céphalonie ; — SAINTE-MAURE (Leucadie), au N. des précédentes, séparée du continent par un canal de 500 pas, sur lequel on a construit un pont ; PAXO (Paxos), très-petite, au N. O. de la précédente ; chef-lieu, *Porto-Gay* ; — CORFOU (Corcyre), au N. O. ; elle a environ 40 lieues de circuit et 60 mille habitans. Toutes ces îles, à l'exception de Paxo, ont des capitales qui portent les mêmes noms.

CLIMAT, PRODUCTIONS. — Les îles Ioniennes jouissent d'un printemps presque perpétuel. Le sol, généralement rocailleux et aride, produit des oliviers, des citronniers, des orangers, des figuiers, et de la vigne que l'on vendange quelquefois quatre fois dans une année.

ASIE*.

Quelles sont les bornes et la population de l'Asie?

L'Asie, la plus grande des cinq parties du monde et la plus riche par ses productions, est bornée au N. par l'océan Glacial Arctique; à l'O., par le fleuve Kara, les monts Poyas ou monts Ourals, le fleuve Oural, la mer Caspienne, le Caucase, la mer Noire, le détroit de Constantinople, la mer de Marmara, le détroit des Dardanelles, l'Archipel, la Méditerranée, l'isthme de Suez et la mer Rouge; au S., par la mer des Indes, et à l'E., par le Grand-Océan, qui la sépare de l'Amérique. Elle a environ 2,590 lieues dans sa plus grande longueur, prise depuis l'extrémité septentrionale de la mer Rouge au S. O., jusqu'au détroit de Behring, au N. E., et 1,825 lieues dans sa plus grande largeur, depuis le cap Sévéro-Vostochnoï ou du Nord-Ouest, jusqu'au cap Romania, à l'extrémité de la presqu'île de Malakka, au S. E. Sa population est mal connue, et a été fort exagérée : elle paraît être de 390 millions d'habitants.

Étendue, climat et productions de l'Asie. — L'Asie, en y comprenant les îles qui en dépendent, occupe une superficie évaluée à près de 2 millions 100 mille lieues carrées; mais elle renferme de vastes déserts, dont le plus remarquable est celui qu'on nomme *Gobi* ou *Chamo*, qui occupe au centre une plaine immense et fort élevée, où l'hiver est long et rigoureux, et où l'on trouve rarement quelques traces de végétation. Les régions comprises au N., entre ce plateau et l'océan Glacial Arctique, sont exposées pendant l'hiver à des froids excessifs, et pendant l'été à des brouillards épais, qui nuisent singulièrement à la végétation, qui y est toujours languissante. Celles qui sont situées à l'O. et à l'E. jouissent d'un climat doux et salubre, qui favorise la culture des grains de toute espèce, de l'olivier, du cotonnier, et des fruits

---

* Consulter, dans mon *Atlas à l'usage des colléges*, la carte de l'Asie.

les plus délicieux. Enfin celles qui s'étendent vers le S. et le S. O. ne connaissent que deux saisons, des pluies continuelles, et quelquefois une sécheresse affreuse d'avril en novembre, et un ciel doux et serein pendant le reste de l'année. C'est dans cette partie de l'Asie que la végétation déploie une magnificence surprenante : ainsi on y voit croître le café, le dattier et l'encens, en Arabie ; le cocotier, l'indigotier et la canne à sucre, dans les deux Indes ; le cannellier, à Ceylan; l'arbre à thé, dans la Chine; et une foule d'autres plantes précieuses.

POPULATION ET RELIGIONS. — L'Asie parait avoir été le berceau du genre humain, et le siége des premiers empires; les arts, les sciences, presque toutes les religions, y ont pris naissance. Sa population se partage à peu près également entre la race jaune et la race blanche; il se trouve aussi quelques nègres dans les îles du sud. Berceau de toutes les religions qui dominent dans le monde, l'Asie voit sa nombreuse population partagée entre elles de la manière suivante :

Bouddhisme,	au S. E.	170 millions.
Brahmisme,	au S.	60 millions.
Mahométisme,	au S. O.	76 millions.
Christianisme,	à l'O. surtout.	3 millions.
Religion de Confucius, Culte des Esprits,	à la Chine.	75 millions.
Religion de Sinto,	au Japon.	
Sectes diverses et idolâtrie.		4 millions.
Juifs.		650 mille

En combien de parties principales peut-on diviser l'Asie?

L'Asie peut se diviser en onze parties principales, savoir : la *Russie Asiatique*, au N. et au N. O. ; le *Turkestan*, au centre; la *Turquie d'Asie* et l'*Arabie*, à l'O. ; la *Perse*, l'*Afghanistan*, le *Béloutchistan*, l'*Hindoustan* et l'*Indo-Chine*, au S. ; l'*Empire Chinois*, à l'E.; enfin les *îles du Japon*, dans le Grand-Océan.

Quels sont les principaux GOLFES *de l'Asie?*

Les principaux golfes de l'Asie sont : le golfe d'*Aden*, entre l'Arabie méridionale et l'Afrique ; — le golfe d'*Oman*, entre l'Arabie orientale, le Béloutchistan et l'Hindoustan; — le *golfe Persique*, au S. O., entre la Perse et l'Arabie ; — celui du *Bengale* (anciennement du Gange), entre les deux Indes ; — ceux de *Martaban*, de *Siam* et de *Tonkin*, au S. de l'Indo-Chine; — le golfe *Penjinskoïa* et celui d'*Anadyr*, à l'E. de la Sibérie; ceux de l'*Iénicéi*, de l'*Ob*, et le golfe ou mer de *Kara*, au N. du même pays.

Quels sont les principaux DÉTROITS *de l'Asie?*

Les principaux détroits de l'Asie sont: ceux de *Bab-el-Mandeb*, au S. E., qui unit la mer Rouge au golfe d'Aden; d'*Ormouz*, au N. O. du précédent: il unit le golfe Persique à la mer des Indes; — de *Behring*, au N. E., entre l'Asie et l'Amérique.

Quels sont les principaux LACS *de l'Asie?*

Les principaux lacs de l'Asie sont, outre la mer Caspienne, dont nous avons parlé: le lac *Asphaltite* ou la *mer Morte*, dans la Palestine, de 60 à 70 lieues carrées; — le lac d'*Aral*, à l'E. de la mer Caspienne: il couvre 1,280 lieues carrées; — le lac de *Zerrah*, sur la frontière de la Perse et de l'Afghanistan: étendue, 140 lieues carrées; — le lac *Baïkal*, au S. de la Sibérie; — le lac *Khoukhounoor*, au N. E. du Tibet; il a 240 lieues carrées de surface.

Quelles sont les PRESQU'ÎLES *les plus remarquables de l'Asie?*

Les presqu'îles les plus remarquables de l'Asie sont au nombre de sept, dont quatre grandes et trois moins considérables. Les grandes sont: l'*Anatolie* ou *Anadoli* (ancienne Asie-Mineure), entre la mer Noire, au N., le canal de Constantinople, la mer de Marmara, le détroit des Dardanelles et l'Archipel, à l'O., et la Méditerranée, au S.; — l'*Arabie*, entre la mer Rouge, à l'O., le détroit de Bab-el-Mandeb, le golfe d'Aden et la mer des Indes, au S., le détroit d'Ormouz et le golfe Persique, à l'E., — l'*Hindoustan* (ancienne Inde en deçà du Gange), entre le golfe d'Oman, à l'O., celui de Manaar, au S., et celui du Bengale, à l'E.; la *Presqu'île orientale de l'Inde* (ancienne Inde au delà du Gange), entre le golfe du Bengale, à l'O.; et la mer de la Chine, au S. E. et à l'E.

Les trois presqu'îles moins considérables sont: — celle de *Malakka*, entre le détroit de ce nom, au S. O., et le golfe de Siam, au N. E.; elle est unie au continent par l'isthme de *Kra*; — la *Corée*, entre la mer Jaune, à l'O., et celle du Japon, à l'E.; — le *Kamtchatka*, entre la mer d'Okhotsk, au S. O., et celle de Behring, au N. E.

Quels sont les principaux CAPS *de l'Asie?*

Les principaux caps de l'Asie sont:

Les caps *Fartash*, *Ras-al-Gate*, *Moçandon*, dans l'Arabie; — le cap *Comorin*, qui termine la chaîne des Ghâtes, à l'extrémité S. de l'Hindoustan; — les caps *Oriental*, sur le détroit de Behring; — *Sévéro-Vostochnoï*, ou du Nord-Ouest, le plus septentrional de la Sibérie.

Quelles sont les principales MONTAGNES *de l'Asie?*

Les principales montagnes de l'Asie sont: — le *Caucase*, situé entre la mer Noire et la mer Caspienne, et qui semble maintenant appartenir plutôt à l'Europe qu'à l'Asie. — Le *Liban* et l'*Anti-Liban*, qui traversent du N. au S. une partie de la Syrie et de la Palestine; et le *Sinaï*, entre les deux bras de la mer Rouge. — Le *Taurus*, l'*Ararat*, l'*Albours*, l'*Hindou-Kho*; les monts *Bolour* et *Térek*; les monts *Altaï*, *Yablonoï* et *Stanovoï*, formant une chaîne immense qui se prolonge depuis les côtes méridionales de l'Anatolie jusqu'aux extrémités N. E. de l'Asie, à travers la Turquie, la Perse, l'Afghanistan, l'empire Chinois et la Sibérie. — Des monts Hindou-Kho, se détachent les montagnes qui vont former au S. du Tibet la chaîne de l'*Himalaya*, dans laquelle se trouvent les plus hautes sommités du globe, parmi lesquelles le *Dhawala-Giri* ou *Mont-Blanc*, atteint la hauteur de 4,390 toises. — Une autre chaîne descend au S. former les *Ghâtes*, qui suivent la côte occidentale de l'Hindoustan.

Quels sont les principaux FLEUVES *de l'Asie?*

Les principaux fleuves de l'Asie sont, en Sibérie : la *Léna* ou *Paresseuse*, ainsi nommée à cause de la lenteur de son cours, l'*Iénisséi*, et l'*Ob* ou *Obi*, qui la traversent du S. au N., et se jettent dans l'océan Glacial Arctique, après plus de 758, 560 et 500 lieues de cours; l'*Oural*, qui sépare l'Europe de l'Asie et coule au S. dans la mer Caspienne. — Dans la Turquie : l'*Euphrate* et le *Tigre*, qui en arrosent la partie orientale et forment par leur réunion le *Chat-el-Arab*, qui se rend dans le golfe Persique par plusieurs embouchures. — Dans l'Hindoustan : le *Sind* (Indus), qui en arrose la partie occidentale du N. E. au S. O. et se jette dans le golfe d'Oman; le *Gange*, qui coule du N. O. au S. E. et se perd dans le golfe du Bengale; et le *Brahmapoutre*, qui, sorti des hautes montagnes du Tibet, tourne au S. O., et vient se jeter dans le même golfe. — Dans l'empire Birman : l'*Iraouady*, composé de deux branches distinguées par les noms d'occidentale et d'orientale, qui sortent toutes deux des montagnes du Tibet, se réunissent et coulent pendant assez long-temps dans le même lit, puis se partagent de nouveau en un grand nombre de bras qui se rendent dans le golfe de Martaban, à l'E. de celui du Bengale. — Dans le royaume de Siam : le *Loukiang* ou *Talouayn*, qui coule à l'O. du précédent et se jette dans le même golfe; le *Meinan* ou *Ménam*, qui coule du N. au S. et se jette dans le golfe de Siam. — Dans le royaume d'Annam : le *May-Kang* ou *Cambodje*, qui sort aussi des montagnes du Tibet, et, coulant du N. O. au S. E., va se perdre dans la mer de la Chine, après un cours de 700 lieues. — Dans l'empire Chinois : le *Yang-tseu-Kiang*, ou fleuve Bleu, et le *Hoang-Ho*, ou fleuve Jaune, qui sortent aussi des montagnes du Tibet, et vont, à l'E., se perdre dans les mers Orientale et Jaune, le premier après plus de 800 lieues, et le second après plus de 700 lieues de cours; enfin l'*Amour* ou *Sakhalian*, qui coule du S. O. au N. E., à travers la Mongolie et la Mantchourie, et se jette dans la *Manche de Tarrakaï*, après un cours de 650 lieues.

RUSSIE ASIATIQUE[*].

Quelles sont les deux grandes divisions de la Russie Asiatique? Quelles sont les bornes et la population de chacune d'elles?

La Russie Asiatique se compose de deux parties tout-à-fait distinctes : l'une, que l'on peut nommer la *Russie du Caucase*, est séparée au N. par la chaîne du Caucase de la Russie Européenne et se trouve comprise entre la mer Noire à l'O., la mer Caspienne à l'E., et les provinces de la Turquie d'Asie et de la Perse au S.; cette contrée, toute hérissée de montagnes, compte environ 1 million d'habitants. La seconde partie, beaucoup plus considérable, et connue sous le nom de *Sibérie*, occupe toute la partie septentrionale de l'Asie, dans une longueur de 1,500 lieues, de l'O. à l'E., sur 500 de largeur, du N. au S. Elle est bornée au N. par l'océan Glacial Arctique; à l'O., par le fleuve Kara, les monts Poyas ou Ourals, qui la séparent de la Russie d'Europe; au S., par le Turkestan, la Mongolie et la Mantchourie, et à l'E. par le Grand-Océan et le détroit de Behring. La population de cette immense contrée, dont la partie méridionale est assez fertile, est loin de répondre à son étendue; on la porte au plus à 2 millions 600 mille habitants, à cause des marais inaccessibles qui couvrent tout le nord, et de vastes déserts, nommés *steppes*, qui en occupent la plus grande partie, et dans lesquels errent seulement quelques tribus nomades.

Quelles sont les divisions et les villes principales de la Russie du Caucase?

La Russie du Caucase forme un grand gouvernement subdivisé en douze provinces, dans lesquelles ne sont pas comprises quelques petites contrées occupées par des montagnards

---

[*] Consulter, dans mon *Atlas à l'usage des collèges*, les cartes de l'Europe et de l'Asie.

à peu près indépendans. Ses villes principales sont : —TIFLIS, sur le Koar, ancienne capitale du royaume de *Géorgie* et maintenant résidence du gouverneur-général des provinces du Caucase ; — DERBENT, sur la mer Caspienne, au N. E. de Tiflis, la ville la plus importante de l'ancienne province Persane du *Daghestan* ; — BAKOU, au S. E. de Derbent, l'un des ports les plus commerçans de la mer Caspienne ; — CHAMAKIE, au N. O. de Bakou, et, comme elle, dans la province du *Chirvan*, récemment enlevée par la Russie à la Perse ; — AKHALTSIKHÉ, à l'O. de Tiflis, ville importante, défendue par une bonne citadelle, et chef-lieu d'un ancien pachalick turc cédé à la Russie par la Turquie, à la suite de la dernière guerre ; — ÉRIVAN, au S. E. d'Akhaltsikhé, près du lac *Sébanga* ; ancienne capitale de l'*Arménie Persane*. Au S. O. se trouve le mont *Ararat*, sur lequel s'arrêta, à ce que l'on croit, l'arche de Noé.

Comment se divise la Sibérie, et quelles en sont les villes principales ?

La Sibérie se divise en *Occidentale*, comprenant le gouvernement de *Tobolsk*, au N. ; la province d'*Omsk*, au S. O. ; et le gouvernement de *Tomsk*, au S. E. ; et *Orientale*, comprenant les gouvernemens d'*Iéniséisk*, à l'O. ; d'*Irkoutsk*, au S. O., et les districts d'*Iakoutsk*, au centre ; d'*Okhotsk*, à l'E. du précédent ; des *Tchouktchis*, au N. E., et du *Kamtchatka*, au S. E. Les sept premières de ces provinces ont pour capitales les villes dont elles portent les noms. Parmi ces villes : IRKOUTSK, près du lac Baïkal, est la plus considérable et l'entrepôt du commerce qui se fait par caravanes avec la Chine. — NERTCHINSK, située à l'E., a, dans ses environs, des mines d'argent où l'on fait travailler les exilés de Russie ; — IAKOUTSK, sur la rive gauche de la Léna, est au centre de la contrée occupée par les *Iakoutes*, qui paraissent descendre des Tartares ; — OKHOTSK, chantier de construction, est sur la mer à laquelle elle donne son nom ; — SAINT-PIERRE-ET-SAINT-PAUL, port au S. du Kamtchatka, est la ville la plus considérable de ce district. Le commerce des fourrures, le

5.

principal de la Sibérie, rend presque toutes ces villes assez importantes.

Quelles sont les îles qui dépendent de la Sibérie?

Les îles qui dépendent de la Sibérie sont : 1° la Nouvelle-Sibérie ou les îles Liaïkhov, découvertes par le navigateur de ce nom, au N. de l'embouchure de la Léna; 2° les Kouriles, formant une chaîne de 21 petites îles, dont 14 seulement sont habitées; elles s'étendent de la pointe S. du Kamtchatka aux îles du Japon, et appartiennent en partie à la Russie et en partie au Japon.

Notions diverses.—La Russie du Caucase se compose des États de plusieurs petits souverains détrônés par les Russes, et parmi lesquels celui de Géorgie était le plus remarquable, et de provinces successivement enlevées par la force des armes à la Perse et à la Turquie. Les habitants d'une partie de ces pays sont chrétiens, et appartiennent à l'église arménienne, dont le patriarche réside au couvent célèbre d'*Etchmiadzin*, près de la ville d'*Érivan*, dans la portion de l'Arménie enlevée par les Russes aux Persans dans leur dernière guerre.—La Sibérie occupe plus de 600 mille lieues carrées, c'est-à-dire près du tiers de l'Asie, mais elle n'a, comme nous l'avons dit, qu'une faible population, en partie Russe, et suivant la religion chrétienne grecque, et le reste appartenant à un assez grand nombre de peuplades sauvages et idolâtres. Le climat est froid et les étés fort courts dans toute la Sibérie : tout le nord est couvert de marais presque toujours glacés et de déserts immenses : le midi est très-fertile; les montagnes de l'O. et du S. E. renferment de riches mines d'argent, de fer, d'aimant et de cuivre. Les belles fourrures sont le principal objet du commerce de ce pays.

TURKESTAN *.

Quels sont les bornes, les divisions, le gouvernement, la population et la religion du TURKESTAN ?

Le Turkestan, désigné aussi assez souvent, mais d'une manière inexacte, sous le nom de *Tartarie Indépendante*, a pour bornes, au N., la Sibérie, à l'O., la mer Caspienne, au S., la Perse et l'Afghanistan, à l'E. les pays tributaires de l'empire Chinois. On peut diviser le Turkestan en cinq parties, savoir : le *Pays des Kirghiz*, au N. ; la *Turkomanie*, le long de la côte orientale de la mer Caspienne ; le *Kharism* ou *Kouaresmie*, au centre ; le *Turkestan* proprement dit, berceau de la nation turque, à l'E. ; et la *Grande-Boukharie*, au S. ; mais ces divisions générales sont à peu près inconnues dans le pays, que se partagent un nombre assez considérable de khans ou souverains indépendans les uns des autres. On estime la population de cette contrée à 6 millions d'habitans, la plupart nomades et mahométans sunnites.

Quelles sont les villes remarquables du Turkestan ?

Les villes les plus remarquables du Turkestan sont : — KHIVA, au N. O., sur un canal dérivé de l'*Amou-Déria*, dans le Kharism ; résidence d'un sultan qui s'est fait reconnaître comme suzerain par les *Araliens*, habitans des bords du lac dont ils portent le nom, et par les *Karakalpaks*, qui errent sur les rives du *Sir-Déria*. — KHOKAND, à l'E. de Khiva, ville importante et industrieuse, résidence du khan le plus puissant du Turkestan proprement dit.—BOUKHARA, au S. O. de Khokand, dans une riche plaine de la Grande-Boukharie, à laquelle elle donne son nom ; résidence du khan le plus puissant et le plus riche de tout le Turkestan. Ses

---

* Consulter, dans mon *Atlas à l'usage des colléges*, la carte de l'ASIE.

États comprennent encore la ville de SAMARKAND, située au N. E. de Boukhara, et qui fut, en 1400, la capitale de l'empire du fameux Tamerlan.—BALK (Bactres), au S. E. de Samarkand, une des plus anciennes et autrefois une des plus célèbres villes de l'Asie. — KHOULM, au S. E. de Balkh, capitale du khan le plus puissant de la partie méridionale du Turkestan. Les États dont ces deux dernières villes étaient les capitales ont fait long-temps partie du royaume de Caboul.

NOTIONS DIVERSES. — Le Turkestan est en grande partie occupé par des déserts sablonneux souvent interrompus par les plus fertiles oasis, surtout dans la Grande-Boukharie, qui en est la partie la plus fertile, la plus peuplée et la plus riche. Les montagnes du S. E. renferment des mines d'or, d'argent et de pierres précieuses. Parmi les diverses races qui peuplent le Turkestan, il faut distinguer : 1° les *Kirghiz*, au N., divisés en trois hordes, dont la *Grande* seule doit aujourd'hui être considérée comme appartenant au Turkestan, la *Moyenne* et la *Petite* ayant reconnu la souveraineté de la Russie. C'est une nation féroce qui élève de nombreux troupeaux ; 2° les *Turkomans*, qui sont peut-être les pères des Tartares, et qui des bords de la mer Caspienne se sont répandus dans toute la Perse et la Turquie d'Asie ; 3° les *Ouzbeks*, Turcs d'origine, que l'on peut regarder comme les dominateurs du Turkestan, à la plupart des États duquel ils ont donné des chefs ; 4° enfin les *Boukhares*, qui paraissent d'origine Persane et qui se distinguent par leur industrie et leur aptitude pour le commerce. C'est cette diversité dans les races habitantes du Turkestan, et dont aucune n'est réellement Tartare, qui a fait rejeter, par les géographes les plus instruits, le nom de *Tartarie Indépendante*, donné long-temps, mais à tort comme on le voit, à cette vaste contrée. On a cru pouvoir lui donner, avec plus de raison, celui de *Turkestan* ou pays des Turcs, qui rappelle la plus célèbre des nations qui en sont sorties.

TURQUIE D'ASIE.[*]

Quelles sont les bornes et la population de la TURQUIE D'ASIE?

La Turquie d'Asie est bornée au N. par la Russie du Caucase et la mer Noire; au N. O., par le détroit de Constantinople et la mer de Marmara; à l'O., par le détroit des Dardanelles et l'Archipel; au S., par la Méditerranée et l'Arabie; à l'E., par la Perse. Sa population s'élève à plus de 12 millions et demi d'habitans.

Comment se divise la Turquie d'Asie?

La Turquie d'Asie, que les Turcs partagent, comme celle d'Europe, en *eyalets*, ou gouvernements, et *livas*, ou districts, dont les chefs, souvent en guerre entre eux, ne gardent au sultan qu'une obéissance fort incertaine, peut se diviser en 3 parties, savoir: 1° la *Turquie d'Asie Occidentale*, composée de l'Anatolie (ancienne Asie-Mineure); 2° la *Turquie d'Asie Orientale*, composée des provinces connues sous les noms d'*Arménie*, de *Kourdistan Turc* (ancienne Assyrie), et d'*Al-Djézyréh* (ancienne Mésopotamie) avec l'*Irak-Arabi* (ancienne Babylonie); 3° les provinces cédées par le sultan au vice-roi d'Égypte en 1833, et qui comprennent le *district d'Adana*, dans l'ancienne Asie-Mineure; et les anciennes provinces de *Syrie* et de *Palestine*.

Quelles sont les principales villes de l'Anatolie?

L'Anatolie, ou, comme disent les Turcs, *Anadoli*, qui forme la Turquie d'Asie Occidentale, renferme cinq gouvernemens ou eyalets, dont les villes principales sont : — BROUSSE (ancienne Prusa), au S. E. de Constantinople; grande ville, qui fait un commerce considérable de soie brute. C'est dans les environs de cette ville, qui fut la capitale de

---

[*] Consulter, dans mon *Atlas à l'usage des collèges*, la carte de l'EUROPE et celle de l'ASIE.

l'empire Ottoman jusqu'à la prise d'Andrinople par les Turcs, que Tamerlan remporta sur Bajazet une victoire qui coûta la vie à 400 mille hommes.—Kutaiéh, au S. E. de Brousse, capitale du gouvernement d'Anadoli.—Smyrne ou Izmir, au S. O. de Kutaiéh, excellent port, au fond du golfe de son nom, sur l'Archipel; une des villes les plus belles et les plus considérables de l'Asie, et le centre du commerce du Levant, quoiqu'elle ait été ruinée dix fois par les incendies et les tremblemens de terre, et qu'elle soit souvent dévastée par la peste. Population, 150 mille habitans. — Koniéh (ancienne *Iconium*), au S. E. de Kutaiéh, ancienne résidence des sultans du pays de Roum, et aujourd'hui capitale du gouvernement de *Karamanie*, remarquable par la victoire remportée par les Égyptiens sur les Turcs, en 1832. — Tokat, au N. E. de Koniéh, une des villes les plus commerçantes de la Turquie d'Asie et dont on évalue la population à 100 mille âmes.—Trébizonde ou Tarabezoun, au N. E. de Tokat, port sur la mer Noire, capitale d'un gouvernement. Cette ville, grande et fortifiée, conserve encore quelque reste de la splendeur dont elle brilla pendant le temps où elle fut la capitale d'un empire démembré de celui de Constantinople.

Quelles sont les principales villes de la Turquie d'Asie Orientale?

La Turquie d'Asie Orientale forme 8 eyalets, dont les principales villes sont : Erzeroum, au S. E. de Trébizonde, la ville la plus considérable et la plus florissante de l'*Arménie*, et la capitale de l'un des trois gouvernemens formés dans cette province. — Diarbekir ou Amid, sur le Tigre, au S. O. d'Erzeroum, capitale de l'un des gouvernemens formés de la province d'*Al-Djézyréh*, nom qui signifie *île*, et correspond ainsi assez bien au nom ancien *Mésopotamie*. — Mossoul, sur la rive droite du Tigre, très-florissante par son industrie et son commerce, et aussi capitale d'un gouvernement. — Bagdad, au S. E. de Mossoul, sur le Tigre, capitale d'un gouvernement auquel on donne quelquefois le nom d'*Irak-Arabi*. Cette magnifique capitale de l'empire des khalifes, voisine des ruines de Ctésiphon, de Séleucie et de Babylone, quoique bien déchue elle-même de sa splendeur, est encore une des villes les plus grandes, les plus fortes et les plus riches de la Turquie d'Asie, et l'entrepôt de son commerce avec les contrées orientales. Population, 100 mille habitans. — BASSORA ou *Bazrah*, dans le même gouvernement, sur le *Chat-el-Arab*, à 20 lieues de son embouchure dans le golfe Persique, et qui conserve encore une partie de la haute prospérité qu'elle a due à sa position, qui la rend un des centres du commerce de l'Europe avec l'Asie.

A ces villes on peut ajouter encore :

Dans la Turquie d'Asie Occidentale : — SCUTARI, port sur le détroit, vis-à-vis de Constantinople, dont elle est comme un faubourg. — ANGORA (Ancyre), au S. E. de Scutari; siège d'un archevêché; elle doit sa prospérité commerciale à la finesse du poil de ses chèvres, et sa célébrité historique à la victoire remportée par Tamerlan sur Bajazet, qui y fut fait prisonnier, le 7 août 1402. — KAÏSARIEH (Césarée), au S. E. d'Angora, ville florissante par son commerce, quoiqu'il lui reste à peine 25 mille habitans des 400 mille qu'elle renfermait, dit-on, sous les empereurs romains. — SIVAS (ancienne Sébaste), au N. E. de Kaïsariéh, capitale d'un gouvernement auquel on conserve quelquefois le nom de *Pays de Roum*. — Dans la Turquie d'Asie Orientale : — KARS, au N. E. de Sivas, ville forte et commerçante, capitale d'un gouvernement. — VAN, au S. E. de Kars, dans une belle position sur les bords du lac auquel elle donne son nom, résidence d'un pacha héréditaire. — BIDLIS ou *Betlis*, à l'O. du lac de Van, la ville la plus importante du Kourdistan turc, dont la plus grande partie compose le gouvernement de CHÉHRÉZOUR, qui dépend de celui de Bagdad, mais de nom seulement, car *les Kourdes*, répandus au nombre de 240 mille, toujours armés, dans cette province et dans celles de la Turquie et de la Perse qui l'avoisinent, sont plutôt vassaux que sujets de ces puissances, mènent, pour la plupart, une vie errante, et dévastent souvent toutes les contrées d'alentour. — RAKKA, sur l'Euphrate, au S. O. de Diarbékir, capitale d'un gouvernement.

Quelles sont les principales villes des provinces turques aujourd'hui soumises au vice-roi d'Égypte?

Les principales villes des provinces cédées par le sultan au vice-roi d'Égypte sont : ADANA, à peu de distance de la côte de la Méditerranée, chef-lieu d'un district borné au N. par la chaîne du Taurus, couverte d'excellent bois de construction. — Alep ou Haleb, au N. de la Syrie, province qui borde la côte orientale de la Méditerranée, dont elle forme un des gouvernemens; la plus grande ville de toute la Turquie d'Asie, avant qu'elle n'eût été ruinée, en 1822, par un affreux tremblement de terre. — Acre ou Saint-Jean-d'Acre (ancienne Aco), ville commerçante et bien fortifiée, capitale d'un gouvernement formé de l'ancienne Phénicie et de l'ancienne Galilée; célèbre pendant les croisades, elle a été inutilement assiégée par les Français, commandés par Napoléon, en 1799. — Damas, au N. E. d'Acre, dans une vallée délicieuse, capitale d'un gouvernement qui comprend presque toute la portion orientale de la Syrie et la plus grande partie de l'ancienne Palestine. Cette ville, une des plus anciennes du monde, est célèbre par ses fabriques de sabres et florissante par son commerce. Population, 148 mille habitans. — Jérusalem, au S. O., et dans le gouvernement, de Damas; cette ville, qui n'est plus que l'ombre de ce qu'elle a été, mais qui rappelle de si grands souvenirs, est toujours visitée par un grand nombre de pèlerins. Sa population est d'environ 30 mille âmes.

A ces villes on peut ajouter : — Marach, à l'E. d'Adana, capitale d'un gouvernement. — Alexandrette, sur un golfe de la Méditerranée, au milieu de marais dont les exhalaisons sont souvent mortelles; elle est regardée comme le port d'Alep. — Antakiéh, au S. E. d'Alexandrette, faible reste de la magnifique *Antioche*, dont les 700 mille habitans sont aujourd'hui réduits à 10 mille. — Latakiéh (ancienne Laodicée), au S. O. d'Antakiéh, le port le plus commerçant de la côte de Syrie. — Tripoli, autre port plus au S., sur la même côte, ville commerçante et bien bâtie, capitale de l'un des gouvernemens de la Syrie. — Seïde, au S. O. de Tripoli; elle n'est plus que l'ombre de la fameuse *Sidon*. — Nazareth, beaucoup plus au S., célèbre dans les temps modernes par une victoire qu'y remportèrent les Français en 1799. — Jaffa (ancienne Joppé), au S. O. de Nazareth, port où débarquent les pèlerins qui se rendent à la Terre-Sainte. Les Français s'en rendirent maîtres en 1799. — La Syrie et la Palestine sont parcourues, surtout dans leur partie orientale, par un grand nombre de tribus d'Arabes nomades. Parmi les peuplades indépendantes de l'intérieur, on distingue dans les montagnes du Liban et de l'Anti-Liban les *Maronites*, qui sont catholiques romains, et les *Druzes*, peuplade guerrière qui professe une espèce de mahométisme.

Quelles sont les principales îles qui dépendent de la Turquie d'Asie?

Les plus importantes sont : 1° dans l'Archipel, près de la côte d'Anatolie : Métélin (ancienne Lesbos), île fertile et bien peuplée; capitale *Castro*. — Scio (Chios), au S. de Métélin, l'un des domaines de la sultane-mère; elle jouissait d'une sorte de prospérité et renfermait 120 mille habitans, dont 30 mille dans sa capitale, qui porte le même nom, avant les désastres qui l'ont accablée en 1822. Elle produit d'excellens vins. — 2° Dans la Méditerranée : Rhodes, autrefois fameuse par son colosse, mais plus encore par la résidence des chevaliers de Saint-Jean-de-Jérusalem, auxquels Soliman l'enleva, en 1523, après la plus héroïque résistance de leur part. Sa capitale, portant le même nom et située sur le penchant d'une colline, est une des meilleures forteresses des Turcs. — Chypre, au S. E., la plus grande des îles de la Turquie d'Asie. Cette île, qui renfermait autrefois neuf royaumes, fut conquise par le roi Richard, dans le déclin de l'empire d'Orient, et vendue par lui à la maison de Lusignan, qui venait de perdre le trône de Jérusalem*; elle appartient maintenant au grand-visir de Turquie. — Elle renferme 83 mille habitans, et a pour capitale *Nicosie*, ville grande et forte, ancienne résidence des rois, et aujourd'hui de l'intendant turc; siége d'un archevêque grec.

Outre ces îles, on peut citer encore : — Marmara, à l'entrée de la mer à laquelle elle a donné son nom, qu'elle doit elle-même au beau marbre qu'on en tire. — Ténédos, au N. E. de l'Archipel, la clef du détroit des Dardanelles, avec une capitale du même nom et un bon port. — Samo (Samos), au S. E. de Scio, extrêmement fertile en vins, graines et olives; capitale *Megali-Chora*. — Nicaria (ancienne Icare), au S. O. de Samo; riche en bois de construction, habitée par un millier de Grecs très-pauvres et très-fiers qui prétendent descendre des anciens empereurs de Constantinople. — Stan-Co (Cos), au S. E. de Nica-

---

* Un duc de Savoie ayant épousé l'héritière de la maison de Lusignan, les rois de Sardaigne ont conservé des prétentions sur les royaumes de Chypre et de Jérusalem.

ria; l'une des meilleures îles de l'Archipel, avec une capitale du même nom. Elle fournit beaucoup de pierres à aiguiser.

Notions diverses. — La Turquie d'Asie occupe une étendue de 66 mille lieues carrées. Une partie de sa population professe la religion chrétienne, et le plus grand nombre celle de Mahomet. Cette contrée, l'une des plus belles de l'univers, a été le siége de puissans empires : Troie, Ninive, Babylone, Sidon, Tyr, Jérusalem, Antioche, Bagdad, et une foule d'autres villes célèbres, s'y distinguèrent par leur puissance, leurs richesses et leur population. Aujourd'hui encore, un sol d'une incomparable fertilité, un climat dont la douceur et la variété favorisent la culture des plantes les plus précieuses et les plus diverses, la position la plus avantageuse entre l'Europe, l'Asie et l'Afrique, feraient de ces belles contrées le premier empire du monde; mais là, comme en Europe, tout languit et meurt sous le despotisme des Turcs.

ARABIE.

Quels sont les bornes et les habitans de l'ARABIE?

L'Arabie, l'une des grandes presqu'îles dont nous avons parlé, est bornée au N. par l'Irak-Arabi, l'Al-Djézyréh et la Syrie. Les habitans de ce pays, qu'on estime au nombre de 6 millions, sont braves et hospitaliers, quoique portés à la tromperie et au brigandage. Les *Wahabites*, qui tirent leur nom de *Wahab*, dont le fils fut le chef d'une secte qui prétend réformer la religion mahométane, ont dominé pendant quelque temps sur l'Arabie centrale; mais leur puissance a été anéantie par le vice-roi d'Égypte. Plusieurs tribus errantes, nommées les *Bédouins*, n'ont d'autre métier que de piller les voyageurs; leurs chevaux, qu'ils prétendent issus de ceux qui peuplaient les écuries du roi Salomon, et dont ils conservent la race avec beaucoup de soin, ont une grande réputation.

Comment se divise l'Arabie?

L'ancienne division de l'Arabie, en Arabie *Pétrée*, *Déserte* et *Heureuse*, que l'on suit encore quelquefois, est inconnue dans le pays, que nous diviserons en sept parties, savoir: le *désert du Sinaï*, situé entre les deux golfes formés par la mer Rouge à son extrémité septentrionale, et qui n'est remarquable que par son antique célébrité; il contient environ mille habitans; l'*Hedjaz*, le long de la côte de la mer Rouge, et qui dépend maintenant du vice-roi d'Égypte, qui le fait gouverner par un pacha; le *Nedjed*, appelé aussi *Bahia* et *Barr-Arab*, à l'E. de l'Hedjaz, et comprenant tous les déserts de l'Arabie centrale, où errent les Wahabites; l'*Hajar* ou *El-Haça*, nommée encore *Hesse*, entre le Nedjed et le golfe Persique; l'*Oman*, au S. de ce même golfe; l'*Hadramaout*, au S. E. de l'Arabie; enfin l'*Yémen*, qui en occupe tout le S. O.

Quelles sont les principales villes de l'Hedjaz?

L'Hedjaz, qui renferme le *Beled-el-Harem*, ou la terre

sainte des mahométans, a pour villes principales : Médine (Iatrippa), au N.; célèbre par une magnifique mosquée où l'on voit le tombeau de Mahomet, qui, se donnant pour prophète, fonda une nouvelle religion qu'il propagea les armes à la main, et qui se répandit en peu de temps dans une grande partie de l'Ancien Continent devenue la proie des Arabes. Cette ville fut prise et pillée, en 1805, par les Wahabites. Elle a pour port *Yambo*, sur la mer Rouge. — La Mekke (Macoraba), au S. E. de Médine, capitale du Beled-el-Harem, patrie et résidence de Mahomet, lieu d'un fameux pélerinage pour les Mahométans. Elle renferme le temple célèbre de *la Caaba*. — Il s'y tient tous les ans une foire où se rassemblent plus de 100 mille marchands. — Djedda, sur la mer Rouge, peut en être regardée comme le port.

Quelles sont les villes remarquables des autres contrées de l'Arabie ?

Les autres villes remarquables de l'Arabie sont : — El-Derréyeh, au N. E. de La Mekke, capitale du Nedjed et le centre de la puissance des Wahabites avant sa destruction presque complète par Ibrahim-Pacha, fils du vice-roi d'Égypte, qui s'en empara en 1819. — El-Haça ou Lahsa, ville principale de l'Hajar, auquel elle donne quelquefois son nom. — El-Katyf, au N. O. d'El-Haça, dans le même pays, la plus commerçante des villes qui bordent le golfe Persique. — Rostak, au S. E., dans l'Oman, est la résidence de l'*Imam de Maskate*, le prince le plus puissant de cette partie de l'Arabie et qui étend même son autorité sur plusieurs des îles du golfe Persique et de la côte orientale de l'Afrique, et sur quelques points des côtes de la Perse et de celles du Zanguebar. Le port de Maskate, qui donne son nom au pays, est très-fréquenté par les Européens, et l'entrepôt du commerce de l'Arabie, de la Perse et des Indes. Le climat en est fort malsain. — Doan, grande ville de l'intérieur de l'Hadramaout. — Kesem, sur la côte du même pays. — Sana, capitale de l'Yémen, la contrée la plus fertile et la plus riche de l'Arabie, et au S. de laquelle se trouve Moka, bon port, à l'entrée de la mer Rouge; ville très-commerçante et fameuse par son café.

Quelles sont les îles qui dépendent de l'Arabie ?

Les principales îles qui dépendent de l'Arabie sont les îles Bahrein, dans le golfe Persique, fameuses par la riche pêche des perles qui s'y fait pendant l'été ; la plus grande a une capitale assez bien peuplée, nommée *Manama*.

On peut encore considérer comme dépendant de l'Arabie les îles suivantes, savoir : 1° dans le golfe Persique : les îles d'Ormouz et de Kismich, possédées par l'iman de Maskate, qui paie pour la jouissance de ces îles et de quelques petits ports de la côte un tribut au chah de Perse. La première, qui possédait au 16° siècle une ville opulente, aujourd'hui bien déchue, n'est qu'un rocher stérile; la seconde est importante pour la pêche des perles ; 2° sur la côte d'Afrique : — Socotora, vis-à-vis du cap Guardafui. Elle est fertile en aloès, et a pour capitale *Tamarida*, au N. E., résidence d'un chef tributaire de l'iman de Maskate, qui possède encore en Afrique les îles de Pemba, Zanzibar et Monfia, vis-à-vis de la côte du Zanguebar, et même une partie de cette côte.

Notions diverses. — L'Arabie a 120 mille lieues carrées; mais l'intérieur est occupé par des plaines élevées, arides, désertes, qui sont comme d'immenses mers de sables, que les Arabes traversent montés sur leurs chameaux, qu'ils nomment les *vaisseaux du désert*, et que la facilité avec laquelle ils supportent les privations, et surtout la soif, rend seuls propres aux voyages dans ces contrées, où l'on marche souvent plusieurs jours sans rencontrer une goutte d'eau.

Sur les côtes, le sol est plus fertile ; celui de l'Yémen surtout est d'une telle fécondité, qu'il avait valu à cette contrée le nom d'Arabie Heureuse. Outre le café, ce pays produit en abondance l'encens, la myrrhe, la gomme, le benjoin, l'indigo, le séné, les dattes ; les pêcheries des côtes du golfe Persique fournissent une grande quantité de perles.

PERSE.

Quels sont les bornes, la population, la religion et le gouvernement de la PERSE?

La Perse ou *Iran*, aujourd'hui bien déchue de ce qu'elle était autrefois, est bornée au N. par le Turkestan, la mer Caspienne et la Russie du Caucase; à l'O., par la Turquie d'Asie et le golfe Persique, qui, avec le détroit d'Ormouz, la borne aussi au S.; et à l'E. par le Béloutchistan et l'Afghanistan. Elle renferme 9 millions d'habitans, qui sont mahométans de la secte d'Ali. Ce pays est gouverné par un prince qui porte le titre de *chah*.

Comment se divise la Perse, et quelles en sont les villes principales?

La Perse est divisée en onze provinces; dont les villes remarquables sont: TÉHÉRAN, au N., nouvelle capitale de la Perse, résidence du souverain en hiver, saison pendant laquelle elle renferme jusqu'à 140 mille habitans. — ISPAHAN, au S. E. de Téhéran; capitale de l'*Irak Adjémi*, et ancienne capitale de la Perse, dont elle est encore la ville la plus considérable. Population, 200 mille habitans. — TAURIS, au N. O. de Téhéran, capitale de l'*Aderbaïdjan*, ou pays du feu, et ancienne résidence des rois, ville considérable et très-commerçante. — CHIRAZ, au S. E. d'Ispahan, capitale du *Farsistan*, dans une vallée délicieuse: elle est célèbre par son vin, et a produit les meilleurs poètes de l'Asie. Au N. O. se trouvent les ruines de *Persépolis*.

AUTRES VILLES REMARQUABLES. — RECHT, au S. E. de Tauris, près de la mer Caspienne, capitale du *Ghilan* et importante par son commerce de soie. — BALFROUCH, au S. E. de Recht, capitale du *Mazandéran*, ville grande et commerçante. — HAMADAN (ancienne Ecbatane), au N. O. d'Ispahan, l'une des villes les plus agréables de la Perse. — CAZBIN, au N. O. de Téhéran, une des villes les plus grandes et les plus commerçantes de la Perse, surtout en soie, soieries, tapis et armes blanches. — YEZD, au N. E. de Chiraz, renommée pour ses soieries et l'entrepôt du commerce entre la Perse et la Boukharie. Il s'y trouve beaucoup de *Guèbres* ou adorateurs du feu. — BENDER-BOUCHIR et BENDER-ABASSY, ports, le premier sur le golfe Persique, le second su le détroit d'Ormouz.

AFGHANISTAN.

Quels sont les bornes, la population, la religion et les divisions des divers états entre lesquels est aujourd'hui partagé l'AFGHANISTAN?

La contrée désignée sous le nom d'Afghanistan, qu'elle doit aux *Afghans*, le plus nombreux des peuples qui l'habitent, est comprise entre le Turkestan au N., la Perse à l'O., le Béloutchistan au S., et l'Hindoustan à l'E. On en estime la population à 6 millions d'habitans professant pour la plupart la religion mahométane. Les fréquentes révolutions qui ont bouleversé depuis un petit nombre d'années la monarchie afghane, fondée en 1747, par un vaillant conquérant nommé Ahmed-Chah, en ont successivement amené la division en quatre États distincts, savoir : celui de *Hérat*, tributaire de la Perse, au N. O. ; celui de *Caboul*, au N. ; celui de *Peichaver*, tributaire des Seïks de l'Hindoustan, au N. E. ; et celui de *Kandahar*, au S.

Quelles sont les capitales des quatre États de l'Afghanistan?

Les capitales de ces quatre États sont : — HÉRAT (ancienne Alexandrie de l'Arie), dans une plaine extrêmement fertile. Cette ville, où règne un descendant du fondateur de la monarchie Afghane, est l'entrepôt d'un grand commerce entre l'Asie orientale et la Perse, près des frontières de laquelle elle est située.—CABOUL, à l'E. de HÉRAT, résidence du souverain le plus puissant de l'Afghanistan; entrepôt du commerce entre la Perse, la Boukharie et l'Hindoustan. — PEICHAVER, au S. E. de Caboul, brûlée, en 1822, par les Seïks, ses puissans voisins.—KANDAHAR (ancienne Alexandrie du Paropamise), au S. O. de Caboul, florissante par son commerce, et ancienne capitale de la monarchie Afghane. Ces deux derniers États étaient gouvernés, en 1833, par des frères du souverain de Caboul.

BÉLOUTCHISTAN.

Quels sont les bornes, la population, le gouvernement et les villes principales du BÉLOUTCHISTAN?

Le Béloutchistan, borné au N. par l'Afghanistan, à l'O. par la Perse, au S. par le golfe d'Oman, et à l'E. par l'Hindoustan, est aussi un démembrement de la monarchie Afghane, et se compose principalement de l'ancienne province Persane du *Mékran*. Sa population, qu'on évalue à 2 millions d'habitans, appartient à deux races principales, les *Béloutchys*, qui sont les plus nombreux, et les *Brahouis*; ils sont soumis à des khans qui reconnaissent la suprématie de celui de Kélat. Leurs villes principales sont: — KÉLAT, au N. E., capitale de la province de Saravan, et résidence d'été du souverain. — GONDAVA, au S. E. de Kélat, et aussi considérable qu'elle; résidence d'hiver du souverain.

NOTIONS DIVERSES SUR LA PERSE, L'AFGHANISTAN ET LE BÉLOUTCHISTAN. — Nous réunissons ici ces trois pays, tant à cause de leurs rapports physiques, que parce qu'ils composaient ensemble l'ancienne monarchie persane, démembrée au milieu du siècle dernier par Ahmed-Chah, fondateur de la puissance des Afghans, qui elle-même n'a fait que décroître depuis la mort de ce prince, arrivée en 1773. Tous ces pays sont entrecoupés de chaînes de montagnes dont quelques-unes sont assez élevées, et qui contribuent à rendre le climat très-varié. La Perse et le Béloutchistan, couverts en partie de déserts sablonneux et imprégnés de sel, renferment aussi de riches vallées, où mûrissent des fruits délicieux, et particulièrement la figue, la pêche, l'abricot, la prune, la mûre, l'amande, qui en sont originaires. L'Afghanistan possède des plaines fertiles où l'on fait trois moissons par an. Les productions principales de ces contrées sont : les grains, le coton, la canne à sucre, l'indigo et les dattes. La population de ces trois pays se compose en grande partie d'une foule de tribus diverses qui ont chacune leur khan, et qui, pour la plupart, sont nomades et indépendantes; ils sont presque tous Mahométans Schiites ou de la secte d'Ali.

HINDOUSTAN.

Quelles sont les bornes, la population et les religions de l'Hindoustan ?

L'Hindoustan, ou presqu'île occidentale de l'Inde, est borné au N. par le Boutan, le Grand et le Petit Tibet; au N. O., par l'Afghanistan et le Béloutchistan; à l'O., par le golfe d'Oman; au S. par la mer des Indes; à l'E., par le golfe du Bengale; et au N. E., par l'Indo-Chine. Sa population, qu'on évalue à 134 millions d'habitans, se compose d'un petit nombre d'Européens de différentes nations, et de naturels, dont une partie professe le mahométisme, tandis que le plus grand nombre suit les cultes de *Brahma* et de *Bouddha*.

Quelles sont les nations qui se partagent la possession de l'Hindoustan ?

La puissance anglaise a remplacé dans l'Hindoustan le célèbre empire des Mongols, fondé par Tamerlan au 14ᵉ siècle. Quoique quelques-uns des peuples indigènes n'aient point encore été assujettis par eux, ils ne pourront sans doute pas long-temps se soustraire à cette domination que leur valeur ou leur politique ne repousse qu'avec peine. A l'exception de ces contrées et d'un petit nombre d'établissemens que possèdent les Français, les Portugais et les Danois, tout l'Hindoustan reconnaît les lois de l'Angleterre.

Quelles sont les contrées de l'Hindoustan qui sont encore INDÉPENDANTES, *et quelles en sont les villes les plus remarquables ?*

Les contrées de l'Hindoustan qui conservent encore leur indépendance sont situées dans le N., et surtout dans le N. O.; on peut en compter quatre, savoir :

La Confédération des Seïks, vers les rives supérieures de l'Indus, dont les cinq principaux affluens ont fait donner à ce pays qu'ils traversent le nom de *Pendjab* ou les *Cinq-*

Eaux. Ce peuple belliqueux a pour capitale Lahor, sur le Ravy, affluent de l'Indus, l'une des anciennes résidences des Grands-Mogols, dont on y admire encore le magnifique palais, qui sert aujourd'hui de demeure au prince ou *maharadjah* des Seïks. — Amretsir, à l'E. de Lahor, est la cité sainte, l'ancienne capitale et la ville la plus commerçante des Seïks; population, 100 mille habitants. — Kachmir, au N. de Lahor, dans une vallée délicieuse et bien peuplée, est la capitale d'une province fameuse par les beaux châles qu'on y fabrique, et qui a été conquise par le souverain actuel des Seïks; population, 150 mille habitants.

Le Sindhy ou Sind, au S. O. de la Confédération des Seïks, sur les deux rives du Sind ou Indus, dont il porte le nom, et qui le traverse avant de tomber dans la mer. Ce pays, qui est, comme le Béloutchistan, qui le touche à l'O., un démembrement de l'ancien royaume des Afghans, est devenu un État indépendant, peuplé d'un million d'habitants au moins, et gouverné par trois familles souveraines, dont la plus puissante réside à Haïder-Abad, dans une île formée par l'Indus, ville mal fortifiée, et qui fait un assez grand commerce, surtout des armes qu'elle fabrique.

Le Sindhyah, à l'E. du Sindhy, composé de plusieurs districts séparés les uns des autres et environnés de tous côtés par les Possessions Anglaises. Villes principales : — Goualior, dominée par une forteresse qui servait aux Grands-Mogols de prison d'état pour les membres de leur famille; elle a remplacé en 1810, dans la dignité de capitale, Oudjeïn, ville célèbre dans l'Inde par ses écoles et son observatoire.

Le Népâl, au N. E. de l'Hindoustan, sur les frontières de l'empire Chinois, capitale Katmandou, qui renferme des temples magnifiques.

Comment se divisent les Possessions Anglaises *dans l'Hindoustan, et quel en est le gouvernement?*

Les Possessions Anglaises, dans l'Hindoustan, se divisent en *Possessions Immédiates*, composées des contrées soumises immédiatement à la domination anglaise, et *Posses-*

sions *Médiates*, composées de contrées dont les souverains sont vassaux ou tributaires des Anglais. Les Possessions Immédiates sont divisées en trois *Présidences*, celle du *Bengale*, ou de *Calcutta*, à l'E., celle de *Bombay*, à l'O., et celle de *Madras*, au S. Toutes les Possessions Anglaises, sur le continent de l'Hindoustan, ne relèvent pas directement du gouvernement anglais, mais d'une société de marchands connue sous le nom de *Compagnie des Indes Orientales*, à laquelle l'administration en a été confirmée pour 20 ans en 1853.

Quelles sont les villes les plus remarquables de la Présidence du Bengale ?

Les principales villes de la Présidence du Bengale ou de l'Hindoustan oriental sont : — CALCUTTA, sur l'Hougly, l'une des branches principales du Gange, dont les bras fort nombreux arrosent, avec ceux du Brahmapoutre, le riche et florissant royaume du *Bengale*, situé au fond du golfe auquel il donne son nom ; cette ville, qui en était la capitale, est devenue celle de tout l'Hindoustan Anglais, le siége du gouvernement général et l'une des villes les plus commerçantes et les plus riches du monde. Sa population, que l'on porte à 600 mille âmes, en y comprenant celle de ses environs, ne s'élève, dit-on, pour la ville elle-même, qu'à environ 200 mille, dont 15 mille chrétiens. — DAKKA et MOURCHIDABAD, sur deux autres bras du Gange, et qui ont été toutes deux capitales du Bengale ; la dernière est encore la résidence de l'ancien souverain ou Nabab de ce pays, auquel les Anglais font une pension. — PATNA, au N. O. de Calcutta, capitale du Bahar, ville très-commerçante et peuplée de 312 mille habitans. — BÉNARÈS, à l'O. de Patna, sur le Gange, la ville sacrée et savante des Hindous, l'une des plus belles, des plus commerçantes, et la plus peuplée de l'Inde, 650 mille habitans. — ALLAH-ABAD, à l'O. de Bénarès, au confluent de la Jumnah et du Gange ; c'est aussi une des cités saintes des Hindous, et la ville la mieux fortifiée de l'Hindoustan. — AGRAH, au N. O. d'Allah-Abad, sur la Jumnah, ancienne résidence du Grand-Mogol, qui habite maintenant DELHY, ville magnifique au N. O., sur la même rivière, où les Anglais le tiennent dans une honorable captivité; cette dernière ville a au moins 200 mille habitans. — DJAGGERNAT, près de la côte orientale de la Péninsule, célèbre par le nombre, aujourd'hui bien diminué, de pèlerins qu'y attiraient trois temples célèbres dans l'Inde, et où se trouvaient accumulées de grandes richesses.

Quelles sont les principales villes de la PRÉSIDENCE DE BOMBAY?

Les principales villes de la Présidence de Bombay ou de l'Hindoustan occidental sont : — BOMBAY, dans la petite île de son nom, voisine de la côte; cette capitale, défendue par une bonne citadelle, doit à son port, le meilleur de cette côte, l'avantage d'être la ville la plus commerçante de l'Inde et l'arsenal de la marine anglaise en Asie. Population, 200 mille habitans. — AHMED-ABAD, au N. de Bombay, dans la presqu'île de *Goudjerate*, une des plus grandes villes de l'Inde. — CAMBAYE, au fond du golfe de son nom. — SURATE, près de la côte orientale du golfe de Cambaye, grande ville manufacturière, à laquelle Bombay a enlevé une bonne partie de sa prospérité. — POUNAH, au S. E. de Bombay, ville grande et bien bâtie, mais bien déchue depuis qu'elle a cessé, en 1818, d'être la résidence du Peichwa, ou chef de la Confédération des *Mahrattes*, l'un des peuples qui ont défendu avec le plus de gloire la liberté de l'Inde contre les Anglais. — BEDJAPOUR ou VISIAPOUR, au S. E. de Pounah, ancienne capitale, aujourd'hui bien déchue, d'un puissant royaume mahométan, et dans les environs de laquelle on trouve de riches mines de diamans.

Quelles sont les principales villes de la PRÉSIDENCE DE MADRAS?

Les principales villes de la Présidence de Madras ou de l'Hindoustan méridional sont : MADRAS, sur la côte de Coromandel, capitale, ville très-importante par ses manufactures, son commerce et sa population, qui est de 462 mille âmes. — MAZULIPATAM, au N. E. de Madras, le meilleur port de la côte de Coromandel; ville importante par ses nombreuses manufactures d'indiennes. — SERINGAPATAM, au S. O. de Madras, qui ne mérite d'être citée que parce qu'elle a été la capitale du dernier sultan de *Mysore*, Tippou Saeb, qui fut tué en combattant contre les Anglais, qui prirent cette ville d'assaut en 1799; sa population, qui était alors de 150 mille habitans, ne s'élève plus à 10,000. — CALICUT, au S. O. de Séringapatam, port commerçant de la côte de Malabar, le premier des Indes où aborda Vasco de Gama, qui y fut reçu par le *Zamorin* ou empereur du *Malabar*. — COCHIN, port très-commerçant sur la même côte, au S. E. de Calicut, autrefois le principal établissement des Hollandais dans l'Inde. — TRITCHINAPALY, au N. E. de Cochin, dans l'intérieur, l'un des postes militaires les plus importans établis dans l'Hindoustan par les Anglais. — TUTICORIN, au S. O. de Tritchinapaly, sur le golfe de Manaar, qui sépare l'île de Ceylan de l'Hindoustan, et où l'on pêche les plus belles perles de l'Orient, dont cette ville fait le commerce.

Quelles sont les villes les plus remarquables des POSSESSIONS MÉDIATES *des Anglais?*

Parmi les villes comprises dans les États dont les souverains sont vassaux des Anglais, nous citerons seulement: LUKNOW, au N. O. de Bénarès, capitale et résidence du Nabab d'*Aoude*, belle ville qui contient plus de 500 mille habitans. — BARODA, au S. O. de Luknow, capitale d'un royaume Mahratte. Population, 100 mille habitans. — NAGPUR, au S. E. de Baroda, capitale d'un autre royaume Mahratte. Population, 115 mille habitans. — ODEYPOUR, DJEIPOUR et DJOUDPOUR, à l'E. de Nagpour, dans le pays appelé *Adjmir* ou *Radjpoutana*, parce qu'il est habité par la nation des *Radjpoutes*, une des plus considérables et des plus guerrières de l'Hindoustan. Les souverains qui habitent ces trois capitales sont les plus puissans de la Confédération Radjpoute. — HAÏDER-ABAD, au centre de l'Hindoustan, résidence du *Nizam*, ou souverain du *Dékhan*, le plus ancien peut-être des États de l'Hindoustan. Population, 200 mille habitans. — GOLCONDE, située au N. O. de cette ville, est célèbre par le commerce qu'elle fait de diamans fournis par les mines des environs.

Quelles sont les possessions des FRANÇAIS *dans l'Hindoustan ?*

Les Français possèdent dans l'Hindoustan les établissemens suivans, savoir : sur la côte de Malabar : MAHÉ, forteresse et port important pour le commerce du poivre. Elle avait été prise par les Anglais, lorsqu'ils s'emparèrent, en 1799, des États de Tippou-Saeb, dans lesquels elle se trouvait. — Sur la côte de Coromandel : KARIKAL, comptoir important pour le commerce des toiles, restitué par les Anglais en 1814. — PONDICHÉRY, au N. de Karikal, le plus bel établissement français dans l'Inde, et la meilleure rade de la côte de Coromandel ; ville manufacturière, mais dans un pays stérile ; prise plusieurs fois par les Anglais, qui nous l'ont restituée en 1814. — Sur la côte d'Orissa : YANAON, comptoir important pour le commerce du coton. — Dans le Bengale : CHANDERNAGOR, sur l'Hougly, colonie française qui renfermait, dans le siècle dernier, 100 mille âmes, dont il ne reste pas la moitié ; ville importante par son commerce.

Quelles sont les possessions des PORTUGAIS *et celles des* DANOIS *dans l'Hindoustan ?*

Les Portugais possèdent, sur la côte de Goudjerate, l'île DIU, qui renferme une forteresse du même nom, et sur la côte du *Concan*, GOA, avec ses dépendances. La ville, située dans une île de neuf lieues de tour, est grande, quoique bien déchue de ce qu'elle était autrefois. C'est le chef-lieu des Possessions Portugaises dans l'Hindoustan et le siége d'un archevêque ; elle possède le corps de saint François Xavier, surnommé l'*Apôtre des Indes*. — Les Danois possèdent sur la côte de Coromandel : TRANQUEBAR, chef-lieu des Possessions Danoises dans l'Inde, et dans le Bengale, SERAMPOUR, au S. O., ville très-commerçante.

HINDOUSTAN.

Iles qui dépendent de l'Hindoustan.

Où est située l'île de CEYLAN, *à qui appartient-elle et quelles en sont les villes principales?*

L'île de CEYLAN, située au S. E. du cap Comorin, vis à-vis de la partie de la côte de l'Hindoustan appelée *côte de la Pêcherie*, à cause de la pêche des perles, a appartenu successivement aux Portugais, aux Hollandais et aux Anglais, qui en ont achevé la conquête sur les naturels, appelés *Chingulais*, en 1819. Elle ne dépend pas de la compagnie des Indes, comme les autres possessions anglaises de ces contrées, mais relève directement du gouvernement britannique. On y trouve une montagne élevée, nommée le *Pic d'Adam*, lieu célèbre de pèlerinage dans l'Inde. Les principales villes sont : KANDY, au N. du Pic d'Adam, et presque au centre de l'île, dont elle est l'ancienne capitale. — KOLOMBO, au S. O., belle ville, bâtie par les Portugais, et la capitale actuelle de l'île. — TRINKEMALÉ, au N. E., excellent port dans la partie la plus fertile et la plus belle de l'île.

Quelles sont les autres îles qui dépendent de l'Hindoustan?

Les autres îles qui dépendent de l'Hindoustan sont : les LAKEDIVES, au S. O. de la côte de Malabar; elles sont au nombre de 42, divisées en deux groupes et gouvernées par un souverain vassal des Anglais. La plus considérable se nomme *Calpeny*. — Les MALDIVES, au S. des Lakedives, gouvernées par un prince indépendant qui prend le titre de sultan ; elles tirent leur nom de *Malé*, résidence du souverain, et qui, quoique la plus grande, n'a que deux lieues de tour. Elles sont, dit-on, au nombre de 12 mille, divisées en groupes nommés *Atollons*, et environnées de rochers. Elles produisent de l'ambre gris, du corail noir et des *cauris*, espèce de coquillage qui sert de monnaie dans l'Inde, où un sac de douze mille de ces coquilles vaut de 5 à 6 francs.

NOTIONS DIVERSES. — Sur les 134 millions d'habitans de l'Hindoustan, 83 millions se trouvent dans les Possessions Anglaises, 40 millions dans les Etats qui sont leurs alliés ou leurs tributaires, près de 11 millions sont indépendans, 100 mille sont dans les Possessions Françaises, 130 mille dans les Possessions Portugaises, et 20 mille dans les Possessions Danoises. Les religions dominantes dans l'Hindoustan sont : le *Brahmisme*, professé par près de 60 millions d'individus ; le *Bouddhisme*, par 30 millions au moins ; le *Mahométisme*, par plus de 40 ; le *Christianisme*, par 1 million et demi au plus, la plupart Européens ou descendans des Européens : car on a toujours éprouvé les plus grandes difficultés à la conversion des Hindous. Il existe parmi eux une division fondée sur des croyances religieuses : c'est la division par *castes* ou classes qui ne se confondent jamais, et parmi lesquelles on distingue celles des *Brahmes* ou prêtres, qui tiennent le premier rang ; celle des guerriers, celle des laboureurs, celle des artisans, etc. La dernière, nommée la caste des *Parias*, est regardée comme impure, est exclue des villes et des temples, et vit dans le mépris et l'abjection.

CLIMAT, PRODUCTIONS. — L'immense étendue de l'Hindoustan et la grande variété que présente l'aspect de cette contrée y produisent une grande diversité de climats et de température. Au N., au pied des monts Himalaya, dont les plus hauts sommets, couverts de neiges éternelles, dépassent 26 mille pieds, c'est-à-dire plus de deux lieues, on trouve de fertiles vallées. Les riches plaines que fécondent les inondations du Sind ou Indus, et celles du Gange, sont séparées par un vaste désert de sable. Plus au S., un plateau élevé et les montagnes des Ghâtes, arrêtant tantôt les nuages qui viennent de l'O., tantôt ceux qui arrivent de l'E., font régner sur les deux côtes de Malabar et de Coromandel des températures tout-à-fait opposées. Toutes ces montagnes donnent naissance à un grand nombre de rivières, qui, traversant l'Hindoustan dans toutes les directions, y entretiennent une humidité qui, jointe à la chaleur du climat, y développe une riche végétation. Le riz, la banane, le sucre, les épices, la soie, le coton, sont les produits les plus remarquables de cette riche contrée, où l'on trouve encore des mines de diamans et des perles que l'on pêche surtout dans le détroit qui la sépare de l'île de Ceylan ; mais elle nourrit aussi un grand nombre d'animaux redoutables, tels que le rhinocéros, le tigre, le lion, le boa et beaucoup d'autres serpens dangereux. Les éléphans y sont d'une beauté remarquable, surtout dans l'île de Ceylan.

INDO-CHINE.

Quelles sont les bornes, la population et les divisions de l'Indo-Chine?

L'Indo-Chine, nommée aussi *Inde au-delà du Gange* et *presqu'île orientale de l'Inde*, est bornée au N. par la Chine et le Tibet; à l'O., par l'Hindoustan et le golfe du Bengale; au S., par le détroit de Malakka; et à l'E., par les golfes de Siam et de Tonkin. On évalue sa population à environ 20 millions d'habitans. Elle se divise en cinq parties principales, savoir: l'*Indo-Chine Anglaise*, à l'O.; le *Malakka Indépendant*, dans la péninsule de ce nom; l'*empire Birman*, à l'E. de l'Indo-Chine Anglaise, le royaume de *Siam*, au centre, et l'empire d'*Annam*, à l'E.

De quoi se compose l'Indo-Chine Anglaise, et quelles en sont les villes principales?

L'Indo-Chine Anglaise se compose de plusieurs pays dont les plus remarquables sont:

1° L'ancien royaume d'Assam, qui occupe, au N. O. de l'Indo-Chine, une large vallée, traversée par le Brahmapoutre. Ce pays peu connu est, en grande partie, habité par des peuplades féroces et indépendantes. Ses villes principales sont: Djornat, regardée comme la capitale du royaume, et Rangpour, qui en est la ville la plus grande et la plus peuplée.

2° Les anciens royaumes ou provinces d'Arakan, de Martaban, de Yé, de Tavaï et de Ténassérim, situés le long de la côte du golfe du Bengale et cédés aux Anglais par les Birmans, à la suite d'une guerre qui a eu lieu il y a quelques années. Outre les villes capitales de chacune de ces provinces, qui portent les mêmes noms qu'elles, on y remarque encore: Amherst-Town, fondée, en 1826, dans la province de Martaban, non loin de l'embouchure du fleuve Thalouayn, par les Anglais, qui en ont fait un poste militaire très-important. La bonté de son port lui assure une haute importance

6.

commerciale. — MERGHI, que son port sûr et vaste rend la ville la plus importante du Ténassérim.

5° Le MALAKKA ANGLAIS, dans la partie S. O. de la péninsule du même nom, est formé de provinces cédées par les Hollandais aux Anglais, en 1824, ou achetées des princes du pays. — MALAKKA, fondée au XIIIe siècle par un prince malais, et regardée long-temps comme la capitale de la péninsule, reprend, depuis qu'elle est passée sous la domination anglaise, une partie de son ancienne prospérité. — A cette portion de l'Indo-Chine Anglaise, se rattachent les deux îles suivantes, savoir : celle du PRINCE DE GALLES, ou *Poulo-Pinang*, achetée par les Anglais du roi de Kédah, sur la côte occidentale de la péninsule; elle renferme au moins 40 mille habitans, dont la moitié environ dans GEORGE-TOWN, sa florissante capitale.—Celle de SINCAPOUR ou *Singhapoor*, au S. O. de la péninsule, et qui renferme la ville du même nom, fondée par les Anglais en 1819. L'importance commerciale qu'elle a déjà acquise semble la destiner à devenir la capitale de l'Indo-Chine Anglaise.

Quelles sont les divisions et les villes principales du MALAKKA INDÉPENDANT?

La presqu'île de Malakka, située entre le détroit de son nom et le golfe de Siam, et longue de 200 lieues environ sur 30 à 40 de largeur, est presque entièrement couverte à l'intérieur de forêts impénétrables : aussi la plupart des États qu'elle renferme sont-ils répandus le long des côtes. Outre les pays possédés par les Anglais, et plusieurs petits royaumes dépendans, comme nous le dirons bientôt, du royaume de Siam, on y trouve encore les 5 États suivans, savoir : sur la côte occidentale : — Le royaume de PÉRAK, riche en étain, et qui, outre une capitale du même nom, a une autre ville remarquable nommée *Kalang*, résidence ordinaire du Sultan. — Le royaume de SALANGOR, aujourd'hui le plus puissant de la presqu'île. La ville dont il porte le nom a cédé le titre de capitale à KOLANG, située plus au S. O. — Sur la côte orientale : — le royaume de PAHANG, assez fertile et peuplé;

capitale : PAHANG, port sur la mer de Chine.—A l'extrémité méridionale de la péninsule : — le royaume de DJOHORE, dont la capitale, du même nom, n'est qu'un pauvre village habité par des pêcheurs.—Dans l'intérieur : le royaume de ROUMBO, peu étendu, mais bien cultivé; capitale, ROUMBO.

Quelles sont la position, la population, les divisions et les villes principales de l'EMPIRE BIRMAN?

L'Empire Birman, situé à l'E. de l'Indo-Chine Anglaise, qui s'est formée en grande partie à ses dépens, ne conserve plus aujourd'hui qu'une population évaluée à 5 millions 700 mille habitans, en partie sujets, en partie tributaires. Ses principales provinces, dont plusieurs ont porté le titre de royaumes, sont : — celles de BIRMAN ou d'AVA, au N. O.; — du LAOS BIRMAN*, à l'E.; — de PÉGOU et de MARTABAN, vers le Sud. Cette dernière n'est qu'un démembrement du royaume du même nom, dont une partie a été cédée aux Anglais. Les villes principales sont : — AVA, au centre de l'empire, sur l'Iraouady; elle a repris, depuis 1824, le titre de capitale qu'elle avait cédé sous le souverain précédent à UMÉRAPOURA, située à 5 lieues au N. E. — SAÏGAÏNG ou ZIKKAÏN, placée en face d'AVA, sur la rive opposée de l'Irouady, ne forme, avec cette capitale, qu'une seule cité, dont on évalue la population à plus de 500 mille habitans. — PÉGOU, au S. O. d'Ava, capitale du royaume du même nom. — RANGOUN, près de l'embouchure d'une branche de l'Iraouady, le port le plus commerçant et l'arsenal des constructions maritimes de l'empire.

Quelles sont la position, la population, les divisions et les principales villes du royaume de SIAM?

Le royaume de Siam, situé à l'E. de l'empire Birman, au N. et à l'O. du golfe du même nom, renferme une population de 3 à 4 millions d'habitans. Il comprend, outre le

---

* Le *Laos* n'est point un royaume, mais un pays comprenant huit ou dix petits états, dont plusieurs dépendent des Birmans, cinq du royaume de Siam, et le reste de l'empire d'Annam.

royaume de Siam proprement dit, une partie du *Laos* et du *Cambodje*, et les royaumes de *Ligor*, *Bondelon*, *Patani*, *Kalantan* et *Tringano*, dans la péninsule de Malakka. Ses villes principales sont : — SIAM ou SIOUTHAJA, dans une île formée par le Meï-nam, autrefois la capitale du royaume, mais qui a cédé ce titre à BANGKOK, port de mer très-commerçant, avec d'importans chantiers de construction, près de l'embouchure du même fleuve. — VIENG-CHANNE, appelée à tort *Lantchang*, sur le Meï-nam, capitale du plus important des états du Laos. — Les royaumes de la presqu'île de Malakka portent le nom de leurs capitales : celui de *Patani* est le plus grand, le plus fertile et le plus peuplé.

*Quelles sont la position, la population, les divisions et les villes principales de l'empire d'*ANNAM ?

L'empire d'Annam, en donnant à ce nom son acception la plus étendue, est situé à l'E. de ceux que nous venons de décrire, entre le royaume et le golfe de Siam, à l'O., et le golfe de Tonkin, à l'E. ; sa population est évaluée à 12 millions d'habitans. Cet empire se divise en plusieurs royaumes ou provinces, savoir : le LAOS, au N. O., composé de la partie orientale de ce pays, dont l'O. est partagé, comme nous l'avons vu, entre l'empire Birman et le royaume de Siam. — Le CAMBODJE, au S. E. du Laos, et dont l'ancienne capitale, qui portait le même nom, a été remplacée par SAÏGONG ou *Saigon*, ville très-commerçante dont on porte la population à 180 mille habitans. — Le TSIAMPA, au S. E., occupé en grande partie par des peuplades belliqueuses et indépendantes. — La COCHINCHINE, ou *Annam Méridional*, le long de la côte orientale, contrée extrêmement riche et fertile, dont l'ancienne capitale, KE-HOA, est maintenant remplacée par HUÉ, nommée aussi *Phuxuan* ou *Foutchhouan*, près de la côte ; ville considérable, munie de bonnes fortifications construites par des ingénieurs français, d'arsenaux et de chantiers de construction. C'est la capitale de tout l'empire et la résidence du souverain. — Le TONKIN, autour du golfe du même nom ; capitale, BAC-KINH ou *Kécho*, qui, quoique aussi grande que Paris, ne renferme que 40 mille habitans.

Quelles sont les principales îles qui dépendent de l'Indo-Chine?

Parmi les îles qui dépendent de l'Indo-Chine, nous citerons : celles d'ANDAMAN et de NICOBAR, qui forment une chaîne du N. au S., au S. E. du golfe du Bengale; les Européens ont tenté, à diverses reprises, de fonder dans ces îles des établissemens que l'insalubrité du climat les a toujours forcés d'abandonner. — Celles de CONDOR, au nombre de dix, à l'embouchure du May-Kang, et dont la principale, nommée *Poulo-Condor*, est un lieu de relâche pour les vaisseaux qui se rendent en Chine, — l'archipel des PARACELS, à l'E. de la Cochinchine.

NOTIONS DIVERSES. — La majorité des habitans de l'Inde Orientale professe le bouddhisme; cependant l'Annam, qui paraît avoir été peuplé en partie par des colonies chinoises, renferme un assez grand nombre de sectateurs de Confucius, philosophe chinois, dont la doctrine n'admet qu'un seul Dieu. Le brahmisme domine dans l'Assam, et le mahométisme dans l'Arakan et dans la presqu'île de Malakka, dont les habitans appartiennent à une race qui paraît avoir peuplé la plus grande partie de l'Océanie, et dont la langue est fort répandue dans les Indes. Les Birmans, le royaume de Siam, l'Annam et le Malakka indépendant obéissent à des souverains despotiques. Les Possessions Anglaises dépendent de la *Compagnie des Indes Orientales*, qui les fait administrer par ses délégués.

CLIMAT, PRODUCTIONS. — L'Inde Orientale jouit généralement d'un climat humide et chaud. Le sol y est fertile en riz, sucre, café, thé, coton, indigo et épices, et renferme des mines d'or, d'argent, d'étain, de rubis, de saphirs et de marbres. Les animaux sont à peu près les mêmes que dans l'Hindoustan.

EMPIRE CHINOIS.

Quelles sont les bornes de la CHINE, *et des pays qui en dépendent?*

Nous comprenons ici, sous le nom d'empire Chinois, cette vaste étendue de pays renfermés entre la Sibérie, au N.; le Turkestan et l'Afghanistan, à l'O.; les deux Indes et la mer de la Chine, au S.; la mer Orientale, la mer Jaune et la mer du Japon, à l'E. Ces pays, dont la longueur, de l'O. à l'E., est d'environ 1.250 lieues, et la largeur, du N. au S., d'environ 750, comprennent, outre la Chine proprement dite, la MANDCHOURIE avec la CORÉE et la MONGOLIE, au N., séparées de la Chine par une grande muraille, longue de 450 lieues et haute de 25 pieds, construite par les Chinois pour se préserver des incursions des Tartares du Nord; la KALMOUKIE, à l'O.; le GRAND et le PETIT TIBET, avec le BOUTAN, au S. O.

Quels sont la population, les productions, le gouvernement et les divisions de la Chine?

La population de la Chine proprement dite, qui forme environ le tiers des pays que nous venons de nommer, a été ridiculement exagérée, ainsi que celle de ses villes principales; il paraît qu'elle doit être réduite à 150 millions d'âmes, au lieu de 333 millions qui lui avaient été trop généreusement accordés; il est même probable que cette évaluation est encore exagérée. Celle des contrées qui dépendent de cet empire est portée à 17 millions. Les productions de ce pays, six fois plus étendu que la France, et où l'agriculture est fort en honneur, sont nécessairement très-variées; celles qui s'en exportent sont le thé, le sucre, le nankin, des porcelaines, de la cannelle, de la rhubarbe et autres drogueries. Le gouvernement de la Chine est absolu : l'empereur est en même temps le chef de la religion; des officiers, nommés *mandarins*, sont chargés du gouvernement des villes et des provinces. La Chine se divise en quinze provinces, non compris les pays tributaires ; sept de ces provinces sont dans la partie septentrionale, et huit dans la partie méridionale.

Quelles sont les principales villes de la Chine?

Les principales villes de la Chine sont : PÉ-KING ou PÉ-KIN, au N. E., capitale de tout l'empire et de la province de *Tchy-ly*; résidence de l'empereur, qui y habite un palais magnifique. Cette ville, composée de deux villes, l'une Tartare et l'autre Chinoise, renferme, non pas de 2 à 3 millions d'habitans, comme on l'a souvent répété, mais peut-être plus d'un million. — NAN-KING ou NANKIN, sur la rive gauche du Yang-tseu-Kiang, au S. E. de Pékin, dans la province de *Kiang-Sou*, l'une des plus riches de l'empire, dont cette ville est l'ancienne capitale; fameuse par sa tour à neuf étages, revêtue de porcelaine : c'est la ville savante de la Chine ; on estime sa population à 500 mille habitans. Le coton jaune, avec lequel on fabrique le nankin, croit dans ses environs. — SOU-TCHÉOU, au S. E. de Nankin, sur le *canal Impérial*, magnifique ouvrage de 250 lieues de long, qui traverse presque toute la Chine du N. au S., et qui rend une des plus florissantes de l'empire cette ville, dont on estime la population à 500 mille habitans. — CANTON, capitale de la province du même nom, au S. de la Chine, l'une des villes les plus peuplées et les plus opulentes de l'empire, et le seul port où les Européens soient admis. Sa population, portée à un million 500 mille âmes, paraît devoir être réduite à 250 mille. — MACAO, beau port et établissement Portugais, sur une presqu'île, au S. de Canton. C'est là, dit-on, que le Camoëns, fameux poète portugais, composa son beau poème des *Lusiades*, où il célèbre la découverte des Indes.

Quelles sont les principales îles qui dépendent de la Chine?

Les principales îles qui dépendent de la Chine sont : FORMOSE, à l'E. de la Chine, dont elle est séparée par le canal de son nom, large de 55 lieues. Cette île doit à sa beauté et à sa fertilité le nom de *Formose*, que lui donnent les Européens : les Chinois lui donnent le nom de *Thaï-Ouan*, que porte aussi sa capitale, ville fort riche et fort peuplée, située dans la partie occidentale de l'île, la seule qui soit réellement soumise à la Chine. La partie orientale, habitée par des sauvages indépendans, est presque inconnue. — HAÏ-NAN, au S. O. de la province de Canton, dont elle fait partie; elle est riche en mines d'or, en sel et en bois précieux, mais l'intérieur est occupé par des sauvages indépendans; capitale *Kioung-Tchéou*, au N.

Pays regardés comme tributaires de la Chine.

Quelles sont la position et les villes principales de la MANDCHOURIE *et de la* CORÉE?

La MANDCHOURIE, située au N. E. de la Chine, au-delà de la Grande muraille, qui n'empêcha pas les Mandchoux de faire, en 1644, la conquête de ce pays, doit être considérée bien moins comme une province tributaire que comme la contrée dominante de la Chine, que les souverains mandchoux gouvernent depuis près de deux siècles. Elle forme 5 départemens chinois et a pour capitale FOUNG-THIAN ou *Moukden*, résidence des souverains avant la conquête de la Chine. — La CORÉE, vaste presqu'île, au S. de la Mandchourie, à peu près égale à l'Italie en étendue, a pour capitale HANYANG-TCHING, nommée précédemment *King-Ki-Tao*, résidence d'un roi tributaire de la Chine.

Quelles sont la position et les villes principales de la MONGOLIE *et de la* KALMOUKIE?

La Mongolie, située au N. de la grande muraille, à l'O. de la Mandchourie, et le berceau du grand empire du fameux Tchinghiz-Khan, n'est habitée, en grande partie, que par des tribus nomades : aussi ne renferme-t-elle pas de villes importantes. Nous citerons seulement *Karakoroum*, qui n'est qu'un village, mais qui a servi long-temps de résidence aux souverains. — A l'O. s'étend le vaste désert pierreux et sablonneux de GOBI ou CHAMO, de 500 lieues de long, et à l'O. duquel se trouvent : la KALMOUKIE, ou *Thian-chan-pé-lou*, qui comprend la *Dzoungarie* avec une portion du *Pays des Kirghiz*, au N. O.; la PETITE-BOUKHARIE ou *Thian chan-nan-lou*, au S. O., et le pays des *Torgot* avec celui des *Mongols et Éleuts du Koukhou-noor*, au S. E. Ces vastes contrées, dont la soumission à la Chine, qui ne date que de la seconde moitié du siècle dernier, est aujourd'hui fort mal assurée, au moins dans l'O., sont riches en mines d'argent. Parmi les villes qu'elles renferment, on distingue: — GOULDJA, capitale de la Dzoungarie, et l'un des entrepôts du commerce de l'Asie; — YARKIANG, regardée comme la capitale de la Petite-Boukharie, dont le gouverneur militaire réside cependant à AC-SOU, située plus au N. E. — KACHGAR, au N. O. du même pays, ville très-commerçante.

Quelles sont la position et les villes principales du TIBET *et du* BOUTAN?

Le Tibet, situé au S. O. de la Chine, est un pays fort peu connu, qui renferme, à ce qu'il paraît, les plus hautes montagnes du globe et la source de presque tous les grands fleuves de l'Asie. C'est aussi le siège principal d'une religion qui domine sur toute l'Asie centrale, et dont le chef, nommé *Dalaï-Lama*, est en même temps le souverain légitime du pays, où les empereurs de la Chine ont cependant acquis une puissance absolue. Ses villes principales sont: H'LASSA, capitale du Tibet, située vers le S., dans un des plus beaux pays du monde, voisine de la montagne sacrée du *Marbouri*, sur laquelle se trouve le magnifique couvent de *Botala*, résidence d'été du Dalaï-Lama, qui, pendant les autres saisons, habite le temple superbe qu'il a à H'lassa. Population, 80 mille habitans. — JIKARNA-GOUNGGAR, qui est, dit-on, la plus grande ville du Tibet. — JIKADZÉ, autre grande ville, qui peut, comme la précédente, renfermer environ 100 mille habitans. — Le BOUTAN, situé au S. du Tibet, est aussi sous la souveraineté du Dalaï-Lama, mais il est gouverné par un prince nommé *Deb-rajah*, et a pour capitale TASSISUDEN, au S. O. de H'lassa.

Quelles sont les îles tributaires de la Chine?

Les principales îles tributaires de la Chine sont : l'archipel des îles Liou-Tchou, situées au S. du Japon; elles forment deux groupes composés de 56 îles, dont la principale a 55 lieues de long sur 7 à 8 de large, et renferme, au N. O. : — Napakiang, port de la ville de King-tching, qui est la résidence d'un souverain tributaire de la Chine, et dont la domination s'étend sur tout cet archipel. Les îles les plus méridionales portent le nom de Madjiko-Simah. — L'île de Tarrakaï, appelée aussi *Séghalien* ou *Sukhalian*, *Tchoka* et *Karafta*, à l'E. de la Mandchourie, dont elle est séparée par un canal, fort étroit dans certaines de ses parties, nommé *Manche de Tartarie*, et mieux de *Tarrakaï*. Les Chinois ne possèdent que la partie septentrionale de cette île, longue de 212 lieues et dont le S. appartient au Japon.

Notions diverses. — L'empire Chinois est le plus grand de l'Asie et le plus vaste du monde, après celui de Russie. Sa population appartient à la race jaune, et la majorité professe le bouddhisme, sous le nom de religion de Fô; cependant l'empereur et la classe des *Mandarins*, ou lettrés, qui occupent tous les emplois publics, suivent la religion de Confucius. Quoique l'autorité de l'empereur soit absolue, son pouvoir est néanmoins tempéré par le droit de représentation, dont jouissent certaines classes de magistrats, et ne s'étend que sur la Chine propre; les autres pays compris dans l'empire Chinois obéissent à des rois ou à des khans, qui paient tribut ou reconnaissent la protection de la Chine. Tous les peuples du Nord sont quelquefois compris sous le nom de *Tartares*; et leurs pays sous celui de *Tartarie Chinoise*.

Climat, productions. — La Chine proprement dite renferme de vastes plaines qui produisent en abondance le blé, le riz et tous les autres grains; on y voit croître, selon les différentes latitudes, le mûrier, l'oranger, le coton, l'indigo, la canne à sucre, le thé, etc. La Corée est couverte en partie de montagnes riches en or et en argent; les plaines de la Mongolie produisent la rhubarbe; les hautes montagnes du Tibet nourrissent les chèvres dont le poil très-fin sert à fabriquer les précieux tissus de cachemire; elles renferment aussi de riches mines d'or. Outre ces productions et sa porcelaine, la Chine exporte encore du papier et une encre renommée.

JAPON.

De combien d'îles se compose l'empire du JAPON ? *Quels en sont les productions, le gouvernement et la population ?*

L'empire du Japon, séparé, à l'O., de la Chine par la mer qui porte son nom, se compose de quatre grandes îles, et d'un nombre assez considérable de petites. Ses productions sont à peu près les mêmes que celles de la Chine, c'est-à-dire de la porcelaine fort renommée, du thé, et particulièrement du cuivre, de l'or et de l'argent. La population est évaluée à 25 millions d'habitans.

Quelles sont les villes principales de l'île de NIPHON ?

L'île de Niphon, la plus grande du Japon, et fort sujette aux ouragans, qui la dévastèrent à la fin de 1890, renferme les deux villes principales de l'empire, savoir : YÉDO, au fond d'une baie, à l'E. Cette grande ville, à laquelle on donne plus d'un million d'habitans, renferme le palais du Konbo, qui formerait à lui seul une ville considérable, puisqu'il a, dit-on, 5 lieues de tour. — MIACO, au S. O. d'Yedo, résidence du Daïri, dont la cour se compose de tous les gens de lettres. C'est aussi le centre du commerce; sa population est évaluée à 500 mille habitans. — Au S. O. de cette ville se trouve celle d'*Osaka*, le port de Miaco, et l'une des plus florissantes de l'empire.

Quelles sont la position et les villes principales des autres îles du Japon ?

Les autres îles du Japon sont : celle de KIUSIU ou ZIMO, au S. O. de Niphon, dans laquelle se trouvent le port de NANGASAKI, le seul du Japon dans lequel il soit permis aux étrangers de jeter l'ancre pour faire le commerce, et la ville de SANGA, célèbre par sa porcelaine presque transparente. — L'île de SIKOKF ou *Xicoco*, à l'E. du détroit qui sépare les îles de Niphon et de Kiusiu. Cette île, qui est peu connue, formait autrefois un royaume. AWA en est la ville la plus importante. — L'île de Yesso, au S. de laquelle se trouve une forteresse nommée *Matsmaï*. On a cru long-temps que cette île et celle de Tarrakaï, dont la partie méridionale appartient aussi au Japon, n'en formaient qu'une seule ; mais elles sont séparées par le canal de La Pérouse, découvert par ce célèbre et infortuné navigateur. — Au N. E. de l'île de Yesso, commence l'archipel des Kouriles, dont toute la partie méridionale, qui se compose des *Grandes Kouriles*, est réclamée par le Japon. Le canal de la Boussole les sépare, au N., des Kouriles Russes.

Notions diverses. — Le Japon occupe au N. E. de l'Asie une position semblable à celle des îles Britanniques, au N.O. de l'Europe. Ses habitans, qui paraissent appartenir à la même race que les Chinois, sont partagés entre deux religions qui dominent dans ce pays : 1° la religion de *Sinto*, qui est la religion primitive de l'empire, auquel elle est particulière, et qui a pour base le culte des génies ; 2° le Bouddhisme, qui a été apporté au Japon vers le milieu du vi siècle, et qui y est aujourd'hui la religion la plus répandue. On y trouve aussi quelques sectateurs de Confucius.

Gouvernement. — Le gouvernement de l'empire appartenait autrefois exclusivement au *Daïri*, regardé comme le descendant des anciennes divinités du pays, et encore aujourd'hui révéré presque comme un dieu, surtout par les partisans de la religion de Sinto, dont il est le chef visible. Vers le milieu du xii° siècle, le *Koubo*, qui n'avait été jusqu'alors que le commandant de la force militaire, s'empara d'une partie de l'autorité, et depuis la fin du xvi° siècle, il l'a entièrement usurpée, sans cesser cependant de montrer la plus haute vénération pour la personne sacrée du Daïri, dont il se dit le premier sujet. Les îles du Japon sont hérissées de montagnes, et fréquemment bouleversées par des tremblemens de terre et d'affreux ouragans. La température y est très-variable : les hivers froids, les étés brûlans ; et les orages très-fréquens. Le sol recèle, dit-on, de riches mines d'or, d'argent, de cuivre et de pierres précieuses : mais il est peu fertile, et n'est rendu productif que par les travaux assidus des habitans, qui passent aussi pour les plus industrieux des peuples de l'Asie, et fournissent au commerce des étoffes de soie et de coton, de la porcelaine, du papier, etc.

AFRIQUE*.

Quelles sont la forme, l'étendue et les bornes de l'A-frique ?

L'Afrique, celle des parties de la terre dont l'intérieur est le moins connu, forme une grande presqu'île triangulaire d'environ 1,800 lieues de long sur 1,700 de large, qui ne tient au reste du continent, au N. E., que par l'isthme de Suez, qui a environ 26 lieues de largeur. Elle est coupée par l'équateur en deux parties presque égales. Elle est bornée au N. par la Méditerranée, à l'O. par l'Océan Atlantique, au S. par le Grand Océan Austral, et à l'E. par la mer des Indes, la mer Rouge et l'isthme de Suez.

Quels sont les habitans et les productions de l'Afrique ?

Les habitans de l'Afrique, dont on évalue le nombre à 60 millions, appartiennent à plusieurs races différentes, dont les principales sont : les *Maures*, et les *Arabes*, qui suivent la religion de Mahomet, au N.; les *Abyssins*, les *Nubiens* et les *Coptes*, à l'E.; les Nègres idolâtres, répandus dans tout le reste de ce vaste continent, et parmi lesquels les *Cafres* et les *Hottentots* présentent des différences remarquables. Les nombreuses colonies européennes répandues le long des côtes de l'Afrique, et dans les îles qui en sont voisines, renferment un assez grand nombre de chrétiens appartenant pour la plupart à l'Église catholique romaine. Tout l'intérieur de cette partie du monde est rempli de sables brûlans et peuplé de bêtes féroces; les côtes, au contraire, sont extrêmement fertiles, et la végétation y montre une vigueur extraordinaire.

Quelles sont les divisions de l'Afrique ?

L'Afrique se divise en quatorze contrées principales, savoir :

---

* Consulter, dans mon *Atlas à l'usage des colléges*, la carte de l'Afrique.

l'*Égypte*, la *Nubie* et l'*Abyssinie*, au N. E. ; la *Barbarie* et le *Sahara*, au N. ; la *Sénégambie*, la *Guinée*, le *Congo*, sur la côte occidentale ; le *Soudan* et la *Cafrerie*, au centre ; le gouvernement du *Cap*, au S. ; la capitainerie-générale de *Mozambique*, le *Zanguebar* et l'*Ajan*, sur la côte orientale.

NOTIONS DIVERSES. — L'Afrique a 1,500 mille lieues carrées environ ; mais le quart au moins de cette immense étendue est occupé, surtout vers le N., par de vastes déserts sablonneux, où l'on ne trouve que quelques cantons fertiles nommés *Oasis*, dispersés de loin en loin, au milieu de ces océans de sables mouvans, soulevés de temps à autre par des vents brûlans, et qui engloutissent les caravanes de voyageurs qui s'exposent à les traverser pour aller commercer dans l'intérieur.

Jusque vers la fin du siècle dernier, les côtes seules de l'Afrique étaient connues des Européens ; mais, depuis cette époque, les explorations hardies d'un grand nombre de voyageurs français et anglais nous ont fait connaître une partie considérable de l'intérieur de cette vaste péninsule.

L'Afrique, coupée à peu près vers le milieu par l'équateur, est brûlée par les rayons du soleil, qui, pendant toute l'année, y tombent perpendiculairement. On n'y connaît que deux saisons : la saison sèche, pendant laquelle la chaleur est presque insupportable ; et celle des pluies, qui, entre les tropiques, durent presque sans interruption pendant trois mois. Ces pluies font déborder tous les fleuves qui prennent leur source dans ces régions : mais ces débordemens, loin de nuire à la végétation, portent sur les terres un limon qui les féconde : aussi tous les pays qu'ils arrosent sont-ils, surtout près des côtes, d'une incroyable fertilité. Parmi les arbres qui y croissent, on remarque le *baobab*, dont le tronc a quelquefois 100 pieds de tour.

L'Afrique est la plus riche des trois parties de l'ancien continent en métaux précieux ; mais c'est aussi celle qui renferme le plus d'animaux nuisibles, tels que le tigre, le lion, le léopard, l'hyène, le chacal, etc. Les fleuves nourrissent d'énormes crocodiles, et les forêts recèlent de monstrueux serpens, parmi lesquels le *boa* est le plus remarquable. On trouve en outre dans l'Afrique, l'éléphant, le rhinocéros, l'hippopotame, la girafe, le buffle, le chameau, etc.

Quels sont les principaux golfes de l'Afrique ?

Les principaux golfes de l'Afrique sont : — ceux de *Tunis*, de *Cabès* (ancienne Petite-Syrte) et de la *Sidre* (ancienne Grande-Syrte), sur la côte septentrionale de la Barbarie. — Ceux de *Guinée*, de *Bénin* et de *Biafra*, sur la côte de la Guinée. — La baie de *Lagoa*, au S. de la capitainerie de Mozambique.

Quels sont les principaux détroits de l'Afrique ?

Outre les détroits de Gibraltar et de Bab-el-Mandeb, dont nous avons déjà parlé, on trouve en Afrique : — le canal de *Mozam-*

AFRIQUE. 145

bique, entre la capitainerie de Mozambique, à l'O., et l'île de Madagascar, à l'E.

Quels sont les principaux lacs de l'Afrique ?

Comme tous les lacs de l'Afrique sont situés dans l'intérieur, ils sont très-peu connus ; on cite : — le lac *Dembéa*, traversé par le Nil, en Abyssinie. — Le lac *Tchad*, qui forme, dans le royaume de Bornou, une mer intérieure où tombent le *Chary*, qui vient du S. E., le *Yéou*, qui vient de l'O., et d'autres grandes rivières. — Le lac *Maravi*, qu'on dit être situé au S. E. de la Cafrerie, mais dont l'existence est fort douteuse.

Quels sont les principaux caps de l'Afrique ?

Les principaux caps de l'Afrique sont : — les caps *Bon*, au N. de la Barbarie ; *Cantin*, à l'O. de l'empire de Maroc ; *Bojador* et *Blanc*, à l'O. du Sahara ; — *Vert*, à l'O. de la Sénégambie ; — *Palmas*, des *Trois-Pointes*, *Formose* et *Lopez*, dans la Guinée ; le *Bonne-Espérance* et des *Aiguilles*, au S. de l'Afrique ; — *Guardafui*, sur la côte d'Ajan.

Quelles sont les principales chaînes de montagnes de l'Afrique ?

Les principales chaînes de montagnes de l'Afrique sont : — le mont *Atlas*, au S. de la Barbarie. Cette chaîne de montagnes est célèbre dans la Fable, qui en fait un géant qui porte le ciel sur ses épaules. Elle est habitée par des peuplades féroces et indépendantes, nommées les *Berbers*. — Les montagnes de *Kong*, entre la Guinée et le Soudan. — Les monts *Al-Kamri* ou de la *Lune*, au S. O. de l'Abyssinie.

Quels sont les principaux fleuves de l'Afrique ?

Les principaux fleuves de l'Afrique sont : — Le *Nil*, qui traverse l'Abyssinie, la Nubie et l'Égypte, et se jette dans la Méditerranée par plusieurs embouchures. On ne connaît pas bien la source de ce fleuve, que la plupart des géographes font sortir des montagnes de la Lune. — Le *Sénégal* et la *Gambie*, qui arrosent la Sénégambie, de l'E. à l'O., et se jettent dans l'Océan Atlantique. — Le *Niger*, ou *Dhioli-Bâ*, qui prend sa source dans les montagnes de Kong, parcourt une partie de la Nigritie de l'O. à l'E., passe devant *Ten-Boktoue*, et, après avoir fait encore un assez grand circuit à l'E., tourne au S., et va se jeter par plusieurs embouchures dans le golfe de Benin. — Le *Congo*, ou *Zaïre*, qui parcourt, de l'E. à l'O., le N. du Congo, et se jette dans l'Océan Atlantique. — Le *Couama* ou *Zambèze*, qui a sa source dans l'intérieur de l'Afrique, et se jette dans le canal de Mozambique, **au S. E.**

ÉGYPTE.

Quelles sont les bornes de l'ÉGYPTE?

L'Égypte forme une grande vallée de 237 lieues de long sur 4 à 8 de large, fertilisée par les inondations périodiques du Nil, qui arrivent tous les ans, vers le solstice d'été, et qui sont occasionnées par les pluies qui tombent à cette époque entre les tropiques, où le Nil et ses principaux affluens prennent leurs sources. Elle est bornée au N. par la Méditerranée; à l'O., par les déserts de Barcah et de Libye; au S., par la Nubie, et à l'E., par la mer Rouge et l'isthme de Suez. Mais les possessions du souverain qui règne aujourd'hui sur ce pays s'étendent bien au-delà de ces limites à l'O., au S., à l'E. et au N. E. de l'Égypte : elles embrassent les *oasis*, répandues dans les déserts qui avoisinent l'Égypte, à l'O.; la *Nubie* et le *Kordofan*, au S.; toute la côte de l'*Hedjaz*, en *Arabie*; la *Syrie* tout entière avec l'ancienne *Palestine*, et la province d'*Adana* dans l'Asie Ottomane; enfin l'île de *Candie*, dans la Méditerranée.

Quels sont la population, les habitans et le gouvernement de l'Égypte?

La population des états qui obéissent au vice-roi d'Égypte peut être évaluée à 9 millions d'habitans, et celle de l'Égypte proprement dite à 4 millions, qui appartiennent à quatre races différentes, savoir : les *Coptes*, qui paraissent descendre des anciens habitans, dont ils ont conservé le langage, quoique avec beaucoup d'altération : ils professent la religion grecque; les *Arabes*, les *Mamelouks* et les *Turcs*, qui l'ont subjuguée successivement. Les Français l'avaient conquise en 1798, et l'ont possédée pendant quatre ans; après avoir été ensuite pendant plusieurs années en proie à la plus violente anarchie, elle a été soumise par Mohammed-Ali, qui, envoyé dans ce pays par le Grand-Seigneur comme vice-roi, a su s'y rendre tout-à-fait indépendant, et travaille à affermir, par les arts de la civilisation, une puissance qu'il a acquise par son habileté et par son courage.

Quelles sont les divisions et les villes principales de l'Égypte?

L'Égypte se divise en trois régions, savoir : la *Haute*, nommée aussi Saïd, au S. ; capitale, Syout ou *Assyout*, que l'on considère comme ayant remplacé, dans ce rang, Girgéh, sur la rive gauche du Nil. — La *Moyenne* ou Ouestaniéh, au centre, et dans laquelle se trouve Le Caire, sur la rive droite et à environ un quart de lieue du Nil, un peu au-dessus de l'endroit où il se partage en plusieurs branches; capitale de la Moyenne-Égypte et de toute l'Égypte, peuplée, dit-on, de 350 mille habitans. — A l'O. de cette ville se trouvent les *Pyramides*, qui existent depuis 4000 ans, et dont la plus élevée a 440 pieds. — Enfin la *Basse* ou Bahary, au N., dans laquelle on trouve Alexandrie, à l'une des embouchures occidentales du Nil, qui n'est plus navigable, près de la Méditerranée, non loin du fameux *phare*; elle est l'entrepôt du commerce de l'Égypte avec tout le sud de l'Europe. — Rosette (ancienne Canope), située à l'E. sur une des embouchures du Nil, lui sert en quelque sorte de port. — Damiette (à 2 l. au S. de l'ancienne Thamiatis), sur la branche orientale du Nil, a aussi un bon port et 30 mille habitans. — Aboukir, située au N. E. d'Alexandrie, est célèbre par le combat naval de 1798, dans lequel Nelson détruisit la flotte française, et par une victoire remportée sur terre par les Français, en 1799. — Suez, sur l'isthme qui en porte le nom; mauvais port sur la mer Rouge.

Quelles sont les oasis qui dépendent de l'Égypte?

Parmi les oasis qui dépendent de l'Égypte, on distingue : celle de Syouah (ancien Ammon), au S. O. du Caire, qui forme un petit État soumis par le pacha d'Égypte; la Petite-Oasis ou *El-Bahariéh*, au S. E. de la précédente, et qui produit les meilleures dattes de l'Égypte; celles de *Dakhel* et d'*El-Kardjèh*, ou Grande-Oasis, au S. E. de la précédente.

7

NUBIE.

Quelles sont la position et les bornes de la NUBIE?

La Nubie (partie septentrionale de l'ancienne Éthiopie au-dessus de l'Égypte) est située au S. de l'Égypte, et forme, comme elle, une étroite vallée traversée par le Nil; elle a le Soudan à l'O., l'Abyssinie au S., et la mer Rouge à l'E.

Comment se divise la Nubie, et quelles en sont les villes principales?

La Nubie se divise en un grand nombre de contrées peuplées par des tribus nomades, qui vivent presque indépendantes, quoiqu'elles soient censées sous l'obéissance du vice-roi d'Égypte depuis que le fils de ce souverain, Ismaïl-Pacha, en a fait la conquête en 1822. Les villes les plus remarquables de ces diverses contrées sont : DEYR, dans la *Basse-Nubie*, sur la rive droite du Nil, importante par son commerce d'esclaves et de dattes renommées, qui croissent dans ses environs. — MARAKAH, ou *Nouveau-Dongolah*, sur la rive gauche du Nil, au S. O. de Deyr. Cette ville a remplacé depuis quelques années *Vieux-Dongolah*, situé plus au S. E., sur la rive droite du Nil, et long-temps capitale d'un puissant royaume qui fournissait beaucoup de poudre d'or et de plumes d'autruche. — CHENDY, au S. E. de Vieux-Dongolah, dans l'ancienne île ou presqu'île de *Meroé*, autrefois capitale d'un royaume et l'un des entrepôts du commerce de la Nubie. — SENNAAR, au S. de Chendy, sur la rive gauche du Bahr-el-Azrak, ou fleuve Bleu, ville très-commerçante, mais dont la population, portée à 100 mille habitans, paraît devoir être réduite à 9 mille. Elle est la capitale d'un royaume dont le souverain, ou *mélik*, est tributaire du vice-roi d'Égypte. — SOUAKIN, sur la mer Rouge, dont il est le port le plus commerçant. — OBÉID ou *Ibéit*, capitale du *Kordofan*, l'une des contrées soumises par le vice-roi d'Égypte.

ABYSSINIE.

Quels sont les bornes, la population, la religion et le gouvernement de l'Abyssinie?

L'Abyssinie (partie méridionale de l'ancienne Éthiopie au-dessus de l'Égypte), située au S. et à l'E. de la Nubie, a, à l'O., le Soudan; au S., la Cafrerie et la côte d'Ajan, qui, avec la mer Rouge, la borne encore à l'E. Elle a environ 250 lieues de long sur près de 200 de large. Les habitans de ce pays, dont on porte le nombre à 2 millions et demi, professent la religion chrétienne, défigurée par plusieurs pratiques juives et superstitieuses. L'Abyssinie formait autrefois un empire puissant gouverné par un monarque absolu appelé le *Grand-Négus*, et que l'on a quelquefois désigné sous le nom de *Prêtre-Jean*. Cet empereur, qui prétend descendre de Salomon, ne conserve plus qu'une ombre de pouvoir, depuis l'invasion en Abyssinie de la féroce nation des *Gallas*, venue de l'intérieur de l'Afrique, et dont les chefs se sont partagé presque toutes les provinces de l'Abyssinie, où ils règnent en souverains indépendans.

Comment se divise l'Abyssinie?

On n'a que des notions fort incertaines sur les divisions politiques actuelles de ce pays, où nous nous contenterons d'indiquer les états suivans, savoir: l'Amhara, à l'O.; on y trouve le lac *Dembéa*, au N. E. duquel est située la province de Gondar, avec une capitale du même nom, où végète le Grand-Négus.—Le Tigré, au N. E., le plus puissant et le plus florissant des états de l'Abyssinie, et le seul qui, par la valeur de ses habitans, ait su repousser le joug des Gallas. Il a pour capitale Antalo, située vers le S. E.; mais le souverain réside à *Chélicout*, un peu plus à l'E. On trouve encore dans ce royaume *Adouëh*, au N. O. d'Antalo, la ville la plus commerçante de l'Abyssinie, et l'antique ville d'Axum, qui fut la métropole de l'Abyssinie dans le temps de sa splendeur, c'est-à-dire jusqu'en 925.—On peut citer encore le riche et populeux royaume formé des provinces de *Choa* et d'*Efat*, situées plus au S., et qui a pour capitale ANKOBER, où règne un prince galla.—Les autres états ont peu d'importance.

NOTIONS DIVERSES SUR L'ÉGYPTE, LA NUBIE ET L'ABYSSINIE. — Nous réunissons ici ces trois contrées, parce qu'elles comprennent tout le bassin du Nil, et que c'est à ce fleuve qu'elles doivent leur importance et leur fertilité. L'Abyssinie renferme presque toutes ses sources orientales qui découlent des nombreuses chaînes de montagnes qui la traversent en tous sens. Elle doit à ces circonstances une foule de beautés naturelles, une température très-douce et une grande variété de productions, parmi lesquelles on distingue le blé, le millet, le riz, la canne à sucre, le coton, le café, le bois d'ébène et de sandal ; on en exporte en outre de l'ivoire, des plumes d'autruche et de la poudre d'or. La Nubie est également bien arrosée dans sa partie méridionale, surtout par les grands affluens du Nil, descendant de l'est, et principalement par le *Bar-el-Azrak*, ou rivière Bleue, et par l'*Atbarah*, qui viennent se joindre au courant principal arrivant du S. O. et nommé le *Bahr-el-Abiad*, ou rivière Blanche, pour former par leur réunion le grand fleuve du Nil. Elle est, comme l'Abyssinie, d'une grande fertilité et offre les mêmes productions. Dans la Nubie inférieure et dans l'Égypte, le Nil coule dans une vallée resserrée par deux chaînes de montagnes, au-delà desquelles s'étendent, à l'E. et à l'O., de vastes déserts sablonneux et arides ; mais cette vallée, qui s'élargit en approchant de la mer, est fertilisée par les inondations périodiques du fleuve, qui suppléent aux pluies, très-rares dans ce pays : aussi l'Egypte produit-elle en abondance le blé, le coton, le riz, le lin, le chanvre, la canne à sucre, les palmiers, les dattiers, les orangers, et le *papyrus*, de l'écorce duquel les Anciens faisaient une espèce de papier. — Toute la vallée du Nil, surtout en Égypte et en Nubie, est couverte des monumens les plus curieux de l'antiquité : obélisques, pyramides, ruines de villes et de temples magnifiques. — Dans la mer Rouge se trouvent de nombreuses îles, parmi lesquelles la plus remarquable est celle de *Dahalac*, la plus grande de cette mer, vis-à-vis des rivages de l'Abyssinie.

CÔTE DE BARBARIE.

Quelles sont la position, la division et la religion de la CÔTE DE BARBARIE?

On comprend sous le nom de côte de Barbarie, ou d'États Barbaresques, tous les pays qui occupent le N. de l'Afrique le long de la côte de la Méditerranée, et auxquels nous joindrons les déserts qui la bornent à l'E. et au S. Ces pays sont : la régence de *Tripoli*, qui tient sous sa dépendance le pays de *Barcah* et le *Fezzan*; la régence de *Tunis*; la province française d'*Alger* et l'empire de *Maroc*. Au S. de ces pays s'étendent les vastes déserts de *Libye* et du *Sahara*. La conformité des croyances religieuses unit naturellement ces états à l'empire ottoman, qui en tire des secours, surtout dans les guerres contre les chrétiens.

RÉGENCE DE TRIPOLI.

Quels sont les bornes, la population, le gouvernement et les villes principales de la régence de TRIPOLI?

L'État de Tripoli (ancienne Tripolitaine), séparé de l'Égypte, à l'E., par le pays de Barcah, est borné au N. par la Méditerranée, à l'O. par la régence de Tunis, et au S. par le Fezzan. C'est le plus faible des États barbaresques, quoique l'un des plus étendus : on n'estime sa population qu'à 660 mille habitans; il est gouverné par un *Bey*, qui est presque entièrement sous la dépendance du Grand-Seigneur. La capitale de ce pays est TRIPOLI, port sur la Méditerranée; ville très-ancienne, d'où s'exportent de la poudre d'or, des plumes d'autruche, etc.

Quels sont les États qui dépendent de la régence de Tripoli?

Les principaux États qui en dépendent sont : 1° le pays de BARCAH (ancienne Libye maritime), à l'E., dont toute la côte est très-fertile et assez populeuse. Il est gouverné par deux beys, nommés par celui de Tripoli, auquel ils ne gardent qu'une obéissance équivoque : l'un de ces beys réside à DERNE (Darnis) et l'autre à BEN-GHAZI, les principales villes de ce pays ; la dernière a un assez bon port.—Au S. de cette contrée se trouve l'oasis d'AUDJÉLAH, résidence d'un bey dépendant de Tripoli. Au S. de ces pays s'étend le désert de Libye. —2° Le FEZZAN, situé à l'O. du désert de Libye et au S. de l'État de Tripoli, renferme environ 60 mille habitans, et a pour capitale MOURZOUK, ville très-commerçante.—3° Le pays de GHADAMÈS, au N. O. du Fezzan, et qui doit son nom à sa capitale.

RÉGENCE DE TUNIS.*

Quels sont les bornes, la population, le gouvernement et la capitale de la régence de TUNIS, *et les pays qui en dépendent?*

L'État de Tunis (anciennes Byzacène et Zeugitane), situé à l'O. du précédent, borné à l'O. par celui d'Alger et au S. par le Sahara, renferme une population de 1 million 800 mille habitans ; il est gouverné par un bey, et a pour capitale TUNIS (Tunes), à peu de distance des ruines de l'ancienne Carthage, avec un bon port et de bonnes fortifications ; elle est très-commerçante.—Au S. se trouve le pays de TOUZER ; capitale, TOUZER, sur la côte occidentale du lac *Laoudéah*.

PROVINCE FRANÇAISE D'ALGER.

*Quels sont les bornes, le gouvernement, la population et les villes principales de la province d'*ALGER?

L'ancienne régence d'Alger (autrefois Numidie et Mauritanie Césarienne) avait pour bornes la Méditerranée, au N. ; l'empire de Maroc, à l'O. ; le mont Atlas, au S., et la régence de Tripoli, à l'E. Conquis par les Français en 1830, ce pays est aujourd'hui administré, sous la souveraineté du roi des

---

* Consulter, dans mon *Atlas à l'usage des colléges*, pour ce pays et les suivans, outre la carte de l'AFRIQUE, celle de l'EUROPE.

Français, par un gouverneur militaire. Quoique son étendue soit presque égale à la moitié de la France, il ne renferme qu'un million et demi d'habitans. Les principales villes sont: ALGER, bâtie en amphithéâtre, au fond d'une rade fortifiée dont les nombreuses batteries n'ont pu empêcher les Français de s'en emparer. On évalue sa population à 55 mille âmes.— CONSTANTINE, au S. E. d'Alger, capitale d'une province qui forme un État presque indépendant, et résidence d'un bey qui n'a point encore reconnu la souveraineté de la France.— ORAN, port, au S. O. d'Alger, avec un fort occupé autrefois par les Espagnols, et aujourd'hui par les Français.—LA CALLE, à l'E. d'Alger, port important pour la pêche du corail, qui se trouve en grande abondance sur les côtes voisines.—BONE (ancienne Hippone), à l'E., port dans les environs duquel on pêche aussi beaucoup de corail.

EMPIRE DE MAROC.

Quels sont les bornes, les divisions, la population et le gouvernement de l'empire de MAROC?

L'empire de Maroc (Mauritanie Tingitane) est situé à l'O. de l'État d'Alger, et borné au N. par la Méditerranée, à l'O. par l'Océan Atlantique, et au S. par le Sahara. On peut le diviser en quatre parties: les provinces septentrionales ou *royaume de Fez*, les provinces centrales ou *royaume de Maroc*, les provinces méridionales ou *royaume de Suz* ou *Souze;* enfin les provinces orientales ou *royaume de Tafilet*, au S. E. de la chaîne de l'Atlas. On estime sa population à 8 millions et demi d'habitans. Le gouvernement est despotique et absolu, et le peuple cruel et perfide.

Quelles sont les principales villes de l'empire de Maroc?

Les principales sont : MAROC, capitale de tout l'empire, et résidence ordinaire de l'empereur, qui y occupe un vaste palais; ville commerçante en maroquin, en soie et en papier. Population, **50 mille habitans**.—MÉQUINEZ, au N. E. de Maroc, dans une plaine renommée par la salubrité de son climat, ce qui lui a procuré l'avantage d'être la résidence de l'empereur actuel; 56 mille habitans. — Fez, capitale du royaume de ce nom, ville riche et commerçante, qui jouissait autrefois en Afrique d'une brillante réputation littéraire. 88 mille habitans. — Ceuta, Pegnon-de-Velez et Melilla, forteresses appartenant à l'Espagne, sur la côte de la Méditerranée. — Tanger (Tingis), jolie ville sur le détroit de Gibraltar, résidence de la plupart des consuls européens. — Larache (Lixus), assez bon port sur l'Océan Atlantique. — Slaa ou Salé et *Rabatt*, sur l'Océan Atlantique; villes importantes, très-voisines l'une de l'autre, et qui étaient autrefois alliées pour la piraterie qu'elles exerçaient d'une manière redoutable pour les États chrétiens. — Mogador, port sur l'Ocean; la principale place de commerce de l'empire. — Tarodant, capitale de la province de Suz. — Gourland paraît être maintenant la ville la plus importante du royaume de Tafilet, dont la capitale est au S. E. de l'Atlas.

Notions diverses. — La chaîne de l'Atlas, qui traverse la Barbarie de l'O. à l'E., partage ce pays en deux contrées qui jouissent d'un climat bien différent. Le N., préservé par les montagnes des effets les plus funestes du vent brûlant du désert, offre, partout où il est bien arrosé, une admirable végétation, et fournit en abondance du blé à plusieurs contrées de l'Europe; l'olivier, l'amandier, le figuier, le citronnier, l'oranger, la vigne, y produisent des fruits exquis. Le *Beled-el-Djerid* ou *pays des Dattes*, situé au S. de l'Atlas, participe déjà à la nature aride du désert, et ses plaines unies, imprégnées de sel et presque stériles, sont, de plus, fréquemment ravagées par des nuées de sauterelles. La Barbarie renferme tous les animaux nuisibles de l'Afrique: le lion de l'Atlas en est le plus terrible; parmi les animaux utiles, on remarque le dromadaire, dont la légèreté est telle, qu'on assure qu'il peut faire jusqu'à 75 lieues dans une journée.

L'autorité des souverains des divers États de la Barbarie ne s'étend que faiblement sur les Arabes, qui vivent en nomades dans les campagnes, soumis à des chefs indépendans qui portent comme en Arabie le nom de *Cheyks*. Il en est de même des *Berber*, qui habitent les montagnes de l'Atlas, et qui paraissent être les habitans originaires de ces contrées, qui leur doivent leur nom de *Barbarie* ou *Berbérie*.

DÉSERT DU SAHARA.

Quels sont les bornes, les ports et les habitans du Sahara?

Le désert du Sahara (ancienne Libye Intérieure), qui se rattache à ceux de Barcah et de Libye, dont nous avons déjà

SAHARA.

parlé, est situé au S. de tous les pays que nous venons de décrire, et occupe presque toute la largeur de l'Afrique, de l'O. à l'E., sur près de 400 lieues d'étendue du N. au S. Il est parsemé d'oasis où se reposent les caravanes qui, partant des côtes de Barbarie, traversent le désert pour se rendre dans les villes du Soudan. — Dans ces oasis habitent des peuplades à demi sauvages, parmi lesquelles on distingue : les TIBBOUS, à l'E.; les TOUARIKS, qui occupent tout le centre et le S., où ils possèdent une ville commerçante nommée *Aghadès*, résidence du plus puissant de leurs chefs; et les TOUATS, qui s'étendent à l'O. jusqu'à l'empire de Maroc, et dont *Agably* est la ville principale. — Sur la côte de l'Océan Atlantique se trouvent quelques ports et mouillages, tels que le golfe d'*Arguin*, dans lequel se trouve un banc de sable trop fameux par les naufrages qu'il a occasionnés.

NOTIONS DIVERSES. — Le Sahara, ou Grand-Désert, occupe une étendue qu'on peut évaluer à 230 mille lieues carrées, c'est-à-dire près de la sixième partie de la superficie de l'Afrique, et plus de huit fois celle de la France. L'intérieur en est mal connu, ainsi que sa population, que l'on croit pouvoir réduire à 250 mille habitans d'origine maure et berbère, qui professent le mahométisme et obéissent à un grand nombre de chefs indépendans. Les peuplades voisines de la côte, parmi lesquelles on cite les *Ladbesseuas*, les *Gelad De'ims* et les *Monselmires*, passent pour très-féroces, et font subir d'horribles traitemens aux malheureux naufragés dont les tempêtes ou les courans font échouer les vaisseaux sur les dangereux bancs de sable et de rochers qui bordent ce rivage et s'étendent assez loin dans l'Océan.

Aucune rivière de quelque importance ne traverse le Sahara : à peine en pourrait-on citer deux ou trois qui, telles que le *Rio de Ouro* et les rivières de *Saint-Cyprien* et de *Saint Jean*, arrivent jusqu'à l'Océan Atlantique; dans l'intérieur on ne trouve que quelques cours d'eau de peu d'étendue, qui, après avoir parcouru de petites vallées dont ils forment de fertiles oasis, se perdent bientôt dans les sables. C'est dans ces oasis que sont bâtis les villes et les villages des peuples du Sahara; mais la plupart vivent sous des tentes, et vont d'oasis en oasis faire paître leurs troupeaux de chameaux, de chèvres et de moutons. Souvent ils sont obligés de disputer l'approche des sources qu'ils y cherchent, aux lions, aux panthères et à d'énormes serpens, qui sont les habitans les plus nombreux de ces immenses solitudes, où errent aussi des autruches et quelques gazelles. Les seuls arbres précieux qui croissent dans le Sahara sont les palmiers-dattiers, dont le fruit nourrit les habitans des oasis, et l'espèce d'acacia qui produit la gomme arabique.

7.

SÉNÉGAMBIE.

Quels sont les bornes et les habitans de la SÉNÉGAMBIE?

La Sénégambie, ainsi nommée des deux fleuves qui l'arrosent, est bornée au N. par le Sahara, à l'O. par l'Océan, au S. par la Guinée et à l'E. par le Soudan. Ce pays renferme une foule de petits royaumes; les uns sont habités par les *Nègres* indigènes, dont les peuplades principales sont celles des *Foulahs*, des *Mandingues*, des *Ghiolofs* et des *Féloups*; les autres sont envahis par les Maures. La population totale est évaluée à **2 millions 700 mille habitans**.

Quels sont les principaux établissemens des Européens dans la Sénégambie?

Les Européens possèdent de nombreux établissemens dans la Sénégambie, savoir :

Les Français : les forts de SAINT-LOUIS et de DAGHANA, sur le Sénégal; de SAINT-CHARLES, dans l'intérieur; l'île de GORÉE, près du cap Vert; et les comptoirs de JOAL, sur la côte de l'Océan Atlantique, et d'ALBRÉDA, vers l'embouchure de la Gambie.

Les Anglais : BATHURST. le fort JAMES, PISANIA, et plusieurs comptoirs sur la Gambie.

Les Portugais : les établissemens sur les rives du RIO-GRANDE, au S. de la Gambie, et dont CACHEO, petite ville avec un fort, est le chef-lieu.

ILES. — Sur la côte se trouvent les îles fertiles des BISSAGOS, dont la plus grande a environ 40 lieues de tour.

NOTIONS DIVERSES. — Sur les côtes peu élevées de la Sénégambie et sur les bords des fleuves, fécondés, comme l'Égypte, par des débordemens et par les pluies périodiques qui tombent du mois de juillet au mois d'octobre, la végétation prend un développement extraordinaire C'est là que le baobab atteint les proportions gigantesques qui en font le roi des végétaux. Les palmiers, les cocotiers, les citronniers, les orangers, y charment la vue de toutes parts; mais des chaleurs insupportables, l'insalubrité de l'air et l'aspect hideux des crocodiles et des reptiles les plus dangereux, diminuent les agrémens de ce pays. On en tire de la poudre d'or, de l'ambre, des plumes d'autruche, du poivre, de la cire, des cuirs et de la gomme apportée par les tribus sauvages du Sahara.

GUINÉE.

Quels sont les bornes, les divisions, les productions et les établissemens européens de la GUINÉE?

La Guinée s'étend, au S. de la Sénégambie, le long de la côte de l'Océan jusqu'au Congo; à l'E. elle touche les pays peu connus du centre de l'Afrique. Ce pays se subdivise en plusieurs parties, dont les principales sont de l'O. à l'E. : — 1° la côte des GRAINES, ainsi nommée à cause du poivre que les Anglais en tirent en abondance. Ce peuple avait fondé, au N. O., sur les bords de la rivière de *Sierra-Leone*, qui forme l'un des meilleurs ports de l'Afrique, un établissement que l'insalubrité de cette côte a fait transférer à l'île de *Fernando-Pô*, dans le golfe de Guinée. — Les Américains des États-Unis ont fondé au S. E. de Sierra-Leone, sous le nom de LIBERIA, un autre établissement pour ceux de leurs nègres qu'ils ont rendus à la liberté; *Monrovia*, à l'E. de l'embouchure du fleuve *Mesurado*, est le chef-lieu de cette colonie. — 2° La côte d'IVOIRE ou des DENTS, ainsi nommée des dents d'éléphant qu'elle fournit en abondance. — 3° La côte d'OR, qui tire son nom de la poudre d'or, objet principal de son commerce. Les Européens y avaient de nombreux établissemens parmi lesquels on distingue encore : LA MINE, aux Hollandais; le CAP-CORSE, aux Anglais; et CHRISTIANSBOURG, aux Danois. Dans l'intérieur se trouve le puissant royaume d'ACHANTI, qui a pour capitale COUMASSIE. — 4° La côte des ESCLAVES, ainsi nommée du trafic honteux qui s'y faisait, et auquel toutes les nations de l'Europe ont renoncé d'un commun accord. Les petits États de cette côte obéissent au roi de DAHOMEY, dont la capitale, nommée ABOMEY, est située à 28 lieues dans l'intérieur. — 5° Le royaume de BENIN, dont le souverain peut mettre 100 mille hommes sur pied : les Anglais en font aujourd'hui le principal commerce; capitale, BENIN, sur un bras du Diali-Bâ. — 6° Le royaume d'OUARY, au S. de Benin; capitale, OUARY, sur le golfe de Benin. Au S. E. habitent des peuples sauvages et peu connus.

CONGO.

Quelles sont la position, les divisions et les villes principales du Congo?

Le Congo, nommé aussi *Guinée méridionale*, est situé au S. de la Guinée, et divisé en plusieurs royaumes, dont les principaux sont : 1° celui de Loango; capitale, Loango, dans une position charmante. — 2° du Congo propre; capitale, San-Salvador, bâtie par les Portugais. — 3° d'Angola; capitale, Saint-Paul de Loando ou *Loando*, cheflieu des établissemens des Portugais, dont la domination s'étend sur toute cette partie de l'Afrique. — 4° de Benguela; capitale, Saint-Philippe, lieu d'exil pour les criminels portugais.

Notions diverses sur la Guinée et le Congo. — La Guinée et le Congo, ou les deux Guinées, ont une population que l'on évalue à 7 millions 600 mille habitans, tous nègres et idolâtres. Les tentatives qu'ont faites les missionnaires portugais pour répandre la religion chrétienne parmi ceux qui sont soumis au Portugal, les ont seulement amenés à mêler à leurs croyances superstitieuses quelques pratiques du christianisme.

La chaleur étouffante qui règne dans les deux Guinées, surtout pendant la saison des pluies, dont la durée est souvent de six mois, en rend le climat pernicieux pour les Européens; mais elle fait éclore les fleurs les plus admirables, et donne à toute la végétation un développement extraordinaire, surtout sur les côtes, qui sont généralement basses et formées du limon fertile charrié et accumulé depuis un grand nombre de siècles par les nombreuses rivières qui descendent des hautes montagnes qui bornent les deux Guinées au N. et à l'E.

Les éléphans, les gazelles, les antilopes, les singes, y vivent en troupes innombrables; on y rencontre aussi la girafe, le rhinocéros, un grand nombre de serpens, et particulièrement l'énorme boa.

La poudre d'or, l'ivoire et le poivre sont les productions principales de ces contrées, d'où l'on a transporté dans les diverses parties de l'Amérique un grand nombre d'esclaves nègres, commerce horrible qui dure encore, malgré les efforts que font pour l'abolir les principales nations de l'Europe.

SOUDAN.

Quelles sont la position, les divisions et les villes principales du SOUDAN?

Le Soudan, improprement appelé la Nigritie, occupe tout le N. de la partie centrale de l'Afrique, des deux côtés du Niger, et renferme plusieurs royaumes fort peu connus, dont les principaux sont, de l'O. à l'E. : 1° Le BAMBARA; capitale, SÉGO. — 2° Le royaume de TEN-BOKTOUE, avec une capitale du même nom, située près du Niger, et l'une des villes les plus commerçantes de l'Afrique centrale. — 3° Celui de SACKATOU, dont le souverain paraît être le plus puissant de la Nigritie. Ses sujets, nommés *Fellatahs*, forment une race particulière, entièrement différente, pour la couleur et pour les traits, des Nègres, avec lesquels ils ne s'allient jamais; ils paraissent fort industrieux. — 4° Le royaume de BORNOU, dont l'ancienne capitale, détruite au commencement de ce siècle par les Fellatahs, et nommée aujourd'hui *Vieux-Birnie*, renfermait, dit-on, 200 mille habitans. Elle a été remplacée par le NOUVEAU BIRNIE ou BORNOU, situé plus au S. E.; mais KOUKA, près du lac Tchad, est la résidence du souverain de ce pays, qui entretient une nombreuse cavalerie bardée de fer. — 5° Le DAR-FOUR; capitale, COBBÉH.

NOTIONS DIVERSES. — Le Soudan ou Nigritie paraît être séparé, au S., de la Cafrerie par une haute chaîne de montagnes qui unissent les monts de Kong à ceux de la Lune. Il est divisé en un grand nombre de royaumes plus ou moins étendus et fort mal connus des Européens. Cependant quelques voyageurs qui sont parvenus, dans ces dernières années, à pénétrer dans le Soudan, y ont trouvé des peuples beaucoup plus civilisés qu'on ne l'avait supposé jusqu'ici, et parmi lesquels se distinguent les Fellatahs, qui appartiennent à la race maure, sont mahométans, et ont fait la conquête des plus belles contrées du Soudan. Ces pays, arrosés par de nombreuses rivières qui se rendent dans le lac Tchad, qui en occupe le centre, ou dans le Niger, sont bien cultivés et fertiles en riz, en *dourrah*, espèce de millet, en coton, chanvre, indigo, etc. On y trouve aussi de l'or et du fer, et presque tous les animaux de l'Afrique.

CAFRERIE.

Quels sont la position et les habitans de la CAFRERIE?
Nous comprenons ici sous le nom de Cafrerie toute la partie presque entièrement inconnue de l'Afrique centrale, qui s'étend depuis le Soudan, au N., jusqu'au gouvernement du Cap, vers le S. Cette immense région peut se diviser en quatre parties, savoir : 1° La vaste *Contrée tout-à-fait inconnue de l'Afrique centrale*; — 2° La *Cimbébasie*, qui occupe la côte stérile comprise entre le Congo et le gouvernement du Cap, et qui doit son nom à la peuplade noire et sauvage des *Cimbébas*, qui erre sur le rivage; — 3° La *Cafrerie* proprement dite, entre le Congo et la capitainerie-générale de Mozambique, et qui s'étend au S. E. le long de la *Côte de Natal*, comprise entre le gouvernement du Cap et la capitainerie de Mozambique. Les Anglais ont formé sur cette côte un établissement nommé *Port-Natal* : l'intérieur renferme plusieurs peuplades considérables; — 4° La *Hottentotie*, au N. du gouvernement du Cap, et qui doit son nom aux *Hottentots*, nation nègre, de couleur brun-rouge, qui se divise en plus de vingt peuplades, dont plusieurs sont très-féroces.

NOTIONS DIVERSES. — Le nom de *Cafres* signifie infidèles, et fut donné par les Arabes mahométans établis sur les côtes orientales de l'Afrique aux peuplades païennes de l'intérieur. Parmi celles de ces nations sur lesquelles les voyageurs nous ont donné quelques renseignemens, nous pouvons nommer les *Cazembes* et les *Maravis*, dans le N.; ils possèdent des provinces de l'empire, aujourd'hui démembré, du *Monomotapa*, et ont tous deux leurs capitales sur le fleuve Zambèze. *Zimbaoë* est le nom de celle des Maravis. — Les *Béchuanas* ou *Betjouanas*, au S., divisés en un grand nombre de peuplades, se distinguent des autres nègres de la Cafrerie par leurs belles proportions, par la douceur de leurs mœurs et par leur industrie : ils forgent avec habileté le fer et le cuivre, qu'ils tirent des mines abondantes situées dans leur pays, qui est agréablement entrecoupé de montagnes assez élevées, de vallées et de plaines fertiles, et où l'on trouve des villes assez importantes, parmi lesquelles on distingue *Kourritcha é*, *Ouáqué*, *Machaou* et le *Nouveau-Litakou* La Hottentotie ne renferme que des villes de peu d'importance, parmi lesquelles on peut citer *Griqua* ou *Klarrwater* et *Philippopolis*. Des missionnaires travaillent à convertir ces derniers peuples au christianisme.

GOUVERNEMENT DU CAP.

Quelles sont la position, la population et les principales villes du gouvernement du CAP?

Le gouvernement du Cap-de-Bonne-Espérance, fondé par les Hollandais en 1650, et appartenant maintenant aux Anglais, qui s'en sont emparés en 1795, occupe toute la pointe méridionale de l'Afrique, jusqu'à 190 lieues dans l'intérieur des terres. Malgré sa vaste étendue, cette contrée ne renferme qu'environ 152 mille habitans, dont 64 mille blancs : elle est très-fertile ; la vigne y réussit très-bien et produit l'excellent vin de *Constance*. La capitale de ce pays est LE CAP, sur la baie de la Table, un peu au N. du cap de Bonne-Espérance. — UITENHAGEN, à l'E., est, après Le Cap, la ville la plus importante. Cette colonie est très-importante par sa position sur la route de l'Inde.

NOTIONS DIVERSES. — Le gouvernement du Cap jouit d'un climat doux et tempéré ; cependant il est exposé pendant l'été à un vent brûlant qui détruit quelquefois toute végétation, et depuis le mois de mai jusqu'au mois d'août, il est inondé par des pluies continuelles. Les productions de l'Europe se trouvent réunies dans ce pays à celles de l'Afrique

Le cap de Bonne-Espérance, qui donne son nom au gouvernement dont nous parlons, fut d'abord nommé *cap des Tourmentes* par les Portugais, qui y furent assaillis par d'horribles tempêtes, lorsqu'ils le découvrirent, en 1483, et qui n'osèrent le doubler que quinze ans après, sous la conduite de Vasco de Gama, qui ouvrit ainsi aux Européens la route des Indes.

MOZAMBIQUE.

Quelles sont les bornes, les divisions et les villes principales de la capitainerie-générale de MOZAMBIQUE, *et à quel peuple appartient-elle?*

La capitainerie-générale de Mozambique, qui comprend toutes les possessions des Portugais sur la côte orientale de l'Afrique, s'étend le long du canal auquel elle donne son nom, entre la Cafrerie, au N. O., à l'O. et au S. O., et le Zanguebar, au N. E. Les Portugais divisent ce pays en sept gouvernemens, qui sont, du S. O. au N. E. : 1° celui de *Lorenzo Marquez*, autour de la baie de ce nom; 2° celui d'*Inhambane*, avec un fort du même nom; 3° celui de *Sofala*, dont la capitale, autrefois très-florissante, n'est plus aujourd'hui qu'un village; 4° celui des *Rivières de Séna*, arrosé par le Zambèze, sur lequel se trouvent : TÊTE, son chef-lieu; *Séna*, plus au S. E., et *Chicova*, au S. O.; 5° celui de *Quilimane*, avec un chef-lieu du même nom, sur le rivage de la mer; 6° celui de *Mozambique*, dont le chef-lieu, MOZAMBIQUE, est en même temps la capitale de toute la capitainerie : elle est située dans une île très-voisine du continent, et bien fortifiée; son port, un des meilleurs de ces mers, est fréquenté par les vaisseaux qui font le commerce de l'Inde et de la mer Rouge, et qui y prennent des épices et des pierres précieuses; 7° celui du *Cap Delgado* ou *Cabo-del-Gado*, composé seulement des îles *Quérimbes*, situées au S. E. de ce cap.

NOTIONS DIVERSES. — La capitainerie-générale de Mozambique, en y comprenant les peuplades indigènes renfermées dans ses limites, et qui sont gouvernées par des chefs à peu près indépendans, peut compter 3 millions 240 mille habitans, dont 287 mille seulement obéissent aux Portugais. Cette vaste contrée, arrosée par le Zambèze et un grand nombre d'autres rivières, est très-fertile, surtout en riz; les forêts, où l'on trouve l'arbre nommé *malumpava*, qui a jusqu'à 70 pieds de tour, sont remplies d'éléphans, qui fournissent au commerce une grande quantité d'ivoire. L'objet le plus important de commerce est ensuite la poudre d'or, qui s'y trouve encore en assez grande quantité pour justifier l'opinion de ceux qui placent sur la côte de Sofala le pays d'*Ophir*, où les vaisseaux de Salomon allaient chercher l'or et l'ivoire.

COTE DE ZANGUEBAR.

Quelles sont les bornes, les divisions, les villes et les îles principales de la côte de ZANGUEBAR?

La côte de Zanguebar, située au N. E. de celle de Mozambique, sur le rivage de la mer des Indes qui la baigne à l'E., à la côte d'Ajan au N. E. et la Cafrerie à l'O. Elle comprend un grand nombre de petits états qui portent le nom de leurs capitales, et presque tous tributaires de l'imam de Maskate en Arabie, dont la domination a remplacé sur cette côte celle des Portugais, qui, après y avoir régné pendant près de deux siècles, en ont été expulsés par les naturels depuis une centaine d'années. Parmi ces états, les plus connus sont, du S. O. au N. E. : 1° celui de QUILOA, gouverné par un roi nègre, dont la capitale est située dans une petite île, voisine du rivage; 2° celui de ZANZIBAR, composé d'une portion de côte assez considérable et de l'île de *Zanzibar* ou *Souayeli*, la plus grande, la plus peuplée et la plus commerçante de cette côte; il est gouverné par un cheykh nommé par l'imam de Maskate; 3° celui de MOMBAZA, dont la capitale, située dans une petite île près de la côte, a été quelque temps occupée par les Anglais; 4° celui de MÉLINDE, dont la capitale, aujourd'hui bien déchue, fut extrêmement florissante sous la domination portugaise; 5° celui de BRAVA, ville commerçante qui forme une petite république aristocratique; 6° enfin celui de MAGADOXO ou *Makadshou*, dont la capitale est grande et fort commerçante. — On distingue encore sur cette côte l'île de *Monfia*, aujourd'hui inhabitée, et celle de *Pemba*.

NOTIONS DIVERSES. — On suppose que le Zanguebar renferme environ un million et demi d'habitans, en partie Arabes mahométans, et le reste nègres idolâtres divisés en plusieurs tribus, parmi lesquelles on distingue les *Mongallos*, au S. E., les *Mosseguevos* et les *Moracates* dans l'intérieur des terres. Les plaines marécageuses et malsaines qui couvrent la plus grande partie de ce pays sont couvertes de forêts, où vivent de nombreuses troupes d'éléphans, qui fournissent beaucoup d'ivoire. L'île de *Zanzibar*, sur la côte occidentale de laquelle se trouve un excellent port, fait un grand commerce d'esclaves, de gomme et d'ivoire.

COTE D'AJAN.

*Quelles sont les bornes, les divisions et les villes principales de la côte d'*AJAN?

La côte d'Ajan, située au N. E. de celle de Zanguebar, sur la même mer, s'étend au N. jusqu'au détroit de Bab-el-Mandeb, et a à l'O. la Cafrerie et le S. de l'Abyssinie. Elle peut se diviser en deux parties : la *côte d'Ajan proprement dite*, située le long de la mer des Indes, et qui n'est qu'un désert aride et stérile où errent seulement quelques autruches, et l'ancien royaume d'*Adel*, comprenant la *Côte des Somaulis* le long du golfe d'Aden et le petit royaume mahométan de HURRUR ou *Arrar*, situé plus au S. O. sur les frontières de l'Abyssinie. Les *Somaulis*, dont les nombreuses tribus parcourent toute la contrée qui s'étend depuis le Magadoxo jusqu'au golfe d'Aden, sont un peuple mahométan, actif et industrieux, qui fait un commerce important dans toutes les contrées qui avoisinent la mer Rouge et le golfe d'Aden, sur lequel ils possèdent plusieurs ports dont les deux plus fréquentés sont : — BARBORA ou *Berbera*, sur la côte méridionale, et qui paraît être maintenant la principale place de commerce de ce pays, et ZEILAH (l'ancien *Avalites portus*), au fond du golfe, capitale de l'ancien royaume d'Adel. — HURRUR, située au S. O., est celle du royaume du même nom.

NOTIONS DIVERSES. — On évalue à 400 mille habitants la population des contrées que nous comprenons sous le nom de côte d'Ajan. Les Somaulis ont le teint olivâtre et teignent en jaune leurs longs cheveux. Ils sont pasteurs et possèdent des troupeaux de moutons dont l'énorme queue pèse jusqu'à 25 livres. Les principaux objets de leur commerce sont les esclaves, le beurre fondu, les bestiaux, et même les aromates, qui croissent vers les côtes du golfe d'Aden, où il ne pleut presque jamais.

ILES QUI DÉPENDENT DE L'AFRIQUE.

Comment se divisent les îles de l'Afrique?

Les îles de l'Afrique se divisent naturellement en îles situées dans l'Océan Atlantique et îles de l'Océan Indien.

Quels sont les principaux groupes situés dans l'Atlantique?

Les principaux groupes sont : 1° les AÇORES, qui, par leur position à l'O. du Portugal auquel elles appartiennent, devraient faire partie de l'Europe; elles sont au nombre de dix, peuplées de 200 mille habitans, et jouissent d'un climat délicieux. La principale est TERCÈRE, qui a environ 16 lieues de tour et une capitale, nommée *Angra*, où réside le gouverneur portugais. — 2° MADÈRE, au S. E. des Açores, de 16 lieues de long sur 12 de large, et peuplée de 80 mille habitans; fameuse par son vin. Les Anglais s'en sont emparés en 1807; capitale, FUNCHAL. — Au N. E. se trouvent les petites îles de *Porto-Santo*. — 3° Les CANARIES (anciennes îles Fortunées), au S. de Madère, groupe composé de sept grandes îles et de plusieurs petites, aux Espagnols; elles sont très-fertiles, et peuplées de 174 mille habitans. Les principales sont TÉNÉRIFFE, la plus considérable par son commerce, par ses richesses et par sa population, qui est de 60 mille habitans, et fameuse par son pic, qui s'élève, au S. O. de l'île, à 11,500 pieds de hauteur, et qui renferme un volcan redoutable. On a découvert, au pied de cette montagne, des cavernes où les *Guanches*, anciens habitans de ces îles, déposaient leurs cadavres. Capitale, *Laguna*; mais *Santa-Cruz* en est le port principal. CANARIE, qui a donné son nom au groupe; capitale, *Palma*. FER, où passait le premier méridien, d'après la déclaration de Louis XIII du 1er juillet 1654. — 4° Les îles du CAP-VERT, au N. O. du cap de ce nom, au nombre de vingt, la plupart pierreuses, et peuplées de 45 mille habitans, aux Portugais. La principale, nommée SANTIAGO, a environ 45 lieues de long sur 10 de large : elle est fertile, mais l'air y est malsain; capitale, *Santiago*.

On peut citer encore : 1° Dans le golfe de Guinée : Fernando-Pô, aux Anglais, qui y ont un établissement destiné à réprimer la traite des nègres et à faire pénétrer parmi eux les bienfaits de la civilisation ; Annobon, aux Espagnols ; l'île du Prince et Saint-Thomas, aux Portugais. Elles sont fertiles, mais l'excessive chaleur y rend l'air malsain. — 2° Saint-Matthieu, à l'O. des précédentes. — 3° L'Ascension, au S. O. de Saint-Matthieu, rocher stérile, où l'on trouve en abondance des tortues excellentes et monstrueuses. — 4° Sainte-Hélène, au S. E. de l'Ascension, de 8 lieues de circuit, entourée de rochers escarpés qui la rendent imprenable, et peuplée de 3 mille habitans. Elle est fameuse par la détention et la mort de Napoléon. Capitale, *James-Town* ; aux Anglais. — 5° Les îles de Tristan d'Acunha, au S. O. de la précédente ; peu connues, et dont la principale a environ cinq lieues de tour ; aux Anglais.

Quelles sont les îles remarquables de l'Océan Indien ?

Les îles remarquables de l'Océan Indien sont : 1° Madagascar, séparée de l'Afrique par le canal de Mozambique, l'une des plus grandes îles du globe, de 556 lieues de long sur 120 de large ; traversée, du N. au S., par une chaîne de montagnes, et riche en bois précieux. Sa population est évaluée à 2 millions d'habitans, divisés en plusieurs royaumes, dont le plus puissant est celui des Hovas, au centre de l'île ; capitale, *Tananarive* ; 50 mille habitans. Les Madécasses ont toujours détruit les établissemens européens formés sur leurs côtes, qui sont fertiles, mais malsaines. — 2° Bourbon, à l'E. de Madagascar, de 50 lieues de tour, et peuplée de 89 mille habitans, aux Français, qui s'y sont établis en 1665. Elle est fertile, particulièrement en café d'excellente qualité. On trouve sur ses côtes de l'ambre gris, du corail et de beaux coquillages. Capitale, *Saint-Denis*. — L'Ile de France, ou *île Maurice*, au N. E. de Bourbon, de 45 lieues de circuit ; peuplée de 40 mille habitans et fertile en sucre, indigo, muscade, etc. ; capitale, *Port-Louis* ; aux Anglais, qui l'ont prise à la France, ainsi que l'île *Rodrigue*, située plus à l'E.

On peut citer encore : les Séchelles, au N. E. de Madagascar, divisées en deux groupes, savoir : les îles de Mahé, ainsi nommées de Mahé, la plus grande de toutes, et les Amirantes, au S. O. ; aux Anglais. — Sainte-Marie, sur la côte orientale de Madagascar ; aux Français, qui y ont élevé le fort *Saint-Louis*.

AMÉRIQUE.

Quand l'Amérique a-t-elle été découverte? Quelle en est l'étendue? Comment se divise-t-elle, et à combien d'habitans estime-t-on sa population?

Ce vaste continent, qui forme la quatrième partie du monde, fut découvert, en 1492, par Christophe Colomb, Génois, qui aborda à l'une des îles de Bahama, et ensuite à Saint-Domingue. En 1497, le Florentin Améric Vespuce, ayant découvert la partie méridionale, publia une relation de son voyage dans cette partie du monde, qui prit le nom d'*Amérique*. Son étendue, du N. au S., est de près de 3 200 lieues. Elle se divise naturellement en deux grandes péninsules, réunies entre elles par l'isthme de *Panama*, et qui portent les noms d'*Amérique du Nord* et d'*Amérique du Sud*. On estime la population de l'Amérique et des îles qui en dépendent à 40 millions d'habitans.

Notions diverses. — On évalue la superficie de l'Amérique à 2 millions 168 mille lieues carrées; mais elle est de toutes les parties du monde la moins peuplée, relativement à son étendue. Des 40 millions d'habitans qu'elle renferme, 15 millions au moins appartiennent à la race blanche européenne, 10 millions à la race jaune américaine, 7 millions et demi à la race nègre africaine, et autant aux races mélangées issues des trois autres. Sur ce nombre, 27 millions environ sont catholiques, 12 millions protestans, et le reste idolâtres.

L'immense étendue de l'Amérique permet d'y retrouver tous les climats et toutes les productions des autres parties du monde. Il faut cependant remarquer qu'elle est moins chaude que l'ancien continent : ce qu'il faut attribuer surtout aux montagnes élevées qui s'y trouvent, et qui donnent naissance à un nombre prodigieux de rivières et de fleuves considérables. Nulle part les métaux précieux ne sont plus abondans.

AMÉRIQUE DU NORD*.

*Quelles sont les bornes et les divisions de l'*Amérique du Nord ?

L'Amérique du Nord est bornée, à l'O., par le Grand Océan; au S., par l'isthme de Panama et la mer des Antilles; à l'E., par l'Océan Atlantique; au N., s'étendent des contrées inconnues et des mers toujours glacées, qu'aucun vaisseau n'a encore pu traverser. Cette partie de l'Amérique se divise en sept grandes contrées, qui sont les *Terres Arctiques*, la *Nouvelle-Bretagne*, l'*Amérique Russe*, les *États-Unis*, le *Mexique*, le *Guatémala* et les *Antilles*.

Quels sont les principaux GOLFES *de l'Amérique du Nord?*
Les principaux sont :

La baie d'*Hudson* à l'O. du Labrador : elle forme, au S., celle de *James*, et communique, au N., avec la mer *Christiane*. — Le golfe *Saint-Laurent*, entre l'île de Terre-Neuve et les États-Unis. — La baie de *Fundy*, entre la Nouvelle-Écosse et les États-Unis. — Le golfe du *Mexique*, entre la Floride et le Mexique. — Le golfe *Kamichaz* ou de *Bristol*, celui de *Norton* et celui de *Kotzebue*, sur les côtes de l'Amérique Russe.

Quels sont les principaux DÉTROITS *de l'Amérique du Nord?*
Les principaux sont ceux :

De *Davis*, entre la mer des Eskimaux et celle de Baffin ; — de *Lancastre* et de *Barrow*, entre la mer de Baffin et la mer Polaire ; — d'*Hudson*, à l'entrée de la baie de ce nom ; — de *Belle-Ile*, entre Terre-Neuve et le Labrador ; — le vieux et le nouveau canal de *Bahama*, entre les îles Lucayes ou de Bahama, Cuba et la Floride ; — de la *Floride*, entre ce pays et Cuba.

Quels sont les principaux LACS *de l'Amérique du Nord?*

Les principaux lacs de cette partie du monde, qui sont très-nombreux et fort considérables, sont : 1° entre le Canada et les États-Unis, les lacs : *Supérieur*, de 500 lieues de circuit, le plus grand de tous ceux de l'Amérique ; *Michigan*, de 93 lieues de long sur 20 de large ; *Huron*, de 75 lieues de long sur 60 de large ; *Érié*, de 75 lieues de long sur 9 à 14 de large ; et *Ontario*, d'environ 200 lieues de tour. Ces cinq lacs se déchargent l'un dans l'autre ;

---

* Consulter, dans mon *Atlas à l'usage des collèges*, la carte de l'Amérique du Nord.

les deux derniers sont réunis par le *Niagara*, qui, à 4 lieues au-dessus de son embouchure dans le lac Ontario, se précipite de 150 pieds de haut : le bruit de cette magnifique cataracte se fait entendre de 3 lieues. — 2° Le lac *Champlain*, au N. des États-Unis ; il a 60 lieues de long sur 12 de large, et communique avec le fleuve Saint-Laurent par la rivière *Sorrel*. — 3° Les lacs *des Bois*, grand et petit *Ouinipeg*, des *Rennes*, *Wollaston*, des *Montagnes*, de *Fonte* ou de l'*Esclave*, et *Grand-Ours*, peu connus, au nord de l'Amérique.

Quelles sont les principales Presqu'iles *de l'Amérique du Nord ?*

Le *Labrador*, au N. E., entre le golfe Saint-Laurent et la baie d'Hudson. — La *Nouvelle-Écosse*, entre la baie de Fundy et l'Océan. — La *Floride Orientale*, au S. des États-Unis, entre l'Océan et le golfe du Mexique. — Le *Yucatan*, au N. O. du Guatémala, dans le golfe du Mexique. — La *Vieille-Californie*, à l'O. du Mexique, entre le golfe de Californie et le Grand-Océan. — L'*Alaska*, qui forme avec les îles Aléoutiennes une espèce de chaîne qui rattache l'Amérique à l'Asie.

Quels sont les principaux Caps *de l'Amérique du Nord ?*

Les principaux sont :

Le cap *Farewell*, au S. du Groenland ; — le cap *Hatteras*, à E. des États-Unis ; — le cap *Sable*, au S. de la Floride ; — le cap *Corrientes*, à l'O. du Mexique ; — le cap *San-Lucas*, au S. de la Californie.

Quelles sont les principales chaînes de Montagnes *de l'Amérique du Nord ?*

Les principales sont :

Les monts *Océaniques*, qui suivent la côte du Grand-Océan et vont se terminer au cap San-Lucas ; le mont *Saint-Élie*, de 2,820 toises de hauteur, est le sommet le plus élevé de cette chaîne. — Les montagnes *Rocheuses*, qui paraissent traverser toute l'Amérique du Nord, depuis les rivages de l'Océan Glacial Arctique. Cette chaîne prend le nom de *Sierra Madre* en entrant dans le Mexique, où elle se maintient à une hauteur de 5 à 6,000 pieds. Elle contient plusieurs volcans, dont les principaux sont : le *Popocatepetl* et le pic d'*Orizaba*, qui ont plus de 2,700 toises de hauteur. Cette partie de la chaîne renferme des mines d'or et d'argent, qui produisent annuellement 120 millions de francs. — Outre ces deux chaînes, on trouve, à l'E., celle des monts *Alléghany*, nommés aussi *Apalaches* dans leur partie méridionale, et dont la chaîne la plus orientale porte le nom particulier de *Montagnes Bleues*. Elles traversent les États-Unis du N. E. au S. O., dans une longueur d'environ 300 lieues sur 20 à 60 de largeur.

Quelles sont les principales Rivières *de l'Amérique du Nord?*

Les plus considérables sont :

Le *Saint-Laurent*, qui sort du lac Ontario, grossi des eaux de tous les grands lacs de cette partie de l'Amérique, traverse une partie du Canada, et va se jeter dans le golfe auquel il donne son nom, par une embouchure de 30 lieues de largeur. — Le *Mississipi*, qui prend sa source au N. des États-Unis, qu'il traverse dans toute leur longueur, et se jette dans le golfe du Mexique, après un cours estimé à plus de 1,000 lieues, et dans lequel il reçoit à sa gauche l'*Ohio*, qui sort des monts Alléghany, et à sa droite le *Missouri*, l'*Arkansas* et la rivière *Rouge*, qui sortent des montagnes Rocheuses. Le Missouri, dont le cours n'a pas moins de 700 lieues, devrait être considéré comme le fleuve principal, et le Mississipi comme l'un de ses affluens. — Le *Rio Bravo del Norte*, qui sort aussi des montagnes Rocheuses et tombe dans le golfe du Mexique. — La *Columbia* ou *Orégon*, qui arrose la partie la plus occidentale des États-Unis, et se jette dans le Grand Océan, grossie de la rivière de *Lewis*. — La *Mackensie*, qui porte à l'Océan Glacial les eaux d'une grande partie du N. de l'Amérique.

TERRES ARCTIQUES.

Quelles sont les contrées que l'on comprend sous le nom de TERRES ARCTIQUES ?

Nous comprenons sous le nom de Terres Arctiques toutes les terres qui forment entre les côtes septentrionales de l'Amérique du Nord et le pôle Arctique, et peut-être sous le pôle lui-même, un immense archipel encore imparfaitement connu, parce que les mers où il est situé sont en tout temps obstruées par les glaces. Parmi ces terres couvertes elles-mêmes de glaces pendant la plus grande partie de l'année, nous décrirons seulement le *Groenland*, qui en est la plus considérable, et le *Spitzberg*, qui par sa position appartient à l'Europe, mais que son climat et son peu d'éloignement du pôle font ordinairement comprendre parmi les Terres Arctiques.

Quels sont la position, les habitans, les établissemens européens et la population du GROENLAND ?

Le Groenland, dont le nom signifie *Terre verte*, est situé entre la mer de Baffin, à l'O., et l'Océan septentrional, au S. et à l'E.; ses bornes au N. sont inconnues. L'hiver, qui y dure neuf mois, est très-rigoureux; mais les chaleurs de l'été y font éclore une belle végétation. La pêche de la baleine, qui abonde sur ses côtes, y a fait fonder par les Danois une douzaine d'établissemens, dont le principal est *Gothaab*, au S. O.; le poste le plus voisin du pôle est sous le 72e degré de latitude. On estime la population de ce pays à 20 mille habitans, dont 6,000 Européens, formant dix-sept colonies, et le reste appartenant aux *Eskimaux*, qui occupent toutes les régions septentrionales de l'Amérique.

Où est situé le SPITZBERG ?

Le Spitzberg, situé au N. de l'Europe et à l'E. du Groenland, tire son nom d'une chaîne de rochers escarpés qui le bordent; il est très-peu connu, et n'est fréquenté que par ceux qui vont à la pêche de la baleine dans ces parages, et particulièrement par les Russes, qui y ont formé un établissement.

8

NOUVELLE-BRETAGNE.

Quelles sont les bornes et les divisions de la NOUVELLE-BRETAGNE?

Nous comprendrons sous le nom de Nouvelle-Bretagne tous les pays peu connus qui occupent le nord de l'Amérique septentrionale, depuis les limites de l'Amérique Russe et le Grand Océan, à l'O., jusqu'à l'Océan Atlantique, à l'E. Cette immense contrée, qui embrasse plus de vingt degrés du N. au S., et plus de 70 de l'O. à l'E., peut se diviser en sept pays ou régions distinctes, savoir : le *Labrador*, la *Nouvelle-Écosse*, et le *Nouveau-Brunswick*, au N. E. ; le *Canada*, au centre ; la *Nouvelle-Galles*, à l'O. de la baie d'Hudson ; la *région des Lacs*, dans laquelle nous comprenons tous les pays situés à l'O. de la Nouvelle-Galles et du Canada, et couverts de lacs dont les eaux s'écoulent dans la baie d'Hudson ou dans l'Océan Arctique; enfin, la *Nouvelle-Calédonie*, composée des contrées comprises entre les montagnes Rocheuses et l'Océan, et dont les côtes ont reçu les noms de *Nouveau-Norfolk*, *Nouveau-Cornouailles* et *Nouvel-Hanovre*. Ces deux dernières régions sont très-peu connues, et n'ont d'importance que par les fourrures qu'on en tire.

Quels sont la position et les habitans du LABRADOR?

Le Labrador, entre l'Océan Atlantique à l'E., le détroit d'Hudson au N., la baie de ce nom à l'O., et le Canada au S., est un pays très-froid, habité par des Eskimaux, qui vivent de leur pêche. Les *Frères Moraves* ont formé parmi eux quelques établissemens, dont le plus remarquable est celui de *Nain*, sur la côte orientale.

Quelles sont la position, la population et les villes principales de la NOUVELLE-ÉCOSSE *et du* NOUVEAU-BRUNSWICK?

La Nouvelle-Écosse, qui forme, au S. du golfe Saint-Laurent, une presqu'île importante par le grand nombre de bons ports qui s'y trouvent et par son commerce de pelleteries, a été cédée aux Anglais, en 1763, par les Français, qui y avaient formé, en 1604, plusieurs établissemens, dont *Le Port-Royal*, aujourd'hui *Annapolis*, était le principal. Elle renferme environ 125 mille habitans, et a pour capitale HALIFAX, au S. E. — Le Nouveau-Brunswick, situé au N. E. de la Nouvelle-Écosse, renferme 60 mille habitans, et a pour capitale FREDERICKSTOWN, au S. O. ; mais *Saint-Jean*, situé au S. E., en est la ville la plus importante.

Quelles sont la position, la population, les divisions et les villes principales du CANADA?

Le Canada, qui s'étend au N. des États-Unis et de tous les grands lacs de l'Amérique, embrasse une immense étendue de pays fort peu connus, dont quelques parties sont très-fertiles. Il appartenait à la France, qui l'a cédé à l'Angleterre en 1763; il renferme environ 500 mille habitans. On le divise en *Haut-Canada*, à l'O., et *Bas-Canada*, à l'E. Le premier a pour villes principales : YORK, capitale, sur le lac Ontario, et *Kingston*, sur le fleuve Saint-Laurent; le second renferme *Mont-Réal*, dans une île du même fleuve; *Les Trois-Rivières*, petite ville, ainsi nommée de trois rivières qui se jettent dans le même fleuve; et enfin QUÉBEC, aussi sur le Saint-Laurent, ville belle et forte, capitale de tout le Canada, et résidence du gouverneur.

A l'embouchure du fleuve se trouve l'île stérile d'*Anticosti*, qui dépend du Canada, et sur les côtes de laquelle on pêche de la morue : elle a environ 40 lieues de long sur 10 de large.

Quelles sont les principales îles situées sur les côtes de la Nouvelle-Bretagne?

Les principales sont : TERRE-NEUVE, séparée du continent par la baie de Saint-Laurent et le détroit de Belle-Ile : elle est presque triangulaire, et a 117 lieues dans sa plus grande longueur. Elle renferme aujourd'hui 70 mille habitans et les villes de *Plaisance* et *St-John*. A 60 lieues à l'E. s'étend le grand banc de sable de 250 lieues de long sur 80 de large, fameux par la pêche de la morue. Les Français ont abandonné

Terre-Neuve à l'Angleterre, en se réservant le droit de pêche sur une partie des côtes et deux autres petites îles nommées *Saint-Pierre* et *Miquelon*, au S. — SAINT-JEAN, dans le golfe Saint-Laurent : chef-lieu, *Charlotte-Town*. — L'ÎLE ROYALE ou du *Cap-Breton*, à l'E. de la précédente, séparée de la Nouvelle-Écosse par un détroit d'une lieue : chef-lieu, *Louisbourg*. Ces deux îles appartiennent aussi à l'Angleterre, qui possède encore les BERMUDES, situées au S. E., à 200 lieues environ de la côte des États-Unis. On doit encore considérer comme faisant partie de la Nouvelle-Bretagne les îles situées dans le Grand Océan vis-à-vis des côtes de la Nouvelle-Calédonie, et dont les plus remarquables sont : l'île de la *Reine-Charlotte* et celle de *Quadra et Vancouver*, capitale *Nootka*, habitées par un grand nombre de tribus indépendantes, et qui sont toujours en guerre entre elles.

NOTIONS DIVERSES SUR LES TERRES ARCTIQUES ET LA NOUVELLE-BRETAGNE. — Les Terres Arctiques et la Nouvelle-Bretagne comprennent ensemble plus de la moitié de l'Amérique du Nord ; mais, sur toute cette vaste étendue de terre, il n'y a réellement que le Canada méridional et les contrées comprises entre ce pays et la mer qui soient fertiles, et habitées par des Européens, la plupart Français et catholiques, quoique ces pays appartiennent à l'Angleterre. Tout le reste de ces immenses régions, où l'hiver dure jusqu'à neuf mois, et qui, dans les parties les plus septentrionales, demeurent plongées, pendant quatre mois et plus, dans les ténèbres de la nuit, est habité par les *Eskimaux*, race misérable, qui ne vit que de la chasse ou de la pêche, et passe l'hiver dans des tanières creusées dans la terre. Une secte de la religion protestante, nommée les *Frères Moraves*, a converti une partie de ceux qui habitent le Groenland. Ces tristes contrées n'ont d'importance qu'à cause des riches fourrures qu'elles fournissent au commerce des Anglais, des Danois et des Russes. Les glaces qui couvrent presque constamment les bras de mer et détroits qui s'étendent entre les Terres Arctiques, ont apporté jusqu'ici des obstacles insurmontables aux navigateurs qui ont essayé de pénétrer, par le Nord, de l'Atlantique dans le Grand Océan.

AMÉRIQUE RUSSE.

*Quels sont les bornes, la population, le gouvernement et les divisions de l'*AMÉRIQUE RUSSE*?*

L'Amérique Russe occupe tout le N. O. de l'Amérique et a pour bornes, au N., l'Océan Glacial Arctique ; à l'O., le détroit et la mer de Behring ; au S. O., le Grand Océan ; au S. E. et à l'E., la Nouvelle-Bretagne. Cette vaste contrée n'est habitée que par de misérables peuplades dont quelques-unes sont restées jusqu'ici indépendantes de la compagnie de marchands russes à laquelle l'empereur de Russie a concédé la souveraineté de ce vaste pays, qui n'a quelque importance qu'à cause des riches fourrures qu'on en tire ; car sa population ne s'élève peut-être pas à 50 mille individus. L'Amérique Russe se compose de deux parties distinctes, savoir : la *partie continentale*, qui ne renferme pas de villes, mais seulement quelques établissemens de peu d'importance, tels que *Simiona* et *Alexandrov-Skaia*, sur les côtes méridionales, et les *îles*, où se trouvent les principaux établissemens.

Quelles sont les îles les plus remarquables de l'Amérique Russe?

Les îles remarquables de l'Amérique Russe se composent de trois groupes principaux, savoir : 1° Les îles ALÉOUTIENNES ou *Aléoutes*, qui forment une chaîne qui semble lier l'Amérique à l'Asie. Les plus orientales sont aussi désignées sous le nom d'*îles aux Renards*, et l'on comprend quelquefois parmi elles l'île *Kadiak*, la plus grande du groupe, peuplée de 14 mille habitans, dont 150 Russes, et dans laquelle se trouve le port d'*Alexandria-Saint-Paul*, l'un des principaux établissemens de la compagnie Russe. — 2° L'archipel du *Roi Georges*, dont l'île principale porte le même nom, et quelquefois aussi celui de *Sitka*, qui était celui du premier établissement Russe, détruit en 1808 par les naturels, et remplacé par le fort de la *Nouvelle-Arkhangelsk*, chef-lieu de toutes les possessions Russes en Amérique, et résidence du gouverneur.—3° L'archipel du *Prince de Galles*, situé au S. de celui du Roi Georges, et qui fait, comme ce dernier, partie du grand archipel de QUADRA ET VANCOUVER, qui comprend toutes les îles de cette côte.

NOTIONS DIVERSES. — On peut appliquer à l'Amérique Russe ce que nous avons dit des parties septentrionales de la Nouvelle-Bretagne, sous le rapport du climat et des habitans, qui sont généralement dans un état complet d'abrutissement et de misère; cependant ceux des côtes méridionales se font remarquer par leur industrie à construire des pirogues, et par leur habileté à la pêche et à la chasse. De hautes montagnes, d'immenses forêts de pins, des neiges presque éternelles, tel est le triste aspect qu'offrent ces vastes contrées, que l'homme fuirait si sa cupidité n'était excitée par le profit qu'il retire des fourrures précieuses des animaux qui les habitent.

ÉTATS-UNIS.

Quels sont les bornes, les divisions, le gouvernement et la population des ÉTATS-UNIS?

Les États-Unis, qui sont d'anciennes colonies anglaises qui ont secoué le joug de la mère-patrie en 1776, occupent toute la partie centrale de l'Amérique du Nord. Ils ont pour bornes, au N., la Nouvelle-Bretagne; à l'O., le Grand Océan; au S. O., le Mexique; au S., le golfe du Mexique; et à l'E., l'Océan Atlantique. Ces États, aujourd'hui au nombre de vingt-quatre, forment une république fédérative avec un gouvernement général et fédéral, composé d'un président élu pour quatre ans, et entre les mains duquel est remis le pouvoir exécutif; d'un sénat composé de deux députés de chaque État, et d'une chambre des représentans. Chaque État a, en outre, son gouvernement particulier. La population, qui s'accroît très-rapidement, était en 1830 de près de 15 millions d'habitans. (*Voyez* le tableau à la fin du volume.)

Quelles sont les principales villes des États-Unis?

Les plus remarquables sont, du N. au S. : Boston, très-bon port, patrie de Franklin, l'une des villes les plus belles et les plus commerçantes des États-Unis. Population, 70 mille habitans. — New-York, située dans une position extrêmement avantageuse, à l'embouchure du fleuve *Hudson*, la ville la plus commerçante et la plus peuplée des États-Unis; brûlée pendant la guerre de l'indépendance, et rebâtie depuis. Elle possède un beau collége, un arsenal et des chantiers pour la construction des vaisseaux. Population, 203 mille habitans.— Philadelphie, dans la Pensylvanie, ainsi nommée de Guillaume Penn, chef des quakers, qui vint s'y établir en 1681. Cette ville, une des plus belles et des plus florissantes de l'Amérique, a été, jusqu'en 1800, le siége du congrès. Population, 161 mille habitans. — Baltimore, port très-commerçant. Population, 80 mille habitans. — WASHINGTON, capitale du district de Colombia; ville nouvelle, fondée, en 1792, en l'honneur du général Washington, libérateur de l'Amérique, pour être le siége du congrès, qui y a tenu sa première séance en 1800. Elle est située à 95 lieues de la mer, sur le *Potomac*, que les gros vaisseaux remontent jusque là avec la marée. — La Nouvelle-Orléans, au S., sur le golfe du Mexique; capitale de la Louisiane, vaste pays de l'Amérique qui a longtemps appartenu à la France : cédée par cette puissance, en 1765, à l'Espagne, qui ne la conserva que peu de temps; cette belle province fut définitivement vendue, en 1805, par le gouvernement français à l'Union Américaine, dans laquelle elle a pris rang comme Etat en 1812.

Notions diverses. — L'immense territoire des États-Unis, qui comprend une superficie égale à onze fois et demie celle de la France, réunit les climats et les productions les plus variés. Cette vaste contrée se divise naturellement en 3 régions : 1° Celle qui est comprise entre les monts Alléghany et l'Atlantique, découpée par des golfes profonds et sillonnée par des fleuves nombreux et navigables qui permettent aux vaisseaux de remonter au loin dans l'intérieur. C'est là que sont réunies la majeure partie de la population et la plupart des grandes villes et des ports de commerce. 2° Le large bassin du Mississipi, compris entre les monts Alléghany et les montagnes Rocheuses, et dont l'incroyable fertilité a déjà attiré de nombreux colons. 3° Enfin la région comprise entre les montagnes Rocheuses et le Grand Océan, arrosée par la Columbia et ses affluens, et dont le sol, couvert d'une végétation vigoureuse, n'attend que des habitans plus nombreux pour égaler par la richesse de ses productions les États de l'Union les plus favorisés sous ce rapport.

MEXIQUE.

Quels sont les bornes, les divisions, le gouvernement, la religion et la population du MEXIQUE?

Le Mexique, la plus riche des anciennes colonies espagnoles dans le Nouveau-Monde, est borné au N. E. et au N. par les États-Unis; à l'O. et au S. O., par le Grand Océan, et au S. E. par le Guatémala, la mer des Antilles et le golfe du Mexique. Il se compose de vingt États, dont nous ferons connaître les principaux, en nommant leurs capitales. Le Mexique, qui s'est, depuis 1820, déclaré indépendant de la mère-patrie, forme aujourd'hui une république fédérative gouvernée par un congrès. Les habitans professent la religion catholique; ils sont au nombre de 7 millions et demi, dont 2 millions et demi appartiennent à l'ancienne nation des *Aztèques*, peuple puissant et civilisé qui possédait le Mexique quand Fernand Cortès en fit la conquête.

Quelles sont les villes remarquables du Mexique?

Les villes remarquables du Mexique sont : S. CARLOS DE MONTE-REY, capitale de l'État de la *Nouvelle-Californie*, situé au N. O. du Mexique. — LORETO, capitale de l'État de la *Vieille-Californie*, au S. E. du précédent; ville forte. — SANTA-FÉ, capitale de l'État du *Nouveau-Mexique*, situé à l'E. des précédens; pays très-fertile, mais peu habité. — GUADALAXARA, beaucoup plus au S., capitale du fertile et riche État de *Xalisco*; population, 70 mille habitans. — GUANAXUATO, au N. E. de Guadalaxara, capitale de l'État du même nom, fameuse par la richesse de ses mines d'or et d'argent. — MEXICO, ancienne capitale des Aztèques, sur lesquels elle fut prise, en 1521, par Fernand Cortès, et encore aujourd'hui l'une des villes les plus belles et les plus considérables du Nouveau-Monde; capitale de l'État de Mexico et siége du gouvernement du Mexique. Population, 155 mille habitans. — On trouve, dans le même État, *Acapulco*, port très-commerçant, sur le Grand Océan. — LA

Puébla, au S. E. de Mexico, ville très-manufacturière, peuplée de 68 mille habitans. — La Vera-Cruz, bon port sur le golfe du Mexique, entrepôt du commerce de l'Europe avec le Mexique. — Oaxaca, au S. O. de La Vera-Cruz, dans une vallée très-fertile, que Charles-Quint avait donnée aux descendans de Fernand Cortès. Elle est, comme les deux précédentes, la capitale d'un État qui porte le même nom. — Mérida, capitale de l'État du *Yucatan*, dont les Anglais possèdent une petite partie au S., qui a pour capitale *Balise*. Au S. O. de Mérida se trouve *Campêche*, qui fait un grand commerce de bois de teinture.

Notions diverses. — Le Mexique était la plus riche des colonies espagnoles dans le Nouveau-Monde, tant par ses mines, qui fournissent plus d'or et d'argent que toutes les autres de l'Amérique, que par les productions précieuses de son sol fertile en blé, sucre, cacao, vanille, coton, indigo, tabac et bois recherchés. L'élévation de ce beau pays, traversé par de nombreuses chaînes de montagnes, en rend la température généralement douce et salubre. Les côtes seules sont chaudes et malsaines.

GUATÉMALA.

Quels sont les bornes, les divisions, le gouvernement, la religion et la population du GUATÉMALA?

Le Guatémala, qui, sous la domination de l'Espagne, faisait partie de la vice-royauté du Mexique, est borné au N. par le golfe de Honduras et par le Mexique, à l'O. et au S. par le Grand Océan, et à l'E. par la mer des Antilles. Il se compose de 5 États, qui forment, comme le Mexique, une république fédérative, qui porte encore le nom d'*États-Unis de l'Amérique centrale*, et est gouvernée par un congrès. La religion catholique y est seule reconnue. On estime sa population à 2 millions 600 mille habitans, dont la moitié appartient à des tribus indiennes indépendantes, parmi lesquelles se distinguent les *Mosquitos*, sur la côte orientale.

Quelles sont les villes remarquables du Guatémala?

Les villes remarquables du Guatémala sont : GUATÉMALA, près du Grand Océan; capitale de l'État du même nom, et siége du gouvernement de la république. Population, 40 mille habitans. — VERA-PAZ, au N. E. de Guatémala, capitale d'une province fertile, mais exposée à des pluies qui durent neuf mois de l'année. — COMAYAGUA, au S. E. de Guatémala, capitale de l'État de *Honduras*, au N. duquel se trouve le port de *Truxillo*, sur le golfe qui donne son nom à la province, et sur les côtes duquel les Anglais ont quelques établissemens. — LÉON, au S. E. de Comayagua, capitale de l'État de *Nicaragua*, où se trouve le lac de ce nom. — CARTAGO, au S. E. de Léon, capitale du riche État de *Costa-Rica*, sur les côtes duquel on pêche le coquillage qui fournit la pourpre.

NOTIONS DIVERSES. — Le Guatémala, par sa situation entre les deux Océans et les deux Amériques, occupe certainement la position la plus heureuse du monde pour devenir un État riche par son commerce. Son climat et ses productions sont à peu près les mêmes que ceux du Mexique; la fertilité de son sol en ferait la contrée la plus agréable de l'Amérique, s'il n'était exposé à de violens tremblemens de terre.

ANTILLES.

Où sont situées les ANTILLES, *et comment se divisent-elles?*

Les Antilles forment une chaîne qui s'étend depuis la pointe de la Floride orientale jusque vers l'embouchure de l'Orénoque; elles se divisent en trois groupes, savoir: les *Lucayes*, ou îles de *Bahama*, au N.; les *Grandes-Antilles*, au S., et les *Petites-Antilles*, au S. E. des grandes, et qui se divisent elles-mêmes en *îles du Vent*, au N. E., et *îles sous le Vent*, au S. O.

A qui appartiennent les LUCAYES, *et quelles en sont les principales?*

Les îles Lucayes ou de Bahama appartiennent aux Anglais, et sont au nombre de 500, dont les principales sont : BAHAMA, qui donne son nom au détroit qui la sépare de la Floride. — ABACO ou *Lucaye*, au S. E. de Bahama. — HETERA, au S. E. d'Abaco. — La PROVIDENCE et ST-ANDRÉ, au S. O. des précédentes. — SAN SALVADOR ou *Guanahani*, à l'E., la première terre que Christophe Colomb découvrit dans le Nouveau-Monde, en 1492.

Quelles sont les îles comprises sous le nom de GRANDES-ANTILLES, *et quelles en sont les villes remarquables?*

Les Grandes-Antilles sont au nombre de quatre, savoir : 1° CUBA, à l'O., de 210 lieues de long sur 56 de large, découverte par Christophe Colomb, en 1494; elle est très-fertile, et renferme des mines d'or. Population, 725 mille habitans. Les villes principales sont : LA HAVANE, au N. O., capitale, très-commerçante, avec un excellent port et 85 mille habitans. *Santiago*, au S. E.; aux Espagnols; — 2° La JAMAÏQUE, au S. de Cuba, de 45 lieues de long sur 20 de large, découverte en 1494 par Christophe Colomb, et prise, en 1655, sur les Espagnols par les Anglais, dont elle est, par son admirable fertilité, une des plus riches colonies. Population, 402 mille habitans, dont 25 mille Anglais. Villes principales : KINGSTOWN, port principal; *Spanishtown*, capitale de l'île sous les Espagnols. — HAÏTI, ou SAINT-DOMINGUE, à l'E. des précédentes, de 175 lieues de long sur 50 de large; la plus riche des Antilles, découverte, en 1492, par Christophe Colomb, qui l'appela *Hispaniola*. Elle était divisée en deux parties, dont l'une, à l'O., appartenait aux Français, qui l'ont perdue, en 1795, par l'insurrection des nègres, dont ils ont reconnu l'indépendance en 1825, et qui sont aussi devenus les maîtres de l'autre partie, située à l'E., et qui appartenait aux Espagnols. L'île entière renferme 935 mille habitans, et a pour villes principales : LE CAP, le port le plus fréquenté de l'île, et dans les environs duquel croit le meilleur sucre. *Le Port-au-Prince*, ancienne capitale de la partie française. *Santo-Domingo*, au S. E., capitale de la partie espagnole. — 4º PORTO-RICO, à l'E. de Saint-Domingue, de 40 lieues de long sur 20 de large; elle est très-fertile, et renferme 225 mille habitans, dont 17,500 blancs; capitale SAN JUAN, au N., avec un bon port défendu par plusieurs forts; aux Espagnols.

*Quelles sont celles des Petites-Antilles qui appartiennent à l'*ANGLETERRE ?

Les Anglais possèdent, parmi les Petites-Antilles, les ÎLES VIERGES, dont deux, savoir : *Saint-Thomas* et *Saint-Jean*, ont été restituées par eux aux Danois, en 1814. — SAINT-CHRISTOPHE, d'environ 25 lieues de tour. Population, 42 mille habitans, dont 6 mille blancs. — ANTIGUA, capitale, *Saint-Jean*; 37 mille habitans, dont 7 mille blancs. — La DOMINIQUE, de 12 lieues de long sur 6 de large; île fertile, qui a pour capitale *Les Roseaux*, peuplée de 5 mille habitans. — La BARBADE, de 16 lieues de long sur 5 de large. Population, 80 mille habitans; capitale, *Bridgetown*. — SAINTE-LUCIE, cédée par la France à l'Angleterre en 1814. Population, 25 mille habitans. — SAINT-VINCENT, de 8 lieues de long sur autant de large; capitale, *Kingstown*, 15 mille habitans, dont 1,400 blancs. Les Caraïbes, qui s'y trouvaient en plus grand nombre que dans aucune autre des Antilles, s'y soulevèrent, en 1774, contre les Anglais, qui les déportèrent à la Terre-Ferme. — La GRENADE, de 10 lieues de long sur 6 de large, cédée par les Français aux Anglais en 1783; capitale, *Port-Royal*. — TABAGO, originairement aux Portugais, prise et reprise plusieurs fois par les Français et les Anglais; elle est restée à ces derniers en 1814. Population, 8,400 habitans; capitale, *Scarborough*. — La TRINITÉ, de 110 lieues de circuit, près de la côte de la Terre-Ferme; cédée définitivement par les Espagnols aux Anglais en 1810. Population, 28 mille habitans; capitale, *Saint-Joseph*.

Quelles sont celles des petites Antilles qui appartiennent à la FRANCE?

Parmi les Petites-Antilles, les Français possèdent la GUADELOUPE, de 25 lieues de long sur 6 de large, divisée par un petit bras de mer en deux îles fertiles et bien cultivées. *La Basse-Terre* en est la capitale; mais sa ville la plus riche et la plus peuplée est *La Pointe-à-Pitre*, située dans la plus grande des deux îles, nommée la *Grande-Terre*. Autour de la Guadeloupe sont disséminées plusieurs petites îles, qui en sont considérées comme des dépendances; savoir: — La DÉSIRADE et MARIE-GALANDE, à l'E. de la précédente. — Les îles de la PETITE-TERRE, au S. E., et les SAINTES, au S. Ces diverses îles renferment, avec la Guadeloupe, une population de près de 128 mille habitans, dont 52 mille au plus jouissent de la liberté. — La MARTINIQUE, de 20 lieues de long sur 6 de large, la principale des Antilles Françaises; très-fertile et importante par son commerce; prise, en 1809, par les Anglais, qui l'ont restituée à la France en 1814. Population, 116 mille habitans, dont 58 mille sont libres. Capitale, *Le Fort Royal*, résidence du gouverneur des ANTILLES. — SAINT-MARTIN, dont une partie appartient aux Hollandais. La population de toutes les Antilles Françaises s'élève à 245,605 habitans, dont 174,596 esclaves.

Quelles sont celles des Petites-Antilles qui appartiennent à la HOLLANDE, *à la* SUÈDE *et à l'*ESPAGNE?

Parmi les Petites-Antilles, les Hollandais possèdent:

Saba, Saint-Eustache, dans les îles du Vent. — Cura-çao, île sous le Vent, d'où l'on tire le meilleur curaçao. Sa capitale porte le même nom.

Les Suédois : Saint-Barthélemy, ou *San-Bartholomé*, l'une des îles du Vent.

Les Espagnols de la Colombie : Sainte-Marguerite, l'une des îles sous le Vent, peuplée de 14 mille habitans ; capitale, L'Assomption.

Notions diverses. — La superficie des Antilles est évaluée à 18 mille lieues carrées, et leur population à 3 millions d'habitans, la plupart catholiques et appartenant à trois races, les *blancs* européens ou d'origine européenne, les *noirs* transportés de l'Afrique, et les *gens de couleur*, nés du mélange des blancs et des noirs. On ne connaît aux Antilles que deux saisons : la saison sèche, qui dure depuis la fin d'octobre jusqu'en avril, et celle des pluies tout le reste de l'année. Pendant la première, le ciel des Antilles est le plus serein de la terre ; mais la dernière est signalée par de violens orages et d'affreux ouragans. Les plus riches productions de l'Asie, de l'Afrique et de l'Amérique couvrent le sol de ces îles ; le sucre, le café, l'indigo, sont les plus abondantes.

AMÉRIQUE DU SUD[*].

*Quelles sont les bornes et les divisions de l'*AMÉRIQUE DU SUD ?

L'Amérique du Sud est bornée, au N., par la mer des Antilles et par *l'isthme de Panama*, qui la joint à l'Amérique du Nord. Elle a l'Océan Atlantique à l'E., le Grand Océan à l'O., et au S., le détroit de Magellan, qui la sépare de la Terre de Feu, au S. de laquelle s'étend le Grand Océan Austral. Cette partie de l'Amérique se divise en huit grandes contrées, savoir : la *Colombie*, au N.; le *Pérou*, le *Haut-Pérou* ou *Bolivia*, le *Chili*, à l'O.; la *Plata*, avec le *Paraguay* et l'*Uruguay*, au centre; la *Guyane* et le *Brésil*, à l'E.; et la *Patagonie*, au S.

Quels sont les principaux GOLFES *de l'Amérique du Sud ?*

Les principaux sont : les golfes de *Darien* et de *Maracaïbo*, au N. de la Colombie; — la baie de *Todos os Santos* ou de *Tous les Saints*, à l'E. du Brésil; — les golfes de *Saint-Antoine*, *Saint-Georges*, la *Grande-Baie*, à l'E. de la Patagonie; — le golfe de *Los Chonos*, au S. du Chili; — celui de *Guayaquil*, au S. O. de la Colombie; — la baie *del Choco*, à l'O. du même pays; et la baie de *Panama*, au N. O. du même pays.

Quels sont les principaux DÉTROITS *de l'Amérique du Sud ?*

Les principaux sont ceux : de *Magellan*, qui sépare la Terre de Feu de l'Amérique; — de *Lemaire*, entre la Terre de Feu et celle des États.

Quels sont les principaux LACS *de l'Amérique du Sud ?*

Les principaux sont ceux : de *Maracaïbo*, d'environ 40 lieues de long, au N. de la Colombie, et communiquant au N. avec le golfe du même nom; — de *Los Patos* et *Mérim*, au S. E. du Brésil; — de *Titicaca*, ayant 80 lieues de tour, dans le Pérou.

Quels sont les principaux CAPS *de l'Amérique du Sud ?*

Les plus remarquables sont : les caps *Gallinas*, au N. de la Colombie; — *Nassau* et *Orange*, dans la Guyane; — *San Roque*, *San Thomé*, *Frio*, dans le Brésil; — *Sant Antonio* et *Corrientes*, à l'E. des Provinces-Unies de la Plata; — de *Horn*, au

---

[*] Consulter, dans mon *Atlas à l'usage des colléges*, la carte de l'AMÉRIQUE DU SUD.

AMÉRIQUE DU SUD. 185

S. de la Terre de Feu ; — les caps ou pointes de *Aguja* et *Parina*, les plus occidentales de l'Amérique du Sud, au N. O. du Pérou ; — le cap *San Lorenzo*, au S. O. de la Colombie.

Quelles sont les principales MONTAGNES *de l'Amérique du Sud ?*

La principale chaîne est celle qu'on nomme la *Cordillère des Andes*, qui traverse l'Amérique du Sud dans toute sa longueur, à peu de distance de la côte occidentale ; elle renferme les plus hautes montagnes du monde, après celles du Tibet, savoir : le *Chimboraço*, haut de 3,357 toises ; le *Cayembé*, 3,030 ; l'*Antisana*, 2,991. Sur cette dernière se trouve une métairie, qui est un des lieux les plus élevés qui soient habités sur le globe.

Quelles sont les principales RIVIÈRES *de l'Amérique du Sud ?*

C'est dans cette partie de l'Amérique que se trouvent les plus grands fleuves du monde ; ils descendent presque tous de la chaîne des Andes, et se jettent dans l'Océan Atlantique. Les principaux sont : — l'*Orénoque*, qui prend sa source dans la Colombie, qu'il traverse du S. O. au N. E., et se jette dans l'Océan Atlantique, par un grand nombre d'embouchures, après un cours de 560 lieues. — La rivière des *Amazones* ou *Maragnon*, qui prend sa source dans le Pérou, traverse l'Amérique méridionale dans toute sa largeur, et se jette dans l'Atlantique par deux embouchures, presque sous l'équateur, après un cours de 1,000 à 1,100 lieues. Elle reçoit dans son cours un grand nombre de rivières considérables, dont les principales sont : la *Madeira*, qui a plus de 600 lieues de cours ; le *Topayos* et le *Xingu*, qui en ont au moins 3 à 400, et le *Tocantin*, grossi de l'*Araguay*, qui se réunit à l'embouchure méridionale de l'Amazone pour former la rivière de *Para*. Toutes ces rivières tombent dans l'Amazone par sa rive droite : les plus remarquables de celles qui y entrent par la rive gauche sont l'*Yapura* et le *Rio-Negro*, qui la fait communiquer avec l'Orénoque par le *Cassiquiare*, un des affluens de ce dernier. — La *Plata*, formée par la réunion du *Parana* grossi du *Paraguay* avec l'*Uruguay*, qui tous trois prennent leur source dans le Brésil. Elle coule vers le S., traverse la république de la Plata, et se jette dans l'Atlantique au-dessous de Buénos-Ayres, par une large embouchure, après un cours de près de 750 lieues. — Le *San-Francisco*, qui arrose le Brésil du S.O. au N. E., et qui, quoique bien moins considérable que ceux dont nous venons de parler, égale presque les plus grands de l'Europe, puisque son cours est de plus de 400 lieues.

COLOMBIE.

Quels sont les bornes, les divisions, le gouvernement, la religion et la population de la COLOMBIE?

On comprend sous le nom de Colombie les anciennes provinces espagnoles de *Caracas*, de la *Nouvelle-Grenade* et de la *Guyane Espagnole*, qui, après avoir lutté pendant plusieurs années contre la mère-patrie, sont parvenues à s'en rendre indépendantes depuis 1822. La Colombie est bornée, au N. et au N. O., par la mer des Antilles; à l'O., par le Guatémala et par le Grand Océan; au S., par le Pérou; au S. E., par la Guyane, et à l'E., par l'Océan Atlantique. Cette vaste contrée, après avoir formé pendant plusieurs années une seule république, s'est partagée, en 1830, en trois républiques indépendantes, savoir : celle de *Vénézuéla*, au N. E.; celle de la *Nouvelle-Grenade*, au N. O., et la république de *l'Équateur*, au S. La religion catholique y est seule permise. La population de toute la Colombie est estimée à environ 2 millions 800 mille habitans, professant la religion catholique.

Quelles sont les villes remarquables de la Colombie?

Les villes remarquables de la Colombie sont PANAMA, port dans la baie de ce nom, chef-lieu du département de *l'Isthme*. — CARTHAGÈNE, port sur la mer des Antilles, le meilleur de l'Amérique, chef-lieu du département de la *Magdaléna*, traversé par la rivière de ce nom.—MARACAÏBO, à l'E. de Carthagène, sur le canal qui fait communiquer ensemble le golfe et le lac auquel elle donne son nom; chef-lieu du département de la *Zulia*.—CARACAS, à l'E. de Maracaïbo, à cinq lieues de la mer des Antilles, sur laquelle elle a un port nommé *La Guayra*, capitale de la république de Vénézuéla, et chef-lieu du département qui porte le même nom; et, sous la domination espagnole, capitale de la *Capitainerie-générale de Caracas*, archevêché. Sa population, qui était de 75 mille habitans, a beaucoup diminué par suite des fréquens tremblemens de terre qui l'ont dévastée depuis quelques années. — CUMANA, à l'E. de Caracas, à l'entrée d'un petit golfe formé par la mer des Antilles; chef-lieu du département de l'*Orénoque*, dans lequel se trouve comprise l'ancienne *Guyane Espagnole*, qui a pour capitale *San-Thomé de Nueva Guayana*, sur l'Orénoque. — SANTA-FE DE BOGOTA, au S. O. des précédentes, au pied des Andes, dans une plaine fertile élevée de 8 mille pieds au-dessus du niveau de la mer; elle est le chef-lieu du département de *Cundinamarca*, et est regardée comme la capitale de toute la Colombie, et particulièrement de la république de la Nouvelle-Grenade. Population, 50 mille habitans. — POPAYAN, au S. O. du Bogota, ville très-commerçante, chef-lieu du département du *Cauca*, riche en or et en pierres précieuses. — QUITO, bâtie sur le penchant du Pichincha, à 8,852 pieds au-dessus du niveau de la mer; renversée, en 1755, par un tremblement de terre; ville considérable par son commerce et sa population, qui est de 60 mille habitans, dont 10 mille Espagnols; chef-lieu du département de l'*É-quateur*, capitale de la république du même nom, et autrefois du royaume auquel elle donnait le sien. Ce pays renferme des mines d'or et d'argent, et produit le véritable quinquina. — GUAYAQUIL, sur le golfe de son nom; vaste chantier pour la construction des vaisseaux; chef-lieu du département de *Guayaquil*.

NOTIONS DIVERSES. — La Colombie renferme les volcans les plus redoutables des Andes. Le climat, doux et salubre dans les parties élevées, est humide et malsain sur les côtes. Le sol produit en abondance du cacao, de l'indigo, du quinquina, du tabac, etc.; il recèle de l'or, de l'argent, du platine, et les mines d'émeraudes les plus riches que l'on connaisse.

PÉROU.

Quels sont les bornes, les divisions, le gouvernement, la population et la religion du PÉROU ?

Le Pérou, situé au S. O. de la Colombie, et borné à l'O. par le Grand Océan, au S. par le Chili, et à l'E. par le Brésil, s'étend des deux côtés de la chaîne des Andes, dans laquelle se trouvent de nombreuses mines d'or et d'argent. Il formait, avant sa découverte par les Espagnols, un empire puissant, gouverné par des princes nommés *Incas*. Depuis 1821, ce pays, aidé par la Colombie, est parvenu à se soustraire à la domination espagnole, et s'est constitué en république. Il se divise en sept intendances, qui portent le nom de leurs capitales, et renferme 1 million 700 mille habitans, qui professent la religion catholique, la seule reconnue au Pérou.

Quelles sont les villes remarquables du Pérou ?

Les villes remarquables du Pérou sont LIMA, à deux lieues de la mer, sur laquelle se trouve son port, nommé *Callao*, capitale du Pérou; ville considérable et commerçante, mais souvent bouleversée par les tremblemens de terre; 80 mille habitans. — CUZCO, au S. E. de Lima, grande ville, ancienne capitale de l'empire des Incas, chef-lieu d'une intendance; 46 mille habitans. — ARÉQUIPA, au S. des précédentes, détruite, en 1784, par un tremblement de terre; chef-lieu d'une intendance; 50 mille habitans.

NOTIONS DIVERSES. — Les deux tiers des habitans du Pérou forment les faibles restes de la population du riche empire des *Incas*, regardés comme les fils du soleil, et où l'or était si abondant, que les Espagnols, à leur arrivée, le trouvèrent employé aux plus vils usages. La chaîne des Andes, couverte de neiges éternelles, procure au Pérou les températures, et, par conséquent, les productions les plus variées. Le pays compris entre cette chaîne et la mer n'est qu'une côte sablonneuse et aride, où la pluie est inconnue; à l'E., s'étendent d'immenses plaines chaudes et humides, arrosées par les nombreuses rivières qui se rendent dans l'Amazone.

HAUT-PÉROU ou BOLIVIA.

Quels sont les bornes, les divisions, le gouvernement, la religion et la population du HAUT-PÉROU?

Le Haut-Pérou, nommé aussi *république de Bolivia*, est borné au N. O. par le Pérou, au S. O. par le Grand Océan et le Chili, au S. E. par la Plata, et au N. E. par le Brésil. Il se divise en cinq provinces, qui, sous la domination espagnole, étaient comprises dans la *vice-royauté de la Plata*. Après avoir, pendant plusieurs années, fait partie de la république fédérative qui s'est formée dans cette vice-royauté, il s'en est détaché en 1825, et s'est érigé en république indépendante; il renferme environ un million 500 mille habitans, qui professent tous la religion catholique.

Quelles sont les principales villes du Haut-Pérou?

Les villes principales du Haut-Pérou sont : — LA PAZ, à l'O., capitale de la province du même nom, qui renferme de riches mines d'or. — POTOSI, au S. E. de La Paz, capitale de la province du même nom, célèbre par ses mines inépuisables d'argent, qui occupent 50 mille ouvriers; la ville en renferme, dit-on, 70 mille. — LA PLATA ou *Chuquisaca*, au N. E. de Potosi, capitale de la province de *Charcas*, et regardée comme la capitale de toute la république. Elle tire son nom des riches mines d'argent qui se trouvent dans son voisinage *.

NOTIONS DIVERSES. — La portion du Haut-Pérou qui se trouve à l'O. des Andes est, comme dans le Pérou, un désert aride et inhabitable, connu sous le nom de désert d'*Atacama*; les contrées situées à l'E. de ces montagnes consistent en plaines immenses souvent inondées dans la saison des pluies, et qui produisent la vigne, l'olivier, le palmier, le cotonnier, la canne à sucre, etc. Les montagnes renferment, comme celles du Pérou, de riches mines d'or, d'argent, de mercure, d'émeraudes, etc.

---

* Le mot espagnol *Plata* signifie argent.

CHILI.

Quels sont les bornes, les divisions, le gouvernement, la population et la religion du CHILI?

Le Chili, qui se compose d'une étroite lisière de pays entre les Cordillères, qui le séparent de la Plata, à l'E., et le Grand Océan, à l'O., est borné au N. par le Haut-Pérou et au S. par la Patagonie. Il se divise en trois parties : le *Chili propre*, l'*Araucanie* et les *îles de Chiloé*, situées au S. Séparé de l'Espagne depuis 1818, il forme aujourd'hui une république qui compte un million 400 mille habitans, en y comprenant les *Araucanos*, nation farouche et belliqueuse qui occupe toute la partie S. E., et que les Espagnols n'ont jamais pu réduire. La religion catholique est seule reconnue dans l'État.

Quelles sont les villes remarquables du Chili?

Les villes remarquables du Chili sont : SANTIAGO, capitale de tout le Chili, et particulièrement du Chili propre ; fort sujette aux tremblemens de terre, qui l'ont entièrement bouleversée au mois de janvier 1854. Population, 46 mille habitans.—VALPARAISO, au N. O. de Santiago, le meilleur port du Chili, ville très-commerçante. — LA CONCEPTION, au S. O. de Santiago, la seconde ville du Chili.—VALDIVIA, bon port, au S.—SAN-CARLOS et CASTRO, villes principales des îles Chiloé.

NOTIONS DIVERSES. — La côte qui forme le Chili est généralement sablonneuse et aride ; mais elle est sillonnée par un nombre infini de petites rivières qui descendent de la chaîne des Andes et qui traversent de belles vallées où la fertilité du sol répond à la douceur du climat ; on y trouve la vigne, les oliviers, et la plupart des productions des deux continens. Malheureusement ce beau pays est souvent bouleversé par les tremblemens de terre produits par les volcans qui brûlent dans les Andes, dont les flancs recèlent aussi d'abondantes mines d'or, d'argent et de cuivre.—A 100 lieues de la côte, se trouvait l'île de *Juan Fernandez*, qui s'est tout récemment abîmée dans la mer, et où avait été abandonné, en 1700, le matelot Selkirk, dont l'histoire a donné lieu au roman de *Robinson Crusoé*.

LA PLATA.

Quelles sont les bornes des PROVINCES DE LA PLATA, *et combien d'États forment ces provinces?*

Nous comprenons sous le nom de *Provinces de la Plata* tous les pays qui formaient l'ancienne vice-royauté espagnole de Buénos-Ayres, qui secoua la première le joug de l'Espagne, en 1810. Elles sont bornées au N. E. par le Brésil, au N. O. par le Haut-Pérou, à l'O. par le Chili, au S. O. par la Patagonie, et au S. E. par l'Océan Atlantique. Ces vastes contrées forment aujourd'hui trois États distincts, savoir : la *république des Provinces-Unies de la Plata,* à l'O. et au S. ; le *Paraguay,* au N. E. ; et la *république orientale de l'Uruguay,* à l'E.

Quels sont les divisions, la population, la religion, le gouvernement et la capitale de la république des PROVINCES-UNIES DE LA PLATA?

La république des Provinces-Unies de la Plata, nommée aussi république de Buénos-Ayres, du nom de sa capitale, et quelquefois *république Argentine*, est divisée en 14 provinces, dont on évalue la population à 700 mille habitans, professant la religion catholique. Ces provinces forment une république depuis longtemps en proie à l'anarchie. Sa capitale est BUÉNOS-AYRES, sur la rive droite de la Plata, au milieu d'un pays fertile qui jouit d'un climat dont son nom, qui signifie *bon air,* indique la salubrité. C'est une des villes les plus commerçantes et les plus importantes de l'Amérique. Population, 80 mille habitans.

Quels sont la position, le gouvernement, la population, la religion et la capitale du PARAGUAY?

Le Paraguay se compose de l'ancienne province de ce nom, comprise entre les rivières du Paraguay et du Parana. Il est, depuis l'an 1814, sous la domination du docteur Francia, qui s'y est fait nommer dictateur à vie. Sa population, qui s'élève à 250 mille habitans, professe la religion catholique, qui y est seule tolérée. La capitale est L'Assomption, sur le Paraguay, ville assez importante, dont on évalue la population à 12 mille habitans.

*Quels sont la position, le gouvernement, la population, la religion et la capitale de l'*Uruguay*?*

La république de l'Uruguay, formée de l'ancienne province de la vice-royauté de Buénos-Ayres nommée la *Banda Orientale*, est séparée de la république de la Plata par le Rio de la Plata et par l'Uruguay, l'un des affluens de ce fleuve. Après avoir été pendant plusieurs années le sujet d'une guerre entre la république que nous venons de nommer et le Brésil, qui se l'était incorporée sous le nom de *province Cisplatine*, elle a été reconnue, en 1828, république indépendante. Son territoire, en grande partie désert, ne compte que 70 mille habitans, professant la religion catholique, et dont 10 mille environ dans sa capitale, nommée Monte-Video, bon port sur la rive gauche et près de l'embouchure de la Plata.

Notions diverses. — La portion de la Plata qui est traversée par le fleuve qui lui donne son nom, et celle qui se trouve entre ce fleuve et les Andes, sont généralement marécageuses. Au S. s'étendent d'immenses plaines salées et couvertes d'herbes fort hautes, connues sous le nom de *Pampas;* au pied des Andes se trouvent de fertiles vallées, où croissent toutes les productions des autres contrées de l'Amérique. Les troupeaux, de bœufs surtout, sont très-nombreux dans ce pays, où l'on trouve aussi des crocodiles et des autruches.

GUYANE.

Quelles sont les bornes, les divisions, la population et les villes principales de la GUYANE ?

La Guyane, comprise entre l'Orénoque, au N., et le fleuve des Amazones, au S., occupe une étendue de plus de 500 lieues de côtes sur l'Océan Atlantique, et s'étend à 320 lieues dans l'intérieur, jusqu'à la Colombie, à l'O. Elle se divise en cinq parties, savoir : 1° la GUYANE ESPAGNOLE, comprise dans la Colombie, au N. — 2° La GUYANE ANGLAISE, à l'E. de la précédente, traversée par les rivières *Esséquibo*, *Démérari* et *Berbice*, et démembrée de la Guyane Hollandaise par les Anglais, qui s'en sont emparés en 1803. Population, 144 mille habitans; capitale STABROËK, appelée par les Anglais *Georges-town*, sur le fleuve *Démérari*, dont on donne quelquefois le nom à toute la colonie. — 3° La GUYANE HOLLANDAISE ou SURINAM, à l'E. de la précédente, et peuplée de 78 mille habitans. Capitale, PARAMARIBO ou SURINAM, sur le fleuve de ce nom, à 7 lieues de son embouchure. — 4° La GUYANE FRANÇAISE, au S. E. de la précédente, occupant environ 75 lieues de côtes entre les fleuves *Maroni*, à l'O., et *Oyapok*, au S. E., sur 120 lieues au moins de profondeur. Elle est peuplée de 70 mille habitans, et a pour capitale CAYENNE, port de mer, et résidence du gouverneur, dans une île de 20 lieues de tour, formée en partie par la rivière du même nom et renfermant 11,500 habitans. — 5° La GUYANE PORTUGAISE, maintenant réunie au Brésil.

NOTIONS DIVERSES. — L'intérieur de la Guyane est peu connu. Il est généralement couvert de forêts et habité par des tribus indiennes, dont les *Galibis* forment la principale. La chaleur du climat est tempérée par les vents qui règnent sur les côtes, par de nombreuses rivières et par d'immenses forêts. Le café, le sucre, le coton, le cacao, sont les productions principales.

BRÉSIL.

Quels sont les bornes, le gouvernement, la population, la religion et les divisions du Brésil?

Le Brésil, découvert en 1500 par le Portugais Alvarès Cabral, s'étend le long de l'Océan Atlantique, qui le borne au S. E., à l'E. et au N. Il touche la Colombie au N. O., le Pérou et la Bolivia, à l'O., et la Plata, au S. O. Le roi de Portugal, forcé d'abandonner ses États en 1808, était allé s'établir avec sa famille : une révolution, qui y éclata après son retour en Europe, a séparé de la métropole cet immense pays, gouverné aujourd'hui sous la forme d'une monarchie constitutionnelle par un souverain qui porte le titre d'empereur du Brésil. On porte la population à 4 millions et demi d'habitans, dont 500 mille Européens. La religion catholique y est seule permise. L'intérieur est peu connu. Il se divise en 17 provinces.

Quelles sont les principales villes du Brésil?

Les principales villes du Brésil sont : RIO DE JANEIRO sur la baie de ce nom, à deux lieues de son entrée, capitale du Brésil et siège du gouvernement; elle a un bon port défendu par quinze ou vingt forts. Duguay-Trouin s'en rendit maître en 1711. 150 mille habitans. — PERNAMBOUC, nom sous lequel on comprend les deux villes d'*Olinda* et de *Récife*, éloignées l'une de l'autre d'une lieue environ. Elles ont un port qui est un des plus commerçans du Brésil. SAN-SALVADOR ou BAHIA, sur la baie de Tous-les-Saints, ancienne capitale du Brésil, ville grande et très-importante par son commerce. 120 mille habitans.

NOTIONS DIVERSES. — Le Brésil a plus de 900 lieues de longueur sur 750 environ de largeur. Tout le N. se compose de plaines marécageuses souvent inondées par l'Amazone et ses affluens; on y trouve réunies, à toutes les productions végétales de l'Amérique, les productions minérales les plus précieuses, telles que l'or, les diamans, les topazes, etc. Le jaguar, les singes, les crocodiles, le serpent à sonnettes, les autruches, les perroquets, sont les animaux les plus remarquables.

PATAGONIE.

Quels sont la position et les habitans de la PATAGONIE?

La Patagonie est un pays peu connu, qui occupe toute la pointe méridionale de l'Amérique, et qui fut découvert en 1520 par *Magellan*, d'où vient qu'on l'appelle quelquefois *Terre Magellanique*. Ses habitans, divisés en plusieurs tribus, sont d'une taille élevée, assez doux, et vivent de leur chasse et de leur pêche.

Quelles sont les îles principales qui avoisinent la Patagonie?

Les principales sont: 1º les MALOUINES ou îles *Falkland*, à l'E. de la Patagonie; elles tirent leur premier nom de quelques habitans de Saint-Malo qui s'y fixèrent en 1764. Les Espagnols et les Anglais y ont aussi formé, depuis, quelques établissemens aujourd'hui abandonnés. — 2º La TERRE DE FEU, séparée du continent par le détroit de Magellan, qui la découvrit en 1520: elle se compose de plusieurs îles assez rapprochées les unes des autres et qui forment un archipel de 150 lieues de long sur 80 de large. Le climat en est très-froid, et les habitans misérables. — 3º La TERRE DES ÉTATS, à l'E. de la précédente, dont elle est séparée par le détroit de Lemaire, qui la découvrit en 1616. — 4º La GÉORGIE, à l'E. de la Terre de Feu, découverte par Cook en 1775; inhabitable à cause du froid. — 5º La TERRE DE SANDWICH, au S. E., couverte de glaces éternelles. — 6º Le NOUVEAU-SHETLAND, la plus méridionale des grandes terres connues.

OCÉANIE[*].

*De quoi se compose l'*OCÉANIE, *quelle en est la population, et en combien de parties se divise-t-elle ?*

L'Océanie comprend presque toutes les îles répandues dans le Grand Océan. C'est celle des cinq parties du monde qui occupe sur le globe le plus grand espace, et cependant c'est celle qui renferme le moins de terres et la population la moins considérable, puisqu'on ne l'évalue qu'à 20 millions d'habitans. L'Océanie peut se diviser, d'après les différentes races d'hommes qui l'habitent, en quatre parties principales, savoir : la *Malaisie* ou *Océanie Occidentale*, au N. O. ; la *Mélanésie* ou *Océanie Australe*, au S. O. ; la *Micronésie* ou *Océanie Boréale*, au N., et la *Polynésie* ou *Océanie Orientale*, à l'E.

NOTIONS DIVERSES. — Les habitans de l'Océanie appartiennent à deux races essentiellement différentes, dont nous indiquerons bientôt la subdivision. Ces deux races sont : la race *Malaise*, l'une des variétés de la race jaune, répandue dans la Malaisie, la Micronésie et la Polynésie, où elle a formé des établissemens considérables ; et la variété de la race nègre connue sous le nom de *Nègres Océaniens*, qui paraissent, comme nous l'avons dit, les plus stupides de l'espèce humaine ; elle occupe la Mélanésie.

---

[*] Consulter, dans mon *Atlas à l'usage des colléges*, la carte de l'OCÉANIE, sur laquelle est tracée la division que je suis ici. Cette division, proposée par un de nos plus habiles et de nos plus illustres marins, M. le commandant DUMONT D'URVILLE, mérite d'être adoptée avec d'autant plus de confiance, qu'elle est le résultat de longues années d'études faites par ce savant navigateur sur les lieux mêmes, pendant plusieurs expéditions célèbres auxquelles il a pris part, et surtout pendant le *Voyage de l'Astrolabe* à la recherche des débris de l'expédition de La Pérouse, dirigée par M. d'Urville lui-même, qui vient d'en publier l'intéressante relation.

MALAISIE.

De quoi se compose la MALAISIE?

La Malaisie ou Océanie Occidentale, connue aussi sous le nom d'*Indes Orientales*, et d'où la race malaise paraît s'être répandue dans l'Océanie, se subdivise, d'après les langues qu'on y parle, en deux parties: la *Malaisie méridionale*, comprenant les archipels de la *Sonde*, de *Bornéo*, de *Célèbes*, des *Moluques* et des îles *Timoriennes*, où règne la langue malaise; et la *Malaisie Septentrionale*, composée de l'archipel des *Philippines*, où l'on parle d'autres langues.

Où sont situées les îles de la SONDE, *et quelles en sont les principales?*

Les îles de la SONDE, situées au S. E. de l'Indo-Chine, tirent leur nom du détroit de la Sonde, qui sépare les deux principales d'entre elles, savoir: celle de *Sumatra*, au S. O. de la presqu'île de Malakka, et celle de *Java*, au S. E.

Quelles sont les villes remarquables de l'île de SUMATRA?

L'île de SUMATRA, séparée de l'île de Java au S. E. par le détroit de la Sonde, est coupée par l'équateur et traversée par une chaîne de montagnes; elle a environ 250 lieues de long sur 70 de large. Cette île renferme plusieurs royaumes, dont les principales villes sont: *Achem*, capitale du royaume du même nom, le plus puissant de tous, situé dans la partie septentrionale de l'île. Cette ville, qui renferme 8 mille maisons, fait un assez grand commerce d'or et d'épiceries. — *Bencoulen*, au S. de l'île, autrefois chef-lieu des possessions des Anglais dans cette île, où ils avaient encore bâti le fort *Marlborough*, et qu'ils ont cédée aux Hollandais en 1824. — *Jambi*, près de la côte orientale, ville très-commerçante, capitale du royaume du même nom. — *Palembang*, au S. E. de Jambi, capitale du royaume du même nom, qui est en quelque sorte sous la tutelle des Hollandais. Vis-à-vis de cette île se trouve celle de BANCA, capitale *Banca*, qui possède des mines d'étain inépuisables.

Quelles sont la population, les divisions, et les villes principales de l'île de JAVA?

JAVA, au S. E. de Sumatra, dont elle est séparée par le détroit de la Sonde, a 250 lieues de longueur sur 40 ou 50 de largeur, et 2 millions d'habitans; elle renferme le royaume de BANTAM à l'O., les possessions Hollandaises au centre, et le royaume de MATARAM au S. Les villes principales sont: *Bantam*, capitale du royaume du même nom, qui fournit beaucoup de poivre aux Hollandais. — *Batavia*, bon port à l'E. de Bantam, ville très-belle et très-considérable, mais fort malsaine; ancienne capitale du royaume de Jacatra, chef-lieu des possessions Hollandaises dans cette île, et même dans toute l'Asie et l'Océanie, et le centre de leur commerce. Sa population, que l'on portait autrefois à 180 mille habitans, paraît réduite aujourd'hui à 50 mille. — *Chéribon*, à l'E. de Batavia, capitale du royaume du même nom, qui est petit, mais très-fertile en riz, en sucre et en café. — *Samarang*, à l'E. de Chéribon, sur la côte septentrionale; mais capitale du pays appelé la *Côte Orientale*, qui dépend de la compagnie Hollandaise. L'ancien royaume de Mataram, dont le souverain prenait le titre d'*empereur de Java*, est aujourd'hui partagé entre deux princes qui comptent chacun plus de 500 mille sujets, et ont pour capitale *Soura-Carta* et *Djogo-Carta*. On trouve, vers le N. E. de Java, l'île de MADURA, fertile en riz et peuplée de 60 mille habitans, et à l'E. celle de BALLY, peuplée de 500 mille habitans et divisée en 8 États, dont la principale ville est *Karang-Assim*, sur la côte orientale, avec un port fréquenté surtout par les Chinois.

Quelles sont la position, l'étendue et les villes remarquables de l'île de Bornéo?

BORNÉO, la plus considérable des îles de l'archipel auquel elle donne son nom, est aussi située au N. E. de Sumatra et de Java. C'est la plus grande île connue après la Nouvelle-Hollande: elle a 266 lieues de long sur 235 de large, et est coupée en deux parties inégales par l'équateur. Cette île immense est peu connue, parce que la férocité des naturels et l'insalubrité de l'air ont toujours empêché les Européens de s'y établir. La compagnie Hollandaise est cependant parvenue, en 1748, à former au S. de l'île un établissement nommé *Banier-Massin*. La capitale, nommée aussi *Bornéo*, au N. O., est la résidence d'un sultan qui régnait autrefois sur toute l'île ; elle renferme 3 mille maisons. Les diamans et le poivre sont les productions les plus précieuses de ce pays.

Quelles sont la position et les villes principales de l'île de CÉLÈBES ?

L'île de CÉLÈBES, qui est, comme Bornéo, la plus grande île de l'archipel auquel elle donne son nom, est située au S. des Philippines et divisée en plusieurs presqu'îles par des golfes profonds : elle renferme des mines d'or et produit du riz, du coton et des bois précieux. L'*Upas*, d'où découle un poison terrible dans lequel les naturels trempent leurs flèches, croît aussi dans ce pays.—L'île se divise en plusieurs États, dont le plus puissant est celui de MACASSAR, au S. O., avec une capitale du même nom, à l'embouchure d'une grande rivière. Les Hollandais y ont un établissement.—Au S. E. se trouve BONTHAIN, près de laquelle est un fort bâti par les Hollandais, et aujourd'hui occupé par les Anglais. Il y a encore quelques établissemens hollandais au nord de l'île.

Comment se divisent les MOLUQUES, *et quelles en sont les plus remarquables ?*

Les MOLUQUES propres, ou *Iles aux Épices*, se divisent en *Petites*, à l'O., au nombre de cinq, qui sont les véritables Moluques, et en *Grandes*, à l'E. Les Petites sont : TERNATE, MAKIAN, MORTY, qui obéissent au même sultan, qui possède encore plusieurs îles voisines, et qui peut lever 80 mille hommes.—TYDOR et BATCHIAN, avec chacune leur sultan, qui ont encore d'autres possessions dans les îles voisines. Tous ces souverains dépendent plus ou moins des Hollandais.—Les Grandes sont du N. au S. : GUILOLO, dont le N. appartient au sultan de Ternate, et le S. à celui de Tydor.—OBY, où les Hollandais ont un fort. — CÉRAM, la plus grande après Guilolo. — AMBOINE, couverte de girofliers, avec une capitale du même nom. C'est, après Batavia, la possession la plus importante des Hollandais dans l'Océanie. — BANDA, groupe d'îles où il ne croît que des muscadiers; les Anglais s'en sont emparés en 1805.

Où sont situées les îles TIMORIENNES, et quelles sont les plus remarquables d'entre elles?

Les îles TIMORIENNES sont situées au S. des précédentes; les principales sont de l'E. à l'O. : TIMOR, où les Hollandais et les Portugais ont des établissemens. — OMBAY. — SOLOR, où les Hollandais possédaient un fort. — FLOREZ, presque aussi grande que Timor, et où les Portugais possèdent un établissement nommé *Larantouka*. — SUMBAWA ou BIMA, divisée en deux royaumes, l'un à l'E., l'autre à l'O.

Quelles sont les principales îles de l'archipel des PHILIPPINES, et à qui appartiennent-elles?

Les PHILIPPINES, qui occupent, ainsi que nous l'avons dit, tout le N. de la Malaisie septentrionale, forment au N. des Moluques un archipel considérable, découvert en 1521 par Magellan, qui y fut massacré. Les Espagnols, auxquels elles appartiennent, s'y établirent en 1560, et leur donnèrent le nom de leur souverain Philippe II. Elles sont très-fertiles, mais remplies de volcans qui les bouleversent souvent. Leur population est de 2 millions 525 mille habitans, dont 4 mille blancs : ils sont doux et bienfaisans. Les principales îles sont : 1° LUÇON ou *Manille*, la plus septentrionale et la plus considérable de toutes, divisée en deux presqu'îles réunies par un isthme étroit; elle produit de l'or, du cuivre, du fer et des bois de construction : la capitale, nommée *Manille*, est très-commerçante et renferme 58 mille habitans, dont 1,200 Espagnols. — 2° MINDANAO, au S. de la précédente, et la seconde des Philippines pour la grandeur et l'importance, est gouvernée par plusieurs princes, dont le plus puissant est le sultan de *Mindanao*. Les Espagnols ont un établissement à *Sambo-Anga*, au S. O. de l'île.

Notions diverses. — On retrouve dans la Malaisie tous les animaux et toutes les productions de l'Asie méridionale. Le climat y est, comme dans toute l'Océanie, tempéré par le voisinage de la mer. Les *Philippines* sont exposées à de violens tremblemens de terre et à des ouragans furieux ; mais le sol y est d'une fertilité peu commune en très-beau coton, cannes à sucre, cocotiers, etc.— Parmi les îles de la *Sonde*, Sumatra est remarquable par la haute chaîne de montagnes qui la traverse, et à laquelle elle doit, quoique sous l'équateur, son climat doux et tempéré, et les sources nombreuses qui, en l'arrosant, la rendent très-fertile. Java jouit à peu près des mêmes avantages ; mais les torrens qui descendent des montagnes pendant la saison des pluies inondent ses vastes plaines et les rendent insalubres. Le camphre, le benjoin, le poivre, le sucre, le café, l'indigo, le riz, sont les productions principales de ces îles. — *Bornéo*, coupée par l'équateur, doit aussi aux hautes montagnes qui en couvrent l'intérieur un air constamment frais ; elle renferme des mines d'or, de diamans, de fer ; des tigres, des éléphans, de grands orangs-outangs ; et produit du poivre, du camphre, du girofle, de la muscade, des bambous, etc. — *Célèbes*, où l'on trouve une douce température et d'admirables paysages, produit du coton, du camphre, d'excellent riz, du bois de sandal. —Les *Moluques* et les îles *Timoriennes* sont volcaniques, pittoresques et très-fertiles.

9.

MÉLANÉSIE.

De quoi se compose la MÉLANÉSIE?

La MÉLANÉSIE, ou Océanie Australe, doit son nom à la couleur de ses habitans, qui sont tous d'un noir plus ou moins foncé, et généralement fort stupides. Elle se compose de trois grandes terres, qui sont : — 1° la *Nouvelle-Guinée*, au N. E., 2° *l'Australie*, à l'O., et 3° la *Tasmanie*, au S. On y rattache en outre un assez grand nombre d'archipels situés à l'E. des terres que nous venons de nommer.

Quels sont la position, l'étendue et les habitans de la NOUVELLE-GUINÉE?

La NOUVELLE-GUINÉE ou *Terre des Papous*, au N. de la Nouvelle-Hollande, dont elle est séparée par le détroit de Torrès, est longue de 4 à 500 lieues sur 150 de large ; les naturels sont une des variétés les moins repoussantes et la plus industrieuse d'entre les nègres océaniens. Les Européens n'ont aucun établissement dans cette contrée, où l'on trouve différentes espèces d'oiseaux de paradis.

*Quels sont la position, l'étendue et les habitans de l'*AUSTRALIE?

L'AUSTRALIE, dont le nom indique la position dans la partie méridionale du globe, avait été appelée *Nouvelle-Hollande* par les Hollandais, qui la découvrirent en 1605. Cette grande île, qui égale en étendue les quatre cinquièmes de l'Europe, mais qui, comme tous les pays situés au S. de l'équateur, a ses saisons dans un ordre opposé, jouit d'un climat agréable et très-salubre. On a jusqu'ici assez peu pénétré dans l'intérieur. Les naturels sont dans un état tout-à-fait sauvage ; mais les Anglais ont formé sur les côtes d'importans établissemens.

Quelles sont les villes principales des colonies anglaises de l'Australie*?

La colonie Anglaise nommée NOUVELLE-GALLES MÉRI-

---

* Consulter, dans mon *Atlas à l'usage des colléges*, la carte particulière de la NOUVELLE-GALLES MÉRIDIONALE.

dionale, et subdivisée en dix-neuf comtés, dont le plus important est celui de *Cumberland*, se compose de plusieurs petites villes naissantes, qui ont été peuplées, depuis l'année 1788, des criminels exilés d'Angleterre, auxquels se sont joints depuis un grand nombre de colons volontaires : aussi la population européenne, qui, en 1810, s'élevait déjà à 10 mille habitans, est-elle aujourd'hui de plus de 40 mille. Ses villes principales sont : Sidney, sur une anse du port *Jackson*, l'un des plus beaux et des plus vastes du monde, et au N. de *Botany-Bay*, où la colonie avait d'abord été établie. Cette ville, capitale des établissemens Anglais dans l'Océanie, compte déjà plus de 10 mille habitans et fait un commerce considérable. — Parramatha, jolie ville de 2 mille âmes, au N. O. de Sidney. — Bathurst, à 40 lieues dans l'intérieur, à l'O. de la chaîne des *montagnes Bleues*. — Outre les établissemens de la Nouvelle-Galles, les Anglais en ont encore formé dans les autres parties de la Nouvelle-Hollande plusieurs, dont le plus remarquable est celui de la *Rivière des Cygnes*, ou *Swan-River*, sur la côte occidentale.

Quels sont la position, l'étendue et les établissemens européens de la Tasmanie ?

La Tasmanie, nommée par les Hollandais *Terre de Diémen*, est située au S. de la Nouvelle-Hollande, dont elle est séparée par le détroit de Bass, et a 75 lieues de long sur 60 de large; les naturels sont doux et affables. La colonie qu'y ont formée les Anglais est un de leurs établissemens les plus importans et renferme 6,572 habitans, dont 2,700 dans la capitale, nommée Hobart-Town.

Quels sont les principaux archipels qui se rattachent à la Mélanésie ?

Les archipels qui se rattachent à la Mélanésie, dont ils occupent toute la partie orientale, sont au nombre de 8 principaux, qui sont du N. O. au S. E. — 1° Les îles de l'Amirauté, au N. de la Nouvelle-Guinée ; elles tirent leur nom de la principale d'entre elles. — 2° L'archipel de la Nouvelle-Bretagne, au N. E. de la Nouvelle-Guinée, composé des îles de la *Nouvelle-Bretagne*, de la *Nouvelle-Irlande* et du *Nouvel-Hanovre*. — 3° L'archipel de SALOMON, au S. E. de celui de la Nouvelle-Bretagne; plusieurs îles de cet archipel sont assez considérables et fertiles, quoique montagneuses. — 4° L'archipel de la LOUISIADE, au S. E. du précédent, composé d'un grand nombre d'îles entremêlées de récifs et presque toutes découvertes par les Français. — 5° Les îles de VA-NIKORO, qui ne sont pas en assez grand nombre pour mériter le nom d'*archipel de La Pérouse* qu'on leur donne quelquefois. Elles doivent leur nom à celle de *Vanikoro*, située au S. E., et où ont été retrouvés, en 1828, les débris des vaisseaux de La Pérouse, célèbre navigateur français envoyé par Louis XVI à la découverte des parties encore peu connues de l'Océanie, et dont les vaisseaux sont venus se briser contre les dangereux récifs qui entourent cette île. — 6° L'archipel du SAINT-ESPRIT ou des *Nouvelles-Hébrides*, au S. E. des précédentes; les principales sont : celle qui a donné son nom au groupe, et qui a plus de 60 lieues de circuit, et celle de *Mallicolo*. — 7° La NOUVELLE-CALÉDONIE, au S. des précédentes : elle a 90 lieues de long sur 20 de large, et est peu connue. On peut rattacher à cet archipel les îles LOYALTY, situées au N. E. — 8° L'archipel des îles VITI ou *Fidji*, le plus oriental de la Mélanésie, et habité par un peuple féroce et anthropophage.

NOTIONS DIVERSES. — On porte la population de la Mélanésie à 1 million et demi d'habitans, appartenant pour la plupart à la race nègre. — La *Nouvelle-Hollande* paraît moins fertile et moins variée que les autres terres de l'Océanie : ses habitans, peu nombreux, semblent aussi être une des espèces les plus misérables du monde; ils ne sont pas même réunis en peuplades, et vivent dans un état tout-à-fait sauvage. — La *Nouvelle-Guinée* abonde en cocotiers, en muscadiers, en bois de fer et d'ébène. — La *Nouvelle-Bretagne* et les îles de l'*Amirauté*, dont une partie des indigènes sont cuivrés et d'une férocité remarquable, sont fertiles en cocotiers, muscadiers, gingembre, etc. — Les îles *Salomon*, entourées de récifs dangereux, possèdent un sol fertile et de riches mines d'or.

MICRONÉSIE.

De quoi se compose la MICRONÉSIE ?

La Micronésie se compose, ainsi que l'indique son nom, de *petites îles*, dont le nombre est extrêmement considérable, et parmi lesquelles on peut distinguer 5 archipels principaux, savoir : du N. O. au S. E.—1° L'archipel de BONIN-SIMA ou de MAGELLAN, au S. E. des côtes du Japon, composé d'îles volcaniques qui forment plusieurs groupes, dont celui des îles Bonin-Sima proprement dites renferme les plus considérables.—2° L'archipel des MARIANNES ou des *Larrons*, au S. de celui de Magellan. Ces îles, découvertes par Magellan en 1521, sont au nombre de 15, habitées par un peuple fort habile dans la construction des barques. La principale est celle de *Gouaham*, où les Espagnols possèdent un fort nommé *Agagna*. — 3° L'archipel des CAROLINES, au S. de celui des Mariannes, et comprenant à l'O. celui des îles *Pelew* ou *Palaos*, qui paraissent n'être que le commencement de cette chaîne, qui s'étend à l'E. sur une ligne de 7 à 800 lieues parallèle à l'équateur. Les plus importantes de ces îles, qui renferment un grand nombre d'habitans, sont : *Gouap*, à l'O.; le groupe d'*Hogoleu*, qui se distingue par sa position centrale, par son étendue et par sa population; *Pounipet*, l'une des plus grandes de la Micronésie, et *Ualan*, remarquable par la civilisation et les mœurs pures de ses habitans, au S. E. — 4° L'archipel des îles *Marshall*, à l'E. des Carolines; il comprend les îles *Mulgrave*, situées au S. — 5° Enfin l'archipel des îles GILBERT, au S. E. du précédent.

POLYNÉSIE.

De quoi se compose la POLYNÉSIE ?

La Polynésie, ou *Océanie Orientale*, peut se diviser en *Polynésie Septentrionale*, au N. de l'équateur, qui ne comprend que des îles assez petites et un seul archipel remarquable; et *Polynésie Méridionale*, au S. E. de l'équateur, qui renferme un grand nombre d'archipels, dont le plus méridional se compose de deux îles qui ont une grande étendue.

Quel est l'archipel remarquable de la POLYNÉSIE SEPTENTRIONALE ?

Le seul archipel remarquable de la Polynésie Septentrionale est celui des îles HAWAII ou *Sandwich*, composé de 14 îles, découvertes, en 1778, par le fameux capitaine Cook, qui fut tué, en 1779, dans celle de *Hawaii*, qui donne son nom à ce groupe, dont elle est la plus importante. Cette île, qui a 150 lieues de circuit, paraît destinée à devenir le foyer de la civilisation dans la Polynésie; elle est la résidence d'un souverain puissant dont les vaisseaux vont commercer à la côte N. O. de l'Amérique. On estime sa population à 86 mille habitans, et celle de toutes les îles Sandwich à 150 mille.

Quels sont les principaux archipels de la POLYNÉSIE MÉRIDIONALE ?

La Polynésie Méridionale se compose de 7 archipels principaux, qui sont, du S. O. au N. E. : — 1° L'archipel de la NOUVELLE-ZÉLANDE, composé de deux grandes îles, *Tavaï-Pounamou*, au S. O., et *Ika-na-mawi*, au N. E., séparées entre elles par le détroit de Cook, et habitées par un peuple peu avancé en civilisation. On peut rattacher à cet archipel les îles *Auckland*, les îles *Maquarie* et les îles *Campbell*, situées vers le S.; l'île *Antipode*, qui doit son nom à sa position presque aux antipodes de Paris; les îles *Bounty*, au N. de l'île Antipode, et enfin les îles *Chatam*, au N. E. des Bounty. — 2° L'archipel de TONGA ou des *Amis*, au N. E. de la Nouvelle-Zélande. Ces îles tiennent à peu près le premier rang dans la Polynésie, par l'industrie de leurs habitans et par l'ordre politique qui y règne. La principale se nomme *Tongatabou*. — 5° L'archipel de HAMOA ou des *Navigateurs*, au N. de celui de Tonga ; ces îles, découvertes par Bougainville, tirent leur second nom de l'adresse avec laquelle les habitans conduisent leurs pirogues, qui forment des flottes nombreuses : elles sont très-fertiles et très-peuplées. Les principales sont : *Pola*, au N. O. ; *Oïolava*, au centre, où La Pérouse vit le plus grand village de la Polynésie Méridionale ; *Maouna*, à l'E., où furent massacrés plusieurs des compagnons de ce navigateur. — 4° L'archipel MANGIA ou de *Cook*, à l'E. de celui de Tonga. — 5° L'archipel de TAÏTI ou *Iles de la Société*, au N. E. de celle de Mangia : elles sont célèbres par les nombreuses descriptions que l'on a faites de leur fertilité, de l'industrie et de l'espèce de civilisation de leurs habitans. La principale, nommée *Taïti*, a environ 39 lieues de circuit. Les Anglais y ont envoyé des missionnaires qui ont converti une partie des habitans au christianisme. Cet archipel renferme 14 mille habitans, dont 8 dans l'île de Taïti. — 6° L'archipel des POMOTOU, nommé aussi archipel *Dangereux* et des *Iles Basses*, qui forme, au N. et à l'E. des précédentes, une longue chaîne terminée par les îles isolées de *Pâques* ou *Waïhou* et de *Sala y Gomez*, celles de toute la Polynésie qui se rapprochent le plus de la côte du Chili. — 7° Enfin, l'archipel de NOUKA-HIVA ou des *Marquises*, au N. de celui de Pomotou, et dont les habitans l'emportent sur tous ceux de la Polynésie par la belle proportion de leurs formes et la régularité de leurs traits.

NOTIONS DIVERSES. — On estime la population de la Micronésie et de la Polynésie au plus à un million et demi d'habitans, dont la plus grande partie appartient à la race malaise. Les brises de mer, qui rafraîchissent l'atmosphère des îles innombrables qui composent la Polynésie, tempèrent, même dans celles qui sont situées sous l'équateur, la chaleur à laquelle elles devraient être exposées par leur position. Cependant le climat y favorise une riche végétation, et presque toutes les îles sont couvertes d'une magnifique verdure et de belles forêts. Dans la plupart, la vue est charmée par l'aspect enchanteur qu'offrent leurs nombreux villages, situés au milieu de rians bosquets de palmiers, de cocotiers, d'arbres à pain, d'orangers, etc.

TABLEAUX

INDIQUANT LA SUPERFICIE ET LA POPULATION

DES CINQ PARTIES DU MONDE

ET DE LEURS PRINCIPAUX ÉTATS.

PARTIES DU MONDE.

	SUPERFICIE en lieues carrées de 25 au degré.	POPULATION.
Europe.	493,750.	227,535,434.
Asie.	2,206,750.	389,774,000.
Afrique.	1,440,985.	60,280,000.
Amérique.	2,068,110.	39,874,000.
Océanie.	438,460.	20,300,000.
	6,648,055.	737,763,434.

EUROPE.

Iles Britanniques.	15,400.	23,400,000.
Danemark.	6,830.	1,950,000.
Suède et Norvége.	44,800.	3,866,000.
Russie et Pologne.	265,000.	56,500,000.
République de Cracovie.	64.	114,000.
France.	27,500.	32,560,934.
Pays-Bas.	1,570.	2,302,000.
Belgique.	1,730.	3,816,000.
Suisse.	2,450.	1,980,000.
Allemagne propre.	12,500.	13,900,000.
Prusse.	13,920.	12,464,000.
Autriche.	34,870.	32,000,000.
Espagne et rép. d'Andorre.	23,500.	13,915,000.
Portugal.	4,800.	3,530,000.
Italie.	13,186.	15,561,500.
Turquie.	23,300.	8,900,000.
Grèce.	2,300.	600,000.
Iles Ioniennes.	130.	176,000.
	493,750.	227,535,434.

ASIE.

	SUPERFICIE en lieues carrées.	POPULATION supposée.
Russie Asiatique.	744,950.	3,600,000.
Turquie d'Asie.	66,500.	12,500,000.
Arabie.	120,000.	6,000,000.
Perse.	61,000.	9,000,000.
Tartarie Indépendante.	178,000.	6,000,000.
Caboul.	25,000.	4,200,000.
Royaume de Hérat.	14,000.	1,500,000.
Béloutchistan.	18,500.	2,000,000.
Hindoustan.	165,400.	130,674,000.
Indo-Chine.	105,000.	19,300,000.
Empire Chinois.	680,000.	170,000,000.
Japon.	28,400.	25,000,000.
	2,206,750.	389,774,000.

AFRIQUE.

Égypte.	24,000.	3,000,000.
Nubie.	60,000.	2,000,000.
Abyssinie.	45,000.	2,500,000.
Barbarie.	124,000.	8,500,000.
Sahara.	200,000.	250,000.
Sénégambie.	54,600.	2,700,000.
Guinée.	105,000.	5,400,000.
Congo.	44,000.	2,200,000.
Nigritie.	245,000.	22,000,000.
Cafrerie.	386,000.	3,860,000.
Gouvernement du Cap.	15,000.	130,000.
Monomotapa.	16,000.	840,000.
Côte de Mozambique.	46,000.	2,400,000.
Côte de Zanguebar.	28,000.	1,450,000.
Côte d'Ajan.	21,200.	400,000.
Iles.	27,185.	2,650,000.
	1,440,985.	60,280,000.

AMÉRIQUE DU NORD.

	SUPERFICIE en lieues carrées.	POPULATION.
Terres Arctiques.	80,000.	20,000.
Nouvelle-Bretagne.	360,000.	1,030,000.
Amérique Russe.	70,000.	50,000.
États-Unis.	316,000.	13,000,000.
Mexique.	194,000.	7,500,000.
Guatemala.	43,000.	1,630,000.
Antilles.	13,000.	3,000,000.

AMÉRIQUE DU SUD.

Colombie.	245,000.	2,800,000.
Pérou.	78,700.	1,700,000.
Haut-Pérou.	39,600.	1,300,000.
Chili.	21,600.	1,400,000.
La Plata, avec le Paraguay et l'Uruguay.	148,800.	1,020,000.
Guyanes.	15,120.	284,000.
Brésil.	376,690.	5,000,000.
Patagonie.	66,600.	140,000.
	2,068,110.	39,874,000.

OCÉANIE.

Malaisie.	88,960.	17,400,000.
Mélanésie.	344,800.	1,400,000.
Micronésie et Polynésie.	4,700.	1,500,000.
	438,460.	20,300,000.

FRANCE.

DIVISION COMPARATIVE
PAR PROVINCES ET PAR DÉPARTEMENS.

DÉPARTEMENS, avec leur population.	CHEFS-LIEUX, avec leur population.	SOUS-PRÉFECTURES, avec leur population.	
FLANDRE FRANÇAISE.			
Nord. 1,026,417.	Lille*. 72,005.	Douai. Dunkerque. Hazebrouck. Avesnes. Cambray. Valenciennes.	19,173. 23,808. 7,674. 3,030. 17,846. 19,499.
ARTOIS ET BOULONNAIS.			
Pas-de-Calais. 664,654.	Arras*. 23,485.	Béthune. Saint-Omer. Saint-Pol. Boulogne. Montreuil.	6,805. 19,032. 3,452. 25,732. 3,867.
PICARDIE.			
Somme. 552,706.	Amiens*. 46,129.	Doullens. Montdidier. Péronne. Abbeville.	3,912. 3,790. 4,119. 18,247.
NORMANDIE.			
Seine-Inférieure. 720,525.	Rouen*. 92,083.	Dieppe. Le Havre. Yvetot. Neufchâtel.	16,820. 25,618. 9,213. 3,463.
Eure. 424,762.	Évreux. 10,282.	Louviers. Les Andelys. Bernay. Pont-Audemer.	9,927. 5,085. 7,244. 5,358.

* Les villes marquées d'un astérisque sont les capitales des anciennes provinces.

DÉPARTEMENS, avec leur population.	CHEFS-LIEUX, avec leur population.	SOUS-PRÉFECTURES, avec leur population.	
Calvados. 501,775.	Caen. 41,876.	Falaise. Bayeux. Vire. Lisieux. Pont-l'Évêque.	9,498. 9,676. 7,339. 11,473. 2,137.
Orne. 443,688.	Alençon. 13,934.	Argentan. Domfront. Mortagne.	5,772. 2,417. 5,692.
Manche. 594,382.	Saint-Lô. 9,065.	Coutances. Valognes. Cherbourg. Avranches. Mortain.	7,663. 6,655. 19,315. 7,690. 2,521.

ILE-DE-FRANCE.

Oise. 398,641.	Beauvais. 13,082.	Clermont. Compiègne. Senlis.	3,235. 8,895. 5,016.
Aisne. 527,095.	Laon. 8,230.	Soissons. Saint-Quentin. Vervins.	8,124. 20,570. 2,571.
Seine-et-Oise. 449,582.	Versailles. 29,209.	Chât.-Thierry. Mantes. Rambouillet. Corbeil. Pontoise. Étampes.	4,761. 3,818. 3,007. 3,690. 5,408. 7,896.
Seine. 1,016,891.	Paris*. 909,126.	Saint-Denis. Sceaux.	9,332. 1,670.
Seine-et-Marne. 325,881.	Melun. 6,846.	Fontainebleau. Meaux. Coulommiers. Provins.	8,021. 7,809. 3,573. 6,007.

CHAMPAGNE:

Ardennes. 306,861.	Mézières. 4,083.	Rethel. Rocroy. Sedan. Youziers.	6,771. 3,682. 13,719. 2,101.
Marne. 345,245.	Châlons-s.-Marne. 12,952.	Epernay. Reims. Ste-Menehould. Vitry-le-Franç.	5,447. 38,359. 3,962. 6,822.
Haute-Marne. 255,969.	Chaumont. 6,318.	Langres. Vassy.	7,677. 2,694.

TABLEAU DE LA FRANCE.

DÉPARTEMENS, avec leur population.	CHEFS-LIEUX, avec leur population.	SOUS-PRÉFECTURES, avec leur population.	
Aube. 253,870.	Troyes*. 25,563.	Arcis-sur-Aube. Nogent-sur-Seine. Bar-sur-Aube. Bar-sur-Seine.	2,752. 3,355. 3,940. 2,350.

LORRAINE.

DÉPARTEMENS	CHEFS-LIEUX	SOUS-PRÉFECTURES	
Meuse. 317,701.	Bar-le-Duc. 12,383.	Commercy. Montmédy. Verdun.	3,716. 2,251. 10,577.
Moselle. 427,250.	Metz. 42,793.	Thionville. Briey. Sarreguemines. Château-Salins.	5,680. 1,730. 4,113. 2,621.
Meurthe. 424,366.	Nancy*. 31,445.	Lunéville. Sarrebourg. Toul.	12,798. 2,340. 7,333.
Vosges. 411,034.	Épinal. 9,526.	Mirecourt. Neufchâteau. Remiremont. Saint-Dié.	5,684. 3,645. 5,055. 7,906.

ALSACE.

DÉPARTEMENS	CHEFS-LIEUX	SOUS-PRÉFECTURES	
Bas-Rhin. 561,859.	Strasbourg*. 57,885.	Saverne. Schélestadt. Wissembourg.	5,352. 9,700. 5,575.
Haut-Rhin. 447,019.	Colmar. 15,958.	Altkirch. Béfort.	3,028. 5,687.

BRETAGNE.

DÉPARTEMENS	CHEFS-LIEUX	SOUS-PRÉFECTURES	
Finistère. 546,955.	Quimper. 9,715.	Brest. Châteaulin. Morlaix. Quimperlé.	29,773. 2,783. 9,740. 5,541.
Côtes-du-Nord. 605,563.	St-Brieuc. 11,382.	Dinan. Loudéac. Lannion. Guingamp.	7,356. 6,865. 5,461. 6,466.
Morbihan. 449,743.	Vannes. 11,623.	Pontivy. Lorient. Ploërmel.	6,378. 18,975. 5,207.
Ille-et-Vilaine. 547,249.	Rennes*. 35,552.	Fougères. Montfort. Saint-Malo. Vitré. Redon.	9,384. 1,715. 9,744. 8,901. 4,506.

DÉPARTEMENS, avec leur population.	CHEFS-LIEUX, avec leur population.	SOUS-PRÉFECTURES, avec leur population.	
Loire-Inférieure. 470,768.	Nantes. 75,895.	Ancenis. Châteaubriand. Paimbœuf. Savenay.	3,667. 3,634. 3,872. 1,845.

MAINE.

Mayenne. 361,765.	Laval. 17,810.	Mayenne. Chât.-Gonthier.	9,782. 6,226.
Sarthe. 466,888.	Le Mans*. 23,164.	Mamers. Saint-Calais. La Flèche.	5,704. 3,783. 6,440.

ANJOU.

Maine-et-Loire. 477,270.	Angers*. 35,901.	Baugé. Segré. Beaupréau. Saumur.	3,466. 909. 3,288. 11,925.

POITOU.

Vendée. 341,312.	Bourbon-Vendée. 5,257.	Fontenay. Les Sables-d'O- lonne.	7,650. 4,778.
Deux-Sèvres. 304,165.	Niort. 18,197.	Bressuire. Melle. Parthenay.	1,894. 2,724. 4,288.
Vienne. 288,002.	Poitiers*. 22,000.	Châtellerault. Civray. Loudun. Montmorillon.	9,695. 2,100. 5,032. 4,157.

AUNIS, SAINTONGE ET ANGOUMOIS.

Charente-Infér. 449,649.	La Rochelle*. 14,857.	Rochefort. Marennes. Saintes*. Jonzac. St-Jean-d'An- gély.	15,441. 4,542. 9,559. 2,514. 5,915.
Charente. 365,126.	Angoulême*. 16,910.	Cognac. Ruffec. Barbezieux. Confolens.	3,830. 2,850. 3,013. 2,766.

TOURAINE.

Indre-et-Loire. 304,271.	Tours*. 26,669.	Chinon. Loches.	6,911. 4,753.

TABLEAU DE LA FRANCE.   245

DÉPARTEMENS, avec leur population.	CHEFS-LIEUX, avec leur population.	SOUS-PRÉFECTURES, avec leur population.	
ORLÉANAIS.			
Eure-et-Loir. 285,058.	Chartres. 14,750.	Châteaudun. Dreux. Nogent-le-Rotrou.	6,776. 6,379. 6,861.
Loir-et-Cher. 244,043.	Blois. 13,628.	Romorantin. Vendôme.	7,181. 8,206.
Loiret. 316,189.	Orléans*. 40,272.	Pithiviers. Gien. Montargis.	4,023. 5,330. 7,757.
BERRY.			
Indre. 257,350.	Châteauroux. 13,847.	Le Blanc. Issoudun. La Châtre.	5,095. 11,654. 4,471.
Cher. 276,853.	Bourges*. 25,324.	Sancerre. Saint-Amand.	3,482. 7,382.
LIMOSIN.			
Haute-Vienne. 293,011.	Limoges*. 29,706.	Saint-Yrieix. Bellac. Rochechouart.	6,900. 3,851. 4,123.
Corrèze. 302,433.	Tulle. 9,700.	Brives. Ussel.	8,843. 4,135.
MARCHE.			
Creuse. 276,234.	Guéret*. 4,796.	Aubusson. Bourganeuf. Boussac.	5,631. 2,940. 757.
NIVERNAIS.			
Nièvre. 297,550.	Nevers*. 16,967.	Chât.-Chinon. Clamecy. Cosne.	2,775. 5,539. 6,212.
BOURBONNAIS.			
Allier. 309,270.	Moulins*. 15,231.	Gannat. La Palisse. Montluçon.	5,109. 2,245. 5,034.
AUVERGNE.			
Puy-de-Dôme. 589,438.	Clermont*. 32,427.	Ambert. Issoire. Riom. Thiers.	8,016. 5,741. 11,473. 9,982.

DÉPARTEMENS, avec leur population.	CHEFS-LIEUX, avec leur population.	SOUS-PRÉFECTURES, avec leur population.	
Cantal. 262,171.	Aurillac. 10,889.	Mauriac. Murat. Saint-Flour.	3,420 2,503 5,640

BOURGOGNE.

Yonne. 355,237.	Auxerre. 11,575.	Avallon. Joigny. Sens. Tonnerre.	5,309 5,494 9,095 4,271
Côte-d'Or. 385,624.	Dijon*. 24,817.	Beaune. Châtillon-sur-Seine. Semur.	10,678 4,430 4,035
Saône-et-Loire. 538,507.	Mâcon. 11,944.	Autun. Charolles. Châlons-sur-Saône. Louhans.	10,435 3,226 12,400 3,674
Ain. 346,188.	Bourg. 9,528.	Belley. Nantua. Trévoux. Gex.	3,970 3,696 2,559 2,894

FRANCHE-COMTÉ.

Haute-Saône. 343,298.	Vesoul. 5,887.	Gray. Lure.	6,535 2,950
Doubs. 276,274.	Besançon*. 29,718.	Pontarlier. Baume. Montbéliard.	4,890 2,519 5,117
Jura. 315,355.	Lons-le-Saunier. 7,684.	Poligny. Saint-Claude. Dôle.	6,492 5,238 10,137

LYONNAIS.

Loire. 412,497.	Montbrison. 6,266.	Roanne. Saint-Étienne.	9,910 41,534
Rhône. 482,024.	Lyon*. 150,814.	Villefranche.	7,553

GUYENNE ET GASCOGNE.

Gironde. 555,809.	Bordeaux*. 98,795.	Blaye. Lesparre. Libourne. Bazas. La Réole.	3,801 1,232 9,714 4,446 3,931
Landes. 284,918.	Mont-de-Marsan. 4,082.	Saint-Sever. Dax.	5,863 4,776

TABLEAU DE LA FRANCE.

DÉPARTEMENS, avec leur population.	CHEFS-LIEUX, avec leur population.	SOUS-PRÉFECTURES, avec leur population.	
Dordogne. 487,502.	Périgueux. 11,576.	Bergerac.	9,285.
		Nontron.	3,573.
		Ribérac.	3,775.
		Sarlat.	5,669.
Lot-et-Garonne. 346,400.	Agen. 13,399.	Marmande.	7,517.
		Villeneuve-d'Agen.	11,222.
		Nérac.	6,603.
Gers. 312,882.	Auch. 10,461.	Lectoure.	6,355.
		Mirande.	2,532.
		Condom.	7,098.
		Lombez.	1,541.
Hautes-Pyrénées. 244,170.	Tarbes. 12,630.	Argelez.	1,357.
		Bagnères.	8,108.
Lot. 287,003.	Cahors. 12,417.	Figeac.	6,237.
		Gourdon.	5,134.
Tarn-et-Garonne. 242,184.	Montauban. 23,865.	Moissac.	10,618.
		Castel-Sarrasin.	7,408.
Aveyron. 370,951.	Rhodez. 9,685.	Espalion.	4,082.
		Milhau.	10,450.
		Saint-Affrique.	6,421.
		Villefranche.	8,738.

BÉARN.

Basses-Pyrénées. 446,398.	Pau*. 12,607.	Oléron.	6,620.
		Orthès.	7,857.
		Bayonne.	15,912.
		Mauléon.	1,145.

COMTÉ DE FOIX ET ROUSSILLON.

Ariége. 260,536.	Foix*. 4,699.	Pamiers.	6,905.
		Saint-Girons.	4,282.
Pyrénées-Orientales. 164,325.	Perpignan*. 17,618.	Céret.	3,302.
		Prades.	3,013.

LANGUEDOC.

Haute-Garonne. 454,727.	Toulouse*. 77,372.	Villefranche.	2,765.
		Muret.	3,970.
		Saint-Gaudens.	6,020.
Tarn. 346,614.	Alby. 11,801.	Castres.	17,606.
		Gaillac.	8,199.
		Lavaur.	7,205.
Aude. 281,088.	Carcassonne. 18,907.	Limoux.	7,105.
		Narbonne.	10,792.
		Castelnaudary.	10,186.

DÉPARTEMENS, avec leur population.	CHEFS-LIEUX, avec leur population.	SOUS-PRÉFECTURES, avec leur population.	
Hérault. 357,846.	Montpellier. 35,506.	Béziers. Lodève. Saint-Pons.	16,23 11,20 6,99
Gard. 366,259.	Nîmes. 43,036.	Alais. Uzès. Le Vigan.	13,564 6,85 5,04
Lozère. 141,733.	Mende. 5,909.	Florac. Marvejols.	2,240 4,025
Haute-Loire. 295,384.	Le Puy. 14,924.	Yssengeaux. Brioude.	7,62 5,24
Ardèche. 353,752.	Privas. 4,219.	Largentière. Tournon.	2,87 4,174

DAUPHINÉ.

Isère. 573,645.	Grenoble*. 28,969.	La Tour-du-Pin. Saint-Marcellin. Vienne.	2,48 2,885 16,48
Drôme. 305,499.	Valence. 10,967.	Montélimar. Die. Nyons.	7,966 3,900 3,208
Hautes-Alpes. 131,162.	Gap. 7,854.	Briançon. Embrun.	3,455 3,169

COMTAT-VENAISSIN ET PROVENCE.

Vaucluse. 246,071.	Avignon*. 31,786.	Carpentras. Apt. Orange.	9,224 5,958 8,874
Bouc.-du-Rhône. 362,325.	Marseille. 146,239.	Aix*. Arles.	24,660 20,048
Basses-Alpes. 159,045.	Digne. 6,365.	Barcelonnette. Castellanne. Forcalquier. Sisteron.	2,154 2,106 3,022 4,546
Var. 323,404.	Draguignan. 9,794.	Brignolles. Grasse. Toulon.	5,652 12,825 35,322

CORSE.

Corse 207,889.	Ajaccio. 9,003.	Sartène. Bastia*. Calvi. Corté.	2,682 13,061 4,175 3,587

CONFÉDÉRATION SUISSE.

CANTONS Suivant le rang qu'ils occupent dans la Confédération.	CAPITALES.	SUPERFICIE en lieues carrées.	POPULATION estimative en 1833.
Zurich.	Zurich.	125.	218,000.
Berne.	Berne.	479.	350,000.
Lucerne.	Lucerne.	75.	116,000.
Uri.	Altorf.	60.	13,000.
Schwitz *.	Schwitz.	32.	32,000.
Unterwald.	Stanz.	33.	24,000.
Glaris.	Glaris.	35.	28,000.
Zug.	Zug.	15.	14,500.
Fribourg.	Fribourg.	98.	84,000.
Soleure.	Soleure.	33.	53,000.
Bâle *.	Bâle.	24.	54,000.
Schaffhouse.	Schaffhouse.	17.	30,000.
Appenzell.	Appenzell.	20.	55,000.
Saint-Gall.	Saint-Gall.	100.	144,000.
Grisons.	Coire.	390.	88,000.
Argovie.	Aarau.	90.	150,000.
Thurgovie.	Frauenfeld.	45.	81,000.
Tésin.	Bellinzone.	147.	102,000.
Vaud.	Lausanne.	195.	170,000.
Valais.	Sion.	250.	70,000.
Neuchâtel.	Neuchâtel.	43.	51,500.
Genève.	Genève.	11.	52,500.
		2,317.	1,980,500.

CONFÉDÉRATION GERMANIQUE.

ÉTATS.	VOTES à la Diète.	SUPERFICIE en lieues carrées.	POPULATION estimative en 1833.
États Autrichiens.	4.	10,276.	9,600,000.
États Prussiens.	4.	9,186.	8,000,000.

* Des dissensions, terminées en 1833, ont amené dans les cantons de Schwitz et de Bâle une division qui, sans changer cependant leurs rapports extérieurs avec le reste de la confédération, en a créé quatre, au lieu de deux, savoir : *Schwitz Intérieur*, capitale *Schwitz*; *Schwitz Extérieur*, capitale *Küssnacht*; *Bâle-Ville*, capitale *Bâle*; *Bâle-Campagne*, capitale *Liestall*.

TABLEAU DE LA CONFÉDÉRATION GERMANIQUE.

ÉTATS.	VOTES à la diète.	SUPERFICIE en lieues carrées.	POPULATION estimative en 1833.
Bavière.	4.	4,038.	3,960,000.
Hanovre.	4.	1,916.	1,550,000.
Wurtemberg.	4.	960.	1,520,000.
Saxe.	4.	938.	1,400,000.
Bade.	3.	754.	1,130,000.
Hesse-Darmstadt.	3.	535.	700,000.
Hesse-Cassel.	3.	566.	592,000.
Holstein et Lauenbourg.	3.	482.	392,000.
Luxembourg.	3.	294.	294,000.
Mecklembourg-Schwérin.	2.	646.	431,000.
Nassau.	2.	279.	337,000.
Brunswick.	2.	196.	242,000.
Holstein-Oldenbourg.	1.	355.	241,000.
Saxe-Weimar.	1.	182.	212,000.
Hambourg.	1.	17.	148,000.
Saxe-Cobourg-Gotha.		132.	145,000.
Saxe-Meinungen.	4.	115.	130,000.
Saxe-Altenbourg.		64.	104,000.
Mecklembourg-Strélitz.	1.	99.	77,000.
Lippe-Detmold.	1.	57.	72,000.
Schwarzbourg-Rudolstadt.	1.	57.	57,000.
Anhalt-Dessau.	1.	46.	56,000.
Waldeck.	1.	60.	54,000.
Francfort.	1.	14.	52,000.
Brême.	1.	10.	49,000.
Schwarzbourg-Sondershausen.	1.	49.	48,000.
Lubeck.	1.	15.	41,000.
Hohenzollern-Sigmaringen.	1.	55.	38,490.
Anhalt-Bernbourg.	1.	43.	38,400.
Anhalt-Kœthen.	1.	40.	34,000.
Reuss-Schleitz.		17.	28,000.
Reuss-Lobenstein.	1.	40.	26,000.
Lippe-Schauenbourg.	1.	27.	26,000.
Reuss-Greitz.	1.	19.	23,000.
Hesse-Hombourg.	1.	17.	20,000.
Hohenzollern-Hechingen.	1.	15.	15,000.
Lichtenstein.	1.	6.	6,000.
Kniphausen.	0.	3.	2,859.
	70.	32,620.	31,891,749.

ÉTATS-UNIS
DE L'AMÉRIQUE DU NORD.

ÉTATS.	CAPITALES.	POPULATION en 1820.	en 1830.
Maine.	Portland.	298,335.	399,462.
New-Hampshire.	Concord.	244,161.	269,533.
Vermont.	Montpellier.	235,764.	280,665.
Massachusets.	Boston.	523,287.	610,100.
Rhode-Island.	Providence.	83,059.	97,211.
Connecticut.	Hartford.	275,248.	297,711.
New-York.	Albany.	1,372,812.	1,934,496.
New-Jersey.	Trenton.	277,575.	320,779.
Pensylvanie.	Harrisbourg.	1,049,458.	1,330,034.
Delaware.	Dover.	72,749.	76,737.
Maryland.	Annapolis.	407,350.	446,913.
Virginie.	Richmond.	1,065,366.	1,186,207.
Caroline-du-Nord.	Raleigh.	638,829.	738,470.
Caroline-du-Sud.	Columbia.	502,741.	581,458.
Georgie.	Milledgeville.	340,989.	516,567.
Ohio.	Columbus.	581,434.	937,679.
Indiana.	Indianapolis.	147,178.	341,585.
Illinois.	Vandalia.	55,211.	157,575.
Kentucky.	Frankfort.	564,317.	688,844.
Tennessee.	Nashville.	422,813.	684,822.
Alabama.	Tuscalousa.	127,901.	309,216.
Mississipi.	Jackson.	75,448.	97,865.
Missouri.	Jefferson.	66,586.	137,427.
Louisiane.	La Nouv.-Orl.	153,407.	215,275.

TERRITOIRES NON ENCORE RECONNUS COMME ÉTATS.

District de Columbia.	Washington.	33,039.	39,858.
Florides.	Tallahassée.	20,000.	34,725.
Michigan.	Détroit.	17,967.	31,696.
Arkansas.	Arkopolis.	28,980.	30,380.
Total général.		9,682,014.	12,893,400.

La domination des États-Unis s'étend en outre sur de vastes territoires, compris sous les noms de districts des *Hurons*, des *Sioux*, des *Osages*, des *Ozarks*, des *Mandans* et de l'*Orégon*, dont on estime la population à 400,000 âmes.

TABLE ALPHABÉTIQUE

DES NOMS

CONTENUS DANS LE PETIT ABRÉGÉ DE GÉOGRAPHIE.

A

Nom	Pages	Nom	Pages	Nom	Pages
Aalborg.	24	AISNE, dép.	38	Altorf.	61
Abaco, île.	180	Aix.	55	Amazone, fl.	185
Abbeville.	56	Aix-la-Chapelle.	70	Amboine, île et ville.	200
Abdiotes, p.	95	Ajaccio.	55		
Abo.	29	AJAN.	162	AMÉRIQUE.	165
ABOMEY.	155	Akhaltsikhé.	105	AMÉRIQUE DU NORD.	166
Aboukir.	145	Aland, îs.	51	— DU SUD.	184
ABRUZZES.	90	ALASKA.	167	— RUSSE.	175
ABYSSINIE.	147	ALBANIE.	95	AMHARA.	147
Abyssins, p.	141	Albe-Royale.	76	Amherst-Town.	129
ACADIE.	156	Albours.	102	Amid.	110
Acapulco.	177	Albréda.	154	Amiens.	56
ACHANTI.	165	Alby.	52	Amirantes, îs.	164
Achem.	191	AL-DJÉZYREH.	110	Amirauté (î. de l').	203
Açores, îs.	162	Alençon.	57	Amis (arch. des).	206
Acre (St-Jean-d').	112	ALENTEJO.	82	Amorgo, î.	98
Ac'-Sou.	137	Aléoutiennes, îles.	175	Amou-Déria, fl.	107
Adana.	111	Alep.	112	Amour, fl.	103
ADEL.	162	Alexandrette.	112	Amretsir.	122
Aden, golfe.	101	Alexandria-St-Paul.	173	Amsterdam.	56
ADERBAIDJAN.	118	Alexandrie (Italie).	84	Anadir (golfe d').	101
Adige, fl.	48	— (Egypte).	145	ANADOLI ou ANATOLIE.	102, 109
ADJMIR.	125	ALGARVE.	82		
Adouéh.	147	ALGER.	150	Ancône.	89
Adour, fl.	55	Alger.	151	ANDALOUSIE.	78
AFGHANISTAN.	119	Alicante.	79	Andaman, îs.	152
AFRIQUE.	141	Al-Kumr, mts.	143	Andes (Cordillère des), mts.	185
Agably.	153	Allah-Abad.	125		
Agen.	50	Alléghany, mts.	167	ANDORRE (rép. d').	79
AGENOIS.	50	ALLEMAGNE.	62	Andrinople.	94
AGGERSHUUS.	26	Allier, r.	53	Andro, î.	98
Aghadès.	153	ALLIER, dép.	45	Angers.	42
Agnana.	205	Alpes, mts.	46	Anglesey, î.	22
Agout, r.	52	ALPES (BASSES), dép.	55	ANGLETERRE.	19
Agrah.	125			ANGOLA.	156
Agram.	75	ALPES (HAUTES), dép.	54	Angora.	114
Aguja, cap.	185			Angoulême.	48
Ahmed-Abad.	124	Alpes Scandinaves, mts.		ANGOUMOIS.	48
Aigues-Mortes.	55		16	Angra.	163
Aiguilles (cap des).	145	ALSACE.	40	ANJOU.	42
Ain, r.	53	Altaï, mts.	102	Ankober.	148
AIN, dép.	46	Altenbourg.	68	ANNAM.	132
Aisne, r.	53	Altona.	24	Annapolis.	171

TABLE ALPHABÉTIQUE.

	Pages		Pages		Pages
Annobon, i.	164	Ardèche, r.	33	Atlas, mts.	145
Anse.	5	ARDÈCHE, dép.	55	Atollons.	127
Anslo, baie.	26	Ardennes (forêt des).	59	Aube, r.	55
Antakiéh.	112	ARDENNES, dép.	59	AUBE, dép.	59
Antalo.	147	Aréquipa.	188	Aubusson.	48
Anticosti, i.	174	Arguin (golfe d').	155	Auch.	51
Antigua, i.	181	Ariège, r.	53	Auckland, is.	206
Anti-Liban, mts.	102	ARIÈGE, dép.	51	Aude, r.	55
Antilles, is.	180	Arkansas, fl.	168	AUDE, dép.	52
Antioche (Pertuis d').	46	Arkhangelsk.	29	Audjélah, oasis.	150
Antipode, i.	206	Arkhangelsk (Nouv.).	173	Augsbourg.	68
Antisana, mts.	185	Arles.	55	AUNIS.	47
Anvers.	58	Armagh.	21	Aurigny, î.	24
Aoude.	124	ARMAGNAC.	51	Aurillac.	49
Apalaches, mts.	167	ARMÉNIE TURQUE.	109	Austerlitz.	74
Apennins, mts.	46	—PERSANE.	113	AUSTRALIE.	202
Aquila.	90	Arno, fl.	18	AUTRICHE.	72
ARABIE.	115	Arras.	56	Autun.	45
ARAGON.	78	ARTOIS.	56	AUVERGNE.	48
Araguay, fl.	185	Ascension, î.	164	— (monts d').	55
ARAKAN.	129	ASIE.	100	Auxerre.	45
Aral (lac).	102	Asphaltite (lac).	102	Ava.	130
Aralicus, p.	107	ASSAM.	129	Avallon.	45
Ararat, mt.	102	Assomption (l').	192	Aveyron, r.	55
ARAUCANIE.	190	Assomption (l').	183	AVEYRON, dép.	51
Araucanos, p.	188	Assyout.	145	Avignon.	54
Archipel.	4	Astrakhan.	29	Axe de la terre.	1
Archipel (mer).	11	ASTURIES.	78	Axum.	147
ARCTIQUES (TERRES).	169	Atacama, désert.	189	Azincourt.	36
		Athènes.	96	Aztèques, p.	175

B

	Pages		Pages		Pages
Bab-el-Mandeb (détroit de).	104	Balise.	178	BASQUES (PROVINCES).	78
Bac-Kinh.	132	Balkans, mts.	16	Bass (détr. de).	200
Badajoz.	79	Balkh.	108	Basse-Terre, î.	182
BADE.	65	Baly, î.	198	Basses (arch. des îles).	206
Baden.	65	Baltimore.	176		
Bagdad.	110	BAMBARA.	157	Bassora ou Bazrah.	111
Bagnères.	51	Banca, î. et v.	198	Bastia.	55
Bahama, is.	180	Bancs de sable.	4	Batavia.	198
Bahama (nouveau canal de).	166	BANDA ORIENTALE.	192	Batchian, î.	199
Bahama (vieux canal de).	166	Bangkok.	151	Bath.	20
		Banier-Massin.	199	Bathurst (Sénégal).	154
BAHAR.	125	Bantam.	198	— (Australie).	203
Baharein, is.	117	BANTAHAM.	195	BAVIÈRE.	68
BAHARY.	145	Barbade, î.	181	— RHÉNANE.	68
Bahia.	194	BARBARIE.	149	Bayeux.	37
Baie.	5	BARGAH.	149	Bayonne.	51
Baie (Grande).	184	Barcelone.	79	Bazas.	50
Baïkal, lac.	102	Bari.	91	BÉARN.	51
Bakou.	105	Bar-le-Duc.	40	Beaucaire.	55
Balaton, lac.	43	Baroda.	125	BEAUCE.	45
Bâle.	50	Barèges.	51	Beaumaris.	22
Baléares, is.	78	Bas d'une rivière.	6	Beaune.	45
Balfrouch.	118	Bas-fonds.	4	Beauvais.	38
		BASQUES (pays des).	51	Bedjapour.	124

TABLE ALPHABÉTIQUE.

	Pages		Pages		Pages
Bédouins, p.	115	Blanc, mt.	84	Bourgogne (canal de).	5
Béfort.	40	Blavet, r.	41		
Behring (détr. de).	102	Blaye.	50	Boussole (canal de la).	14
Beira.	82	Blénes, mts.	167		
Beled-el-Djérid.	152	Blois.	44	Boutan.	187
Beled-el-Harem.	145	Bogota (Santa-Fé de).	187	Bouvines.	53
Bélem.	82			Braga.	83
Belgique.	58	Bohême.	75	Bragance.	83
Belgrade.	94	Bois (lac des).	167	Brahmapouter, fl.	103
Belle-Ile, î.	41	Boiador, cap.	143	Brahmisme.	5
— (détr. de).	166	Bolivia.	189	Brahonis, p.	120
Belley.	44	Bologne.	89	Brandebourg.	69
Béloutchistan.	120	Bolour, mts.	102	Brava.	161
Béloutchys, p.	120	Bolsena (lac de).	15	Brazza, î.	77
Belt (Grand).	11, 14	Bombay, î. et v.	124	Brède (La).	50
— (Petit).	11, 14	— (Présid. de).	123	Brême.	65
Bénarès.	123	Bon, cap.	143	Brésil.	194
Bencoulen.	197	Bondelon.	132	Breslau.	70
Bender-Abassy.	118	Bone.	151	Bresse.	46
Bender-Bouchir.	118	Bonifacio (détr. de).	14	Bressuire.	47
Bénévent (Dé de).	89			Brest.	41
Bengale.	123	Bonin-Sima, archipel.	205	Bretagne.	41
Bengale (golfe du).	101			— (Grande).	19
Ben-Ghazi.	150	Bonne-Espérance, cap.	145	— (Nouvelle).	170
Benguela.	156	Bonthain.	192	— (arch. de la Nouv.).	203
Bénin.	153	Borckholm.	26		
— (golfe de).	142	Bordeaux.	50	Bretagne (Nouvelle), î.	201
Berbéra.	162	Bornéo, î. et v.	198		
Berbérie.	152	Bornholm, î.	23	Breton, cap.	16
Berbers, p.	145	Bornou.	157	Briançon.	54
Berbice, r.	195	Bosnie.	93	Briare.	44
Bérésina, r.	31	Bosphore.	6	— (canal de).	54
Bergen (Norvége).	26	Boston.	175	Bridgetown.	181
— (Prusse).	71	Botala.	137	Brioude.	55
Bergerac.	50	Botany-Bay.	203	— -la-Vieille.	55
Berlin.	69	Botnie.	25	Brisans.	4
Bermudes, îs.	172	— (golfe de).	14	Bristol.	20
Bern.	60	Bouches-du-Rhône, dép.	53	— (baie de).	166
Berry.	44			— (golfe de).	14
Besançon.	46	Bouddhisme.	13	Britanniques (îles).	19
Betjouanas, p.	158	Boug, r.	17	Brives-la-Gaillarde.	48
Beths.	111	Boukhara.	107	Brousse.	109
Béziers.	53	Boukharest.	94	Bruges.	58
Biafra (golfe de).	142	Bourbarie		Brunn.	74
Bidlis.	111	— (Grande).	107	Brunswick.	65
Bigorre.	51	— (Petite).	157	— (Nouveau).	170
Bilbao.	78	Boulogne.	36	Bruxelles.	58
Bima, î.	200	Bounty, îs.	206	Buchovine.	74
Birman (empire).	131	Bourbon, î.	164	Bude.	75
Birmingham.	20	Bourbon-Vendée.	46	Buénos-Ayres.	191
Birnie (Nouveau).	157	Bourbonnais.	45	Bugey.	46
— (Vieux).	157	Bourg.	46	Bulgarie.	95
Bissagos, îs.	154	Bourges.	44	Burgos.	79
Blanc, cap (Afrique).	145	Bourgogne.	45		

C

	Pages		Pages		Pages
Caaba (la).	116	Caracas.	186	Chandernagor.	125
Cabès (golfe de).	142	Caraïbes, p.	181	CHARCAS.	189
CABOUL.	119	Carcassonne.	52	Charente, r.	55
Cachéo.	151	CARINTHIE.	73	CHARENTE, dép.	48
Cadix.	80	Carisbrook.	22	— -INFÉ-	
Caen.	37	Carlsbad.	73	RIEURE, dép.	47
CAFRERIE.	158	Carlscrona.	26	Charlotte (Ile de la	
Cafres, p.	141	Carlsruhe.	65	Reine).	172
Cagliari.	84	Carlstadt.	73	Charlotte-Town	172
Cahors.	50	CARNIOLE.	73	Chartres.	45
Caire (Le).	145	Caro.ines (arch.		Châteauroux.	44
CALABRE.	90	des îles).	203	Château-Salins.	40
Calais.	36	Carpentras.	55	Château-Thierry.	38
Calcutta.	125	Carrara.	87	Chat-el-Arab, fl.	103
CALCUTTA (prési-		Cartago.	179	Châtellerault.	47
dence de).	123	Carthagène (Espa-		Chatham, is.	206
Calédonie (Nouv.), i.	204	gne).	80	Châtre (La).	44
Calicut.	125	— (Colombie).	186	Chaumont-en-Bassi-	
CALIFORNIE (NOU-		Casal.	84	guy.	39
VELLE).	177	Cassel (France).	55	Chéhrézour.	111
— (VIEILLE).	167	— (Allem.).	62	Chéticout.	147
Callao.	188	Casiquiare.	185	Chéli Dromia.	97
Calle (La).	151	Castelnaudary.	52	Chendy.	146
Calmar.	26	CASTILLE.	78	Cher, r.	55
CALVADOS, dép.	37	Castres.	52	CHER, dép.	44
Cambaye.	124	Castro (Turquie).	113	Cherbourg.	57
CAMBODJE.	152	— (Chili).	190	Chéribon.	198
Cambodje, fl.	103	CATALOGNE.	78	Cherso, i.	77
Cambray.	35	Cattégat.	14	Chicova.	160
Cambridge.	20	CAUCA, dép.	187	Chiéti.	90
Campbell, is.	206	Caucase, mt.	102	CHILI.	190
Campeche.	178	Cayembé, mt.	185	— PROPRE.	190
CANADA.	171	Cayenne, i. et v.	193	Chiloë, arch.	190
Canal (détroit).	6	Cazbin.	118	Chimboraço, mt.	185
Canal.	6	Cazembes, p.	158	CHINOIS (empire).	154
Canal du Nord.	14	Célèbes, i.	199	Chinon.	43
Canaries, is.	163	Centre (canal du).	34	Chiraz.	118
Cancale.	42	Céphalonie, i.	99	CHIRVAN.	105
Candie, i. v.	95	Céram.	200	CHOA et EFAT.	145
Canée (La).	95	CERDAGNE.	51	Choumla.	94
Cantal, mt.	55	Cérigo, i.	99	Christiania.	26
CANTAL, dép.	49	Centa.	152	Christianisme.	8
Cantin, cap.	145	Cévennes, mts.	55	Christiansand.	26
Canton.	155	Ceylan, i.	127	Christiansbourg.	155
Cantorbéry.	20	Chaines de mon-		Chuquisaca.	189
Cap.	5	tagnes.	5	Chypre, i.	113
CAP (gouv. du).	159	Châlons-sur-Marne.	39	Cimbébas, p.	158
Cap (Le) (Haïti).	181	— -sur-Saône.	46	CIMBEBASIE.	158
Cap-Breton, i.	172	Chamakie.	105	Citadella.	84
Cap-Corse.	155	Chamanisme.	8	Cité-Lavalette.	92
Capo-d'Istria.	76	Chambéry.	84	Civita-Vecchia.	89
Capri.	91	Chambord.	44	Clausthal.	65
Cap-Vert.	165	CHAMO, désert.	100	Clear, cap.	16
— (Iles du).	153	CHAMPAGNE.	39	Clermont.	49
CARACAS.	186	Champlain (lac).	167	Clèves.	71

TABLE ALPHABÉTIQUE.

	Pages		Pages		Pages
CLÈVES-BERG.	69	CONNAUGHT.	21	Couama, fl.	143
Clyde, r.	21	Constance.	63	Couango, fl.	143
— (golfe de la).	14	— (lac de).	15	Couchant.	2
Cobbéh.	157	Constantine.	151	Coumassie.	155
Coblentz..	71	Constantinople.	94	Coutances.	37
Cobourg.	67	— (détroit de).	15	Coutras.	50
Cochin.	125	Continent.	4	CRACOVIE (républ.	
COCHINCHINE.	152	Cook (détroit de).	206	de).	74
Cognac.	48	— (arch. de).	207	Cracovie.	74
Coïmbre.	82	Copenhague.	25	Cratère.	55
Col.	5	Coptes, p.	144	Crécy.	8
Colmar.	40	Cordouan (tour		Crétins.	61
Cologne.	70	de).	50	Creuse, r.	55
COLOMBIE.	106	CORDOUE (roy. de).	78	CREUSE, dép.	48
Colombo.	127	Cordoue.	80	CRIMÉE.	16
Colouri, î.	98	CORÉE.	102	Crique.	5
Columbia, fl.	168	Corfou, î. et v.	99	CROATIE AUTRI-	
Comayagua.	179	Corinthe.	91	CHIENNE.	75
Comino, î.	92	— (isthme de).	97	— TURQUE.	93
Côme (lac de).	15	Cork.	21	Cronenborg.	24
Commercy.	40	Corogne (La).	80	Cronstadt (Rus-	
Comorin, cap.	102	COROMANDEL.		sie).	29
Compiègne.	38	Corrèze, r.	55	— (Autri-	
COMTAT-VENAISSIN.	54	CORRÈZE, dép.	48	che).	76
CONCAN.	126	Corrientes, cap.	167	Cuba, î.	180
Conception (La).	196	CORSE.	55	Cumana.	187
Condom.	51	Corzola.	77	CUMBERLAND.	203
Condor, is.	135	Cosenza.	94	Cundinamarca, dép.	187
Cône.	44	COSTA-RICA.	179	Curaçao.	182
CONFÉDÉRATION		CÔTE-D'OR, dép.	45	Custrin.	70
GERMANIQUE.	62	CÔTE-D'OR.	155	Cuxhaven.	66
Confluent.	6	CÔTE-ORIENTALE.	198	Cuzco.	188
CONGO.	156	Côtes.	5	Cyclades, îs.	97
Congo, fl.	145	CÔTES-DU-NORD,		Cygnes (r. des).	205
CONNACIE.	21	dép.	41		

D

	Pages		Pages		Pages
DAGHESTAN.	105	DARFOUR.	157	Désirade, î.	182
Dago, î.	51	Darien, baie.	184	Détroit.	5
Daghani.	154	Darmstadt.	65	Deux-Ponts.	68
Dahalac, î.	148	DATTES (pays des).	152	DEUX-SICILES (roy.	
DAHOMEY.	155	DAUPHINÉ.	53	des).	90
Dakhel (oasis).	145	Davis (détr. de).	166	Deyr.	146
Dakka.	125	Dax.	50	Dhawala-Giri, mt.	105
DALMATIE.	76	Débreczin.	75	Dialiba.	143
Damas.	142	Défilé.	5	Diarbékir.	170
Damiette.	145	DEKHAN.	125	DIEMEN (TERRE	
DANEMARK.	25	Del Choco, baie.	184	DE).	205
Dangereux (ar-		Delgado (cap).	160	Dieppe.	37
chip.).	207	Delhy.	123	Dieu, î.	40
Danoises, î.	25	Dembéa (lac).	143	Digne.	55
Dantzig.	70	Démérari.	193	Dijon.	45
— (golfe		Denain.	36	Divisions du Glo-	
de).	14	DENTS (côte des).	155	be (Grandes).	7
Danube, fl.	47	Derbent.	105	— naturelles du	
Dardanelles (dé-		Derne.	150	Globe.	7
troit des).	15	Désert.	5	— des mers.	9

TABLE ALPHABÉTIQUE.

	Pages		Pages		Pages
Djaggernat.	124	Domremy.	40	Dreux.	43
Djedda.	116	Don, fl.	47	Drôme, r.	33
Djeypour.	125	Dongolah.	146	DRÔME, dép.	54
DJEZYREH (AL).	110	Dophriues, mts.	16	Drontheim.	26
Djogo-Carta.	198	Dordogne, r.	33	Druzes, p.	112
DJOH-DRE.	131	DORDOGNE, dép.	30	Dublin.	21
Djorhat.	120	Douai.	33	Duna, fl.	47
Djoudpour.	125	Doubs, r.	33	Dunes.	5
Dniepr, fl.	71-29	DOUBS, dép.	46	Dunkerque.	33
Dniestr, fl.	17	Douglas.	22	Durance, r.	33
Doan.	116	Douro, fl.	18	Dusseldorf.	70
Dôle.	46	Douvres.	20	Dvina, fl.	17-29
Dominique (la), île.	181	Draguignan. Dresde.	33 67	DZOUNGARIE.	157

E

Eberfeld.	70	Embouchure.	6	Esséquibo, r.	195
Elbe, fl.	18	Embruu.	54	Est.	1
ECOSSE.	20	Eugia, i.	98	ESTRAMADURE.	78
— (Nouv.).	170	Epices (îs. aux).	199	— Portug.	82
Écueils.	4	Epinal.	40	Étang.	6
Edinbourg.	21	Équateur.	2	ETATS DE L'ÉGLISE.	88
— (golfe d').	14	ÉQUATEUR, dép.	180	ETATS-UNIS.	175
ÉGYPTE.	144	Equinoxe.	2	Etchmiadzin.	106
El Baharich.	145	Erfurth.	74	Etna, mt.	16
Elbe, i.	98	Erié (lac).	166	Euphrate, fl.	105
Elbe, fl.	17	Erivan.	105	Eure, r.	35
Elbeuf.	37	Erzeroum.	110	EURE, dép.	37
Elbing.	71	Escaut.	33	EURE-ET-LOIR, dép.	43
El Derreyeh.	116	Esclave (lac de l').	167	EUROPE.	13
Eleuts p.	157	ESCLAVES (côte des).	155	Evora.	82
EL-HAÇA.	145	ESCLAVONIE.	76	Evreux.	37
El-Haça.	116	Eskimaux, p.	169	Eylau.	70
El-Katyf.	116	ESPAGNE.	78		
Elseneur.	24				

F

Færoe, is.	25	Ferrol (Le).	80	Flèche (La).	42
Falaise.	37	Ferté-Milon (La).	38	Flengsborg.	24
Falaises.	5	Fétichisme.	8	Flessingue.	57
Falkland, is.	194	FEU (TERRE DE).	194	Fleurus.	59
Falster, i.	23	FEZ.	151	Fleuve.	6
Farewell, cap.	167	Fez	152	Florence.	88
FARSISTAN.	118	FEZZAN.	150	Florez, i.	200
Fartash, cap.	102	Fiuji, is.	204	FLORIDES.	167
Fellatahs, p.	157	Finistère, cap.	16	Floride (baie de la).	166
Féloups, p.	154	FINISTÈRE, dép.	41	Foix, cté.	51
Fémeren, i.	23	FINLANDE.	29	Foix.	51
Fer, i.	164	— (golfe de).	14-29	Fontainebleau.	39
Fernambouc.	192	Fionie, i.	23	Fontenay.	45
Fernando-Pô, î.	164	FLANDRE FRANÇAISE.	35	Fontenoy.	58
Ferrare.	89				

TABLE ALPHABÉTIQUE.

	Pages		Pages		Pages
Forcalquier.	55	FRANCE.	35	Friedland.	71
Formentera, î.	81	Francfort-sur-le-Mayn.		Frio, cap.	184
Formose, cap.	145		65	Frontignan.	55
Forth (golfe de).	14	— - sur - l'Oder.		Fulde.	65
Fort-Royal.	182		70	Funchal.	165
Foulahs, p.	154	FRANCHE-COMTÉ.	46	Fuudi (baie de).	166
Foung-Thian.	156	Frederickstown.	171	Furca, mts.	65
Foutch-Houan.	152	Fribourg.	60	Furens, r.	49

G

	Pages		Pages		Pages
Galibis, p.	193	Gers, r.	33	Gratz.	75
GALICE.	75	GERS, dép.	51	Gray.	48
GALICIE.	74	Ghadamès.	150	GRÈCE.	16, 96
Gallas, p.	150	Ghates	103	Greenwich.	20
GALLES (PRINCIP. DE).	19	GUILAN.	121	Grenade (la), î.	182
		Ghiolofs.	154	GRENADE (NOUVELLE).	186
GALLES DU SUD (Nouv.).	170	Gibel, mt.	16		
		Gibraltar.	80	— (roy. de).	78
Gallinas, cap.	184	— (détroit de).	14	Grenade.	80
Gallipoli (détroit de).	15	Gilbert arch.).	203	Grenoble.	54
Gallway.	21	Girgéh.	143	Griqua.	56
Gambie, fl.	145	Gironde, fl.	50	Grodno.	150
Gand.	58	GIRONDE, dép.	50	GROENLAND.	169
Gandava.	121	Glasgow.	21	Groningue.	57
Gauge, fl.	103	Glatz.	71	Groupe.	4
Gap.	54	Glogau.	71	Guadalaxara.	177
Gard, r.	55	Gnesen.	71	Guadalquivir, fl.	48
GARD, dép.	55	Goa.	126	Guadeloupe, î.	182
Garda (lac de).	15	Gobi (désert de).	100	Guadiana, r.	18
Garonne, r.	47,55	Gœteborg.	26	Guanahani, î.	180
GARONNE (HAUTE), dép.	52	Gœtingue.	64	Guanaxuato.	177
		Golconde.	125	Guauches, p.	163
GASCOGNE.	49	Golfe.	5	Guardafui, cap.	145
— (golfe de).	14	GONDAR.	147	Guastalla.	86
Gave de Pau, r.	52	Gondava.	120	GUATÉMALA.	179
GÈNES (Dé de).	84	Gora.	145	GUAYAQUIL.	187
Gênes.	84	Gorée, î.	154	— (golfe de).	184
— (golfe de).	14	Gotha.	67	Guayra (La).	186
Genève.	61	Gothaab.	169	Guèbres, p.	118
— (lac de).	15	GOTHIE.	26	Guéret.	48
Géographie (défin. de la).	1	Gotland, î.	26	Guernesey, î.	22
		Gouaham, î.	205	Guibray.	57
Georges (arch. du Roi).	173	Goualior.	122	Guilolo, î.	199
		Gouap, î.	205	GUINÉE.	155
George-Town(Asie).	130	Gouldja.	137	— (Nouv.).	202
— (Amériq.)	195	Gourland.	152	— (golfe de).	142
Georgie, î.	194	Gozzo. î.	92	GUYANE.	193
GÉORGIE.	195	GRAINES (côte des).		GUYENNE.	49
— (Nouv.).	172		128	Guzerate, presq.	120
		Grande (Rio).	154		

TABLE ALPHABÉTIQUE. 229

H

	Pages		Pages		Pages
Habsbourg.	61	Hâvre (Le).	57	H'Lassa.	157
HADRAMAOUT.	115	Hawaii, arch. et î.	206	Hoang-ho, fl.	103
Hague (la), cap.	46	Hébrides, îs.	22	Hobart-town.	205
Haïder-Abad		— (arch. des		Hogoleu, i.	203
(Sindhy).	122	Nouv.).	204	HOLLANDE.	57
— (Dekhan).	125	Hécla, mt.	16, 24	— (Nouv.).	202
Haï-nan, î.	136	HEDJAZ.	115	HOLSTEIN.	24
HAÏTI	181	Heidelberg.	63	Honduras (golfe	
HAJAR.	113	Hémisphère Austral.	2	de).	179
Halifax.	171	— Boréal.	2	— (presq. de).	179
Halle.	71	— Occidental.	2	HONGRIE.	74
Hamadan.	118	— Oriental.	2	Horn, cap.	184
Hambourg.	65	HÉRAT.	119	Hottentots, p.	158
Hames, arch.	207	Hérault. r.	53	Hougly, fl.	123
HANOVRE.	64	HÉRAULT, dép.	52	Hudson, baie.	160
— (Nouv.)	170	Hermanstadt.	75	— fl.	175
— (Nouv.), i.	204	HESSE-CASSEL.	62	— détr.	166
Hanyang-Tching.	136	— DARMSTADT.	65	Hué.	134
Harle n.	57	Hetera.	180	Humber, fl.	16
Hartz, mts.	57	Hexamili, isth.	16	Huron, lac.	166
Hatteras, cap.	167	Hildburghausen.	67	Hurrur.	162
Haut d'une rivière.	6	Himalaya, mts.	102	Hydra, i.	98
Havane (La).	180	HINDOUSTAN	121	Hyères, îs.	55
Hèvre.	5	Hindou-Kho.	102		

I

Iakoutsk.	105	Itz, r.	68	Irkoutsk.	105
Iamna.	95	Imbro, î.	98	IRLANDE.	24
Iarkiang.	159	INDE AU-DELA DU		— (Nouv.), î.	204
Iassy.	94	GANGE.	130	Ischia, î.	91
Ibéit.	146	INDE (presqu'île		Iséo, lac.	45
Iéna.	67	orientale de		Isère, r.	53
Iénikalé (détr. d').	45	l').	102	ISÈRE, dép.	54
Iénisei, fl	105	INDO-CHINE.	129	ISLANDE, î.	24
— (golfe de l').	105	Indre, r.	53	Islay, i.	22
IÉNISEISK.	105	INDRE, dép.	44	Isle, r.	50
If, î.	55	INDRE-ET-LOIRE,		Ispahan.	118
Ika-na-mawi, î.	206	dép.	43	Issoudun.	44
Île.	4	Indus, fl.	104	Isthme.	4
ÎLE DE FRANCE.	38	INHAMBANE.	160	ISTRIE, dép.	185
Île de France, î.	164	Inn, r.	68	ISTRIE AUTRICH.	73
Îles aux Renards.	173	Inspruck.	73	— VÉNIT.	78
Ill, r.	40	IONIENNES (îles).	99	ITALIE.	85
ILLE-ET-VILAINE,		IRAK-ADJEMY.	119	Itz, r.	67
dép.	41	IRAK-ARABI.	111	Iviça, î.	81
Illinois, fl.	170	IRAN.	118	IVOIRE (côte d').	155
ILLYRIE.	76	Iraouady, fl.	103	Ivry.	57

J

	Pages		Pages		Pages
JACATRA.	196	JAPON.	139	Joigny.	4
JAEN.	78	Jarnac.	48	Juan-Fernandez, î.	19
Jaen.	80	Java, î.	198	*Judaïsme.*	
Jaffa.	112	Jemmapes.	59	JULIERS.	6
Jamaïque, î.	180	Jersey, î.	22	Jumnah, r.	12
JAMBI.	197	Jérusalem.	112	Jura, mt.	3
James.	154	Jikadzé.	157	JURA, dép.	4
— baie.	166	Jikarna-Gounggar.	157	JUTLAND.	15-2
Jamestown.	164	Joal.	154	— , (canal de).	14

K

	Pages		Pages		Pages
Kachgar.	157	Katmandou.	122	KIRGHIZ (pays des).	157
Kachmir.	122	Kazan.	29	Kirkwall.	22
Kadiak, î.	175	Kécho.	152	Kismish, î.	117
Kaffa.	29	Kédah.	130	Kiu-Siu.	159
— (détroit de).	15	Kéhoa.	132	Klagenfurth.	-73
Kaïsariéh.	111	Kélat.	120	Klarrwater.	158
Kalang.	131	Kenn, î.	118	Klausenbourg.	76
KALANTAN.	152	Kesem ou Keschin.	116	Kœnigsberg.	70
Kaigouev, îs.	50	KHARISM.	107	Kokora.	140
Kalisz.	54	Khioung-Tcheou.	135	Kolong.	131
KALMOUKIE.	136	Khiva.	107	Kong, mts.	143
Kalpeny, î.	127	Khokhand.	107	Konieh.	110
KAMTCHATKA.	102-105	KHOUKHOU-NOOR.	136	KORDOFAN.	146
Kandahar.	119	— (lac de).	102	KOUAREZMIE.	107
Kandy.	127	Khoulm.	108	Kouka.	157
Kara, fl.	15	KIANG-SOU.	135	Kouriles, îs.	140
— (golfe de).	101	Kiel.	24	Konr, f.	104
Karakalpaks, p.	107	Kiev.	29	KOURDISTAN TURC.	111
Karakoroum.	136	King-Ki-Tao.	486	Kourritchané.	158
KARAMANIE.	110	Kingston.	171	Koutaïch.	110
Karang-Assim.	198	Kingstown (Ja-		*Kraals.*	159
Kardjéh (El)	115	maïq.).	181	Krapacks, mts.	16
Karikal.	126	— (St-Vinc.).	181	Kremnitz.	76
Kars.	111	King-Tching.	158	Kronstadt.	175

L

	Pages		Pages		Pages
Labdessébas.	153	Lahsa.	116	Langres.	59
LABRADOR.	167-170	Lakedives, îs.	127	LANGUEDOC.	52
Lac.	6	Laknau.	125	— (canal	
Ladoga (lac).	15	Laland, î.	23	du).	54
LAGÉNIE.	21	Lancastre (détr.		Lantchang.	152
Lagoa (baie de).	142	de).	166	Laon.	38
Laguna.	163	Landau.	68	LAOS.	131
La Haye (Holl.).	56	LANDES, dép.	50	La Pérouse (arch.	
— (France).	43	Land's-end, cap.	16	de).	211
Lahor.	122	Langeland, î.	25	— (canal de).	119

TABLE ALPHABÉTIQUE. 251

	Pages		Pages		Pages
PONIE.	15	Lima.	188	Lons-le-Saunier.	46
:ache.	152	LIMAGNE.	49	Lopez, cap.	143
antouka.	200	LIMBOURG.	57	Lorca.	80
isse.	93	Limerick.	21	Lorenzo-Marquez, baie.	160
rons (arch. es).	203	LIMITES MILITAIRES.	75	Loreto.	177
akiéh.	112	Limoges.	48	Lorient.	41
itude (degrés		LIMOSIN.	48	LORRAINE.	40
'e).	2	Lindes, cap.	16	Los Chonos, golfe.	184
isanne.	64	Lintz.	72	Los Patos, lac.	184
:al.	42	Lion (golfe du).	14	Lot, r.	33
ralette.	93	Liou-Tchou, is.	138	Lot, dép.	50
veubourg.	24	Lipari, is.	91	LOT-ET-GARONNE, dép.	50
tembourg.	72	Lisbonne.	82		
bach.	75	Lisieux.	37	Loudéah (lac).	150
:k, fl.	17	Litakou.	159	Louisbourg (Allem.).	64
:ds.	20	LITHUANIE.	56		
tmeritz.	76	Livadie.	96	— (Amérique).	172
ine, r.	67	LIVADIE GRECQUE.	96	Louisiade (arch. de la).	204
inster.	21				
:zig.	66	— TURQUE.	95		
maire (détr. de).	184	Liverpool.	20	LOUISIANE.	174
man, lac.	15	Livonie.	29	Louk rng, fl.	103
inberg.	74	— (golfe de).	14 29	Louvain.	59
na, fl.	103			Louviers.	37
us.	36	Livourne.	68	Loyalty, i.	204
on (Esp.).	79	Lizard, cap.	16	Lozère, mt.	53
— i.	80	Loanda.	157	LOZÈRE, dép.	53
— (Guatém.).	179	LOANGO.	155	Lubeck.	66
ipante.	97	Loches.	43	Lucayes, is.	180
(golfe de).	14	Lodève.	53	Lucerne.	64
rins, is.	55	Lodi.	86	— (lac de).	15
rwick.	22	Loffoden, is.	26	Luçon, i.	200
sina, i.	77	Loing, r.	43	Luçon.	47
vant.	1	Loir, r.	33	LUCQUES.	87
ewis, r.	168	LOIR-ET-CHER, dép.	44	Ludwigslust.	66
— i.	22	Loire, fl.	47	Luknow.	125
eyde.	56	LOIRE, dép.	49	Lune (mts. de la).	143
iaïkof, is.	106	— (HAUTE), dép.	53	Luxebourg.	65
iban, mt.	102			Lunel.	53
IBERIA.	155	— -INVÉR., dép.	42	Lunéville.	40
ichtenberg (principauté de).	68	Loiret, r.	53	Lutzen.	74
		LOIRET, dép.	43	LUXEMBOURG.	56
iége.	59	LOMBARD-VÉNITIEN (ROY.).	85	Luxeuil.	46
IGOR.	152			Lyon.	49
iim, ou Liim-Fiord.	23	Londres.	19	— (golfe de).	14
		Longitude (degrés de).	3	LYONNAIS.	49
Lille.	35			Lys, r.	58

M

Macao.	155	Macquarie, is.	204	MADRAS (présid. de).	125
Macassar.	199	Madagascar, i.	164		
MACÉDOINE.	93	Madeira (rio de la).	185	Madrid.	79
Machâou.	158	Madère.	165	Madura, i.	198
Mackenzie, fl.	168	Madjico-Simah.	138	Mælar (lac).	15
Mâcon.	45	Madras.	124	Maestricht.	57

TABLE ALPHABÉTIQUE.

	Pages		Pages		Pages
MAGADOXO.	161	Maravis, p.	156	Mer d'Azof.	11
MAGDALENA, dép.	186	Marbouri, mt.	137	—de Baffin.	9
Magdebourg.	70	MARCHE.	48	—Baltique.	10
Magellan (détr. de).	184	Mariannes, arch.	205	—de Behring.	10
— arch.	205	Marienbourg.	71	—Blanche.	10
Magroë, i.	16	Marie-Galande, i.	182	—Bleue.	10
Mahé.	126	Marignan.	86	—de Candie.	11
— i.	164	Maritza, fl.	18	—Caspienne.	11
Mahométisme.	8	Marmara, i.	113	—de la Chine.	10
Mahrattes, p.	124	Marne, r.	33	—de Crète.	11
Maine, r.	33	MARNE, dép.	39	—d'Écosse.	9
MAINE.	42	MARNE (Haute), dép.	39	—des Eskimaux.	9
MAINE-ET-LOIRE, dép.	42	MAROC (emp. de).	151	—des Indes.	9
Mainland.	22	Maroni, fl.	193	—Ionienne.	11
Makian.	199	Maronites, p.	112	—d'Irlande.	9
Majeur (lac).	15	Marquises (arch. des).	207	—du Japon.	10
Majorque, i.	81	Marseille.	55	—Jaune.	10
MALABAR.	124	Marshall, is.	205	—de Marmara.	11
Malaga.	80	MARTABAN.	129	—Méditerranée.	10
MALAISIE.	197	— (golfe de).	101	—Morte.	11
Malakka.	102	Martinique.	182	—Noire.	11
— (détr. de).	129	Maskate.	116	—du Nord.	9
Maldives, is.	127	Massa.	87	—d'Okhotsk.	10
Malé.	127	Masulipatam.	124	—Polaire.	9
Malines.	58	MATARAM.	198	—Putride.	12
Mallicolo, i.	204	Matsmaï.	140	—Rouge.	10
Malouines, i.	195	Maupertuis.	47	—de Scarpanto.	12
Malplaquet.	53	Maurice, i.	164	—de Sicile.	11
Mal-Ström.	27	Mayence.	63	—Vermeille.	10
Malte, i.	92	Mayenne, r.	55	Merghi.	130
Mamelouks, p.	143	MAYENNE, dép.	42	Mérida.	178
Man, i.	22	May-Kang, fl.	103	Méridien.	2
Manaar (golfe de).	134	Mazanderan.	118	Mérim (lac).	184
Manama.	117	Mazupatam.	124	Méroë.	146
Mancquarès, r.	79	Meaux.	59	Mers Extérieures.	9
Manche, détr.	14	MECKLEMBOURG-SCHWERIN.	66	— Intérieures.	10
MANCHE, dép.	37	— STRÉLITZ.	66	Messine.	91
Manche de Tartarie	138	Médine.	116	— (Phare de).	15
Manchester.	20	Méi-Nam, ou Mé-Nam.	103	Mesurado, fl.	153
Mandchourie.	136	Meiningen.	67	Métélin, i.	113
Mandingues, p.	154	Mekko (La).	116	Metz.	40
Manfredonia.	91	MEKRAN.	120	Meurthe, r.	55
Mangia, arch.	207	MÉLANÉSIE.	202	MEURTHE, dép.	40
Manheim.	63	Méléda.	77	Meuse, r.	55
Manille, i. et v.	200	Mélilla.	152	MEUSE, dép.	40
Mans (Le).	42	Mélinde.	161	Mexico.	177
MANTOUE, Dé.	85	Melun.	38	MEXIQUE.	177
Mantoue.	86	Menay, détr.	22	— (golfe du).	166
Maouna, i.	207	Mende.	53	— (NOUVEAU).	177
Maracaïbo.	185	Mentone.	84	Mézières.	59
— lac de.	184	Méquinez.	151	Miaco.	139
Maracatos, p.	161	Mer.	5	Michigan (lac).	166
Marach.	112	Mer Adriatique.	11	MICRONÉSIE.	205
Maragnon, fl.	185	—d'Allemagne.	9	Middelbourg.	37
Marais-Pontins.	92	— des Antilles.	9	Midi.	1
Marakah.	146			Midi (canal du).	54
Maravi, lac.	143			Milan.	85
				MILANAIS.	85
				— SARDE.	84

TABLE ALPHABÉTIQUE. 235

	Pages		Pages		Pages
Milo, î.	98	Monselmines, p.	153	MOSCOVIE.	28
Mindanao, î. et v.	200	Mont.	4	Moselle, r.	55
Mine (la).	155	Montagnes.	4	MOSELLE, dép.	40
Minho, fl.	48	Montagnes (lac des).	167	Mosquitos, p.	178
Minorque, î.	81	Montaigne (châ-		Mossegueyos, p.	161
Miquelon, î.	172	teau de).	50	Mossoul.	110
Mistira.	97	Montargis.	43	Motir, î.	198
Mississipi, fl.	168	Montauban.	51	Moukden.	136
Missolonghi.	97	Montbard.	45	Moulins.	45
Missouri, fl.	168	Montbéliard.	46	Mourchidabad.	125
Mocendon, cap.	102	Montbrison.	49	Mourzouk.	149
MODÈNE.	87	Mont-de-Marsan.	50	Mous-Tag, mts.	103
Mogador.	152	Montereau-Faut-		Mozambique,	160
Mohilev.	51	Yonne.	59	— (Canal	
Moka.	116	Monte-Video.	192	de).	142
Moldau, r.	73	MONTFERRAT.	84	Muhr, r.	73
MOLDAVIE.	93	Mont louis.	52	Mulgraves, îs.	203
Moluques, îs.	199	Montpellier.	52	Mulhouse.	40
MOMBAZA.	164	Montréal.	171	Mull, î.	22
MOMONIE.	21	Morat.	60	Munich.	68
MONACO, Pté.	83	MORAVIE.	75	Munster.	70
Mongallos, p.	161	Morbihan, golfe.	41	MUNSTER.	21
MONGOLIE.	136	MORBIHAN, dép.	41	Murcie.	80
MONOMOTAPA.	158	MORÉE.	16, 95	Murray (golfe de).	14
Monrovia.	155	Morgarten.	61	Myconi.	98
Mons.	59	Moscou.	29		

N

	Pages		Pages		Pages
Nagpour.	125	Négrepont (canal		Niger, fl.	145
Namur.	59	de).	45	Nil, fl.	145
Nancy.	40	Négrepont.	97	Ninèque.	57
Nangasaki.	139	NEPAL.	122	Nimes.	53
Nan-King.	135	Néris.	45	Niort	47
Nantes.	42	Nertchinsk.	106	Niphon.	159
Napakiang.	138	Neuchâtel.	61	NIVERNAIS.	44
Naples.	90	— (lac de).	15	Noirmoutier, î.	47
Napoléonville.	47	Neu-Strélitz.	65	Nootka, î.	172
Narbonne.	52	Néva, fl.	17, 29	Nord.	1
NASSAU.	62	Nevers.	44	—(Canal du).	11
Nassau, cap.	184	Newcastle.	20	—Est.	2
NATAL (TERRE		Newport.	22	—Ouest.	2
DE).	158	New-York.	175	—Cap (Amér.).	185
Nauplie.	97	Niagara. fl.	167	—Cap (Europe).	16
Navarin.	97	NICARAGUA.	179	NORD, dép.	55
NAVARRE.	78	— (lac de).	167	NORMANDIE.	57
— (BASSE).	51	Nicaria, î.	113	Norton (baie de).	166
Navigateurs (arch.		Nice.	84	NORVÈGE.	15, 26
des).	207	Nicobar, îs.	152	Noto.	91
Naxie, î.	98	Nicosie.	115	Nouka-Hiva (arch.).	207
Nazareth.	112	Niemen, fl.	17	NUBIE.	146
NEDJED.	115	Nièvre, r.	55	Nuremberg.	68
Négrepont, î.	97	NIÈVRE, dép.	44		

O

	Pages		Pages		Pages
Oasis.	142	Oasis (Petite).	142	Obéid.	146
Oasis (Grande).	142	Oaxaca.	178	Ob ou Obi, fl.	103

254 TABLE ALPHABÉTIQUE.

	Pages		Pages		Pages
Ob., golfe.	101	Ombay, î.	200	Ostende.	58
Oby, î.	199	OMSK.	105	Ostie.	89
Occident.	2	Onéga, lac.	15	Otrante.	91
Océan.	5	Ontario, lac.	166	— (canal d').	15
Océan Atlantiq.	9	Oporto.	85	Ouadlims, p.	153
— Glacial An-		Oran.	151	Oualan, î.	203
tarctique.	9	Orange, cap.	184	OUARY.	155
— Arc-		Orange.	54	Ouary.	155
tique.	9	Orcades, îs.	22	Ouby, î.	198
— (Grand).	9	Orénoque, fl.	185	Oudjein.	122
OCÉANIE.	196	ORÉNOQUE, dép.	187	Ouessant, îs.	41
Océaniques, mts.	167	Orfano (golfe d').	14	*Ouest.*	2
Ocker, r.	64	*Orient.*	1	OUESTANIÉH.	145
Odensée.	23	Oriental (cap).	102	Ouinipeg (grand	
Oder, fl.	17	Orissa.	126	lac).	167
Odessa.	50	Orizaba, mt.	167	— (petit	
Odeypour.	125	Orkney, îs.	22	lac).	167
Œland, î.	26	ORLÉANAIS.	43	Oural, fl.	103
Œsel, î.	31	Orléans.	45	Ourals, mts.	16
Ofen.	75	— (La Nou-		Ourcq, r.	34
Ohio, r.	168	velle).	176	— (canal de	
Oiolava.	207	— (canal d').	54	l').	54
Oise, r.	33	Ormouz ou Ormus,		Ouro (Rio de).	153
OISE, dép.	39	î.	117	Ours Noir (lac	
OKHOTSK.	103	— détroit d').	102	de l').	167
OLDENBOURG.	63	Ornain, r.	40	Ouse, r.	20
Oléron, î.	47	Orne, r.	33	Ouzbecks.	108
Olinda.	194	ORNE, dép.	37	Ovas, p.	165
Olmutz.	76	Ortégal, cap.	16	Oviédo.	78
OMAN.		Osaka.	139	Oxford.	20
— (golfe d').	115	Osnabruck.	64	Oyapok, fl.	193
	101				

P

Paderborn.	71	Paracels, îs.	155	Patagons, p.	195
Padoue.	86	Paraguay, r.	185	PATANI.	132
Paganisme.	8	PARAGUAY.	191	Patna.	123
Pago, î.	77	Paramaribo.	193	Patras (golfe de).	14
PAHANG.	131	Parana, r.	185	Pau.	51
Pahang.	131	Parga.	94	Pavie.	85
Paimbœuf.	42	Parias.	128	Paxo, î.	99
Palaos, arch.	203	Parina, cap.	185	PAYS-BAS.	56
Palembang.	197	Paris.	58	PAYS-RECONQUIS.	56
Palerme.	91	PARME.	86	Paz (La)	189
PALESTINE.	112	Paro.	98	Pêcherie (côte de	
Palma (Baléares).	81	Paropamise, mt.	105	la).	128
— (Canaries).	163	Parramatha.	203	Pegnon de Velez.	152
Palmas (cap).	143	Parthenay.	47	PÉGOU.	131
Pamiers.	51	*Pas.*	4	Pégou.	132
Pampas.	192	*Pas.*	5	PEICHAVER.	119
Pampelune.	78	Pas - de - Calais,		Peipous.	15
Panama.	186	détr.	14, 36	Pé-King.	135
— (baie de).	184	PAS - DE - CALAIS,		Pélagnisi, î.	97
— (isthme		dép.	56	Pélew, arch.	203
de).		Passau.	68	Pemba, î.	117
Pantelaria, î.	184	*Passe.*	6	PENDJAB.	122
Pâques, î.	91	PATAGONIE.	195	*Péninsule.*	4
	207				

TABLE ALPHABÉTIQUE.

	Pages		Pages		Pages
Penjinskaia, golfe.	101	Pô, fl.	48	Poséga.	75
Pentland, détr.	22	Pointe à Pitre (La).	182	Potomac, fl.	176
PERAK.	131	Pointes (cap des Trois).	143	POTOSI.	189
Pérékop.	30			Potsdam.	70
— (isthme de).	50	*Points Cardinaux.*	4	POUILLE.	90
PÉRIGORD.	50	Poitiers.	47	Poulo-Condor, î.	133
Périgueux.	50	POITOU.	46	Poulo-Pinang, î.	130
Pernambouc.	194	Pola.	76	Pounah.	124
Péronne.	56	Pola, î.	207	Pounipet, î.	205
PÉROU.	188	*Polaires (cercles).*	4	Poyas, mts.	46
— (HAUT).	189	*Pôles de la terre.*	1	Praga.	31
Pérouse (lac de).	15	POLOGNE.	31	Prague.	75
Perpignan.	52	POLYNÉSIE.	206	Prégel, r.	70
PERSE.	118	POMÉRANIE.	69	Presbourg.	75
Persique (golfe).	101	Pomona, î.	22	*Presqu'île.*	4
Pertuis.	6	Pomotou, arch.	107	Prince (île du).	164
Pesth.	75	Pondichéry.	126	Prince-de-Galles, arch.	175
Péterwaradin.	75	Pont-St-Esprit (Le).	54	Prince-de-Galles, î.	129
Phare.	6	Ponte-Corvo.	89		
Philadelphie.	173	Pontins (Marais).	93	Privas.	53
Philippines, î.	200	Popayan.	187	*Promontoire.*	4
Philippopolis.	150	Popocatepetl, mt.	167	Prouth, r.	74
Pic.	5	*Port.*	5	PROVENCE.	54
PICARDIE.	56	Port-au-Prince (Le).	131	Providence, î.	180
— (canal de).	53			Provinces franç. anciennes.	54
Pic d'Adam.	127	Portendick.	153		
Pichincha.	185	Portici.	90	PRUSSE.	69
PIÉMONT.	84	Port-Jackson.	201	Puébla (La).	177
Pilnitz.	67	Port-Louis.	164	Pultava.	29
Pisania.	154	Port-Mahon.	81	Puy (Le).	53
Pise.	88	Port-Natal.	158	Puy-de-Dôme, mt.	33
Plage.	5	Port-Royal (Grenade).	182	PUY-DE-DOME, dép.	49
PLAISANCE.	86				
Plaisance (Amérique).	171	Porto.	82	Pyrénées, mts.	16
Plata (la), r.	185	Porto-Ferrajo.	88	PYRÉNÉES (BASSES). dép.	51
Plata (La).	189	Porto-Cay.	109		
PLATA (LA).	191	Porto-Ricco.	181	— (HAUTES), dép.	51
Pleiss, r.	68	Porto-Santo, îs.	165		
Plessis-lès-Tours.	43	Portsmouth.	20		
Plombières.	40	PORTUGAL.	82	— ORIENTALES, dép.	52
Plymouth.	20	POSEN.	69		
		Posen.	74		

Q

Quadra et Vancouver, arch.	172	QUERCY.	51	Quilimane.	160
Quaqué.	152	Quérimbes, î.	160	QUILOA.	161
Québec.	165	Quiberon, presqu'île.	41	Quimper.	41
				Quito.	187

R

Rabatt.	152	RADJPOUTANA.	125	Rambouillet.	38
Races d'hommes.	7	Raguse.	76	Rangoun.	131
Rade.	5	Rakka.	114	Rangpour.	129

TABLE ALPHABÉTIQUE.

	Pages		Pages		Pages
Ras-al-Gate, cap.	102	Rhodez.	51	Rokasch.	75
Rastadt.	65	Rhône, fl.	47, 53	Romanie.	57
Ratisbonne.	68	RHONE, dép.	49	Rome.	89
Ravenne.	89	Rhône au Rhin		ROMÉLIE.	93
Ravy, r.	122	(canal du).	54	Roncevaux.	79
Ré, î.	47	Riga.	29	Rosbach.	74
Recht.	118	— (golfe de).	14	Roseaux (Les).	184
Récife.	194	Rio-Bravo del		Rosette.	145
Récifs.	4	Norte, p.	168	Rostack.	116
Reggio.	87	Rio-Grande.	151	Rota.	90
Reichenberg.	73	Rio-Janeiro.	194	Rotterdam.	56
Reikiavig.	24	Rio-Negro, r.	185	Rouen.	37
Reims.	39	Riom.	49	ROUERGUE.	51
Reine-Charlotte, îs.	171	Rive droite d'une rivière.	6	Rouge, r.	166
Religions.	8	Rive gauc. d'une		Roum.	111
Rennes.	41	rivière.	6	Roumbo.	151
Rennes (lac des).	167	Rivière.	6	ROUSSILLON.	52
Rétimo.	95	RIVIÈRES DE SÉNA.	160	Royale, î.	172
Rhin, fl.	17, 53	Roanne.	49	Rugen, î.	71
RHIN (BAS), dép.	40	Rochefort.	47	Ruisseau.	6
RHIN (BAS), Gd. Dé.	69	Rochelle (La).	47	RUSSIE ASIATIQ.	104
RHIN (HAUT), dép.	40	Rocheuses, mts.	167	— DU CAUCASE.	104
Rhodes, î et v.	115	Rocroy.	39	— D'EUROPE.	28
		Rodrigue, î.	164		

S

	Pages		Pages		Pages
Saalfeld.	67	St.-Cyprien.	133	St.-Jean, r.	153
Saardam.	57	St.-Denis (France).	38	St.-Jean (Nouv.-Bretagne).	171
Saba, î.	182	— (Bourbon).	164	— (Porto-Rico).	181
SABIA.	160	St.-Domingue.	181	— (Antigua).	181
Sable, cap.	167	St.-Élie, mt.	167	St.-Jean-Pied-de-Port.	51
Sables d'Olonne (Les).	47	St.-Esprit (arch. du).	204	St.-John.	171
SACKATOU.	156	St.-Étienne.	49	St.-Joseph.	182
SAHARA.	152	St.-Eustache.	182	St.-Laurent, fl.	165
SAÏD.	152	St.-Flour.	49	— golfe.	166
Saigaing.	131	St.-François, cap.	183	St.-Lô.	37
Saigon ou Saïgong, cap.	132	St.-Georges, canal.	14	St.-Louis.	168
Sakhalian, fl.	105	St.-Georges-de-la-Mine.	156	St.-Louis, fort.	154
Sakhalian ou Séghalien, î.	138	St.-Georges, golfe.	184	St.-Malo.	41
St.-Antoine, golfe.	184	St.-Germain.	38	ST.-MARIN.	89
St.-Augustin, cap.	187	St.-Gobain.	38	St.-Martin, î.	182
St.-Barthélemy, î.	183	St.-Hélier.	22	St.-Matthieu, î.	164
St.-Brieuc.	41	St.-Jacques de Compostelle.	78	St.-Omer.	36
St.-Bernard, (Gand).	84	St.-Jean, î. (Nouv.-Bretagne).		St.-Paul de Loando.	156
— (Petit).	84			St.-Pétersbourg.	29
St.-Cloud.	38	— î. (Antilles).	172	St.-Philippe de Benguéla.	156
St.-Christophe.	181		181	St.-Pierre.	212
				St.-Pierre, î.	172
				St.-Pierre et St.-Paul.	105

TABLE ALPHABÉTIQUE. 257

	Pages		Pages		Pages
St.-Quentin.	38	Sanga.	159	SEINE-INFÉR., dép.	37
— (canal de).	54	Santa-Fé.	187	Sémendria.	94
St.-Roch, cap.	174	Santiago, î.	168	Sénégal, fl.	143
St.-Sauveur, f.	180	Santillane.	79	SÉNÉGAMBIE.	154
—de Nueva-Guiana.	186	Santo-Domingo.	181	SENNAAR.	146
St.-Thomas, î.		Santorin, î.	98	Sennaar.	146
(Antilles).	181	Saône, r.	47, 33	Senne, r.	58
St.-Thomas, î.		SAÔNE-ET-LOIRE, dép.	45	Sens.	45
(Afrique).	161	SAÔNE (HAUTE), dép.	46	Septentrion.	4
St.-Vincent, cap.	16	Saragosse.	79	Sérampour.	126
— î.	181	Sarakino, î.	97	Séringapatam.	125
St.-Vendel.	68	Sardaigne, î.	84	SERVIE.	93
Ste-Hélène, î.	164	SARDAIGNE.	83	Severn, fl.	16
Ste-Lucie, î.	181	Sarreguemines.	40	Sévéro-Vostochnoï, cap.	102
Ste-Marguerite, î.	183	Sarthe, r.	55	SÉVILLE (roy. de).	78
Ste-Marie, î.	164	SARTHE, dép.	42	Séville.	80
Ste-Moure, î.	98	Saumur.	42	Sèvre-Nantaise, r.	55
Saintes.	47	Savanes.	5	— -Niortaise, r.	55
Saintes, îles.	182	SAVOIE.	84	SÈVRES (DEUX), dép.	47
SAINTONGE.	47	SAXE.	66	Seyde.	112
Sala y Gomez, î.	207	— -ALTEMBOURG.	67	Shannon, fl.	17
Salamanque.	79	— -COBOURG-GOTHA.	67	Shetland, îs.	22
SALANGOR.	131	— -MEININGEN-HILDBURGHAUSEN ET SAALFELD.	67	— (Nouveau), î.	195
Salé.	152			SIAM.	133
Salins.	46			— (golfe de).	101
Salomon (arch. de).	204	— -PRUSSIENNE.	69	SIBÉRIE.	105
Salonique.	93	— -WEIMAR.	67	— (NOUVELLE).	106
— (golfe de).	14	Scarborough.	182	Sicile, î.	91
Salzbourg.	75	Scarpe, r.	55	Sikokf, î.	139
SAMARANG.	198	Schaffhouse.	61	SICILE (ROY. DES DEUX).	90
Samarkand.	108	Schary, fl.	143	Sidney.	200
Sambo-Anga.	199	Schiites.	120	Sidre (golfe de la).	143
Samo, î.	113	Schiraz.	118	Sienne.	88
Samotraki, î.	93	Schœnbrunn.	72	Sierra-Leone.	155
San-Antonio.	184	Schwérin.	66	Sierra-Madre.	167
San-Carlos (Chili).	190	Schwitz.	61	Sigtuna.	26
— de Monterey.	177	Scilly, îs.	22	SILESIE.	70
Santa-Cruz.	164	Scio, î.	113	— Autrichienne.	75
San-Francisco.	185	Scio.	113	Silistrie.	94
Santiago (Cuba).	180	Scopélo, î.	57	Simi-ma.	175
— (Chili).	190	Scutari (Europe).	94	Simplon, mt.	61
San-Juan.	164	— (Asie).	111	Sinaï, mt.	102
San-Lucas, cap.	181	Sdili, î.	98	— (désert du).	115
San-Lorenzo.	185	Séchelles, îs.	164	Sincapour ou Singhapour, î. et v.	130
San-Roque, cap.	184	Sedan.	39	Sind, fl.	105
San-Salvador (Congo).	156	Séeland, î.	25	SINDHIAH.	42
— (Brésil).	194	Séez.	37	SINDHY.	122
San-Thomé.	184	Ségo.	137	Sion.	61
Sana.	116	SEIKS (CONFÉDÉRATION DES).	121	Sir-Déria, fl.	107
Sancerre.	44	Seine, fl.	47, 55	Sisteron.	55
Sandwich, arch.	206	SEINE, dép.	38	Sitka, arch.	174
Sandwich (terre de).	195	SEINE-ET-MARNE, dép.	38	Sivas.	111
		SEINE-ET-OISE, dép.	38	Skagen, cap.	16
				Skager-Rack.	11, 14
				Skiato, î.	97
				Skiro, î.	97

TABLE ALPHABÉTIQUE.

	Pages		Pages		Pages
Skye, î.	22	Sorrel, r.	167	Strélitz.	66
Slaa.	152	Souakin.	146	Stuttgart.	64
Slavonie.	75	SOUDAN.	157	STYRIE.	73
SLESWIG.	23	Soura-Carta.	198	*Sud.*	1
Sleswig.	23	*Source.*	6	—*Est.*	2
Slie, golfe.	23	Sou-Tchéou.	155	—*Ouest.*	2
Smyrne, î.	110	Spa.	59	SUÈDE.	15,25
Sobrina, î.	104	Spacchia *ou* Spha-		— propre.	25
Société (îs. de la).	207	kie.	95	Suez.	145
Socotora, î.	117	Spanishtown.	181	— (isthme de).	145
SOFALA.	160	Spire.	68	SUISSE.	60
Soissons.	38	SPITZBERG.	169	Sumatra, î.	197
Solano, vent.	81	Sprée, r.	69	Sumbawa, î.	200
Soleure.	60	Stabrock.	195	Sund, détr.	14,14
Solingen.	71	Staffa, î.	22	Supérieur (lac).	166
Solor, î.	200	Stalimène, î.	95	Surate.	124
Solstice d'été.	3	Stan-Co, î. et v.	113	Surinam.	193
— *d'hiver.*	4	Stanovoï, mts.	102	Sus, prov.	153
Solway (golfe du).	14	Staubbach (chute		Swan-river.	203
Somaulis, p.	162	du).	60	Sydney.	205
Somme, r.	33	*Steppes.*	5	Syouah, oasis.	145
SOMME, dép.	56	Stettin.	70	Syout.	145
Sonde (îs. de la).	197	Stockholm.	25	Syra, î.	98
Sophia.	94	Stralsund.	70	Syracuse.	91
Sorgue, r.	33	Strasbourg.	40	SYRIE.	112
Sorlingues, î.	22				

T

	Pages		Pages		Pages
Tabago, î.	182	Tasso.	95	Terre (Grande),	
Table (baie de la).	160	Tatane-Arrivon.	165	î.	182
TAFILET.	152	TAURIDE.	29	Terre-Neuve, î.	171
Taganrog.	30	Tauris.	118	Terre (Petite), J.	182
Tage, fl.	48	Taurus, mt.	102	Tet, r.	52
Taillebourg.	47	TAVAÏ.	129	Tévérone, r.	90
Taïti, arch.	207	Tavaï-Pounamou.	206	Texel, î.	57
Talanta (détr. de).	15	Tavira.	82	Thaï-Ouan.	156
Tamarida.	117	Tchad, lac.	142	Thalouayn, fl.	102
Tamise, fl.	46	Tchouktchis.	105	Théaki, î.	99
Tanaro, r.	84	TCHY-LY.	155	Thionville.	40
Tanger.	152	Tedjend, fl.	118	Thorn.	71
Tarbes.	51	Téhéran.	118	Tibbous, p.	153
Tarente.	91	TÉNASSÉRIM.	129	TIBET.	157
— (golfe de).	14	Ten-Boktoue.	157	Tibre, fl.	48
Targovist.	95	Ténédos, î. et v.	113	Tidor, î.	98
Tarn, r.	33	Ténériffe, î.	165	Tiflis.	105
TARN, dép.	52	Terceire, î.	165	Tigre, fl.	103
TARN-ET-GAR., dép.	54	Térek, mt.	102	TIGRÉ.	147
Tarodant.	152	Ternate, î.	199	Tilsit.	71
Tarragone.	89	Terre (forme et		Timoriennes, îs.	200
Tarrakaï, î.	139	mouvem. de la).	1	Tino, î.	98
TARTARIE-INDÉ-		TERRE-DE-FEU.	195	Titicaca, lac.	184
PENDANTE	107	TERRE-DE-LABOUR.	90	Tivoli.	89
— (Manche de).	138	Terre-des-États, î.	195	TOBOLSK.	105
TASMANIE.	203	TERRE-DES-PA-		Tocantin, r.	185
Tassisuden.	137	POUS.	202	Tœplitz.	73

TABLE ALPHABÉTIQUE 259

	Pages		Pages		Pages
Tokai.	75	TOUZER.	150	Trois-Rivières.	171
Tokat.	110	Touzer.	150	Tromsen, is.	26
Tolède.	79	Trafalgar, cap.	16	*Tropiques*,	5
TOMSK.	105	Tranquebar.	126	—du Cancer.	5
Touga, arch.	206	TRANSYLVANIE.	75	—du Capricorne.	5
Tongatabou, i.	207	TRAS-OS-MONTES.	82	Troppau.	74
TONKIN.	152	Trave, r.	66	Trouille, r.	59
— (golfe de).	101	Travemunde.	66	Troyes.	39
Tonnerre.	45	Trébizonde.	110	Truxillo.	179
Topayos, r.	185	Trente.	73	Tschernowitz.	74
TORGOT (pays des).	157	Trèves.	71	TSIAMPA.	152
Tornéa, r.	17	Trévoux.	46	Tulle.	48
Tornéa.	26	Trieste.	75	TUNIS.	150
Torrès, détr.	99	— (golfe de).	14	— (golfe de).	142
TOSCANE.	89	TRINGANOU.	152	Turenne.	48
Touariks, p.	153	Trinité, i.	182	Turin.	84
Touats, p.	153	Trinkemalé.	127	TURKESTAN.	107
Toul.	40	TRIPOLI.	149	TURKOMANIE.	107
Toulon.	55	Tripoli (Afrique).	149	Turkomans, p.	168
Toulouse.	52	— (Syrie).	112	TURQUIE D'ASIE.	109
TOURAINE.	42	Tripolitza.	97	— D'EURO-	
Tournay.	58	Tristan d'Acunha,		PE.	95
Tournon.	53	is.	164	Tuticorin.	126
Tours.	43	Tritchinapaly.	125	Tweed, r.	10
Tous-les-Saints		TROIS-ÉVÊCHÉS		TYROL.	75
(baie de).	184	(les).	40		

U

Ualan.	209	Umérapoura.	131	URUGUAY.	192
Uitenhagen.	159	Upsal.	25	Utrecht.	56
Ulm.	64	Urbin.	89	Uzedom.	71
ULSTER.	21	Uruguay, r.	185	Uzès.	53
ULTONIE.	21				

V

Vaïgatch, i.	50	VAUCLUSE, dép.	54	Vienne (France).	47
VALACHIE.	93	Véglia, i.	77	— (Autriche).	72
VALAIS.	64	Vèle, r.	39	— r.	33
Val-Demona.	92	Vendée, r.	33	VIENNE, dép.	54
Val-di-Noto.	92	VENDÉE, dép.	46	VIENNE (HAUTE),	
Valdivia.	190	Vendôme.	44	dép.	48
VALENCE.	78	VÉNÉZUELA.	186	Vierges, is.	184
Valence (France).	54	Venise.	86	*Vigies*.	4
— (Espagne).	79	— (golfe de).	14	Vilaine, r.	35
Valenciennes.	33	Venosa.	91	Vilna.	50
Valparaiso.	190	Ventoux (mt.).	55	Vire, r.	35
VALTELINE.	85	Vera-Cruz (la).	178	Visiapour.	124
Van.	111	Vera-Paz.	179	Vistule, fl.	17
Vanikoro, is.	204	Verdun.	40	Viti (arch.).	204
Vannes.	41	Vérone.	86	Vladimir.	29
Var, r.	33	Versailles.	58	*Volcan*.	5
VAR, dép.	55	Vert (cap).	143	Volga, fl.	17
Vardari, fl.	18	Vesoul.	46	Voronov (lac de).	17
Varennes.	40	Vésuve (mt.).	16	Vosges, mts.	33
Varna.	94	Vézère, r.	53	VOSGES, dép.	40
Varsovie.	31	Viburg.	23	Vouillé.	47
Vaucluse (fontaine)	53	Vichy.	45		

TABLE ALPHABÉTIQUE.

W

	Pages		Pages		Pages
Wagram.	76	Waterloo.	58	Wiesbaden.	62
Wahabites, p.	115	Weimar.	67	Wight, î.	22
Wahal, r.	17	Wéner, lac.	15	Wisby.	26
Waïhou, î.	207	Wert (lac de).	74	Wolfenbuttel.	65
Walcheren.	57	Wéser, fl.	17	Wollaston, lac.	167
Warta, r.	70	WESTPHALIE.	69	Wollin.	71
Wash, golfe.	14	Wéter, lac.	15	Worms.	65
Washington.	175	Wetzlar.	71	WURTEMBERG.	64
Waterford.	21				

X

	Pages		Pages		Pages
XALISCO.	177	Xérès.	80	Xingu, fl.	185

Y

	Pages		Pages		Pages
Yablonoï, mts.	102	Yedo.	159	York (Anglet.).	20
Yambo.	116	YÉMEN.	115	— (Canada).	171
Yanaon.	126	Yesso, î.	139	Yssel, fl.	17
Yang-Tseu-Kiang, fl.	103	Yeszd.	118	YUCATAN.	167
Yaou, fl.	143	Yolofs, p.	152	— ANGLAIS.	178
Yapura.	185	Yonne, r.	55		
YÉ.	129	YONNE, dép.	45	Yvetot.	57

Z

	Pages		Pages		Pages
Zaïre, fl.	155	Zeïlah.	162	Zikkaïn.	131
Zambèze, fl.	144	ZÉLANDE.	57	Zimbaoé.	158
ZANGUEBAR.	161	— (Nouvelle).		Zuider-zée, golfe.	14
Zante, î.	99		206	ZULIA, dép.	186
ZANZIBAR, î.	161	Zembla (Nouv.).	31	Zurich.	61
Zara.	76	Zerrah (lac de).	102	— (lac de).	15

PARIS. — IMPRIMERIE DE CASIMIR,
rue de la Vieille-Monnaie, 12.

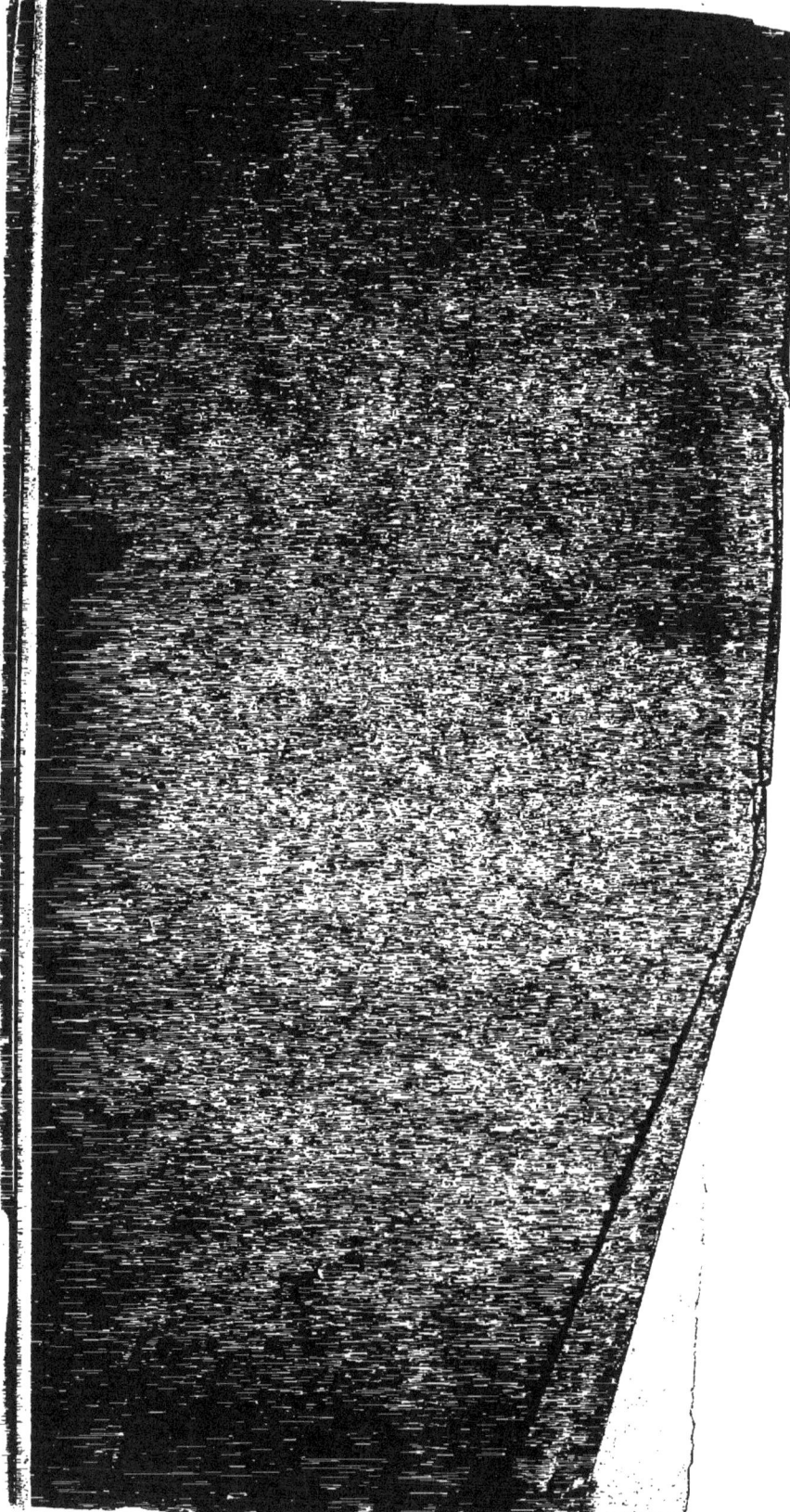

www.ingramcontent.com/pod-product-compliance
Lightning Source LLC
Chambersburg PA
CBHW060548230426
43670CB00011B/1738